P S I C O L O G I A

Stella Chess
Alexander Thomas

Conosci tuo figlio

Un'autorevole guida per i genitori di oggi

Presentazione di
Sergio Nordio

Traduzione di Gabriele Noferi

Titolo originale dell'opera:
Know your child. An authoritative guide for today's parents

www.giunti.it

Via Bolognese 165, 50139 Firenze – Italia
Via Dante 4, 20121 Milano – Italia

Prima edizione: maggio 1989

Ristampa	Anno
6 5 4 3 2 1 0	2012 2011 2010 2009 2008

Stampato presso Giunti Industrie Grafiche S.p.A. – Stabilimento di Prato

Indice

Parte seconda

LO SVILUPPO DEL BAMBINO: DALLA PRIMA INFANZIA ALL'ADOLESCENZA

Presentazione

Ho accolto con grande piacere l'invito a presentare l'edizione italiana di questo libro. Per me, leggerlo è stata una gioia. Ho detto gioia ed intendo gioia davvero, quella che si prova quando si sta di fronte al bello o si riesce perfino ad immergervisi, e quando fuori di noi si trova riscontro di ciò che si ha dentro.

Immergendomi nella genuina e perciò decisamente efficace esposizione di Chess e Thomas, tanto animata dai vissuti di una intensa e lunga esperienza, ricca di percezioni, osservazioni e studi scientifici, ho incontrato pensieri che sento completamente sincroni con quelli che mi sono costruito con la personale, pure lunga, esperienza di pediatra e insegnante di pediatria.

I pensieri che nascono, spontanei, senza sforzo, nell'esperienza, sono più di quelli che si costruiscono con le conoscenze, con i dati precisi e descrivibili che l'esperienza offre. Nascono da ciò che sfugge a precise descrizioni, dall'ineffabile che c'è sempre in ogni esperienza, solo che si sia disposti a percepirlo. Il libro di Chess e Thomas è straboccante di conoscenze e di dati scientificamente sperimentali, ma trasmette anche tanto di quello che non si riesce sempre a descrivere scrivendo, dell'ineffabile che fa nascere tanti pensieri. I genitori che si abbandoneranno all'esperienza di leggerlo se li troveranno nella mente, senza sforzo alcuno, o meglio se li ritroveranno, perché li posseggono già, chi più chi meno consciamente.

Ci sono anche parti non prontamente comprensibili da tutti, indubbiamente. Non si preoccupi chi non le comprende, e vada oltre. Alla fine avrà ugualmente il senso bellissimo di questo libro. Se poi vorrà approfondirlo, comprenderlo appieno, si rivolga a qualcuno per chiarimenti. Da medico vorrei tanto che questo qualcuno fosse il medico di fiducia, un medico con cui i genitori possano dialogare sul benessere del bambino, a cui non ci si rivolga soltanto quando il bambino sta male.

Da insegnante di medicina vorrei che il libro fosse letto anche da molti medici di famiglia, che siano o no specializzati in pediatria. Idealmente, vedrei genitori e medico di famiglia leggerlo insieme, discuterlo, spiegarselo l'un l'altro. Da docente di medicina che ha preso coscienza di quanto l'insegnamento significhi mettersi vicino agli allievi, al loro livello, comprenderne le personali inclinazioni, storia culturale, motivazioni, vorrei fossero anche molti insegnanti a leggerlo. Da pediatra, che ha avuto tanti confronti con i problemi dei bambini e delle loro famiglie, mi auguro infine che a leggerlo siano tutti quelli che sono impegnati in questi confronti, a qualsiasi ambito professionale appartengano, da quello dell'asilo nido a quello del tribunale.

* * *

Il senso del libro: io lo colgo in un messaggio che definirei liberatorio ed ottimista.

Il messaggio libera dall'idea che l'uomo nasca tutto pulsioni istintuali e riflessi condizionati, che ricerchi soltanto gratificazioni, magari con rabbiosità quando non le ottiene prontamente. Che lo sviluppo sia un conflitto che la persona deve sostenere tra pulsioni e mondo reale in cui inserirsi ed un districarsi nella rete persistente degli stimoli che gli vengono dall'ambiente e delle risposte che deve dare per adattarvisi. Che le esperienze che si fanno nei primi periodi della vita siano ineluttabilmente determinanti il futuro. Che i genitori, anzitutto la donna-mamma, siano carichi di reponsabilità e potenzialmente i primi colpevoli dei fallimenti dei figli.

Non si nega che ci siano elementi di verità in quest'ultima idea, che ha forti radici nella psicoanalisi e nella concezione comportamentista, ma è complessivamente un'idea tenebrosa da un lato e riduttiva dall'altro. Soprattutto non è molto consona alla visione che si desidera avere della dignità dell'uomo e del suo sviluppo, come persona che appartiene pienamente al mondo, che partecipa alla dinamicità complessa della vita, fin dalla nascita. Il messaggio del libro è ottimista perché mette in risalto la precocissima capacità dell'uomo di apprendere cognitivamente, di inserirsi, sviluppandosi, nel contesto fisico, sociale e culturale che lo accoglie, di adattarvisi attivamente con la flessibilità che gli è specifica, di elaborare in esso le esperienze e di trovarvi anche il modo di neutralizzare quelle negative che ha dovuto subire.

Genitori e figli si muovono insieme nel mondo, nel contesto a cui appartengono, in un'interazione che tra essi si instaura precocissimamente. I comportamenti degli uni sono complementari ai comportamenti degli altri, si completano reciprocamente. È l'idea dell'interazionismo dello sviluppo del bambino nella famiglia, della circolarità in cui le azioni dei membri della famiglia si distribuiscono come in un rincorrersi senza fine. Non è facile descrivere l'interazionismo, questa circolarità appunto, ma se nell'esperienza del vivere quotidiano si è attenti agli eventi, se ne acquisisce il senso. Lo si acquisisce cogliendo il senso stesso di questo libro.

Tra genitori e figli si instaura una compatibilità di comportamenti quando l'interazione funziona, con gradimento di entrambe le parti, ma compatibilità di comportamenti non significa compatibilità di temperamenti. Ogni persona, genitore e figlio, ha il proprio temperamento, che dipende dai geni che i figli ereditano dai genitori, ma che dipende pure da un processo complesso che inizia non appena le cellule si formano con la fecondazione. Esse, con i loro geni, trovano infatti collocazione nell'ambiente, da questo diventano dipendenti e con esso si adattano: un processo che si chiama epigenetico. Non è facile distinguere ciò che nell'uomo dipende dai geni, dal processo epigenetico, dall'ambiente.

Anche per il temperamento è una distinzione difficile. Certo è che con l'adattarsi continuo del temperamento individuale all'ambiente si costruisce la personalità. Sono le personalità, in evoluzione continua, che cercano di essere l'un l'altra compatibili. È una vera ricerca, continua e desiderata, non è un idillio di totale armonia, e in quanto ricerca è fatta anche di conflitti, buoni, salutari conflitti, che contribuiscono alla maturazione della personalità. Il tutto, naturalmente, nei limiti della normale variabilità degli esseri umani.

* * *

La normalità è complessa nella sua variabilità, e ciò di cui bisogna avere coscienza è la complessità della vita e della normalità. Il che è l'opposto del semplicismo riduttivo. Con questa coscienza molta prudenza va messa nel giudizio dei comportamenti, delle interazioni, delle stesse teorie scientifiche. Incombe il rischio che i pensieri che si producono, invece di favorire continuamente idee con cui meglio comprendere il mondo ed i propri simili, diventino ideologie, ed in queste rimangano incastrati. Nell'incastro si formano regole che anziché guidare utilmente creano problemi e sensi di colpa in chi non riesce a seguirle.

Di ideologie e di regole inutili ne sono state prodotte tante per l'educazione e per l'allevamento del bambino, e bisogna sapersene liberare. I genitori non possono pretendere di essere perfetti, non devono sentirsi colpevoli per gli errori umani che commettono con i figli. Ciò che i figli si attendono da essi non è molto, anzi è poco, essenzialmente è genuinità nell'interazione. Se ricevono genuinità i figli sanno accettare molto, e sono indulgenti.

Gli Autori del libro ricordano gli studi che dimostrano come non ci siano rapporti diretti tra i diversi stili educativi dei genitori e i comportamenti successivi dei figli. Ciò che influisce negativamente su questi comportamenti sono i conflitti tra i genitori, l'incongruenza che deriva dalle loro condotte. I bambini soffrono la mancanza di genuinità che sentono in questa incongruenza.

Il desiderio sarebbe di intrattenermi ancora su tanti altri aspetti di questo libro, di proporre tante personali riflessioni. Per presentarlo ho scelto soltanto qualche tema generale che particolarmente si addice al senso che di esso io ho colto. Ogni lettore, nel confronto con se stesso, di riflessioni potrà farne moltissime altre.

SERGIO NORDIO
Università di Trieste
[1989]

Conosci tuo figlio

Un'autorevole guida per i genitori di oggi

Premessa

I genitori oggi sono sommersi da libri e articoli pieni di specifiche prescrizioni sul modo di allevare i figli. Per lo più questi «consigli dell'esperto» si basano sulle opinioni personali dell'autore e dipendono da una particolare teoria dello sviluppo, con appena qualche frammento di dati concreti in appoggio. Spesso i consigli sono contraddittori, ma tutti sono sicuri di avere la ricetta per produrre un bambino perfetto. I genitori benintenzionati che si aggrappano a questi libri per trovarvi l'ultima parola in fatto di educazione dei figli si troveranno davanti una vera torre di Babele.

Questo libro non è l'ennesimo compendio di ricette per produrre il bambino perfetto. Il nostro scopo è piuttosto fornire ai genitori un'informazione esatta basata su solide ricerche scientifiche nel campo dello sviluppo infantile, un'informazione che possano usare proficuamente quando si occupano dei loro figli.

Un'esplosione di scoperte e idee nuove nell'ultimo quarto di secolo ha radicalmente cambiato la nostra conoscenza del bambino e del rapporto fra genitori e figli. Noi riteniamo di essere in una posizione privilegiata per valutare queste ricerche, per giudicare criticamente della loro validità e utilità e per tradurre i risultati importanti della ricerca scientifica in una forma che sia utile e comprensibile per i genitori. Abbiamo condotto uno studio trentennale che ha seguito lo sviluppo di un gruppo numeroso di bambini dalla prima infanzia fino all'età adulta. Noto come New York Longitudinal Study, questo nostro lavoro ha stimolato molte ricerche affini in vari centri americani e stranieri. Negli ultimi venti anni abbiamo inoltre curato le edizioni annuali dei volumi di *Progress in Child Psychiatry and Child Development*, incarico che comportava la rassegna di un centinaio di riviste scientifiche ogni anno per selezionare i contributi più importanti da ripubblicare nell'annuario. Infine, quarant'anni d'insegnamento e di pratica professionale con i bambini e i genitori ci hanno dato l'opportunità di applicare i risultati della ricerca alla prevenzione e trattamento dei problemi psicologici nell'età evolutiva.

Questo libro presenta vari temi centrali, ricavati dal lavoro di ricerca nostro e altrui, e cita i dati scientifici a sostegno di ognuna di queste idee:

1. Il bambino è fin dall'inizio un essere umano a pieno titolo. Nasce con un corredo biologico che immediatamente lo abilita ad entrare in una relazione sociale coi genitori e ad avviare un processo di apprendimento attivo circa il mondo che gli sta intorno.

2. I bambini sono diversi in partenza. Questo è stato uno dei punti focali del nostro lavoro di ricerca, confermato da molti altri studi. Un insieme importante di differenze individuali è costituito dal temperamento. Il temperamento del bambino influenza le sue risposte alle cure genitoriali, così come influenza gli atteggiamenti e il comportamento dei genitori stessi. In questo senso la relazione fra genitore e bambino è una via a doppio senso: ciascuno influisce continuamente sull'altro.

3. Ci sono molti modi diversi di essere un buon genitore. Come i bambini hanno le loro caratteristiche individuali, così le hanno i genitori. Non esiste affatto un'unica ricetta magica valida per tutti i bambini. Decisiva per un sano sviluppo è quella che abbiamo chiamato «buona compatibilità» – in altre parole, una corrispondenza soddisfacente fra gli atteggiamenti e aspettative dei genitori da un lato e il temperamento e le altre caratteristiche del singolo bambino dall'altro.

Esponiamo in dettaglio questi tre temi nella prima parte del libro, in modo che i genitori possano applicarli quotidianamente coi loro bambini. Consideriamo poi diversi altri problemi che interessano i genitori, avendo sempre di mira questa domanda: che cos'abbiamo imparato dalle migliori ricerche in questo campo? E poi: che cosa sappiamo delle differenze fra i sessi in età evolutiva? Le esperienze di vita del bambino determinano il corso della sua vita futura? Gli errori dei genitori sono irreversibili? Che effetti ha sul bambino la madre che lavora? Può esserci amicizia tra fratelli (e sorelle)? Quali problemi particolari pone il bambino handicappato? Come valutare il significato dei test d'intelligenza? Come affrontare il divorzio o l'adozione? Quali ruoli può svolgere il padre? Che fondamento scientifico hanno concetti come quello di «legame primario», «attaccamento» e «stimolazione cognitiva»?

Quando le risultanze della ricerca sono ancora dubbie, noi esprimiamo la nostra opinione, basata sulla conoscenza che abbiamo dei bambini, badando sempre a distinguere fra le nostre convinzioni personali, per quanto radicate, e l'informazione basata su solidi dati scientifici.

Guardando indietro alle molte sfide che negli ultimi trent'anni abbiamo portato a teorie non verificate e non dimostrate dello sviluppo infantile, o alle tante controversie che in questo tempo abbiamo avuto con autorevoli colleghi, ci colpisce un tema ricorrente: abbiamo sempre preso le difese dei genitori. Nel corso degli anni la moda ha portato alla ribalta una dopo l'altra una serie di teorie nelle quali era sempre il genitore, di solito la madre, ad esser tenuto responsabile dello sviluppo psicologico del bambino. A un esame attento, queste teorie si rivelano troppo spesso costruite su congetture, mezze verità o interpretazioni abusive dei dati esistenti. Siamo soddisfatti dei numerosi articoli e libri che abbiamo scritto, ed ora di quest'ultimo, in cui contestiamo l'ideologia che individua la madre come capro espiatorio di tutti i mali del bambino.

Ci sono genitori cattivi, ma quasi tutti desiderano il benessere dei figli. Se sbagliano in qualche modo, è più spesso per ignoranza o confusione che per malvagità. Genitori che *conoscono i propri figli*, e che non siano disorientati da consigli contraddittori, sapranno in genere trovare il metodo migliore di prendersi cura dei bambini. È per questo che abbiamo intitolato il libro *Know Your Child*.

Dobbiamo molto a Jo Ann Miller, responsabile editoriale della Basic Books, che ha collaborato con noi in maniera intelligente e instancabile, mettendo in discussione le nostre formulazioni ogni volta che non erano documentate, pretendendo che la nostra esposizione fosse chiara per i genitori, indicandoci numerosi punti che non avevamo trattato adeguatamente. La sua esperienza editoriale ci ha enormemente aiutati a irrobustire questo libro.

Siamo anche grati a Nina Gunzenhauser per il suo ottimo lavoro di stesura del materiale e per gli eccellenti suggerimenti.

Le nostre ricerche sono state generosamente finanziate dal National Institute of Mental Health e da altri Enti federali, oltre che dal New York City Research Council e da varie fondazioni private. Abbiamo inoltre potuto godere di un continuo sostegno da parte dell'amministrazione del nostro istituto, il Centro medico dell'Università di New York.

Ma soprattutto siamo in debito verso i ragazzi e i genitori del New York Longitudinal Study, che hanno collaborato con noi per tutti gli anni di questa ricerca, e continuano a farlo. Senza la loro collaborazione, il nostro contributo al settore dello sviluppo infantile, qualunque esso sia, sarebbe stato impossibile.

PARTE PRIMA

I bambini sono diversi, i genitori sono diversi

I

I misteri dello sviluppo umano

Nuove domande, nuove risposte

Teniamo in braccio la nostra nipotina Sarah, di tre settimane. Sta ferma e fissa il nostro volto, ma non sorride né dà segno di riconoscerci. Il suo comportamento non è diverso quando a tenerla in braccio è la mamma, il babbo o un estraneo.

Vista dal di fuori, la sua vita sembra consistere in nient'altro che mangiare, dormire e svuotare la vescica e l'intestino. Si muove nella culla, ogni tanto piange, ma si consola se viene nutrita o carezzata. Che cosa succede nel suo cervello? Come risponde al flusso continuo di sensazioni che le arrivano dall'esterno? È vero, come scriveva un secolo fa William James, pioniere della psicologia americana, che «il neonato, assalito contemporaneamente dagli occhi, orecchi, naso, pelle e visceri... sente che tutto è un'unica grande confusione ronzante e scintillante» (1890)? Oppure, come vorrebbe la teoria psicoanalitica, Sarah è sospinta dagli istinti sociali primitivi e irrazionali dell'«Es» (Freud, 1933)? Possibile che non sia ancora un essere umano? Possibile che sia prigionera di uno stato mentale patologico, affine a quella terribile malattia mentale infantile che va sotto il nome di autismo? Una figura di primo piano nel campo dell'analisi infantile, definendo questo stato «autismo fisiologico», vede infatti il lattante «immerso in uno stato di disorientamento allucinatorio primitivo, nel quale la soddisfazione del bisogno appartiene alla sua onnipotente orbita *autistica*» (Mahler, Pine e Bergman, 1975, p. 42). Oppure, tutto al contrario, la piccola Sarah è già posseduta da idee complesse ed elaborate, come onnipotenza e narcisismo, come vorrebbero altri autori (A. Freud, 1965)?

Può darsi che Sarah sia invece già un normale essere umano, indaffarato a usare le capacità e potenzialità che ha fin dalla nascita per organizzare le sue sensazioni ed esperienze in strutture psicologiche sempre più coerenti e complesse. Forse Sarah non è affatto «assalita» da queste sensazioni, né prigioniera di un qualche stato patologico di autismo, o dotata di misteriose capacità di onnipotenza e narcisismo. Forse è già alle prese col mestiere di crescere per diventare una brava ragazza. Come si fa a decidere qual è la teoria giusta? Come raccogliere dati di fatto che ci dicano che cosa sta veramente succedendo dentro il cervello del neonato?

Il maggiore dei nostri nipoti, Ricky, quattordici anni, viene a trovarci nella nostra casa di campagna. A scuola va bene, ha molta voglia d'imparare e fa molto sport. È socievole e ha molti amici. Non è affatto un modello di virtù: è capace di fare dispetti alle sorelline e quando è possibile trova qualche scusa per non fare ciò che gli toccherebbe. Ma non c'è cattiveria in questi suoi comportamenti, che pure possono dare fastidio, e risponde allegramente quando lo si richiama ai suoi doveri. Prende bene i rimproveri e le critiche, si tratti della scuola, delle buone maniere a tavola o del modo di parlare, e si mostra pronto a cambiare. Ha un atteggiamento amichevole verso il figlio dei nostri vicini, Michael, che ha due anni meno di lui, e lo incoraggia quando giocano insieme, invece di farla da padrone. Una volta che Michael ha fatto una bizza per un piccolo dispiacere, Ricky gli ha spiegato in tono amichevole, ma serio, che quello era un comportamento sciocco e infantile e che avrebbe dovuto comportarsi più da grande. Già ora Ricky sente l'esigenza di affermarsi nella vita adulta e annuncia che da grande dovrà trovarsi un buon lavoro. Perché? Spiega che ha sentito suo padre lamentarsi del prezzo del gasolio e di quanto gli costa il riscaldamento invernale. Per ora comunque è incerto e non sa se vorrà fare il giocatore di *baseball* o il medico, ma sa che in tutti e due i casi dovrà impegnarsi a fondo.

Dall'altra parte c'è Eddie, un ragazzo di tredici anni che abbiamo in trattamento. Primogenito di una famiglia benestante, desiderato dai genitori che si sono dedicati a lui con piena disponibilità, Eddie è un bambino sano e intelligente. I rapporti fra i genitori sono ottimi e l'atmosfera in famiglia è veramente serena. Eddie avrebbe tutto a favore, eppure il suo sviluppo è stato difficile, segnato da agitazione e contrasti, cattivo rendimento scolastico e pessimi rapporti con i coetanei. La psicoterapia è stata una scelta obbligata, ma non è stato facile ottenere cambiamenti in meglio.

Da che cosa dipende questa radicale differenza fra lo sviluppo di Ricky e di Eddie? Da quello che hanno fatto i genitori quando i bambini erano ancora piccolissimi, come vorrebbe una teoria che ha goduto in passato di grande popolarità? Oppure la risposta è più complessa e variata? E nostra nipote Sarah diventerà come Ricky o come Eddie, o magari del tutto diversa dall'uno e dall'altro? E quali sono le cause che determineranno il risultato finale? Le caratteristiche di personalità di Ricky e di Eddie sono già fissate una volta per tutte? E, se non lo sono, che possibilità di cambiamento esistono e quali forze possono produrre un cambiamento, nel bene o nel male?

Di certo non abbiamo tutte le risposte a queste domande. Capire i processi dello sviluppo psicologico umano è forse l'impresa più complessa e difficile per la ricerca scientifica, una sfida più ardua dello studio dell'universo o delle particelle subatomiche. Ma nell'ultimo quarto di secolo si è avuta un'esplosione enorme della conoscenza intorno allo sviluppo psicologico del bambino e dell'adolescente, e ora un incremento simile si sta avviando nel campo dello sviluppo dell'adulto. La ricerca in psichiatria, psicologia evolutiva, sociologia e neurobiologia ha prodotto scoperte dalle profonde implicazioni teoriche e pratiche. Vecchie teorie accettate devono esser sottoposte a modifiche e anche a revisioni drastiche. Sul versante pratico, le nuove conoscenze si fanno sentire non solo in ordine ai consigli che possiamo dare ai genitori per l'allevamento e l'educazione dei figli, ma anche nell'atteggiamento degli insegnanti verso i singoli allievi e nelle strategie terapeutiche seguite da medici e psicologi nel trattamento dei bambini con disturbi del comportamento.

Il nostro scopo in questo libro è far luce sui misteri dello sviluppo umano, in modo che si possa arrivare a capire meglio che cosa succede dentro il cervello di Sarah quando se ne sta buona buona nelle nostre braccia, e perché mai bambini come Eddie e Ricky hanno uno sviluppo tanto diverso. Per rispondere a queste domande condurremo il lettore in un viaggio pieno di scoperte, durante il quale faremo una ricognizione delle più interessanti e recenti ricerche, descriveremo le conseguenze pratiche delle attuali cognizioni e teorie, illustreremo alcune delle domande che ancora aspettano risposta.

MAL DE MÈRE: LA MADRE COME CAPRO ESPIATORIO

Quanto a noi, il nostro viaggio alla scoperta di misteri dello sviluppo umano l'abbiamo cominciato oltre trent'anni fa. Eravamo colpiti, nella nostra pratica professionale, dal gran numero di madri che incolpavano se stesse per tutto quello che non andava nel bambino: malessere, cattiva condotta, sviluppo non «normale». Indipendentemente dalle circostanze, tutta la responsabilità dei problemi dei figli era scaricata senza mezzi termini sulle spalle della madre, non solo da sedicenti esperti, ma dai genitori stessi.

Una madre, in particolare, M., ci è rimasta impressa nella memoria. Giovane, chiaramente angosciata, era convinta di aver bisogno di un trattamento psichiatrico perché non ce la faceva col suo Bobby, un bambino di pochi mesi: «Perché sono così cattiva come madre? Sto rovinando il mio bambino e non so che fare», diceva fra le lacrime. Bobby, si venne a sapere, era stato difficile da trattare fin dall'inizio: strillava e si divincolava ogni volta che gli facevano il bagno, aveva un sonno irregolare e, a maggior costernazione della madre, rifiutava ogni cibo nuovo, piangendo e allontanando la testa quando glielo proponeva.

Benché il marito e il pediatra cercassero di rassicurarla, un amico psichiatra aveva accresciuto la sua angoscia dicendole che un bambino sano e normale con una madre affettuosa e tenera non doveva comportarsi in quel modo. Evidentemente Bobby reagiva a qualcosa di patologico dentro di lei, sentenziò: inconsciamente doveva essergli ostile, o insicura, o le due cose insieme. E l'amico citava un famoso psicologo ricercatore, secondo il quale i bambini nel primo anno di vita assorbirebbero i sentimenti inconsci della madre «per contagio» (Escalona, 1952, p. 46). Il fatto che non ci fossero prove a sostegno di queste affermazioni sembrava non preoccupare affatto lo psichiatra, che concludeva consigliandole una psicoterapia intensiva per scoprire la sua «ostilità inconscia».

Mentre ascoltavamo la sua storia, ci rendemmo conto che M. non aveva alcun bisogno di una psicoterapia, costosa e probabilmente inutile. Quello di cui aveva un gran bisogno era una miglior comprensione di come son fatti i bambini piccoli, specialmente del fatto che sono molto diversi l'uno dall'altro nel modo di comportarsi e di reagire al mondo che li circonda. Le spiegammo che il suo Bobby era un bambino perfettamente normale, che però aveva bisogno di molto tempo per adattarsi a situazioni e richieste nuove. Per aiutarla a trattarlo in maniera più adeguata, le insegnammo ad introdurre i cibi e le esperienze nuove con molta gradualità, senza aspettarsi che ci si abituasse subito come i figli delle sue amiche. Quando si accorse che il metodo funzionava, con i cibi, col bagno e anche quando si trattava di andare in posti nuovi (le avevamo suggerito di portarsi dietro qualcuno dei giocattoli preferiti di Bobby, perché si sentisse un po' come a casa), M. fu enormemente sollevata e smise di pensare di essere una cattiva madre.

In quello stesso periodo si rivolsero a noi anche i genitori di Roger, un bambino di nove anni che aveva difficoltà nell'apprendimento della lettura. Stavolta a tormentare i genitori non era uno psichiatra ma l'insegnante, che li subissava con uno spiegamento impressionante di «prove» che le difficoltà di Roger nella lettura erano di origine «psicologica», insistendo sulla necessità di una psicoterapia per lui e per la madre. Questa a suo dire l'avrebbe sottoposto a pressioni eccessive, con aspettative irrealistiche e in generale un eccessivo coinvolgimento nel lavoro scolastico, in particolare nella lettura. Dopo tutto, notava l'insegnante, Roger era un bambino intelligente che andava bene in aritmetica e partecipava senza difficoltà alle discussioni in classe: pertanto, la sua incapacità di leggere non poteva che essere psicologica.

Un aspetto di questo «eccessivo coinvolgimento» della madre nel lavoro scolastico di Roger – il fatto che scrivesse sotto dettatura i testi che Roger altrimenti non sarebbe riuscito a mettere per iscritto – ci dette un indizio circa la reale natura del problema. Era chiaro che le preoccupazioni della madre non erano la *causa* ma piuttosto l'*effetto* delle difficoltà di lettura di Roger. Quasi vent'anni prima, in uno studio sulle turbe del linguaggio che è ormai diventato un classico, un medico del Midwest di nome Samuel Orton aveva presentato un ricco materiale che dimostrava come questi problemi di apprendimento possano essere causati da ritardi nella maturazione di certe funzioni cerebrali (Orton, 1937). Nei casi lievi il problema poteva essere passeggero, nei più gravi la maturazione delle aree cerebrali del linguaggio poteva essere compromessa in permanenza. Oggi si tende semmai ad esagerare nell'attribuire difficoltà di linguaggio a disfunzioni cerebrali, ma negli anni '50 le idee di Orton erano virtualmente sconosciute e la grande maggioranza degli psichiatri, psicologi e pedagogisti era ferma all'idea che la causa dei problemi di apprendimento fosse da ricercare in una relazione disturbata fra la madre e il bambino.

Per l'appunto uno di noi aveva da poco terminato un lavoro su un gruppo di bambini che presentavano esattamente i disturbi del linguaggio descritti da Orton (Chess, 1944), e studiando più da vicino l'anamnesi di Roger e le sue prestazioni attuali ci venne in mente che si potesse trattare proprio di un ritardo evolutivo nella maturazione delle aree cerebrali che presiedono alla lettura. Anziché psicoterapia consigliammo un trattamento di recupero didattico. Con l'aiuto di un'insegnante speciale abituata a pensare che le difficoltà di lettura possano avere una base biologica piuttosto che emotiva, Roger fece ottimi progressi e nell'arco di due anni si rimise in pari con il livello della sua classe scolastica.

Perché cominciammo la nostra ricerca

Queste esperienze con la signora M., coi genitori di Roger e con molti altri come loro, ci confermarono che il diffuso dogma psichiatrico di scaricare le colpe sulle madri non aggiungeva nulla alla comprensione dello sviluppo del bambino, né aiutava in alcun modo i genitori a fare un buon lavoro coi figli o a vivere bene la propria esperienza. Su tanti casi che abbiamo visto, c'era sì qualche genitore disturbato o rifiutante che effettivamente minava col suo comportamento il benessere emotivo e fisico del bambino, ma la stragrande maggioranza era formata da persone benintenzionate che si sforzavano di essere buoni genitori ed erano ostacolate dall'idea radicata che tutto quanto non andava fosse colpa loro. Le nostre esperienze sollevavano anche domande importanti alle quali non sapevamo rispondere: Bobby avrebbe mantenuto per tutta la vita quel tipo di risposta alle novità? C'era un modo per individuare sistematicamente i «problemi» normali nello sviluppo di un bambino, in modo che i genitori non dovessero sentirsi in colpa? E come si poteva fare – cosa questa forse più importante di tutte – a educare i genitori e gli operatori in genere, così come avevamo aiutato i genitori di Bobby e di Roger?

Avevamo fatto del nostro meglio con ognuna delle famiglie che si erano rivolte a noi, ma a questo punto era necessario trovare il modo di affrontare il problema a un livello vasto e decisivo.

Sapevamo di assumerci un compito difficile. L'ideologia che colpevolizzava le madri (a volte estesa anche ai padri) dominava il campo della salute mentale negli anni '50 e andava a briglia sciolta nel pensiero di quasi tutti gli specialisti del settore e degli altri operatori che in qualche modo si occupavano dell'infanzia. Parliamo di ideologia, anziché di teoria, perché era un sistema stabilito di idee le cui premesse non dovevano essere messe in dubbio, mentre una teoria scientifica è sempre considerata incompleta e aperta alle confutazioni e al cambiamento.

Dire che questa ideologia correva a briglia sciolta è davvero un eufemismo. Alle madri veniva addebitata qualunque cosa non andasse per il verso giusto nei figli, si trattasse di un semplice disordine del comportamento, difficoltà scolastiche, condotta antisociale in adolescenza, turbe psichiatriche tra le più varie, numerose malattie fisiche. Si inventavano addirittura termini nuovi. C'era la «madre schizo-freno-genetica», che inconsciamente esercitava un'influenza così maligna da suscitare nel figlio una patologia schizofrenica. C'era il «doppio legame», nel quale la madre inviava al bambino messaggi contraddittori disorientandolo in modo tale da indurre gravi turbe mentali. C'erano i «genitori frigorifero», talmente freddi e insensibili da provocare nel bambino l'autismo, malattia mentale infausta quanto mai che si instaura in età prescolastica. Un centro all'avanguardia nel trattamento dei bambini affetti da grave asma inventò la «parentectomia», la necessaria separazione del bambino dalle figure parentali, che erano la causa della malattia. Altre idee analoghe si moltiplicavano anche quando non si costruivano parole nuove. Per esempio, l'adolescente antisociale avrebbe agito i «desideri inconsci» dei genitori, un'idea che veniva presentata come vangelo in tutta una serie di articoli scientifici. Le prove? Non ce n'era bisogno, dato che la spiegazione si inseriva perfettamente nell'ideologia dominante: dimostrazione più che sufficiente.

L'influenza di Freud e Pavlov

Che cos'è stato a produrre questa ideologia? In primo luogo è stata l'influenza della psicoanalisi freudiana, secondariamente quella del comportamentismo, basato sull'opera geniale del neurofisiologo russo Ivan Nicolaevič Pavlov.

Gli inizi dello studio dello sviluppo psicologico umano, normale e patologico, presero forma quasi un secolo fa sotto l'impronta del lavoro creativo e fecondissimo di Freud e di Pavlov. Ciascuno a suo modo, avevano entrambi demolito le concezioni meccaniche dell'epoca, che vedevano nel lattante un *homunculus*, un adulto in miniatura dotato di tutti gli attributi fisici e psicologici che l'avrebbero caratterizzato nel corso successivo dell'esistenza. Sia Freud che Pavlov sottolineavano però il processo d'interazione fra biologia e ambiente nel plasmare le caratteristiche comportamentali dell'individuo. Entrambi rintracciavano gli effetti delle esperienze di vita nel trasformare schemi semplici di risposta in configurazioni comportamentali più complesse. A tutti e due dobbiamo metodi per lo studio della psicologia umana che si sono dimostrati enormemente produttivi nelle mani loro e delle generazioni successive.

A partire dagli anni '30 o poco dopo, Freud e la psicoanalisi hanno esercitato una forte attrazione sulla psichiatria americana. Freud metteva in evidenza il senso e lo scopo da trovare in molti comportamenti che apparivano accidentali o irrilevanti. Mostrava come il comportamento possa esser determinato da motivazioni che risiedono fuori della consapevolezza e come angoscia, conflitti e meccanismi di difesa influenzino i nostri scopi, sentimenti, pensieri e fantasie. Aveva inoltre elaborato un sistema per il trattamento di tutta una varietà di disturbi psicologici, attraverso tecniche come l'interpretazione del sogno, l'associazione libera (il paziente che verbalizza tutto quanto gli viene in mente) e l'analisi del transfert (le reazioni emotive e comportamentali del paziente verso l'analista).

È difficile immaginare oggi l'emozione e l'interesse suscitati negli Stati Uniti dalle idee freudiane quando, mezzo secolo fa, divennero familiari agli specialisti della salute mentale, oltre a scrittori, filosofi e altri comunque interessati al problema della maturazione psicologica del bambino. Ecco che avevamo una visione dinamica della crescita di un essere umano, in luogo della concezione statica e sterile delle scuole tradizionali, tutte centrate sui fattori costituzionali ereditari. Giovani psichiatri, entrambi ci sottoponemmo al *training* psicoanalitico, considerato essenziale per poter comprendere e trattare i nostri pazienti. L'unico dubbio riguardava la scelta fra un istituto psicoanalitico che aderisse rigidamente alle teorie e tecniche freudiane, oppure una didattica sotto la guida di analisti che nutrissero un certo scetticismo verso alcune idee ortodosse, come la teoria degli istinti o l'esigenza assoluta di una cadenza di cinque sedute settimanali. Noi scegliemmo questo secondo tipo di *training*, e col passare del tempo molti analisti hanno finito per ammettere la necessità di una revisione dei concetti freudiani alla luce delle nostre conoscenze attuali.

Pavlov ha scoperto il meccanismo neurofisiologico di base che presiede alla formazione e modificazione dei riflessi condizionati. È questo il processo in cui riflessi innati, incondizionati, si trasformano grazie al collegamento con stimoli in arrivo dall'ambiente: uno dei vari modi in cui il bambino apprende, ed è influenzato dal mondo esterno. L'opera di Pavlov ha avuto grande influenza nella creazione della scuola comportamentista, fiorita sotto la guida dello psicologo americano John Watson. Il comportamentismo ha attratto numerosi psicologi e si è dimostrato utile nello studio dell'apprendimento e nel trattamento di certi specifici disturbi psicologici, come le fobie (gravi paure irrazionali). Esso ignorava rigorosamente tutti gli elementi soggettivi della mente umana: pensieri, sentimenti, conflitti e fantasie erano considerati una «scatola nera», inaccessibile all'indagine scientifica. Dati questi suoi limiti, il comportamentismo non ha mai avuto un'influenza paragonabile a quella della psicoanalisi, almeno negli Stati Uniti.

Psicoanalisti e comportamentisti erano tuttavia concordi nel proclamare i primi anni di vita decisivi ai fini di tutta l'esistenza successiva del bambino. Errori commessi in quel periodo dai genitori potevano produrre un danno permanente, irreparabile. Com'ebbe a dire nei primi anni '50 il presidente del Barnard College, «tutti gli specialisti sembrano dire ai giovani genitori che anche l'atto dall'apparenza più innocente, o una parola detta sbadatamente, possono *far del male* al bambino o *compromettere* la sua futura felicità. Lo danneggiate se fate dei confronti e se lo lodate perché è speciale. Lo danneggiate se siete troppo affettuosi con lui o se non siete abbastanza affettuosi» (citato da Bruch, 1954, p. 727). Una madre doveva essere «matura» per evitare di far danno al suo bambino. Ma nell'ottica psicoanalitica, secondo cui anche un comportamento apparentemente innocuo spesso riflette conflitti inconsci, erano pochissime le madri che soddisfacevano al criterio di maturità. Uno studio psicoanalitico su 22 madri scelte a caso, condotto a Boston negli anni '50, concludeva che una sola si poteva definire una «madre matura» (Pavenstedt, 1961).

La sfida della ricerca

Come potevamo combattere l'ideologia «tutta colpa della madre»? Avevamo sì un'impostazione alternativa. Eravamo convinti che i bambini abbiano differenze innate e che queste differenze siano forse non meno importanti dell'influenza familiare nel plasmare lo sviluppo individuale. Ciò forse poteva spiegare perché uno stesso insieme di principi pedagogici funzioni ottimamente con alcuni bambini, benino con altri, per nulla con altri ancora, e perché un metodo diverso possa risultare buono con quei bambini che hanno dato pessimi risultati col primo. Forse poteva spiegare perché certi genitori disturbati abbiano figli sani, mentre altri genitori, bravi ed equilibrati, hanno bambini difficili. Forse poteva spiegare perché genitori rigidi e punitivi producano un adolescente ribelle in una famiglia, inibito e sottomesso in un'altra. Con questo non si voleva negare l'influenza genitoriale, che in qualche caso è decisiva. Ma come si potevano spiegare questi esiti diversi se gli unici fattori determinanti erano i genitori e l'ambiente esterno?

Salvo poche eccezioni, i nostri colleghi rifiutavano queste idee. Quando presentavamo i nostri casi, di solito ci trovavamo davanti la risposta buona a tutti gli usi: «Non avete indagato abbastanza a fondo l'inconscio della madre. Se l'aveste fatto, avreste trovato una risposta diversa». Oppure ci si accusava di ripiegare su una concezione costituzionalistica dello sviluppo, ormai screditata.

Davvero sembrava difficile mettere in discussione l'ideologia dominante. Fin troppo spesso la madre di un bambino difficile appariva confusa, angosciata, piena di sensi di colpa. Per sostenere che questa poteva essere, almeno in qualche caso, la *risposta* materna al comportamento del figlio, anziché la *causa*, avevamo bisogno del sostegno di dati molto solidi.

Dati del genere avevano cominciato, però, a venire alla luce. Nel 1949 Harold Orlansky, antropologo alla Yale University, aveva pubblicato un esauriente panorama della letteratura scientifica sugli effetti che pratiche diverse di allevamento ed educazione avevano sullo sviluppo del bambino, concludendo che «lo sviluppo della personalità dev'essere considerato un'interazione dinamica fra un organismo in maturazione, nell'unicità dei suoi caratteri, e un ambiente fisico e sociale non meno unico ed irripetibile» (p. 39). Era questa la posizione che noi e un piccolo gruppo di psichiatri e psicologi andavamo sviluppando in maniera indipendente e graduale. Ma la critica di Orlansky fu ignorata ed egli stesso non ha mai approfondito questa linea di ricerca. Anche altri studi specifici furono lasciati cadere senza ricevere particolare attenzione. Per esempio, in una ricerca su 50 lattanti, la psichiatra e pediatra Edith Jackson e i suoi collaboratori di Yale non trovarono alcuna correlazione fra le pratiche seguite dalla madre nell'alimentazione e socializzazione del bambino e il comportamento di quest'ultimo, sia nel primo anno di vita (periodo nel quale si osservava sistematicamente il comportamento materno), sia nel secondo anno, come effetto differito (Klatskin, Jackson e Wilkin, 1956). Risultati come questi o erano ignorati del tutto dalla maggior parte degli specialisti, oppure «spiegati» con la razionalizzazione che gli effetti erano sepolti in profondità nell'inconscio dei bambini e si sarebbero manifestati solo col tempo.

Non eravamo i soli psichiatri ad esser disturbati da questa ideologia colpevolizzante per le madri e dagli effetti dannosi che poteva avere su madri peraltro disponibili e capaci. Hilde Bruch, un'autorevole neuropsichiatra infantile che a quel tempo insegnava alla Columbia University, scrisse in proposito un articolo fieramente polemico, nel quale levava un vivace grido d'allarme:

> La moderna educazione dei genitori è caratterizzata dal fatto che gli esperti segnalano dettagliatamente tutti gli errori che i genitori hanno commesso o possono eventualmente commettere, sostituendo la propria «conoscenza scientifica» alle tradizioni dei «vecchi tempi». Un quadro uniforme del comportamento genitoriale modello, un'immagine fittizia di artificiale perfezione della felicità, è sventolata davanti ai genitori che si sforzano valorosamente di raggiungere questo ideale sempre più lontano di «buon atteggiamento genitoriale», come i levrieri dietro alla lepre meccanica... Il nuovo insegnamento implica che i genitori sono responsabili di tutto e devono assumersi il ruolo di Fato preventivo per i loro figli (Bruch, 1954, p. 723).

Eppure anche la Bruch fu ignorata, senza che il suo articolo provocasse il minimo disagio nella comunità degli specialisti, che non fecero una piega.

Se era così facile sbarazzarsi di Bruch, Orlansky, Jackson e altri, quante probabilità avevamo nella nostra campagna a favore delle madri ingiustamente condannate e nel nostro tentativo di portare una nuova ottica nello studio dello sviluppo? Eravamo giovani, con una posizione professionale rispettabile ma non prestigiosa. Non eravamo neppure esperti ricercatori: la nostra formazione era di tipo clinico ed eravamo tutti presi dal lavoro quotidiano di trattamento e dall'attività didattica nella scuola medica.

Avevamo una certa familiarità coi requisiti di una seria ricerca scientifica dalle nostre letture e dai pochi articoli che avevamo pubblicato. Avevamo ben chiaro che solo uno studio che soddisfacesse criteri rigorosi poteva sperare di riuscire laddove gli altri avevano fallito. Dovevamo formulare chiaramente le nostre ipotesi, cioè quanto cercavamo di dimostrare. Dovevamo raccogliere sistematicamente l'informazione capace di confermare o confutare le nostre ipotesi. Questa informazione dovevamo trasformarla in categorie che si potessero definire chiaramente, tradurre in valori numerici e valutare quantitativamente a fini di analisi statistica. Le categorie da noi individuate dovevano essere suscettibili anche di un'analisi qualitativa, cioè di confronti caso per caso in grado di evidenziare somiglianze e contrasti di sviluppo che l'analisi statistica da sola non avrebbe saputo rivelare. I metodi di raccolta e analisi dei dati, così come le categorie e le loro definizioni, dovevano essere utilizzabili da altri ricercatori, in modo che i nostri risultati potessero essere confermati, modificati o confutati. E, quel che più contava, dovevamo dimostrare che le categorie identificate da noi avevano un significato funzionale nella vita dei nostri soggetti.

Le nostre ipotesi erano le seguenti:

1. Fin dalla nascita i bambini variano nel comportamento e nelle reazioni agli stimoli esterni. Queste differenze le abbiamo chiamate differenze temperamentali. Le differenze temperamentali non sono causate dal modo in cui la madre o altra figura sostitutiva tratta il bambino, ma possono esserne influenzate.

2. Queste differenze non sono vaghe e aleatorie ma possono essere raggruppate in categorie specifiche che possono essere definite e valutate. Alcuni esempi di categorie: intensità o energia con cui si esprime ogni sorta di umore; ritmicità, ovvero prevedibilità o imprevedibilità dei tempi di funzioni biologiche come sonno, fame e defecazione; livello di attività, ovvero frequenza e rapidità di movimenti nell'arco del giorno e della notte; risposta iniziale positiva o negativa a situazioni o persone nuove, con adattabilità rapida o lenta se la reazione iniziale è negativa. (Un elenco completo delle categorie, con definizioni e criteri di valutazione, è riportato nel capitolo seguente.)
3. I bambini, nel primo anno di vita e in seguito, si possono classificare in base alla valutazione in queste varie categorie: debole o intenso, alto o basso, rapido o lento.
4. La valutazione su queste categorie è tipica per ogni bambino, cosicché egli tenderà a manifestarle in situazioni e momenti diversi. Allo stesso tempo, diversamente da quanto prevedeva la concezione costituzionalistica, ormai screditata, l'espressione di queste caratteristiche non è fissa e immutabile ma può essere modificata da diverse situazioni ed esperienze di vita.
5. L'espressione, da parte del bambino, delle caratteristiche indicate da queste categorie influenza atteggiamenti e comportamenti della madre e degli altri adulti che accudiscono il bambino, oltre alle stesse risposte di quest'ultimo alle loro cure. In altre parole, le cure materne sono una via a doppio senso, con influenze reciproche e continue fra il bambino e l'adulto che si prende cura di lui, anziché una via a senso unico dall'adulto al bambino.
6. È questa interazione reciproca del bambino con la madre, e con le altre figure di rilievo, a determinare il corso dello sviluppo, non il bambino da solo o la figura che si prende cura di lui, presa in sé e per sé.

Queste ipotesi riconoscevano inoltre che altri aspetti del bambino, come particolari abilità o disabilità, o speciali esperienze di vita, possono avete effetti importanti sul suo sviluppo.

Non eravamo affatto i primi ad avanzare queste idee. Molti studiosi dello sviluppo avevano ipotizzato l'esistenza di tali differenze innate nei lattanti, e alcuni avevano identificato specifiche variazioni individuali nel livello di attività motoria, nei ritmi del sonno e dell'alimentazione, nella risposta sociale (un sommario di questa letteratura si può trovare in Thomas, Chess e Birch, 1968). Ma queste osservazioni di solito erano limitate all'una o all'altra di queste categorie, senza tentare un panorama sistematico del comportamento del bambino, né offrire indicazioni utili per replicare le osservazioni, e trascuravano di considerare l'effetto che le caratteristiche del bambino avevano sulla madre o il loro significato funzionale in ordine allo sviluppo successivo. Lo stato delle conoscenze in questo campo era così frammentario e disperso che nel 1950 la Mid-Century White House Conference on Children and Youth osservava:

> Tutti quelli che hanno avuto occasione di osservare bambini della stessa età sono stati colpiti dall'alto grado di variabilità mostrato da ciascuno. Anche i neonati differiscono non solo in caratteri fisici come peso e lunghezza, ma anche nel modo di reagire agli eventi... Allo stato attuale, però, le conoscenze empiricamente verificate intorno alle differenze individuali fra i bambini sono così scarse da far dubitare dell'utilità di includerle in questa relazione (Witmer e Kotinsky, 1952, p. 35).

Trovare un metodo adeguato per verificare le nostre ipotesi non era davvero un compito facile. I resoconti di altre ricerche non ci erano di alcun aiuto. Non riuscivamo a trovare nessun lavoro che indicasse il modo di ottenere un quadro sistematico e oggettivo delle caratteristiche essenziali del comportamento del lattante. Le ricerche pubblicate erano esercitazioni speculative prive di riscontri, con conclusioni basate su una teoria non dimostrata, o descrizioni di frammenti di comportamento, insufficienti per avere un panorama esauriente del bambino nella sua interezza, o ancora giudizi basati su impressioni e spunti clinici, senza alcuna indicazione che permettesse ad altri ricercatori di replicare le osservazioni. Per parte nostra, pensammo che le differenze nella risposta al condizionamento potessero darci qualche indizio – Pavlov aveva descritto differenze del genere nella sua sperimentazione con animali – e così comprammo una mezza dozzina di campanelli e li distribuimmo a un gruppo di madri che avevano appena avuto un bambino: per una settimana, ogni volta che il bambino piangeva, la mamma doveva agitare il campanello prima di dargli il latte. I risultati furono molto deludenti: il suono del campanello non pareva avere alcun effetto significativo sul pianto dei bambini o su qualunque altro comportamento.

Ma la risposta ai nostri interrogativi arrivò proprio mentre rivedevamo insieme con le madri i risultati di questo piccolo esperimento. Tutte ci parlavano del comportamento del loro bambino, non solo nelle poppate, ma per quanto riguardava i ritmi del sonno, il bagno, le reazioni a rumori improvvisi e ad altri eventi. Sulle prime stavamo ad ascoltarle per pura cortesia, ma ben presto cominciammo a capire che queste giovani madri ci stavano dando proprio l'informazione che volevamo: come funzionava il bambino in tutte le normali attività abituali della vita quotidiana e come si comportava di fronte alle cose nuove. Ogni bambino era diverso e mentre ascoltavamo ce lo vedevamo balzare agli occhi come un individuo unico nei suoi caratteri esclusivi.

La metodologia della ricerca

Le cose più ovvie sono spesso quelle che si afferrano per ultime. Dopo tutto sono i genitori, figure primarie nell'accudimento del bambino, a conoscere meglio di tutti i dettagli del suo comportamento. Solo un osservatore che vivesse davvero in casa per giorni o settimane potrebbe riprodurre questo tipo di conoscenza.

Ma rendersi conto di questo fatto non significava che potevamo semplicemente prendere i resoconti spontanei dei genitori e lavorare con quella sola informazione. Certi genitori volevano parlare soltanto di alcuni aspetti del comportamento del bambino e bisognava interrogarli pazientemente per avere altri dettagli, certi altri si limitavano a descrizioni brevissime e si dovevano incoraggiare a parlare di più, altri ancora non facevano che interpretare – «Gli piace questo; non sopporta quest'altro» – e bisognava insistere per ottenere i particolari concreti del comportamento del bambino.

Elaborammo così uno schema esauriente e sistematico di colloquio, con domande sui precisi dettagli di comportamento del bambino nelle usuali attività della vita quotidiana: il bagno, l'alimentazione, i ritmi del sonno, gli orari, vestirsi e spogliarsi, le reazioni a cibi nuovi, persone nuove, nuovi giocattoli e posti sconosciuti, e il successivo adattamento alle novità, oltre ad eventuali malattie o altri avvenimenti particolari. Queste interviste divennero il nostro metodo principe per raccogliere dati nei primi tre anni di vita del bambino. Alcuni colloqui avvenivano con entrambi i genitori, altri con la madre soltanto. Insistevamo ad ogni domanda per avere una descrizione dettagliata dei fatti e non ci accontentavamo delle interpretazioni dei genitori: chiedevamo sempre che cosa faceva il bambino, non perché, secondo loro, lo facesse (prendevamo nota però delle interpretazioni, indicative circa i loro atteggiamenti e pensieri anche se non attendibili come descrizioni).

I genitori variavano moltissimo quanto alla disinvoltura nel fornirci le informazioni richieste. Alcuni erano chiari, altri piuttosto vaghi, alcuni erano sintetici e puntuali, altri raccontavano con molte digressioni. Ma con domande pazienti riuscivamo ad ottenere informazioni chiare e dettagliate sul comportamento del bambino in una grande varietà di situazioni.

È stato messo in dubbio che ci potessimo fidare dell'esattezza di quanto riferito dai genitori. Dopo tutto, poteva darsi che cercassero di darci un'impressione favorevole dei loro bambini. Per evitare questo rischio, rassicuravamo tutti dicendo subito che consideravamo perfettamente normale il bambino e che bambini diversi, tutti normali, si comportano in modo diverso. Prendevamo inoltre ogni precauzione per formulare le domande in maniera da evitare implicazioni di valore. Per esempio, non chiedevamo «Si agita spesso?», ma piuttosto «Che tipi di situazioni lo mettono in agitazione? E che cosa fa quando è agitato?». Per una verifica dell'attendibilità delle descrizioni fornite dai genitori, due osservatori si sono recati separatamente in casa di 18 bambini ed hanno annotato il loro comportamento per un totale di due o tre ore. Queste osservazioni presentavano una correlazione significativa con i resoconti materni. Infine, dato che quasi sempre i colloqui avvenivano presso l'abitazione delle famiglie, avevamo molte occasioni di osservare discretamente il comportamento dei bambini, riscontrando una stretta correlazione con quanto riferito dalla madre. Quanto da noi rilevato circa la capacità dei genitori di fornire resoconti precisi e oggettivi del comportamento dei figli è confermato da altri ricercatori (Costello, 1975; Dunn e Kendrick, 1980; Wilson e Matheny, 1983).

Gli obiettivi della nostra ricerca ci obbligavano ad intraprendere uno studio longitudinale, osservando e valutando il comportamento dei nostri soggetti in un arco di tempo considerevole. Solo questo tipo d'indagine può rivelare la storia completa del comportamento di un individuo. Si tratta di una ricerca laboriosa che assorbe molto tempo e implica un'attesa di anni prima di avere risultati definitivi. Uno studio longitudinale è anche un po' una scommessa. Per esempio, se quando i soggetti hanno dieci anni viene fuori che sarebbe cruciale un certo tipo di dati raccolti a uno o due anni, è ormai troppo tardi per tornare indietro a procurarseli.

Ma non c'è nulla che possa sostituire uno studio longitudinale. Si possono ricavare molte informazioni utili da una ricerca trasversale – per esempio dal confronto del comportamento di un gruppo di bambini di due anni ed uno di cinque –, ma uno studio del genere non potrà evidenziare il corso che ha seguito la vita di un qualunque singolo bambino in questo periodo di tre anni. Può darsi, per esempio, che il soggetto A ottenga in una particolare valutazione comportamentale un punteggio alto a due anni e basso a cinque, mentre al soggetto B succede l'inverso, con un aumento dai due ai cinque anni: se ci limitiamo ad analizzare la tendenza globale sull'intero gruppo, questi due casi si elideranno a vicenda.

Gli studi longitudinali sono anche importanti perché non possiamo contare sul fatto che i genitori ricordino esattamente eventi di anni passati. La memoria gioca dei brutti scherzi a tutti noi. Ci capita di avere ricordi vivissimi della cui precisione non dubitiamo, per scoprire poi con disappunto che le cose in realtà sono andate diversamente o addirittura che non è mai successo nulla di simile. Abbiamo condotto un esperimento interessante proprio in questo senso nell'ambito della nostra ricerca. Nei colloqui del primo anno chiedevamo ai genitori se il bambino si succhiava il pollice o usava la tettarella. Quando il bambino aveva tre anni, due ricercatori che non avevano avuto precedenti contatti con il nostro lavoro chiedevano ai genitori se il bambino avesse avuto nel primo anno l'abitudine di succhiare il pollice o la tettarella. Le risposte a questa semplice domanda le abbiamo quindi confrontate alle risposte fornite in occasione del colloquio del primo anno. I risultati furono sorprendenti. Un buon numero di genitori aveva dimenticato che il bambino nel primo anno di vita si succhiava il pollice; viceversa, se non aveva mai avuto questa abitudine, tutti se lo ricordavano benissimo. Quanto all'uso del succhiotto, i risultati erano completamente rovesciati: nessun genitore aveva dimenticato il fatto che il bambino avesse usato il succhiotto, mentre alcuni di quelli i cui bambini nel primo anno succhiavano il pollice e non la tettarella, ora a distanza di due anni riferivano che avevano usato proprio il succhiotto. Questo risultato ci lasciò molto perplessi, finché uno dei ricercatori non trovò la soluzione: il Dr. Spock, autore del manuale di puericultura che era stato una vera Bibbia per questi genitori, criticava la suzione del pollice ma approvava l'uso della tettarella. Chiaramente il ricordo distorto dei genitori serviva allo scopo di allineare retrospettivamente il comportamento del bambino alle raccomandazioni del manuale (Robbins, 1963). Varie altre ricerche hanno accertato significative distorsioni nella memoria delle madri intorno ai primi anni di vita del bambino (Wenar, 1963).

Il medico curante, responsabile nell'immediato del trattamento di un paziente, deve affidarsi per l'anamnesi alla memoria del paziente stesso o dei genitori, se non dispone di fonti più attendibili. Ma il ricercatore ha una responsabilità diversa: la raccolta di dati pertinenti e precisi. A questo fine, la ricostruzione a memoria di eventi passati, semmai viene utilizzata, dev'essere trattata con grande cautela. I nostri colloqui coi genitori, così come gli altri dati che raccoglievamo da fonti diverse, erano focalizzati sul comportamento del bambino al presente o nel passato recentissimo.

Il New York Longitudinal Study

Cominciammo la nostra prima e maggiore ricerca, il New York Longitudinal Study (NYLS) nel 1956, anche se ci vollero circa cinque anni per raccogliere l'intero campione di 133 soggetti. Nella maggior parte dei casi, la prima intervista avveniva quando il bambino aveva due o tre mesi; solo in un piccolo numero siamo partiti da un'età leggermente superiore. I colloqui seguenti si succedevano a intervalli di tre mesi durante i primi 18 mesi di vita e poi a scadenza semestrale fino a 5 anni e annuale fino a 8-9 anni. Nelle età successive la ristrettezza dei nostri fondi ci ha costretti a limitare i controlli ai ragazzi con problemi di comportamento. Comunque, all'età di 16-17 anni abbiamo intervistato 107 dei nostri soggetti (e separatamente i loro genitori). Quelli non contattati in quell'occasione erano prevalentemente i più giovani, che abbiamo intervistato alla successiva scadenza di controllo, allorché avevano un'età compresa fra i 17 e i 19 anni. In quest'ultima serie di colloqui, condotti quando i soggetti al limite superiore della fascia d'età erano ormai in età adulta, abbiamo potuto contattare tutti i 133 componenti del nostro campione (e i genitori viventi, separatamente). Abbiamo avviato proprio ora un nuovo controllo sui nostri soggetti, giunti ormai intorno ai trent'anni.

Non ci siamo però accontentati delle informazioni ricavate dai colloqui coi genitori, per quanto preziose fossero. Con scadenza annuale, si conduceva un periodo di una-due ore di osservazione di ciascun bambino, all'asilo nido, alla scuola materna e in prima elementare (possibilmente, in orario tale da contemplare un periodo di gioco libero). Le osservazioni erano eseguite da un collaboratore della ricerca che non aveva precedenti conoscenze della storia o del comportamento del bambino. L'osservatore sedeva discretamente in un angolo della stanza e compilava un resoconto puntuale dei comportamenti del bambino, in termini descrittivi concreti (il soggetto ignorava completamente di essere osservato).

Fino alla prima elementare si procedeva annualmente anche ad un colloquio con l'insegnante o la puericultrice, a cura di un diverso collaboratore, anch'esso all'oscuro circa la storia precedente del bambino. Il colloquio con l'insegnante era strutturato sulla falsariga di quello coi genitori, insistendo sulla descrizione dettagliata del comportamento quotidiano del bambino nelle varie attività di *routine* e in occasione di avvenimenti speciali.

Test d'intelligenza erano somministrati a 3 e 6 anni d'età. Ci interessava una misura delle capacità intellettuali, nonostante tutti i limiti insiti nel QI. Ancor più ci stava a cuore avere un'informazione sullo stile di comportamento dei nostri soggetti in una situazione normale di esame standardizzato. Abbiamo perciò introdotto nella stanza dell'esame un osservatore che prendeva nota dettagliatamente nel comportamento e delle verbalizzazioni del bambino prima, durante e dopo il test. Questi dati aggiuntivi tratti dalle situazioni di scuola e di test ci hanno fornito una ricca informazione su molti aspetti delle modalità adattive e comportamentali del bambino, modalità che si potevano inoltre confrontare al comportamento in famiglia.

Quando i nostri soggetti avevano tre anni, si procedeva a un colloquio speciale con la madre e il padre separatamente (ma in contemporanea) per determinare i loro atteggiamenti verso l'accudimento del bambino, le condotte seguite nella pratica quotidiana, gli scopi che si prefiggevano nell'educazione dei figli e altre informazioni collegate. Questi dati costituivano un'importante integrazione sistematica delle impressioni raccolte dagli intervistatori che conducevano la serie di colloqui base. Questi ultimi, focalizzati sul comportamento del bambino, rivelavano perciò anch'essi molti aspetti della personalità dei genitori e della loro impostazione educativa.

Un obiettivo primario del NYLS era determinare se e come caratteristiche individuali del comportamento dei bambini influenzassero il loro sviluppo psicologico, sia nel bene che nel male. Avendo in mente questo aspetto, abbiamo riservato un'attenzione particolare a quei bambini del nostro campione che presentavano disturbi comportamentali. Questa focalizzazione era importante non solo per aiutare i bambini con problemi ma anche ai fini della comprensione del comportamento normale. Tutto ciò era in linea con la tradizione medica, dove lo studio di molti disturbi – vitaminici, ormonali, biochimici in genere – ha offerto spunti decisivi per intuire l'importanza funzionale di queste sostanze nell'organismo sano.

I genitori erano informati che uno di noi (per l'esattezza, Stella Chess) era sempre a disposizione per un immediato colloquio clinico se e quando il bambino presentasse un comportamento per qualunque motivo preoccupante. Quei genitori che avevano qualche problema si mettevano in contatto con noi direttamente o attraverso l'intervistatore. In certi casi era chiaro che il comportamento del bambino era essenzialmente normale e bastava una semplice rassicurazione o qualche consiglio. Laddove c'era invece il sospetto che il comportamento denunciato potesse rappresentare un effettivo problema psicologico, si procedeva ad una valutazione clinica completa, come si fa per tutti i casi segnalati: un'anamnesi dettagliata, una seduta di gioco col bambino, se necessario speciali accertamenti neurologici o psicologici. Come di consueto, si elaborava una valutazione clinica e diagnostica del problema sulla base di questa messa a punto. Solo in un secondo momento si riesaminava tutta l'informazione raccolta sul bambino nel corso della ricerca, a partire dal primo colloquio coi genitori. Questo riesame permetteva di formulare un giudizio circa l'origine del problema e i fattori che vi avevano contribuito; si potevano quindi fornire indicazioni ai genitori – ed eventualmente all'insegnante – circa il trattamento da seguire. Tutti i bambini con disturbi del comportamento sono stati ricontrollati a intervalli di tempo regolari, procedendo a un riesame clinico ogni volta che se ne presentasse la necessità.

Le nostre altre ricerche

Il nostro lavoro di maggior respiro, il NYLS, comprendeva un gruppo piuttosto omogeneo di famiglie della media e medio-alta borghesia, radicate negli Stati Uniti da almeno una generazione. Questa omogeneità aveva il vantaggio di ridurre al minimo le differenze attribuibili ad ambienti socioculturali diversi, ma poneva dei dubbi sulla possibilità di generalizzare i risultati ad altri gruppi socioculturali. Per questa ragione abbiamo raccolto dati anche su un gruppo di 95 bambini di famiglie operaie, figli di portoricani immigrati a New York (anche gli intervistatori e gli psicologi che somministravano i test erano portoricani). La metodologia della ricerca era la stessa usata nel NYLS, salvo il fatto che abbiamo potuto seguire i bambini solo fino a 6 anni. Inoltre, abbiamo anche studiato due campioni devianti: un gruppo di 52 bambini con lieve insufficienza mentale, non istituzionalizzati, e un gruppo di 243 bambini con minorazioni multiple a seguito di rosolia in gravidanza. Questi due gruppi speciali ci hanno permesso di esaminare gli effetti di differenze comportamentali combinate con varie turbe mentali e fisiche.

Nel seguito di questo libro riprenderemo alcuni dei temi specifici sollevati dal nostro lavoro di ricerca, dallo sviluppo emotivo, sociale e cognitivo dei bambini ai modi in cui le famiglie fanno fronte ai loro speciali bisogni e problemi*. Affronteremo alcune domande precise che i genitori sollevano spesso: è meglio per il bambino piccolo se la madre sta a casa? Fino a che punto si può prevedere, dal primo anno di vita, quale sarà il futuro sviluppo del bambino? Grazie ai risultati di ricerche recenti sullo sviluppo infantile, siamo oggi in grado di rispondere a domande come queste con maggior sicurezza che in passato. Nei capitoli che seguono presenteremo quindi non solo i risultati delle nostre ricerche, ma anche quelli di altri autori che hanno studiato scientificamente e sistematicamente lo sviluppo del bambino. Sulla base di questa solida evidenza fattuale, speriamo di riuscire a mettere in questione gran parte delle idee convenzionali tramandate, liberando i genitori, non meno degli altri addetti ai lavori, dai miti che hanno troppo a lungo avvolto nel mistero lo sviluppo psicologico umano.

* Quanto diremo dei nostri risultati si baserà, salvo indicazioni in contrario, sul campione del NYLS, il gruppo che abbiamo studiato più intensivamente e più a lungo, dalla prima infanzia all'età adulta. A chi fosse interessato a conoscere meglio i nostri risultati consigliamo di leggere *Temperament and Development* (Thomas e Chess, 1977) e *Origins and Evolution of Behavior Disorders* (Chess e Thomas, 1984).

II

I bambini sono diversi fin dall'inizio

Il temperamento e la sua importanza

Nel 1956 cominciammo a raccogliere informazioni dettagliate sul comportamento dei lattanti, servendoci dello schema di colloquio coi genitori che avevamo messo a punto. In capo a un anno ci convincemmo di essere sulla buona pista. I genitori sapevano descrivere con precisione e concretezza come mangiava e dormiva il bambino, come faceva il bagno, come si comportava quando lo cambiavano o quando stava sveglio nella culla, le sue reazioni ai pannolini bagnati, a un rumore forte e improvviso, alle novità (cibi, oggetti, persone, luoghi sconosciuti.) Riuscivano inoltre a descrivere in dettaglio quello che facevano quando il bambino era agitato per qualche ragione e la risposta del bambino a questi loro interventi. Quello che segue può essere uno scambio di battute tipico in una delle nostre interviste:

«Che cosa le ha dato la prima volta che la bambina è passata al cibo solido?».
«La farinata, due settimane fa, quando aveva quasi tre mesi».
«Le è piaciuta?».
«Moltissimo. L'ha assaggiata, ha aperto la bocca e l'ha mangiata tutta».
«Ha provato altri cibi solidi, dopo?».
«Sì, le ho dato diversi tipi di frutta e ci si è trovata bene proprio come con la farinata».

Con un'altra madre il colloquio poteva avere un andamento diverso:

«Che cosa le ha dato la prima volta che la bambina è passata al cibo solido?».
«La farinata, a tre mesi, poco dopo il primo colloquio che abbiamo avuto».
«Le è piaciuta?».
«No. Appena assaggiata l'ha sputata, si è messa a piangere e ha voltato la testa dall'altra parte. Accettava solo il biberon».
«E allora lei che cos'ha fatto?».
«Ho riprovato con la farinata il giorno dopo, e ha avuto la stessa reazione».
«E poi?».
«Ho aspettato qualche giorno e poi ho provato con la mela frullata. Non le piaceva nemmeno questa, ma non c'è stato male in confronto».
«Che cosa intende con "non c'è stato male"?».
«Insomma, ha sputato anche quella, ma non si è messa a piangere e non si è voltata dall'altra parte. Così ho riprovato il giorno dopo e stavolta non l'ha sputata ma l'ha lasciata colare fuori dalla bocca. Però non l'inghiottiva. La cosa mi ha incoraggiata un po', perché non ha fatto tutta quella scena, che aveva fatto per la farinata. Sicché ho seguitato a presentarle la mela frullata tutti i giorni e finalmente, dopo circa una settimana, ha cominciato a mandarla giù. Ora le piace, la divora letteralmente. Ho provato anche con altra frutta e ogni volta ha fatto la stessa trafila come con la mela».
«Ha riprovato con la farinata?».
«Sì, dopo che aveva cominciato a gradire la mela. Ma niente da fare, la sputava e piangeva, tale e quale la prima volta. Il giorno dopo le ho mescolato un po' di farinata con la mela e l'ha presa bene. Poi piano piano ho aumentato la quantità di farinata nel frullato e la prendeva sempre. Dopo un paio di settimane, quando ormai ero arrivata a metà e metà, ho riprovato a darle la farinata senza la mela. L'ha presa, an-

che se meno volentieri del frullato, e da allora gliela do quasi tutti i giorni».

Risultava chiaro dalle descrizioni dei genitori anche il fatto che i bambini differivano fra loro per molti aspetti già nei primi mesi di vita. Alcuni piangevano piano, altri forte, alcuni facevano molte bizze, altri solo di rado. Qualche bambino si assestava rapidamente e senza difficoltà in un ritmo regolare dei pasti e del sonno, mentre altri tendevano a cambiare orari da un giorno all'altro. Alcuni si muovevano attivamente nella culla, ruotando la testa, divincolandosi e agitando braccia e gambe, altri passavano la maggior parte del tempo immobili. C'erano quelli che accettavano subito i cibi nuovi e quelli che li rifiutavano regolarmente, adattandovisi solo dopo molti tentativi. Un rumore forte faceva sobbalzare certi bambini, mentre altri sembravano non curarsene; lo stesso succedeva per i pannolini bagnati, che davano chiaramente fastidio a quelli e non a questi. Il suono del telefono o una persona che passava vicino bastavano a distrarre alcuni bambini durante la poppata; altri invece continuavano a mangiare come se niente fosse.

Da queste descrizioni abbiamo potuto formarci un'immagine del lattante come essere umano funzionalmente organizzato, con un suo stile individuale di comportamento, ma sempre vigile e reattivo all'ambiente nel quale sta cominciando a crescere, anche se la risposta è diversa in ciascuno. Certo non è un adulto in miniatura, ma un essere umano dotato di una competenza funzionale adeguata al suo livello infantile di abilità e di attività.

Che cos'è il temperamento?

Il comportamento dei bambini si differenzia in molti modi. È diversa la velocità di maturazione delle varie competenze: passare da prono a supino, mettersi a sedere, strisciare, camminare, cominciare a parlare, imparare a leggere e scrivere, raggiungere la comprensione di idee astratte. È diverso anche lo sviluppo degli interessi e dei talenti particolari, così come gli scopi e le ambizioni che si formeranno crescendo. Tutti questi fattori sono importanti nello sviluppo di un bambino, ma erano stati studiati da molti altri ricercatori e non costituivano il centro focale del nostro lavoro. Ci interessavano piuttosto le differenze individuali nelle modalità di risposta a vari stimoli ed esperienze, fra cui le azioni e aspettative dei genitori (o loro sostituti), il comportamento delle altre persone nei loro confronti, le situazioni nuove nelle quali si imbattevano. Ci interessavano anche le differenze individuali nel modo di eseguire le comuni attività della vita quotidiana: dormire e mangiare, esplorare gli oggetti e poi via via le attività più complesse dei bambini più grandi. Queste differenze di comportamento erano state oggetto di scarsa attenzione da parte di psicologi e psichiatri, eppure ci sembravano avere grande importanza ai fini dello sviluppo psicologico dei bambini.

Vari studiosi della personalità, in particolare due psicologi americani, Raymond Cattell (1950) e J. Paul Guilford (1959), avevano suggerito quella che ci è sembrata una via praticabile per classificare i diversi aspetti del comportamento: il *che cosa*, il *perché* e il *come*. Il *che cosa* del comportamento si riferisce al livello di abilità e talenti: quanto bene una persona esegue una certa attività. Il *perché* del comportamento designa le sue motivazioni e finalità. Il *come* del comportamento attiene allo stile comportamentale, o temperamento: in che modo una persona fa quello che fa.

È proprio il *come* del comportamento, cioè il temperamento individuale, a costituire il principale, se non esclusivo, centro focale della nostra ricerca. Due bambini possono mangiare e vestirsi con la stessa abilità, saper andare in bicicletta altrettanto bene e avere le stesse motivazioni per queste loro attività. Due adolescenti possono avere interessi scolastici simili, le stesse capacità di apprendimento e le stesse ambizioni. Due adulti possono avere nel lavoro la stessa spinta motivazionale e un'identica competenza tecnica. E tuttavia questi due bambini, adolescenti o adulti possono differire nettamente nella rapidità di movimento, nella disinvoltura nell'affrontare un nuovo ambiente fisico, o situazione sociale o compito, nell'intensità e carattere dell'espressione emotiva, nella distraibilità o concentrazione che manifestano quando si dedicano a un'attività. In altre parole, il loro stile comportamentale può essere diverso.

Naturalmente, i diversi aspetti del comportamento non risiedono in compartimenti stagni separati: abilità, motivazioni e temperamento si influenzano tutti a vicenda. Un bambino che per temperamento è perseverante in quasi tutte le sue attività può essere scarsamente motivato verso un'attività in particolare, come imparare a nuotare – magari a causa di una scarsa attitudine motoria – e in conseguenza manifestare una scarsa perseveranza nelle lezioni di nuoto. Viceversa, un altro bambino che di solito è molto meno perseverante può essere fortemente motivato ad imparare a nuotare e mostrarsi molto tenace in questa particolare attività. Analogamente, il temperamento può influire su abilità e motivazioni: in un bambino pieno di energia e incline all'attività muscolare, esser costretto a restare per ore seduto nel banco a scuola può compromettere la motivazione all'apprendimento e impedire il pieno sviluppo delle attitudini allo studio.

Dato che l'espressione del temperamento può essere influenzata da motivazioni e abilità o da una situazione specifica, è impossibile valutare il temperamento di una persona in base al suo comportamento in un solo contesto ambientale e in un solo momento. I dati sul comportamento devono essere raccolti in numerose situazioni e in momenti diversi. Con un'informazione ampia come quella da noi ottenuta attraverso le interviste ai genitori e nella scuola, è possibile decidere quali comportamenti sono tipici dell'individuo e quali invece sono plasmati in qualche maniera particolare da una situazione o esperienza insolita.

LE ORIGINI DEL TEMPERAMENTO

Che cosa determina le differenze individuali di comportamento nella prima infanzia? I risultati della ricerca ottenuti a tutt'oggi attraverso il metodo classico degli studi sui gemelli indicano una qualche influenza genetica (Buss e Plomin, 1975; Torgersen e Kringlen, 1978). In questo tipo di ricerche si confronta un gruppo di gemelli monozigoti, che hanno cromosomi e caratteri genetici identici, con un gruppo di gemelli dizigoti dello stesso sesso, non identici, avendo in comune solo il 50% in media del patrimonio ereditario. Se i gemelli identici si somigliano fra loro, rispetto a una qualche caratteristica fisica o comportamentale, più dei non identici, si presume che un fattore genetico-ereditario intervenga almeno in parte a determinare quella particolare caratteristica. Questo metodo è stato usato sia da Torgersen e Kringlen che da Buss e Plomin. Torgersen e Kringlen in Norvegia hanno studiato un gruppo di 34 gemelli identici e 16 dizigoti, usando le nostre categorie descrittive e i nostri stessi criteri di valutazione. È emerso che in tutte le variabili temperamentali considerate le coppie monozigote erano più simili delle dizigote (1978). Buss e Plomin, usando un campione di gemelli più ampio (in Colorado) e un taglio diverso dal nostro nella raccolta dei dati e nella classificazione del temperamento, sono giunti a conclusioni simili. Gli uni e gli altri sottolineavano comunque il fatto che la determinante genetica spiegava solo in parte il temperamento del bambino: anche altri fattori biologici, come l'ambiente intrauterino o il tipo di cure materne, potevano esercitare un loro effetto.

Può darsi benissimo che i gemelli identici, fortemente somiglianti sul piano fisico, siano trattati dai genitori e dagli altri in maniera più uniforme in confronto ai gemelli dizigoti, che si somigliano né più né meno che una qualunque coppia di fratelli o sorelle. Se così fosse, la maggiore somiglianza di temperamento fra i gemelli monozigoti potrebbe esser dovuta a cause ambientali oltre che genetiche. Ma non ci sono solide prove a sostegno di questa congettura.

Eventuali danni cerebrali durante la vita intrauterina o al momento del parto non sembrano avere effetti di rilievo sul temperamento. Da qualche ricerca sembra che l'ansia cronica della madre in gravidanza possa influenzare il temperamento del neonato. Fattori socioculturali, a quanto pare, avrebbero un certo peso ma finora i dati in questo senso sono del tutto provvisori. Qualche ricercatore ha cominciato a saggiare le possibili correlazioni fra il temperamento e vari indici biochimici e fisiologici: un settore di ricerca difficile ma promettente.

La nostra ipotesi è che le differenze di temperamento nel neonato e nella primissima infanzia siano biologicamente determinate, ma che poi il temperamento del bambino sia influenzato dall'interazione coi genitori, che può accentuare o modificare la sua inclinazione temperamentale originaria. E dopo la prima infanzia, via via che il bambino cresce, altri fattori ambientali possono potenziare, attenuare, modificare o addirittura cambiare radicalmente l'uno o l'altro dei caratteri e modelli comportamentali che costituiscono il temperamento. Questa ipotesi è in linea con la concezione attuale dello sviluppo come combinazione di fattori biologici e ambientali a tutti i livelli d'età, ma resta ancora un'ipotesi, da verificare o modificare.

Valutazione del temperamento

Interessati com'eravamo alla relazione fra temperamento ed altre caratteristiche comportamentali, il nostro primo compito, una volta accumulate le descrizioni del comportamento dei lattanti, attraverso i colloqui coi genitori, era di usare questi dati per individuare, definire e valutare le diverse categorie del temperamento. Dovevamo decidere quali dettagli del comportamento fossero collegati fra loro, così da poterli raccogliere sotto una qualche categoria. Dovevamo definire queste categorie in un modo che fossero dotati di senso per noi e per altri. E dovevamo sviluppare uno schema di valutazione dei singoli dettagli del comportamento, in modo che al temperamento del bambino si potesse attribuire esattamente un valore quantitativo. Anche giudizi qualitativi potevano essere utili per valutare il comportamento del bambino e seguirne lo sviluppo nel corso del tempo, ma valutazioni quantitative erano necessarie per il confronto statistico di bambini diversi a qualunque livello d'età o per calcolare le correlazioni fra le valutazioni attribuite al temperamento dei singoli bambini in età diverse. Indici quantitativi erano necessari anche per confrontare i dati del NYLS con quelli ottenuti con altri gruppi di bambini, si trattasse degli altri campioni da noi studiati (i portoricani, gli insufficienti mentali, i bambini con esiti da rosolia prenatale) o di gruppi eventualmente studiati da altri usando i nostri stessi metodi e criteri.

La nostra preparazione psichiatrica ci ha permesso di ricavare, da uno spoglio delle interviste coi genitori, una serie di valutazioni qualitative delle caratteristiche temperamentali dei bambini. Eravamo in grado di descrivere con chiarezza un buon numero di qualità, ma questo non bastava. Le definizioni delle diverse categorie comportamentali dovevano essere fissate in modo tale da permettere una valutazione quantitativa dei protocolli. E si doveva mettere a punto un metodo di quantificazione che potesse utilizzare tutti i dettagli del comportamento rilevati in ciascun bambino. Questa era un'impresa che, per formazione ed esperienza professionale, non eravamo in grado di affrontare. Ci rivolgemmo a vari psicologi con una buona competenza sul piano della ricerca scientifica, ma tutti giudicavano l'impresa troppo complessa. Avemmo poi la fortuna di poter consultare Herbert Birch, dell'Albert Einstein Medical Center, che aveva già raggiunto una solida fama con le sue ricerche sul comportamento animale e umano. Birch fu interessato dalle nostre ipotesi e dal metodo che avevamo sviluppato per la raccolta dei dati e accettò di sobbarcarsi il compito di elaborare uno schema quantitativo per la definizione e valutazione del temperamento. E ci riuscì brillantemente in tempi brevissimi.

Prese un gruppo di interviste raccolte coi genitori entro la prima infanzia, in tutto circa 20 bambini. Senza avere altra conoscenza dei nostri soggetti, esaminò in dettaglio questi protocolli, estraendone un certo numero di categorie di comportamento che si potevano rilevare in tutti i bambini ma che presentavano una gamma notevole di variabilità da un bambino all'altro. Stabilì le definizioni per tutte queste categorie e identificò gli elementi comportamentali che sembravano rientrare in ciascuna di esse. Per esempio, individuò una categoria temperamentale relativa al tipo di reazione del bambino alle cose nuove e la chiamò *approccio o ritirata*. Le voci raccolte in questa categoria erano il primo bagno, il primo assaggio di un cibo nuovo, un giocattolo o un indumento nuovo, esser preso in braccio da uno sconosciuto, entrare in un ambiente ignoto.

Birch ha elaborato questa analisi senza conoscere le categorie e definizioni che noi avevamo sviluppato a livello qualitativo. Abbiamo quindi confrontato le due classificazioni, trovando una concordanza notevole, malgrado alcune differenze relativamente secondarie quanto ai nomi attribuiti alle categorie e quanto all'assegnazione all'una o all'altra di specifici elementi comportamentali. Per decidere i casi dubbi, abbiamo fatto ricorso a tre principi base: (1) la categoria doveva avere un significato funzionale nella vita del bambino, giudizio questo per il quale ci siamo basati sulla lunga esperienza clinica accumulata da noi due con i bambini e le famiglie; (2) ogni singola voce da includere nelle categorie comportamentali doveva essere suscettibile di valutazione quantitativa, un giudizio nel quale Birch era l'esperto; (3) un elemento comportamentale doveva rientrare nella valutazione solo se presentava una variabilità sostanziale da un bambino all'altro (il movimento durante il sonno, per esempio, andava benissimo perché variava da un'immobilità quasi totale a frequenti cambiamenti di posizione).

Birch ha continuato a collaborare con le nostre ricerche offrendoci la sua consulenza specialistica e fornendo un ricco contributo di idee creative e di formulazioni metodologiche, fino alla sua prematura scomparsa nel 1973.

LE CATEGORIE DEL TEMPERAMENTO

Da questa collazione sono uscite nove categorie di temperamento. Ognuna può essere valutata su una scala quantitativa. Per gli anni fino all'età prescolastica si è adottata una scala di tre punti: alto, medio, basso. Per l'età scolastica e per l'adolescenza ed età adulta abbiamo esteso la scala a sette punti, da «molto alto» a «molto basso». Va comunque sottolineato che tutte le valutazioni, alte, intermedie o basse, rappresentano differenze all'interno della fascia *normale* di comportamento. Così, ad esempio, un livello di attività temperamentalmente alto è un tratto normale, a differenza di quell'eccesso patologico di attività che chiamiamo «iperattività». Superficialmente, le due cose possono talvolta dar luogo a un comportamento simile, ma l'iperattività è un disturbo di competenza psichiatrica che può derivare da varie cause e di solito richiede un trattamento speciale. Va ricordato inoltre, negli esempi che seguono, che i punteggi della maggior parte dei bambini si collocavano nella fascia intermedia.

Riportiamo qui di seguito le nove categorie, con le rispettive definizioni ed esempi tipici di valutazione alta e bassa per ciascuna, a livello della prima infanzia (dalla nascita ai 2 anni), in età prescolastica (2-6 anni) e in età scolastica (6-12 anni):

1. LIVELLO DI ATTIVITÀ: attività motoria e proporzione fra periodi attivi e inattivi.

Prima infanzia
Attività alta: «Scalcia e schizza tanto quando fa il bagno, che dopo bisogna asciugare tutto il pavimento».
Attività bassa: «Sa rigirarsi nel lettino, ma non lo fa molto spesso».

Età prescolastica
Attività alta: «Quando viene in casa un compagno dell'asilo, comincia subito a scorrazzare».
Attività bassa: «Se può scegliere fra attività diverse, general-

mente si trova qualcosa di calmo come disegnare o guardare un libro illustrato».

Età scolastica
Attività alta: «Quando torna da scuola, va subito fuori a giocare a pallone».
Attività bassa: «Di regola si mette d'impegno con un puzzle e rimane a lavorarci tranquillamente per delle ore».

2. RITMICITÀ (REGOLARITÀ): prevedibilità o imprevedibilità degli orari delle funzioni biologiche, come fame, sonno e defecazione.

Prima infanzia
Regolarità: «A meno che stia poco bene, i movimenti intestinali arrivano puntualmente un volta al giorno, subito dopo la prima colazione».
Irregolarità: «Non saprei quando cominciare ad abituarlo al vasino, perché fa i suoi bisogni a qualunque ora, da una a tre volte il giorno».

Età prescolastica
Regolarità: «Il suo pasto principale è sempre quello di mezzogiorno».
Irregolarità: «A volte si addormenta subito dopo cena, altri giorni va avanti fino alle nove o le dieci – non c'è modo di prevederlo».

Età scolastica
Regolarità: «Si sveglia tutte le mattine, puntuale come un orologio; non ho mai dovuto svegliarla per mandarla a scuola».
Irregolarità: «A volte il pranzo principale lo fa a mezzogiorno, a volte la sera, non si sa mai».

3. APPROCCIO O RITIRATA: carattere della risposta iniziale a una nuova situazione o stimolo: un nuovo cibo, giocattolo, persona o luogo. Le risposte di approccio sono positive e pos-

sono manifestarsi attraverso l'espressione dello stato d'animo (sorriso, linguaggio, mimica) o l'attività motoria (inghiottire il cibo nuovo, allungare la mano verso il giocattolo). Le reazioni di ritirata sono negative e possono manifestarsi attraverso l'espressione dello stato d'animo (pianto, linguaggio, mimica) o l'attività motoria (allontanarsi, sputare il cibo, spingere via il giocattolo nuovo).

Prima infanzia
Approccio: «Sorride sempre agli sconosciuti».
Ritirata: «Quando provo a darle un cibo nuovo, la sua prima reazione è quasi sempre di sputarlo».

Età prescolastica
Approccio: «L'ho accompagnato ieri al nuovo gruppo dell'asilo e si è buttato subito in mezzo agli altri».
Ritirata: «È andato all'asilo per la prima volta due settimane fa. Non si è unito al gruppo ed è rimasto a guardare un po' a distanza. Gli ci è voluta una settimana per cominciare a partecipare».

Età scolastica
Approccio: «È tornata a casa dal primo giorno di scuola parlando come se tutti i compagni fossero già suoi amici».
Ritirata: «A scuola hanno cominciato le frazioni. Come al solito, dice che non riuscirà mai a impararle. Le ho ricordato che l'ha detto sempre ogni volta che affrontava una materia nuova, ma poi ce l'ha sempre fatta bene».

4. ADATTABILITÀ: risposte differite a situazioni nuove o modificate. Qui non interessa la risposta iniziale, ma la facilità o difficoltà con cui questa si trasforma nel senso desiderato.

Prima infanzia
Adattabilità alta: «La prima volta che gli ho dato la farinata l'ha sputata, ma son bastate altre due o tre volte e ha cominciato a mangiarla di gusto».

Adattabilità bassa: «Tutte le volte che le metto la tutina imbottita, urla e si divincola finché non siamo fuori, e questa storia è andata avanti tutto l'inverno».

Età prescolastica
Adattabilità alta: «Abbiamo cambiato casa il mese scorso e si è adattata alla camerina nuova e al nuovo letto fino dalla prima notte».
Adattabilità bassa: «La scuola materna non gli è piaciuta da principio e gli ci è voluto tutto quanto il primo semestre per accettarla».

Età scolastica
Adattabilità alta: «Quest'anno è andata in colonia con un gruppo nuovo. Anche se il programma era completamente diverso e sulle prime non le piaceva, le sono bastati pochi giorni per integrarsi e trovarsi bene».
Adattabilità bassa: «Ci siamo trasferiti in un altro quartiere tre mesi fa e solo ora comincia a fare amicizia coi bambini del vicinato».

5. SOGLIA SENSORIALE: intensità della stimolazione necessaria ad evocare una risposta riconoscibile, a prescindere dalla forma specifica che può assumere la risposta.

Prima infanzia
Soglia bassa: «Se si chiude una porta, anche piano, sobbalza e alza gli occhi».
Soglia alta: «Può battere la testa, e magari si fa perfino un bernoccolo, ma non si scompone nemmeno un po'».

Età prescolastica
Soglia bassa: «Se l'elastico delle mutande è appena un pochino stretto, si lamenta subito».
Soglia alta: «Che i vestiti siano di stoffa morbida o ruvida non le fa nessuna differenza; sembra che stia comoda in tutti».

Età scolastica
Soglia bassa: «In qualunque gruppo si trovi, è la prima a notare un odore o a sentire un cambiamento di temperatura della stanza».
Soglia alta: «È tornato a casa da una partita di calcio con un tallone tutto piagato e non se n'era nemmeno accorto; non si lamentava per nulla».

6. QUALITÀ DELL'UMORE: comportamenti ed espressione di stati d'animo piacevoli, allegri e amichevoli: loro quantità complessiva rispetto a comportamenti ed espressione di stati d'animo spiacevoli, di pianto e di ostilità.

Prima infanzia
Umore positivo: «Quando mi vede tirar fuori la bottiglia del succo di frutta, comincia a sorridere e fare vocalizzi».
Umore negativo: «Tutte le sere quando lo metto a letto piange almeno cinque o dieci minuti».

Età prescolastica
Umore positivo: «Quando le ho messo le scarpe nuove ha cominciato a correre qua e là tutta soddisfatta facendole vedere a tutti».
Umore negativo: «Quando torna a casa dall'asilo non fa che lamentarsi degli altri bambini».

Età scolastica
Umore positivo: «Non ha mai da ridire sulle faccende di casa e tutto quello che le si chiede lo fa con un sorriso».
Umore negativo: «La scuola è appena cominciata la settimana scorsa e ha già da fare le sue rimostranze su tutte le maestre».

7. INTENSITÀ DELLE REAZIONI: livello di energia delle risposte, positive o negative.

Prima infanzia
Intensità bassa: «Quando c'è qualcosa che le dà noia piagnucola ma non strilla mai».

Intensità alta: «Quando sente la musica, si mette a fare vocalizzi e scoppia a ridere forte».

Età prescolastica
Intensità bassa: «Capisco che un giocattolo nuovo le piace perché sorride zitta zitta».
Intensità alta: «Appena un puzzle non gli riesce, strilla e fa volare tutti i pezzi».

Età scolastica
Intensità bassa: «Mi sono accorta che era rimasto malissimo per aver sbagliato il compito, ma esternamente si mostrava appena un po' avvilito».
Intensità alta: «Al ristorante non ha potuto avere quello che le piaceva e allora si è messa a strillare e ha fatto una gran bizza».

8. DISTRAIBILITÀ: efficacia di uno stimolo esterno nell'ostacolare o deviare il comportamento in corso.

Prima infanzia
Distraibilità bassa: «Quando ha fame e bisogna aspettare un po' per avere il cibo pronto, è impossibile interessarlo a un gioco. Continua a piangere e basta finché non gli do da mangiare».
Distraibilità alta: «Se qualcuno le passa vicino mentre prende il latte, non solo alza gli occhi ma smette di poppare finché non se n'è andato».

Età prescolastica
Distraibilità bassa: «Se ha deciso di uscire a giocare in giardino e piove, pianta una bizza e non accetta nessuna proposta alternativa».
Distraibilità alta: «Non fa tante storie. Se vuole una merendina di un certo tipo al supermercato e non ce l'hanno, la chiede un paio di volte ma alla fine accetta un'altra cosa».

Età scolastica
Distraibilità bassa: «Una volta che ha preso in mano un libro, non si riesce a distoglierla finché non è arrivata alla fine del capitolo».
Distraibilità alta: «Ci mette un sacco di tempo a fare i compiti a casa, perché si divaga continuamente».

9. PERSEVERANZA E DURATA DELL'ATTENZIONE: queste due categorie sono generalmente correlate. «Perseveranza» denota la capacità di continuare un'attività nonostante ostacoli o problemi. La durata dell'attenzione riguarda il periodo di tempo consecutivo dedicato a una particolare attività senza interruzioni.

Prima infanzia
Perseveranza bassa: «Se la perlina non entra subito nella stringa, ci rinuncia».
Durata dell'attenzione breve: «L'orsacchiotto le piace, ma ci gioca solo per qualche minuto».
Perseveranza alta: «Cerca sempre di andare a toccare le prese di corrente e se lo tiro via ci ritorna subito».
Durata dell'attenzione lunga: «Quando le do una rivista vecchia continua a strappare i fogli tutta soddisfatta anche per mezz'ora di seguito».

Età prescolastica
Perseveranza bassa: «Mi ha chiesto di insegnargli a disegnare un cane, ma ha perso ogni interesse alla cosa subito al primo tentativo».
Durata dell'attenzione breve: «Le piace giocare con un balocco nuovo ma ci si concentra solo pochi minuti per volta».
Perseveranza alta: «Se spinge il suo carrettino e si incaglia da qualche parte, si sforza finché non riesce a farlo muovere. Non si dà per vinta».
Durata dell'attenzione lunga: «Può restare a giocare nella sabbia, tutto preso, quasi un'ora di seguito».

Età scolastica
Perseveranza bassa: «Ha provato a imparare ad andare sui pattini, ma dopo esser caduto due o tre volte ci ha rinunciato».
Durata dell'attenzione breve: «Gli piace leggere, ma non più di una mezz'ora per volta».
Perseveranza alta: «Se la maestra le ha assegnato per casa un problema difficile di aritmetica, seguita a lavorarci dicendo che deve in tutti i modi arrivare a risolverlo da sola».
Durata dell'attenzione lunga: «Quando le assegnano una parte in una recita scolastica, è capace di ripassarsela per delle ore».

TRE MODELLI TEMPERAMENTALI

Nei nostri studi longitudinali abbiamo identificato tre combinazioni di attributi temperamentali che si presentavano insieme in numerosi bambini e sembravano influenzare il loro comportamento come configurazioni unitarie. Abbiamo chiamato questi tre modelli *il bambino facile*, *il bambino difficile* e *il bambino lento a scaldarsi*.

Il bambino dal temperamento facile è caratterizzato da regolarità delle funzioni biologiche, da un approccio positivo alle situazioni e persone nuove, da una rapida adattabilità al cambiamento e da un tono dell'umore non troppo intenso e prevalentemente positivo. Questi bambini si assestano rapidamente su orari regolari del sonno e dei pasti, gradiscono quasi tutti i nuovi cibi, sorridono agli estranei, si adattano senza difficoltà all'asilo nido o alla scuola materna, accettano senza bizze le piccole frustrazioni e si adeguano senza problemi alle regole di un gioco nuovo. Ragazzi come questi fanno di solito la gioia di genitori, pediatri e insegnanti. Questo gruppo comprende circa il 40% del nostro campione del NYLS.

All'estremo opposto dello spettro temperamentale c'è il bambino difficile, caratterizzato da irregolarità delle funzioni biologiche, reazioni negative di ripiegamento di fronte a molte situazioni e persone nuove, con lentezza nell'adattarsi al cambiamento, espressioni intense degli stati d'animo, spesso negativi. Questi bambini hanno tipicamente orari irregolari del sonno e dei pasti. Sono lenti ad accettare cibi nuovi, e hanno bisogno di un lungo periodo di adattamento prima di acquisire nuove abitudini. Il pianto è relativamente frequente e intenso (com'è forte peraltro anche la risata). La frustrazione tipicamente produce una violenta crisi di bizze. Genitori, pediatri, assistenti dell'asilo nido e insegnanti incontrano serie difficoltà nell'occuparsi di questi bambini. Nel nostro campione, questa categoria costituisce circa il 10%. Bobby, il figlio della Sig.ra M. che abbiamo presentato nel Cap. I, lo definiremmo oggi un tipico bambino dal temperamento difficile.

C'è un punto che va ribadito a proposito del bambino difficile dal punto di vista temperamentale. Abbiamo adottato questo termine perché nella nostra ricerca abbiamo notato che i genitori di questi bambini trovano particolari difficoltà a trattarli. È vero che alcuni genitori possono adattarsi piuttosto facilmente a un bambino del genere, mentre altri troveranno «difficile» il loro per ragioni del tutto diverse, come una soglia sensoriale troppo bassa, una notevole distraibilità o una perseveranza estrema. Inoltre, quello che infastidisce gli adulti nella nostra cultura – per esempio, un bambino che si sveglia spesso la notte – può non disturbare una madre che vive in una cultura diversa, con una diversa scala di priorità. Così il termine «temperamentalmente difficile» non va confuso con la definizione di «bambino difficile da trattare» data da una singola madre: i due termini possono coincidere, ma non necessariamente.

Va anche sottolineato che i genitori non producono questa struttura temperamentale, anche se il loro modo di reagire può attenuare o esasperare gli aspetti difficili nel comportamento del bambino. Dato un tempo sufficiente e pazienza nel trattarli, questi bambini difficili si adattano proprio bene, specialmente se persone e situazioni intorno a loro si mantengono costanti.

Il terzo modello temperamentale è quello del bambino lento a scaldarsi e mettersi in moto. Questi bambini rispondono negativamente alle situazioni e persone nuove e si adattano lentamente. A differenza di quelli che definiamo bambini difficili, questi presentano reazioni moderate anziché violente ed hanno minor tendenza ai ritmi irregolari del sonno e dei pasti. Quando è frustrato o disturbato da qualcosa, il bambino cercherà di sfuggire alla situazione in silenzio o con tenui proteste, invece di scoppiare nelle bizze violente del bambino difficile. Possiamo chiamarli anche timidi purché questa parola non implichi ansia o timore eccessivo. Costituiscono circa il 15% del nostro campione.

Come indicano le percentuali riportate finora (40%, 10% e 15%) non tutti i bambini rientrano in uno di questi tre gruppi. Alcuni presentano altre combinazioni di attributi, specialmente nella fascia d'intensità moderata, che non permettono di attribuire un'etichetta chiara. Inoltre, fra quelli che invece corrispondono ad una di queste tre configurazioni temperamentali, c'è un'ampia gamma di variabilità nel grado più o meno spinto di manifestazione. Certi bambini sono facili da trattare in quasi tutte le situazioni, altri sono relativamente facili ma non sempre. Qualche bambino è estremamente difficile di fronte a tutte le situazioni e richieste nuove, mentre altri presentano solo in parte queste caratteristiche e con intensità minore. Così alcuni bambini sono lenti a mettersi in moto in qualunque situazione nuova, altri solo in certi tipi di situazioni, mentre si adattano prontamente in altre.

Certe qualità temperamentali possono combinarsi in maniere tali da avere un impatto non trascurabile nelle situazioni della vita. Per esempio, un bambino con un'alta distraibilità e una forte perseveranza arriverà generalmente a terminare i suoi compiti, ma forse non in tempo. Quando invece la distraibilità si combina con una scarsa perseveranza, le promesse di eseguire un compito possono magari esser fatte in buona fede ma hanno scarse probabilità di esser mantenute. La combinazione di un alto livello di attività e di una lunga durata dell'attenzione è una buona formula per perfezionare competenze motorie come imparare ad andare in bicicletta o a sciare, sviluppare resistenza nella corsa, fare costruzioni complesse. Ma un bambino con un alto livello di attività e una distraibilità accentuata richiede continua sorveglianza, essendo particolarmente esposto agli incidenti. Un ultimo esempio: soglia sensoriale bassa ed alta perseveranza possono dar luogo a lunghe bizze che si ripetono ogni mattina, perché gli abiti sono troppo stretti, troppo ruvidi, ecc., ma in altre circostanze questa combinazione può portare a sviluppare una particolare sensibilità agli stati d'animo altrui e un impegno serio e continuativo ad offrire aiuto.

La nostra classificazione del temperamento in nove categorie e i nostri tre modelli temperamentali – il bambino facile, difficile e lento a scaldarsi – hanno trovato conferma in molte altre ricerche condotte negli Stati Uniti, in vari paesi europei, in Canada, Giappone, India, Israele, Taiwan e Kenya (Ciba Foundation, 1982). Questi attributi temperamentali sono stati individuati in bambini provenienti dai più vari contesti culturali, nazionali e sociali. Alcuni autori hanno proposto qualche modifica al nostro schema di classificazione, qualcuno anche categorie diverse, ma l'utilità di queste impostazioni alternative è tutta da dimostrare.

TEMPERAMENTO E PERSONALITÀ

Quando, negli anni '50, abbiamo cominciato a indagare il valore che lo stile comportamentale proprio del lattante presenta ai fini dello sviluppo psicologico successivo, i nostri colleghi psichiatri – con poche eccezioni – supponevano che il nostro fosse un ritorno alla visione sorpassata e screditata del neonato come *homunculus*, con una personalità predeterminata in partenza. Tutt'altro che persuasi, assentivano per pura cortesia al nostro ribadire che ambiente e costituzione – natura e cultura – non si escludono a vicenda. Anzi, ci dicevano, quanto più sapevamo del temperamento infantile, tanto più chiara ci sarebbe apparsa l'influenza dei genitori e degli altri fattori ambientali. Anche i colleghi psicoanalisti ci criticavano per l'importanza che davamo ad attributi psicologici non derivati da forze motivazionali o da stati pulsionali di origine istintiva.

Una diversa accoglienza le nostre idee la trovarono presso i pediatri. Dalla loro esperienza pratica essi avevano imparato che i bambini sono diversi fino dalla nascita. Molti di loro avevano anche osservato che queste differenze influiscono sul modo in cui il lattante risponde a certi tipi di cure materne, alle malattie o ad altri eventi particolari. Diversi di loro hanno collaborato attivamente per raccogliere il campione ed incoraggiare i genitori a partecipare alla ricerca. Il Dr. William Carey fu il primo professionista a servirsi delle nostre definizioni preliminari di categorie e modelli temperamentali per mettere a punto un breve questionario ad uso dei genitori, uno strumento che si è dimostrato utilissimo sia in sede di ricerca che nel lavoro clinico e che oggi è ampiamente utilizzato. In seguito il Dr. Carey ha sviluppato questionari per le età successive alla prima infanzia, così come abbiamo fatto noi stessi ed altri autori con vari questionari per la valutazione del temperamento ai diversi livelli d'età (Chess e Thomas, 1986). Nel 1969 T. Berry Brazelton, professore di pediatria a Harvard, notava nella prefazione al suo *Infants and Mothers*, un libro che si è meritata una vasta popolarità fra i genitori, che «con l'opera di Stella Chess ed Alexander Thomas è diventato di rigore concepire diversi stili di sviluppo nei bambini» (1969, p. X). Il suo libro segue i diversi percorsi evolutivi nel primo anno di vita di tre bambini con livelli diversi di attività – medio, scarso ed elevato.

In anni recenti i nostri risultati sono stati riconosciuti e confermati da un numero crescente di specialisti dell'igiene mentale, oltre che di pediatri. Il concetto di temperamento è stato applicato alle pratiche di puericultura e la sua influenza sugli atteggiamenti e metodi degli insegnanti è stato oggetto di studi sistematici. Vari pediatri e psichiatri hanno sperimentato diversi metodi per applicare queste conoscenze sia nel lavoro di prevenzione con bambini sani che nel trattamento dei disturbi comportamentali infantili. Le ricerche sul temperamento sono diventate uno dei grandi settori di studio nell'ambito della psicologia evolutiva e della neuropsichiatria infantile.

Ma questo riconoscimento dell'importanza del temperamento non deve indurre a identificare temperamento e personalità. Questo vorrebbe dire davvero tornare al vecchio concetto dell'*homunculus*. Noi consideriamo la personalità una combinazione degli attributi psicologici duraturi che costituiscono l'individualità unica di una persona. La struttura di personalità è formata dai molti svariati elementi che modellano lo sviluppo psicologico, agendo tutti insieme: motivazioni, abilità e interessi, temperamento, sistemi di scopi e di valori, meccanismi psicologici di difesa, più l'impatto dell'ambiente familiare e socioculturale.

Il temperamento è uno dei fattori importanti che contribuiscono a plasmare la personalità, e la sua influenza varia da persona a persona. Dato che le categorie o configurazioni temperamentali si evidenziano in risposta ad eventi e atteggiamenti ambientali, il risultato finale di queste interazioni varia da un individuo all'altro. In qualche caso un certo attributo temperamentale può essere importante nello sviluppo della personalità, in altri può essere significativo un attributo diverso, in altri ancora il modello temperamentale che conta può essere di nuovo diverso. Non solo, ma lo stesso temperamento può sfociate in esiti diversi sul piano della personalità, a seconda di tutti gli altri fattori che entrano in gioco. Vale anche l'inverso: bambini con temperamenti diversi possono sviluppare alla fine personalità simili, ancora una volta secondo l'azione di altri fattori. Abbiamo potuto vedere esempi di tutte queste variazioni nel risultato definitivo di personalità, seguendo lo sviluppo dei nostri soggetti dalla prima infanzia all'età adulta (Chess e Thomas, 1984).

Un altro aspetto del temperamento che ci interessava era la sua costanza nel tempo. Quando da principio abbiamo cominciato ad osservare le caratteristiche temperamentali nei bambini, ci hanno colpito i molti esempi nettissimi nei quali questo o quell'attributo si manteneva identico con l'età. Era forte la tentazione di generalizzare da queste osservazioni all'idea che il temperamento del preadolescente o addirittura dell'adulto si potesse prevedere conoscendo il suo temperamento infantile.

Ma come tutti gli altri attributi psicologici – competenza intellettuale, modelli di comportamento sociale, meccanismi adattivi, sistemi di valori, ecc. – il temperamento è stabile in alcuni e in altri variabile nel tempo. Sono tanti i fattori che intervengono a modellare il corso evolutivo di qualunque attributo psicologico, che l'esito finale può variare da una persona all'altra. Seguendo nel tempo i nostri soggetti, abbiamo visto in alcuni casi le prove di un'evidente costanza di uno o più attributi temperamentali attraverso le età, in altri indicazioni di un sostanziale cambiamento (Thomas e Chess, 1977). La questione costanza-cambiamento è oggi un tema di grande interesse nella ricerca sul temperamento. I risultati di questi lavori, via via che appariranno negli anni a venire, promettono di arricchire la nostra comprensione del significato e dell'importanza che il temperamento riveste ai fini dello sviluppo psicologico del bambino.

Le implicazioni del temperamento per i genitori

I nostri studi longitudinali, confermati da altre ricerche, hanno chiarito che le diverse categorie e configurazioni temperamentali rientrano tutte nella gamma di comportamento normale (Thomas e Chess, 1977). Questo è un punto cruciale che abbiamo dovuto ribadire continuamente ai genitori. Quelli che si trovano ad avere un bambino «difficile» o «lento a scaldarsi» possono facilmente concludere che il suo comportamento sia anormale, incolpandone se stessi, il bambino, o tutti e due. E comunque, sia che imputino la difficoltà a sé o al figlio, tenderanno ad esercitare su di lui una pressione eccessiva (o insufficiente), con conseguenze dannose per il bambino. Troppo spesso, anche gli specialisti della salute mentale, che non si rendono conto di quanto diversi possano essere i bambini normali, cadono in questo errore di giudizio.

Il temperamento del bambino può esercitare un'attiva influenza sugli atteggiamenti e comportamenti dei genitori, degli altri familiari, dei compagni e degli insegnanti, contribuendo di rimbalzo a plasmare l'azione che tutti costoro avranno sul suo sviluppo comportamentale.

I genitori di un bambino con un alto livello di attività possono considerarlo indisciplinato o disobbediente perché non se ne sta tranquillo quanto vorrebbero. Viceversa, un bambino poco attivo rischia di essere considerato stupido e pigro per la sua lentezza di movimento. I genitori possono accusare un bambino distraibile e poco perseverante di «mancanza di volontà», perché non rimane applicato ai suoi compiti fino alla fine senza interruzioni. I genitori di un bambino molto perseverante possono apprezzarlo per la sua capacità di tirare avanti nonostante qualunque difficoltà, ma poi arrabbiarsi quando rifiuta di interrompere le sue attività per venire a pranzo o per uscire.

L'effetto specifico del temperamento del bambino sul suo comportamento e sui genitori varierà inoltre da un'età all'altra. La distraibilità, per esempio, può essere un vantaggio nel bambino piccolo, rendendo facile ai genitori distoglierlo da attività pericolose, ma più avanti quella stessa distraibilità può fargli dimenticare impegni e orari, come quando perde la strada tornando da scuola a casa.

L'importanza del temperamento si chiarirà meglio con esempi particolareggiati nei capitoli che seguono. I nostri risultati hanno confermato le ipotesi di base che ci avevano spinti ad avviare la ricerca longitudinale: il bambino ha un ruolo attivo nel proprio sviluppo e non è assolutamente una tavoletta di cera vergine sulla quale i genitori e gli altri incidono il suo sviluppo psicologico. Per capire il comportamento di un bambino è necessario capire le sue caratteristiche e quelle dei suoi genitori, oltre all'influenza di altri familiari e del mondo esterno. Tutti questi fattori interagiscono a tutti i livelli d'età, producendo il funzionamento mentale del bambino. Tutti sono importanti e nessun singolo fattore può esser definito più importante di qualunque altro.

La maggior parte dei genitori sa descrivere esattamente il temperamento dei figli. Sono capaci di usare anche definizioni appropriate, specialmente quando una particolare caratteristica tende all'uno o all'altro estremo: «Non si muove tanto, come fanno i bambini delle mie amiche»; «È una bambina così facile da trattare»; «Tutte le cose nuove lo disturbano e devo lasciargli il tempo di abituarsi»; «È molto distraibile, non fa che girarsi quando lo allatto, appena sente un rumore o una persona che passa lì vicino». I genitori sono in grado di fare queste generalizzazioni informali anche se non sanno nulla del nostro lavoro sul temperamento. Ma molti genitori hanno bisogno di aiuto per fare i conti col temperamento del loro bambino. Abbiamo trovato utile fornire ai genitori tre indicazioni orientative:

1. Non supporre che, se il bambino si comporta diversamente da come vi aspettavate o speravate, voi siate genitori «cattivi». Il temperamento del vostro bambino può discostarsi dalla media anche se siete genitori perfettamente adeguati. Se avete questa preoccupazione, chiedetevi: «Quali sono le *prove* che stiamo sbagliando col bambino?». Il fatto che il bambino non risponda come sperato non è sufficiente per un giudizio del genere. Non solo: siate scettici verso una spiegazione che attribuisca la colpa al «vostro inconscio».

2. Non presumere che il vostro bambino si comporti deliberatamente in un modo che vi disturba e che potrebbe comportarsi diversamente se solo volesse. Prendete nota di tutti quegli esempi di comportamento in cui ciò sarebbe impossibile. Per esempio, la madre di un ragazzino molto distraibile nel nostro studio longitudinale era convinta che il figlio volesse soltanto farle un dispetto quando «dimenticava» di tornare subito a casa da scuola per andare con lei a un appuntamento col medico o col dentista. Ma lei stessa ci raccontò di varie occasioni in cui amici del ragazzo erano passati da casa a rammentargli che l'aspettavano in piscina o al cam-

po per la partita, e lui aveva esclamato: «Oddio, mi ero distratto e l'avevo dimenticato. Arrivo subito».

3. Non dare giudizi moralistici su vostro figlio per un comportamento che non è all'altezza dei rigidi modelli che avevate fissato. Il padre di una bambina dal temperamento difficile, sempre nella nostra ricerca, l'aveva bollata come una «ragazzaccia» perché non riusciva ad adattarsi prontamente alle regole e richieste sempre nuove che le venivano imposte nella vita sociale. Un altro padre accusava il figlio, molto distraibile e con tempi brevi di attenzione, di non avere forza di volontà perché non sapeva restare seduto per ore al tavolino a fare i compiti dal principio alla fine. Il ragazzo in realtà era molto intelligente e andava benissimo a scuola, ma il fatto che le interruzioni causate dal suo temperamento non l'ostacolassero nello studio non bastava a tranquillizzare suo padre: «Se io posso stare seduto e concentrato sul lavoro senza distrarmi, può farlo anche lui».

Una volta che i genitori hanno capito che il temperamento del loro bambino richiede qualche attenzione speciale, ecco che viene fuori la domanda: «Ma come facciamo a sapere qual è il metodo migliore?». Affronteremo in dettaglio questo tema nel Cap. IV. Ma prima, dopo aver esaminato le differenze fra i bambini, completiamo il quadro guardando come differiscono fra loro gli stili genitoriali.

III

I molti modi di fare i genitori

Il nostro interesse primario nel varare il New York Longitudinal Study era studiare le differenze individuali di temperamento nella prima infanzia e rintracciare l'importanza del temperamento per lo sviluppo psicologico del bambino. Ma la nostra ipotesi era che il temperamento infantile fosse intimamente legato alle cure e atteggiamenti parentali: i genitori agivano sul bambino e il bambino sui genitori in una relazione di scambio reciproco. Ci premeva quindi valutare anche il tipo di comportamenti dei genitori, in particolare i comportamenti relativi alle loro specifiche responsabilità genitoriali.

Analisi dello stile genitoriale nel NYLS

Avevamo varie occasioni di raccogliere dati sui molti modi diversi di condursi dei genitori. Prima di tutto i colloqui, benché focalizzati sul comportamento del bambino, ci davano anche abbondanti informazioni sui genitori. Si chiedeva sempre una descrizione specifica di quello che il genitore faceva in risposta al comportamento del bambino. Per esempio, se la madre ci riferiva che il bambino si svegliava di notte piangendo, la domanda successiva era «E lei che cos'ha fatto?» e poi «Il bambino come ha reagito?» e «Che cos'ha fatto lei quando il bambino ha reagito così?», continuando finché la sequenza d'interazione non era completa. Domande dello stesso tenore si facevano se il genitore, per esempio, ci raccontava di aver opposto un rifiuto a una richiesta del bambino, oppure che il primo giorno di scuola materna il bambino si era aggrappato disperatamente alla madre, o qualunque altro episodio implicante un'interazione. Nel corso di questi colloqui molti genitori formulavano inoltre giudizi spontanei sulla «personalità» del bambino. Queste osservazioni soggettive non ci servivano per valutare il temperamento del bambino (anche se a volte la domanda «Che cosa glielo fa dire?» stimolava una descrizione oggettiva del suo comportamento), ma erano invece utilissime per capire gli atteggiamenti dei genitori nei suoi confronti.

Oltre a questi colloqui, quando il bambino aveva tre anni, avevamo i due colloqui separati con la madre e il padre, specificamente dedicati agli atteggiamenti e metodi dei genitori nell'accudimento dei figli. I protocolli di queste interviste sono stati elaborati quantitativamente e sottoposti a un'analisi statistica che ha evidenziato una serie di caratteristiche nelle quali il gruppo dei genitori presentava una sostanziale variabilità: (1) approvazione, tolleranza e accettazione del bambino, ovvero disapprovazione, intolleranza e rifiuto; (2) conflitto o accordo fra i genitori, specialmente sui metodi educativi; (3) rigidezza-permissività; (4) livello di sollecitudine e protettività; (5) coerenza-incoerenza della disciplina.

Infine, per quei bambini che mostravano segni di turbe comportamentali, il colloquio clinico coi genitori approfondiva nei dettagli atteggiamenti e condotte parentali.

Vari ricercatori hanno studiato i diversi stili genitoriali e la loro correlazione con lo sviluppo del bambino (Baumrind, 1979; Chamberlin, 1974), proponendo numerose etichette per definire i tipi diversi di genitori: *autoritario*, *autorevole*, *permissivo*, *accomodante*, *iperprotettivo*, *flessibile*, *rigido* e *rifiutante*, per nominarne solo qualcuna. Molti di questi aggettivi si potevano applicare anche ai nostri genitori del NYLS, ma quello che ci preoccupava era il fatto che gli altri autori avevano usato queste definizioni senza considerare l'influenza che il bambino esercita sul genitore: i loro studi partivano tutti dal presupposto di una via a senso unico, dall'adulto al bambino. I loro giudizi inoltre erano spesso globali, con l'assegnazione dei genitori all'una o all'altra categoria una volta per tutte: ma un genitore può essere permissivo in certe situazioni e autoritario in altre, flessibile su certi punti e rigido su altri. E la domanda di fondo è la stessa per i genitori come per i figli: c'è un modo solo di essere un buon genitore? C'è uno stile genitoriale che sia «il migliore», che produca il «bambino ideale»? Oppure questo è un falso scopo, la ricerca della pentola dell'oro dove finisce l'arcobaleno?

Dai nostri dati, come da un riesame di altri lavori, emerge una risposta nettissima a queste domande: non esiste un singolo stile genitoriale che sia il migliore per tutti i bambini, ma ci sono molti modi di essere un buon genitore, come ce ne sono molti di essere un genitore difficile o addirittura psicologicamente disturbato.

Nel nostro studio abbiamo calcolato le correlazioni fra la valutazione degli atteggiamenti e metodi genitoriali a livello dei tre anni e i nostri giudizi sull'adattamento complessivo e l'equilibrio psicologico dei figli alle soglie dell'età adulta. Soltanto il conflitto fra i genitori dava luogo a una correlazione significativa: quanto maggiore era l'indice di conflitto rilevato a tre anni, tanto peggiore risultava l'adattamento del figlio in età adulta. Questo era un risultato complessivo di gruppo e, come tutte le correlazioni statistiche, non identificava i singoli soggetti che presentavano esiti diversi, quelli per i quali il conflitto o accordo fra i genitori all'età dei tre anni non aveva inciso sull'adattamento in età adulta, o quelli che avevano raggiunto un buon adattamento adulto nonostante un elevato livello di conflitto fra i genitori nell'infanzia, o viceversa. Per tutte le altre caratteristiche dei genitori: approvazione, tolleranza e accettazione del bambino, permissività, protettività, coerenza negli atteggiamenti disciplinari, non abbiamo invece trovato nessuna correlazione con gli esiti psicologici in età adulta.

ALTRE RICERCHE SUI GENITORI

Diana Baumrind (1968; 1979), dell'Università della California a Berkeley, è autrice di una delle poche ricerche di rilievo in questo campo dalle quali sia emersa una relazione precisa fra gli atteggiamenti dei genitori e il comportamento del bambino. Nei suoi studi, eseguiti con molta cura, la Baumrind ha descritto tre tipi di genitori: (1) autoritari, che cercano di plasmare, controllare e giudicare il comportamento del bambino in base a un modello assoluto e prestabilito di condotta; (2) permissivi, che rispondono al comportamento del bambino in maniera non punitiva, accettante e affermativa; (3) autorevoli, decisamente i più positivi a suo parere. I genitori autorevoli erano quelli che rispondevano più di tutti alle richieste di attenzione del bambino, senza però cedere a pretese irragionevoli: si aspettavano dal bambino un comportamento maturo e indipendente, adeguato al suo livello evolutivo. I figli di questi genitori tendevano a sviluppare le migliori competenze sociali. La Baumrind riferisce che i figli di genitori autoritari tendevano ad essere meno felici, di umore più instabile, apprensivi, ostili (in maniera passiva) e vulnerabili allo stress, mentre quelli di genitori permissivi erano più spesso aggressivi-impulsivi. Tuttavia in questi lavori non si teneva conto di quello che può essere l'effetto del temperamento del bambino sugli atteggiamenti genitoriali. Inoltre, i risultati della Baumrind indicavano delle tendenze: molte combinazioni non si inserivano in questo suo schema complessivo, così semplificato.

Altri studi, oltre al nostro, hanno messo in dubbio questo tipo di correlazione stretta fra stile genitoriale ed esiti dello sviluppo. Una delle più importanti ricerche longitudinali è stata lo Harvard Grant Study (Vaillant, 1977), nel quale 95 studenti del secondo anno a Harvard negli anni 1939-44 sono stati seguiti fino in età matura. Un'anamnesi dettagliata dei primi anni di vita è stata ottenuta intervistando i soggetti stessi e le loro madri. I dati sull'infanzia, ottenuti retrospettivamente, erano esposti alle distorsioni di memoria che può comportare un'operazione del genere, ma questo rischio era ridotto al minimo dal fatto che l'informazione era di tipo molto concreto e descrittivo. Da questa ricerca emergeva che un giudizio globale di infanzia «felice» o «infelice» correlava effettivamente con gli esiti psicologici nella vita adulta. Nelle conclusioni si sottolineava tuttavia che «quando si sono confrontate le infanzie dei Migliori e Peggiori esiti nello Harvard Grant Study, ci sono state molte sorprese. Se individuati in anticipo, elementi come l'abitudine di mangiarsi le unghie, un'educazione troppo precoce alla pulizia, la presenza di "tare" in famiglia e perfino quel classico che è la madre fredda e rifiutante, non servivano a predire difficoltà emotive nella vita adulta» (1977, p. 285).

Robert Chamberlin, dell'Università di Rochester, ha studiato 72 madri di bambini di due anni, reclutate attraverso gli ambulatori pediatrici (1974). In base ai dati del colloquio, le madri erano classificate come «autoritarie» o «accomodanti», nella maniera di trattare il bambino (in 40 casi queste valutazioni erano confermate da osservazioni condotte a domicilio da un altro operatore). I giudizi sui bambini erano ricavati dalle informazioni raccolte nel colloquio con le madri. Sottoposti ad analisi statistica, facevano emergere tre modelli di comportamento infantile: aperto-amichevole, dipendente-inibito e aggressivo-resistente, configurazioni molto simili a quelle ottenute in altri lavori (in questo caso era in discussione l'insieme dei tratti di personalità, non solo il temperamento). Chamberlin ha trovato una correlazione minima fra stile delle cure materne e comportamento del bambino, traendone la convinzione che i diversi metodi genitoriali siano evidentemente legati a diversi stili di vita e debbano quindi essere rispettati dal pediatra. Concludeva saggiamente che «i tentativi di cambiare un certo tipo di cure materne devono basarsi su chiare prove che quel particolare modello di condotta stia producendo effetti dannosi su quel particolare tipo di bambino, e non su fondamenti ideologici» (Chamberlin, 1974, p. 292).

Infine, possiamo citare una recentissima relazione di due

autorevoli ricercatori nel campo dello sviluppo infantile, Judith Dunn dell'Università di Cambridge e Robert Plomin dell'Università del Colorado (Dunn, Plomin e Nettles, 1985). La ricerca è stata condotta nel Colorado, dove la Dunn si trovava all'epoca per un incarico d'insegnamento, ed ha preso in considerazione, in un totale di 46 famiglie, la madre e due figli, entrambi all'età di 12 mesi (la differenza media d'età fra i due figli era di 55 mesi). Si osservava intensivamente il comportamento di ogni madre in casa con ciascuno dei due bambini, ricavandone valutazioni quantitative su tre scale: (1) affetto e accettazione del bambino; (2) espressione verbale dei sentimenti; (3) controllo e comportamento materno. Dunn e Plomin hanno riscontrato una notevole costanza nel comportamento delle madri verso i due figli, benché le osservazioni avvenissero ad oltre quattro anni di distanza e nonostante l'ampio ventaglio di variabilità esistente fra le madri. Ma noi sappiamo, specialmente dai nostri studi e da altre ricerche sul temperamento (oltre che su altri aspetti del comportamento a livello dei 12 mesi), che due bambini di quell'età in una stessa famiglia *sono* spesso diversissimi nel loro comportamento. Ed è proprio nel primo anno di vita, come sostengono molti autori, che dovremmo aspettarci un'influenza particolarmente forte da parte della madre, figura primaria di riferimento, anche se ha un lavoro fuori casa, e legata da una relazione molto intensa col bambino, quando questi non ha ancora cominciato a frequentare il nido e non ha stabilito rapporti significativi con altri bambini. Questo studio indica pertanto che già nel primo anno di vita lo sviluppo individuale del bambino, che conduce a rilevanti differenze comportamentali sul volgere dell'anno, non è decisamente determinato dalla madre. Madre e padre possono rappresentare influenze importanti, ma non decisive. Troviamo qui un'ulteriore conferma dell'idea che le differenze individuali di temperamento in età prescolastica non siano determinate dagli atteggiamenti o dai metodi educativi dei genitori.

Stili genitoriali

I genitori sono diversi, le famiglie sono diverse. Certi genitori sono permissivi quanto alle buone maniere e alle convenzioni sociali, altri hanno regole rigide. Alcuni esprimono apertamente l'affetto, altri sono riservati. Ci sono quelli che passano molto tempo coi figli in attività di comune interesse e quelli che invece vi partecipano meno. Fra certi genitori e figli c'è molta confidenza e scambio di idee su fatti intimi e personali, mentre in altre famiglie questo tipo di comunicazione è scarso. C'è chi si dà molto da fare per svezzare presto il bambino e abituarlo alla pulizia e chi se ne preoccupa meno, o addirittura pensa che lo svezzamento e l'educazione alla pulizia troppo precoci siano da evitare.

Alcuni padri hanno una parte molto attiva nelle cure quotidiane del lattante: a turno con la madre, gli danno il biberon, lo cambiano e lo vestono, lo mettono a letto e si alzano quando piange la notte. Altri si specializzano in certe attività, come alzarsi la notte, giochi movimentati e gite. Quanto ai padri che tengono le distanze e non si occupano del bambino piccolo, sono un'altra cosa: probabilmente ne soffre il bambino, ma anche loro ci rimettono.

Certi bambini crescono in un nucleo familiare ristretto, con padre, madre e al massimo un fratello o una sorella, altri in una famiglia allargata, con vari fratelli e sorelle, nonni e magari altri parenti, come zie, zii e cugini, che vivono tutti sotto lo stesso tetto o vicinissimi.

Ci sono madri che tornano a lavorare fuori casa poche settimane dopo il parto, altre che dedicano tutto il loro tempo ai bambini e non riprendono il lavoro (se mai lo fanno) finché questi non frequentano la scuola a tempo pieno. L'alta percentuale di divorzi dà luogo anch'essa a sistemazioni diverse: affidamento alla madre, affidamento al padre, o anche affidamento congiunto.

Negli anni recenti si è assistito all'emergere di un gruppo di donne mature, economicamente indipendenti, che vivono sole, hanno un figlio e lo allevano senza la presenza di un padre in casa. Un'altra sfida alla famiglia nucleare come istituzione insostituibile sono gli esperimenti di vita in comunità. Per quanto minoritarie, queste tendenze esistono e ci sono bambini che crescono con una madre che ha scelto di vivere sola col figlio, oppure con una «comune di genitori». (Non parliamo qui della madre nubile adolescente, emarginata e povera, che troppo spesso non ha le risorse né psicologiche né economiche per tirar su un bambino da sola, come se non bastasse, molte di queste madri non ricevono nessun sostegno, o quasi, dai servizi del territorio.)

Per seguire l'interazione fra genitori e figli nelle diverse famiglie, abbiamo trovato più utile servirci di una nostra classificazione dei vari stili genitoriali. Non si tratta di categorie nuove; anche altri le hanno descritte, talvolta sotto gli stessi termini, talvolta con parole diverse ma con lo stesso significato. Usandole, ci siamo sforzati di distinguere quello che è l'apporto del genitore al suo modo di gestire la cura e l'educazione del figlio, da quegli elementi che sono la sua reazione al comportamento del bambino. Nella maggior parte dei casi, l'uno e gli altri sono presenti e contribuiscono a modellare lo stile di condotta genitoriale.

Il genitore sicuro

Molti genitori si sentono sicuri e agiscono con sicurezza quando si occupano del bambino. Hanno imparato i rudimenti della puericultura da parenti e amici, o nei corsi che si tengono in gravidanza: come si cambiano i pannolini, come si danno le poppate, come si regge il piccolo durante il bagno, ecc. Probabilmente hanno anche osservato, guardando altri neonati e lattanti, che ognuno sembra avere comportamenti e reazioni un po' diversi, cosicché sanno bene che per trovare i modi più giusti col proprio bambino può volerci del tempo, con tentativi ed errori: se sbagliano qualcosa possono cambiare, senza con questo aver fatto nessun danno irreparabile. Partono dall'idea di poter fare fronte con successo ai loro doveri di genitori, come hanno fatto con tutti gli altri impegni della vita. Da questa nuova missione si aspettano che non si riduca soltanto a compiti gravosi e ripetitivi, ma che sia un'attività realmente creativa, capace di dare una sensazione tutta particolare di autorealizzazione.

Genitori come questi sono pronti a sperimentare un metodo nuovo se il bambino non sembra soddisfatto di quello che hanno fatto finora. Non hanno paura di sbagliare: sanno che non succederà nessuna catastrofe. D'altra parte, se il bambino non cresce bene e sembra cronicamente insoddisfatto, sono pronti a rivolgersi a uno specialista in cerca di consigli, senza temere con questo di passare per genitori incompetenti o inadeguati.

Ciò non significa che tutti i genitori sicuri e fiduciosi allevino i bambini allo stesso modo. Al contrario. Il loro stile di vita, le loro preferenze e i loro orari, intrecciandosi con quello che è lo stile comportamentale proprio del bambino, danno luogo a innumerevoli variazioni nella condotta concreta giorno per giorno. Prendiamo due madri col primo figlio: la signora A. ha avuto una femmina, Brenda, e la signora B. un maschio, Brad. La madre di Brenda ha lasciato il lavoro e ha deciso di allattarla al seno, cosa che ha fatto con pieno successo. Le amiche l'approvavano per questo finché non si sono rese conto che era sua intenzione continuare a lungo con l'allattamento e con questo genere di vita. A questo punto alcune hanno cominciato a criticarla, dicendo che in questo modo presentava alla figlia il modello di una madre che non ha un lavoro fuori casa e si dedica tutta alla casa e ai figli. Quando a due anni Brenda, che pure ormai mangiava di tutto, continuava ad attaccarsi liberamente al seno, le amiche scuotevano il capo sconsolate: per loro era evidente che la bambina aveva sviluppato una dipendenza eccessiva dalla madre e avrebbe avuto enormi difficoltà a staccarsi da lei per integrarsi in un gruppo di coetanei.

Ma quando la madre, a due anni e mezzo, l'ha portata per la prima volta a un asilo autogestito, Brenda si è avvicinata subito con grande gioia agli altri bambini, senza badare se la mamma fosse ancora nella stanza o no. E a tre anni, iscritta regolarmente alla scuola materna, usciva allegramente tutte le mattine. Non solo, ma ogni mattina chiedeva «A scuola oggi?» e rimaneva delusa quando, il sabato e la domenica, la risposta era «Oggi no».

Brad invece è stato allattato al seno solo per una settimana. L'intenzione della madre di allattarlo al seno per almeno un mese è stata abbandonata a causa del dolore prodotto dalle ragadi ai capezzoli. Inoltre, B. era agli inizi di una brillante carriera e si sentiva tenuta a dimostrare nell'ambiente di lavoro, altamente competitivo, che sarebbe stata in grado di riprendere la sua attività molto presto. Ha ricominciato gradualmente, rientrando in ufficio quando Brad aveva un mese, e poco dopo lavorava di nuovo a tempo pieno. Il marito ha collaborato attivamente nella cura del piccolo; inoltre B. si era organizzata ottimamente con persone molto fidate, cosicché Brad si trovava sempre in buone mani, che lei fosse a casa o all'ufficio.

Ma alcune delle sue amiche avevano da ridire e cominciarono a farle capire, qualcuna molto apertamente, che in questo modo il bambino avrebbe sofferto per la carenza di quel nutrimento affettivo che solo una madre può offrire. Sarebbe mancato l'«attaccamento». Per un po' di tempo B. cominciò davvero a preoccuparsi, pensando che rischiava di diventare una specie di ruota di scorta, una persona di cui il bambino non sentisse reale bisogno: Brad stava tutto contento con la bambinaia, una donna matura e affettuosa, e preferiva i giochi rumorosi col babbo alle attività più tranquille con la mamma. E tuttavia riuscì a tener duro, occupandosi del bambino con tenerezza, con un'aperta espressione di affetti che il marito, più riservato, non sapeva manifestargli. E quando il padre dovette assentarsi per una decina di giorni Brad, che aveva due anni, fece vedere molto chiaramente che non gli pareva vero di stare solo con la sua mamma.

Il genitore insicuro

In netto contrasto coi genitori che si sentono sicuri, ci sono gli insicuri. Si tratta di quei genitori che sono convinti che qualunque cosa facciano col bambino debba influenzarne il destino futuro. Tutto quello che fanno – le loro parole, azioni e atteggiamenti – si inciderà nella sua psiche e lo porterà prima o poi a sdraiarsi sul lettino dell'analista. Sono persuasi – e molti esperti lo hanno predicato – che quello di genitore sia un mestiere difficilissimo e che l'unica alternativa sia quella fra sbagliare appena un po', se sono fortunati, e sbagliare quasi tutto. Fare il genitore diventa una tortura anziché un piacere e la vita con un bambino piccino è un po' come camminare continuamente sulle uova. Leggere i libri degli specialisti serve a poco, visto che i loro consigli sono tanto spesso contraddittori. Ogni volta che il bambino si rivela non all'altezza di qualche modello idealizzato, vuol dire necessariamente che c'è una carenza da parte della madre o del padre.

Coppie del genere hanno fin troppo spesso paura di avere figli, temendo di non riuscire ad essere genitori ideali. E anche se hanno un bambino floridissimo che non presenta nessun problema, pensano che sia stata soltanto una fortuna e spesso non se la sentono di ritentare la sorte con un secondo figlio.

I genitori insicuri possono fare un problema di qualunque aspetto delle cure del bambino. Per esempio, una madre aveva letto quanto fosse importante l'allattamento al seno: il latte materno avrebbe assicurato al bambino la difesa immunitaria contro le malattie infettive già contratte dalla madre e l'allattamento al seno avrebbe istituito il contatto più stretto fra madre e bambino, favorendo quell'attaccamento che tanta importanza avrebbe avuto per i loro rapporti futuri. La madre decise quindi di attenersi esclusivamente all'allattamento al seno, senza nessuna integrazione in nessun momento, almeno per i primi sei mesi. Questo significava che doveva stare tutto il tempo con la sua bambina, Winnie. Inoltre, il padre non poteva sostituirla in nessuna delle poppate notturne. Non solo, ma la regola che questa donna si era imposta da sola era di allattare la bambina tutte le volte che piangeva; in caso contrario, Winnie avrebbe sofferto di carenza materna e insicurezza. Come facilmente prevedibile, con questo tipo di risposta al suo pianto Winnie cominciò a reclamare il latte sempre più spesso, non sempre meno. In capo a un mese era arrivata a un orario con intervalli di due ore fra una poppata e l'altra, e la madre era ridotta in condizioni pietose per mancanza di sonno.

Erano nostri conoscenti e finalmente la madre si decise a chiederci un consiglio in via amichevole, per disperazione. Che cosa doveva fare? Sapeva che non avrebbe potuto reggere ancora a lungo un orario come quello. D'altro canto, aveva paura di rendere insicura la bambina ignorando il suo pianto. In realtà l'insicura era lei, anche se ciò non traspariva affatto nelle altre situazioni: le paure per Winnie rispecchiavano la sua scarsa fiducia in se stessa come madre.

Per fortuna, era disposta ad ascoltarci. Le spiegammo che non avrebbe fatto alcun male alla bambina piangere un quarto d'ora o anche mezz'ora prima di essere allattata: questa procedura avrebbe gradualmente allungato la sua esperienza di stomaco pieno/stomaco vuoto, cosicché la fame sarebbe sopravvenuta pian piano ad intervalli più distanziati. La madre esitava a seguire questo consiglio. Non avrebbe forse danneggiato la bambina, i cui espressi desideri dovevano sempre avere la precedenza sui suoi? Dopo tutto, ad ogni atto dei genitori era in ballo il destino di Winnie. Le facemmo notare che forse questa non era una verità così assoluta e che in ogni caso doveva fare un tentativo, se voleva uscire da questo problema. Seguì il nostro consiglio e in capo a una settimana Winnie prendeva tranquillamente il latte a intervalli di quattro ore, invece di due. Se poi questa lezione sia bastata a cambiare l'idea che questa donna si era fatta delle sue enormi responsabilità come madre, resta da vedere. Ma che succederà se non cambia atteggiamento e continua a viziare la figlia in questo modo? Che cosa si può prevedere? Senza dubbio le sue altre attività ne soffriranno. I suoi rapporti col marito ne risulteranno alterati, forse non per il meglio. Ma quanto a Winnie, in realtà possiamo prevedere pochissimo. Sono tante le influenze e le variabili che agiscono sullo sviluppo psicologico di un bambino che qualunque predizione a partire da un unico fattore – il comportamento materno – è azzardata e puramente speculativa.

Una madre insicura con un bambino dal temperamento difficile quasi certamente pensa che debba essere in qualche modo colpa sua se il bambino rifiuta di accettare cibi nuovi, ha un orario di sonno irregolare o scoppia in crisi violente di pianto. In qualche caso, tale insicurezza nei confronti di un bambino del genere può essere efficacemente controbilanciata se il coniuge è sicuro di sé e privo di ansia nel ruolo genitoriale. Questo schema di rapporti è illustrato con grande evidenza da una coppia del NYLS, che aveva avuto come primogenito proprio uno di questi bambini difficili dal punto di vista temperamentale. Nella nostra scala di valutazione il piccolo Carl faceva registrare uno dei punteggi più alti dell'intero campione, quanto a temperamento difficile. La madre era convinta che le difficoltà eccezionali incontrate nella cura del bambino fossero tutte colpa sua e diventò ansiosa e piena di sensi di colpa. Il padre, dal canto suo, riusciva ad avere una visione più oggettiva del comportamento di Carl. Arrivò a capire da solo, senza alcun aiuto da parte nostra, che le grandi crisi di pianto di Carl nascevano soprattutto dall'incontro con cose o persone nuove. Si rese conto anche del fatto che, se lui e la moglie riuscivano a trattarlo con pazienza e costanza, Carl alla fine si adattava positivamente e accettava con gioia quello che dapprima l'aveva fatto piangere tanto. Inoltre il padre, persona riservata, calma e poco espansiva, era davvero compiaciuto a vedere l'energia del figlio. Diceva con ammirazione: «Carl è di certo un ragazzo robusto e vivace».

Questa sua immagine positiva del bambino servì molto a calmare le ansie della madre. Questa si sottopose anche a un trattamento psicoterapico, ma era chiaro che a creare un ambiente familiare positivo per Carl era la fiducia di suo padre e il suo modo più obiettivo di vedere il comportamento del figlio. Grazie all'atteggiamento paterno, lo sviluppo del ragazzo nel corso dell'età scolastica e poi dell'adolescenza è stato felice e tranquillo. C'è stato un breve periodo di tensione e difficoltà quando si è allontanato per la prima volta da casa per andare al *college*, trovandosi ad affrontare tutta insieme una serie di novità nelle abitudini di vita, nei rapporti sociali e negli impegni di studio, ma la crisi è stata superata ben presto e da allora Carl se l'è cavata sempre ottimamente.

Oggi Carl ha 28 anni, è un uomo vivace ed esuberante, agli inizi di una carriera molto promettente e con una vita sociale attivissima e ricca di interessi. Sua madre è morta l'anno scorso, al termine di una lunga malattia progressiva che era comparsa quando il figlio era ancora un ragazzo. Carl ne conserva un ricordo molto affettuoso, descrive il matrimonio dei genitori come un'unione «molto felice» ed esprime un grande rispetto per suo padre. E fa bene, perché lo merita davvero.

Alcuni genitori insicuri mostrano nei rapporti col bambino le stesse caratteristiche di personalità – incertezza, scarsa fiducia in se stessi – che contrassegnano il loro comportamento anche in altre situazioni di vita. Molti altri invece manifestano questa insicurezza solo nel ruolo di genitori. Perché mai una donna intelligente e colta, che ha organizzato senza problemi la sua vita sociale e ha fatto fronte con competenza e fiducia in se stessa agli impegni scolastici e professionali, deve diventare un'altra persona quando fa la madre? È vero che adesso si trova responsabile della vita di un altro e non più solo della propria, ma quasi sempre questo compito lo divide col marito. Si può presumere che sappia bene che innumerevoli genitori nell'arco di migliaia di anni hanno assolto con successo a questa funzione: e allora perché non dovrebbe farcela anche lei? Forse una risposta almeno parziale a queste domande si può trovare nella tendenza a colpevolizzare le madri, di cui si è parlato nel Cap. I.

Il genitore impaurito

Ci sono genitori che hanno paura di dire no al bambino: se strepita o si lagna, non sono in grado di opporgli un rifiuto fermo e tranquillo, mantenendo poi la posizione. Alcuni di loro rientrano nella categoria degli insicuri, non si fidano del proprio giudizio o temono di fare del male al bambino frustrandolo. Altri hanno dei particolari sensi di colpa: un padre che ha pochissimo tempo da dedicare al bambino, o che ha trascurato i figli avuti da un precedente matrimonio, può cercare di alleviare il suo sentimento di colpa viziando il nuovo nato. Altri possono essere stressati per altre ragioni e cedere per trovare sul momento un po' di pace e tranquillità. Non stiamo ovviamente consigliando una rigida pretesa di obbedienza immediata o l'insensibilità verso i bisogni del bambino, ma l'eccesso opposto – accontentare il bambino a prescindere dalla ragionevolezza o meno delle sue richieste – non fa bene né a lui né ai genitori. Si crea un piccolo tiranno, che può averla vinta in casa coi suoi capricci, ma poi scoprirà che le strategie che funzionano lì si ritorcono contro di lui nel mondo esterno.

I risultati di questo cedimento continuo possono sembrare ovvi ed evidenti, ma ci ha colpito nel corso degli anni vedere quanti genitori scivolano gradualmente in questa abitudine di accontentare in tutto e per tutto il bambino, a otto anni, o a cinque, o addirittura già a due anni. E in qualche caso si trattava di persone energiche e autorevoli fuori dalle mura di casa, figure di primo piano nella loro professione. Eppure si facevano piccoli piccoli davanti alle bizze dei loro bambini e solo col tempo e a proprie spese imparavano a non cedere sempre.

Il genitore iperinterpretativo

Certi genitori si fanno prendere completamente dal tentativo di sondare le profondità della psiche del bambino, fino dai primi mesi di vita, applicando alla lettera le teorie di cui hanno conoscenza o costruendo interpretazioni in proprio. Per esempio, la madre di Margery, uno dei nostri soggetti del NYLS, riferiva compiaciuta che la sua bambina, di appena due mesi, era già gelosa se la mamma parlava con altri e non con lei. Quali erano le prove? Quando la mamma le parlava, Margery sorrideva e faceva vocalizzi, ma se si volgeva a parlare con un'altra persona, continuando a tenerla in collo, ecco che la bambina si metteva a piangere. La descrizione dei fatti era esatta, ma l'interpretazione era tutta un'altra faccenda. Quando si rivolgeva alla bambina, la madre le parlava dolcemente e a bassa voce, adatta alla distanza ravvicinata, ma quando parlava con una persona più distante alzava inevitabilmente la voce. Margery, una dei tanti bambini che hanno una soglia uditiva bassa, non piangeva per gelosia ma in risposta all'improvviso aumento del tono di voce. Abbiamo verificato questa interpretazione conversando a bassa voce con la madre, e Margery non ha pianto per nulla.

I genitori che elaborano complicate spiegazioni psicologiche del comportamento del bambino non fanno che seguire le piste di tanti specialisti della salute mentale, che continuano a farlo da anni. Probabilmente nel complesso è un passatempo innocuo, e magari per qualche genitore è rassicurante «sapere» che cosa succede nella testa del bambino. Ma diventa tutt'altra cosa quando i genitori interpretano una caratteristica normale, per esempio la timidezza verso gli estranei, come sintomo di una qualche angoscia profonda. A questo punto c'è il rischio che partano per la tangente, afferrando a volo ogni brandello di prova che sembri suggerire ansia e demonizzando in qualche modo il comportamento del bambino, che allora davvero diventerà confuso e timoroso. In realtà, è necessario accettare come una caratteristica normale, da prevedere in anticipo e tollerare, questa lentezza del bambino ad adattarsi alle novità – quello che abbiamo chiamato temperamento lento a scaldarsi. Visite, attività e abitudini nuove non ci si deve aspettare che provochino grandi manifestazioni di piacere la prima, la seconda o anche la quinta volta: solo gradualmente il bambino timido comincia a sentirsi a suo agio e a comportarsi nel modo che gli è spontaneo. Per lui, questo è un processo del tutto normale di adattamento.

Il genitore vittima

Alcuni genitori si sentono vittime di una sorta d'inganno da parte dei bambini. La coppia decide di avere un figlio e frequenta insieme i corsi di preparazione alla nascita. Il padre assiste a tutto il travaglio del parto. Seguono alla lettera le istruzioni che dovrebbero garantire una riuscita ottimale: un bambino tranquillo e sicuro, facile da trattare. Il bambino prende il latte materno per un anno intero, è allattato ogni volta che lo chiede, coccolato e carezzato, e riceve stimolazioni visive, uditive e tattili, con materiali adatti ad ogni successivo stadio di sviluppo. Eppure continuano ad esserci problemi.

Lila a tre anni rifiutava di dormire nella sua cameretta. Tutte le mattine i genitori la trovavano addormentata nel loro letto, dove si era infilata di notte senza svegliarli. Spiegava di essersi svegliata e aver avuto paura: il riflesso della luce sulla finestra sembrava proprio il fantasma del suo libro illustrato. I genitori le spiegarono accuratamente la differenza che c'è tra i fantasmi delle favole e la realtà, dicendole con fermezza che non poteva entrare di notte in camera loro. Per tutto risultato, la mattina la trovavano distesa fuori della loro porta invece che dentro il letto. Decisero allora che Lila doveva soffrire d'insicurezza, benché di giorno sembrasse una bambina allegra ed equilibrata. Così le dedicarono più tempo e più attenzioni, rimandando il progetto di un secondo figlio, per timore che la nascita di un fratellino accrescesse la sua «insicurezza».

Ma tutto questo non sortì nessun effetto sul comportamento notturno di Lila. Allora i genitori cominciarono a sentirsi perseguitati: avevano dato tutto quanto potevano per fare di Lila una bambina sicura e soddisfatta; perché doveva mostrare questa «insicurezza» la notte? In un certo senso, pensavano, era un'ingiustizia: Lila non aveva fatto la sua parte. Con questo loro sentirsi vittime della situazione, la rabbia verso la bambina cominciò a prendere il posto della tenerezza.

Anche Lewis, un altro bambino di tre anni, aveva dei genitori che si erano dedicati in ogni modo al suo benessere. Ma Lewis faceva delle bizze fragorose ogni volta che, al supermercato o ai giardini, era frustrato da un «No» dei genitori. Queste scene, che in casa non si ripetevano, erano molto imbarazzanti per loro. Anche i genitori di Lewis cominciarono a sentirsi vittime dei suoi capricci: perché mai doveva sottoporli a queste brutte figure in pubblico, quando erano così attenti a ogni suo bisogno e avevano fatto tanto per lui?

Finalmente entrambe le coppie decisero di rivolgersi a noi per avere un aiuto nella soluzione di questi loro problemi. Fu un vero colpo per loro sentirsi dire che facevano la parte delle vittime, ribollenti di collera repressa e incapaci di mettere a fuoco il vero significato del comportamento del bambino. Nel caso di Lila, forse l'insicurezza non c'entrava affatto. Magari la bambina stava cominciando, al suo nuovo livello di maturazione, a fare i conti, non facili, con la distinzione fra ciò che è reale e ciò che è fantasia, un problema che superava bene di giorno, mentre le era molto più difficile rassicurarsi la notte, tutta sola al buio. Era impaurita, non insicura. Tutto quello di cui aveva bisogno era una rassicurazione di notte, magari dormire con la luce accesa, o il permesso di andare a letto coi genitori per qualche settimana, o forse una risposta più meditata da parte loro quando raccontava i suoi terrori.

Quanto a Lewis, i genitori avevano saputo trattare nel modo migliore le sue bizze violente e prolungate a casa, aspettando in silenzio che finisse la sua scena e fosse pronto ad accettare il loro rifiuto. In pubblico però si vergognavano della scena e cedevano per calmarlo. Con questo sistema ovviamente le bizze diventarono sempre più rare e contenute fra le mura domestiche, più fragorose e frequenti quando erano fuori. Sarebbe bastato che i genitori lo portassero con calma fuori dalla scena, dicendogli che sarebbero tornati quando avesse smesso di fare le bizze.

I genitori di Lila e di Lewis, come quasi tutti quelli che si sentono in qualche modo perseguitati dal comportamento dei figli, provarono un gran sollievo – sia pure misto a una certa vergogna – quando il problema venne chiarito. Non erano più le vittime della situazione, ma persone ancora capaci di svolgere il loro ruolo genitoriale per il bene dei figli.

Purtroppo non tutti i genitori che si sentono malamente ripagati dai loro bambini sono disposti ad accettare il consiglio di chi spiega loro che hanno perduto l'esatta prospettiva, portati fuori strada dagli sforzi impropri che hanno messo in opera per venire a capo delle difficoltà. Alcuni restano inflessibilmente fermi nel condannare il comportamento del bambino, scrollando via con fastidio qualunque argomentazione contraria. Ci sentiamo sempre rabbrividire quando un padre, una madre, o entrambi, sentenziano che il figlio è «cattivo», «incapace di autodisciplina», «nato per farmi disperare». In questi casi le prospettive di un sano rapporto genitore-figlio sono davvero magre.

Seguendo queste famiglie nel nostro studio longitudinale, abbiamo notato tuttavia che per alcuni di questi ragazzi, se non per i genitori, la riuscita è stata buona. Alcuni di loro, arrivati alle soglie dell'età adulta, sono riusciti a compiere quella che chiamiamo una presa di distanza emotiva dal genitore (o dai genitori) con cui avevano avuto un rapporto così antagonistico e negativo. Organizzandosi una vita indipendente sempre più fuori casa, avevano compensato le frustrazioni e le tensioni vissute in famiglia. Tragico era il risultato per i genitori, che perdevano ogni amicizia e intimità coi figli, sui quali avevano investito tanto nel corso degli anni. Altri ragazzi, prigionieri di un simile rapporto coi genitori, non riuscivano invece a prendere le distanze e continuavano a portarsi dietro fino da adulti le loro difficoltà psicologiche. Un quesito interessante che abbiamo all'ordine del giorno dei nostri progetti di ricerca è l'analisi dei dati fin qui raccolti, per determinare come e perché alcuni ragazzi siano riusciti in questa operazione di distacco emotivo e altri no.

Il genitore patologico

La nascita d'un figlio non è un vaccino contro la malattia mentale, né serve a guarire problemi psichiatrici di una certa gravità. La presenza di gravi turbe mentali in un genitore rappresenta in realtà una voce passiva, e spesso non di poco conto, ai fini della creazione di un sano ambiente familiare.

Una madre cronicamente depressa o ansiosa avrà difficoltà a cogliere prontamente i segnali del bambino e rispondervi in modo adeguato. Un padre rigido, autoritario o paranoide non saprà offrire al bambino quell'ambiente flessibile di cui ha bisogno per saggiare i suoi interessi e il suo personale stile di condotta. Al di là di questo, il comportamento irrazionale e bizzarro di certi malati di mente può essere davvero terrorizzante per un bambino. Né c'è bisogno di aggiungere che le violenze fisiche o sessuali subite da parte di un genitore possono provocare danni fisici o psicologici di vasta portata.

Ci sono però dei genitori che, nonostante i disturbi psichici, si mostrano molto motivati e capaci di mobilitare le risorse disponibili a vantaggio del bambino. E in qualche caso il genitore sano o altri familiari intervengono a colmare le lacune del genitore malato. Non si deve quindi presumere che un bambino cresciuto in una famiglia dove c'è un genitore malato di mente sia condannato a una vita di turbe psichiche. Gli studi clinici sono chiari nel documentare questa variabilità di esiti per i figli di pazienti psichiatrici (Anthony, 1969a).

Stile genitoriale e riuscita dei figli

Le formule chiare e nette sono sempre una bella tentazione. Sarebbe comodo se potessimo avere uno schema preciso o un programma di computer che ci dicesse con esattezza che tipo di genitore e che tipo di cure genitoriali siano l'ottimo per allevare un bambino. Ma la vita non è così semplice, certo non quando si tratta dell'interazione fra genitori e figli. La maggior parte dei genitori è abbastanza flessibile da conformare il proprio comportamento in base ai molti segnali forniti dal bambino. Il lattante, da parte sua, è estremamente flessibile e sa adattarsi a molti approcci ed ambienti diversi.

Questo significa che tutti gli stili genitoriali sono altrettanto efficaci? Niente affatto. Prima di tutto, una casa piena di tensione perché i genitori sono insicuri, hanno paura del bambino o si sentono in qualche modo traditi nelle loro aspettative, o magari non fanno altro che interpretare ogni suo comportamento, non è un ambiente piacevole e disteso né per loro né per il bambino. Non è una situazione familiare che possa offrire un'infanzia felice, anche se magari il ragazzo può venirne a capo bene e avviarsi a una vita adulta sana e gratificante. Inoltre, un certo stile genitoriale può fare una grossa differenza con alcuni bambini ma non con altri. È questa la nostra tesi centrale. Lo sviluppo psicologico del bambino non è determinato solo dallo stile dei genitori, o solo dal suo proprio stile comportamentale, ma dalla corrispondenza o non corrispondenza fra l'uno e l'altro. Abbiamo chiamato questa corrispondenza «compatibilità» e ne parleremo più a lungo nei due capitoli che seguono. Sempre di più l'evidenza che emerge dai risultati del nostro studio e dai lavori condotti in altri centri di ricerca va confermando quanto sia importante questo concetto di compatibilità-incompatibilità fra bambino e genitore, ma anche fra il bambino e altri familiari, coetanei, insegnanti e altre figure adulte della sua vita. Tenendo ben presente questo concetto, siamo liberi di setacciare la letteratura scientifica del passato, conservando quanto c'è di significativo e scartando la zavorra dogmatica e speculativa, e di integrare nuove scoperte e intuizioni via via che emergeranno.

IV
Compatibilità
La chiave di un sano sviluppo

Nella prima metà degli anni '60 ci siamo trovati di fronte una nuova e decisiva sfida intellettuale. Avevamo dimostrato che i bambini manifestano differenze individuali di temperamento fino dai primi mesi di vita. Avevamo ideato un metodo per raccogliere dai genitori un'informazione dettagliata e sistematica che ci permetteva di classificare il temperamento in nove categorie e tre modelli, che apparivano funzionalmente importanti per lo sviluppo psicologico del bambino. Inoltre avevamo trovato che questi tratti temperamentali possono influenzare gli atteggiamenti e metodi dei genitori, cosicché la relazione genitore-bambino è di interazione reciproca e non già un processo a senso unico, come scrivere il comportamento futuro del bambino su una *tabula rasa*, una lavagna mentale del tutto vuota. Avevamo anche elaborato uno schema pratico per identificare vari tipi di genitori «buoni» e «scadenti», rispetto al modo di trattare il bambino e di rispondere ai suoi comportamenti.

Avevamo chiaro anche il fatto che, crescendo i bambini, altre influenze sarebbero entrate in scena a plasmare la loro vita: non solo persone, come altri familiari, coetanei e insegnanti, ma anche forze come l'ambiente scolastico, con le sue richieste di apprendimento, e i valori etici e morali dell'ambiente sociale, compresi i suoi pregiudizi razzisti, sessisti, ecc. Particolari esperienze imprevedibili, come la comparsa e maturazione di uno speciale talento, oppure eventi del tutto accidentali ma importanti, sono altri fatti che possono capitare nella vita di un bambino. E l'effetto di tutti questi altri fattori, come l'effetto delle cure genitoriali, dipenderà non solo dalle esperienze in sé, ma dalla reazione che ad esse presenta il bambino. La stessa situazione di vita può avere effetti diversi su bambini con diversi temperamenti, abilità o motivazioni, senza dire che le caratteristiche stesse del bambino possono influire sulla qualità o intensità di una specifica esperienza.

IN CERCA DI UNA TEORIA

Per ritrovare l'azione di tutti questi fattori intrecciati sulla vita del bambino, avevamo bisogno di una cornice teorica che ci permettesse di determinare perché alcuni bambini seguono un percorso evolutivo sano e lineare, mentre altri sono afflitti da problemi comportamentali d'ogni genere. Non volevamo occuparci delle gravi turbe psichiatriche dell'età evolutiva, come autismo, schizofrenia infantile, depressione grave o cerebropatie: sono problemi di grande rilevanza, ma i nostri interessi andavano allo sviluppo di quei bambini che non sono handicappati da malattie così gravi.

Le teorie dominanti all'epoca non ci erano di nessuna utilità. Il temperamento non era certo il risultato delle presunte pulsioni istintuali suggerite dalla tradizionale teoria psicoanalitica, né si poteva farlo risalire alla formazione di riflessi condizionati, il nucleo centrale della teoria comportamentista. Non solo, ma psicoanalisi e comportamentismo tendevano entrambi a vedere nello sviluppo del bambino la conseguenza diretta di un insieme di esperienze precoci, si trattasse del conflitto fra le pulsioni e il mondo reale, come pretendevano gli psicoanalisti, o della persistenza di riflessi condizionati, come sostenuto dai comportamentisti. Seguendo i nostri soggetti nel corso degli anni, ci siamo accorti che il loro sviluppo psicologico era un processo troppo complesso, con troppi fattori che intervenivano a determinarne il corso alle varie età, per poter accettare teorie unidimensionali così semplicistiche.

Un'ottica alternativa era stata suggerita da vari studiosi dello sviluppo animale e umano, trovando la sua formulazione più chiara ed esauriente nei primi anni '30 ad opera dello psicologo russo Lev Vygotskij (1978). Vygotskij aveva elaborato il concetto d'interazionismo, che in senso lato vede tutti gli attributi comportamentali di un individuo in interazione sia fra loro che con le occasioni, richieste e aspettative dell'ambiente. A causa della sua morte prematura, Vygotskij non poté approfondire nei dettagli queste idee. Abbiamo trovato questa sua concezione utilissima per capire la vita e lo sviluppo dei bambini e l'abbiamo applicata nel nostro lavoro. Siamo anche convinti che le conseguenze di questo processo d'interazione possano a loro volta rinforzare, modificare o cambiare il comportamento dell'individuo, le influenze ambientali o entrambi. Tale processo di cambiamento e rinforzo non si limita a un'unica fascia d'età ma dura tutta la vita (Thomas e Chess, 1980).

Fin dall'inizio del nostro studio longitudinale, nel 1956, ci era chiaro che una simile ottica interazionista era indispensabile se volevamo capire l'influenza del temperamento, o di qualunque altro fattore, sullo sviluppo del comportamento del bambino. Questo approccio è ormai accettato da autorevoli psicologi e psichiatri infantili. I vari autori usano termini diversi – interazionismo, transazionismo, prospettiva del ciclo vitale, teoria biopsicosociale o teoria dei sistemi – ma tutti sono d'accordo sul fatto che lo studio dello sviluppo psicologico, sia normale che patologico, debba includere dimensioni e influenze molteplici che interagiscono continuamente nel corso del tempo (Chess e Thomas, 1984).

Ma l'ottica interazionista, per quanto essenziale, è solo un concetto teorico generale. Noi avevamo bisogno anche di un principio da poter applicare all'analisi dello sviluppo di ogni singolo bambino. Perché l'interazione fra genitori e figli porta a un esito felice per un ragazzo e a uno sviluppo disturbato per un altro? Quali sono i fattori specifici che possono differire nelle varie interazioni adulto-bambino e render ragione dei diversi risultati finali?

IL CONCETTO DI COMPATIBILITÀ

Riesaminando la vita dei nostri soggetti, abbiamo individuato un principio generale che, a quanto sembra, determinava se e perché lo sviluppo d'un bambino potesse o no procedere senza intoppi. Abbiamo anche riscontrato che questo stesso principio poteva spesso fornire la base di partenza per un trattamento rapido ed efficace di eventuali problemi comportamentali.

Abbiamo chiamato questo principio generale «compatibilità o incompatibilità». Esiste compatibilità quando le richieste e aspettative dei genitori (e di altre figure importanti) si incastrano bene con il temperamento, le attitudini ed altre caratteristiche del bambino. Con una simile corrispondenza, si può prevedere uno sviluppo sano e regolare.

C'è invece incompatibilità se le richieste e aspettative sono eccessive o comunque non corrispondono al temperamento, alle abilità e a tutti gli altri caratteri del bambino. In una situazione del genere, è probabile che il bambino si trovi ad essere sottoposto a uno stress eccessivo, che può mettere a repentaglio un armonico sviluppo.

Pochi esempi basteranno a illustrare la differenza fra una buona o cattiva rispondenza. Un bambino con un temperamento lento a scaldarsi ha bisogno di tempo e di ripetute esposizioni a una situazione nuova prima di potervi partecipare attivamente e senza difficoltà. Ma è essenziale, per lui come per tutti i bambini, sviluppare la competenza sociale indispensabile per adattarsi ad ogni sorta di esperienza e situazione insolita. Se genitori e insegnanti riconoscono il suo temperamento quando il bambino, a tre o quattro anni, comincia a frequentare la scuola materna, e non insistono per un'immediata partecipazione alle attività di gruppo, ma gli lasciano il tempo di avvicinarsi gradualmente, possiamo dire che c'è una buona compatibilità fra il temperamento individuale e le richieste esterne. Genitori e insegnanti hanno chiesto al bambino un qualcosa che rientra nelle sue capacità; la scuola materna diventerà per lui un'esperienza piacevole e stimolante.

Questo approccio può diventare un modello per introdurre il bambino a tutta una serie di altre situazioni nuove, via via che cresce. Accumulando ripetuti successi del genere, quando arriverà all'età adulta avrà imparato che, nonostante la reazione iniziale di disagio, è in grado di integrarsi efficacemente in contesti nuovi. Molti dei nostri soggetti ci hanno detto proprio questo nel primo colloquio che abbiamo avuto con loro da adulti. Un'osservazione tipica: «Quando comincio un nuovo lavoro o faccio conoscenza con una persona, all'apparenza sembro freddo, calmo e padrone di me, ma in realtà mi sento molto teso e a disagio. Però ho imparato che se resisto il disagio comincia a sparire e alla fine mi trovo benissimo».

Se invece genitori e insegnanti pretendono che il bambino si inserisca nel nuovo gruppo con la stessa rapidità degli altri e lo spingono a una partecipazione che è incompatibile col suo modello temperamentale di iniziale riservatezza e adattamento graduale, abbiamo una cattiva corrispondenza. La richiesta eccessiva avrà con tutta probabilità l'effetto contrario: il bambino si tirerà indietro, aggrappandosi alla mamma o alla maestra e scatenando una bizza per tornare a casa. Questo bambino, sia che lo si costringa a restare a scuola o lo si allontani perché «immaturo e non ancora pronto», avrà perduto la positiva esperienza sociale di adattarsi con successo a un nuovo gruppo di coetanei.

Il concetto di compatibilità-incompatibilità può applicarsi anche ad altre caratteristiche, oltre al temperamento. Danny era un bambino di sei anni, affidato a uno di noi (per l'esattezza, Stella Chess) a causa del suo comportamento disturbato a scuola. La maestra e la psicologa della scuola lo descrivevano come un soggetto dal comportamento bizzarro, con linguaggio disorganizzato e movimenti non finalizzati. Questi disturbi non erano continui, ma capitavano spesso e senza causa apparente, almeno agli occhi dell'insegnante. In altri momenti il suo comportamento sembrava del tutto normale. Anche se non lo dicevano in questi termini, era chiaro che insegnante e psicologa erano convinte entrambe che Danny soffrisse di una grave turba psichiatrica, come una schizofrenia infantile.

Quando venne in ambulatorio, il suo comportamento, il linguaggio e l'uso dei giocattoli erano adeguati, senza alcun segno deviante. Ma, mentre aveva in mano una cucina delle bambole, alla domanda «Che cos'è?» esitò un poco, poi disse: «Frigorifero». Gli fu indicato un mazzetto di carote giocattolo, chiedendo di nuovo: «Che cos'è?» «Insalata», rispose Danny tutto d'un fiato. E alla domanda «Che cosa ci fai con l'insalata?», disse: «La metto nel forno», indicando il frigorifero. Gli fu fatto notare che era un po' strano mettere l'insalata in forno e immediatamente Danny cominciò a saltellare qua e là, facendo smorfie e pronunciando sillabe senza senso. Faceva il buffone ed era evidente che era questo il comportamento bizzarro notato dall'insegnante. Allora gli fu proposto di riprovare il tirassegno con le freccette che erano nella stanza, con cui aveva giocato appena entrato. Lanciò la prima freccia, cogliendo nel centro, e subito il suo comportamento ritornò normale.

La diagnosi era chiara. Danny soffriva di una forma di disfasia evolutiva: un disturbo del linguaggio dovuto a sviluppo ritardato o irregolare delle aree cerebrali che controllano il linguaggio verbale. Nel suo caso, la disfasia si limitava ad afasia nominale (difficoltà a dire il nome di oggetti e persone) e a problemi ortografici. Danny era molto imbarazzato dall'afasia nominale, che cercava di nascondere all'insegnante e ai compagni di classe mettendosi a fare il buffone ogni volta che gli si chiedeva di nominare qualcosa o qualcuno.

I genitori riferivano che aveva cominciato a parlare in ritardo, cosa normale in questi casi. Avevano notato la sua difficoltà a chiamare le cose per nome, ma non le avevano dato molta importanza, dato che il linguaggio di Danny era per il resto molto adeguato, anche nel parlare di complesse idee astratte.

Il problema fu discusso coi genitori, spiegando loro il carattere difensivo del comportamento bizzarro. D'altra parte era proprio questo comportamento difensivo il vero problema, perché i genitori avevano notato che la difficoltà coi nomi stava migliorando. Le prospettive erano quindi buone per quanto riguardava la disfasia, ma c'era il pericolo che la tendenza a fare il buffone si stabilizzasse, continuando anche dopo che fosse scomparso il disturbo del linguaggio.

Fortunatamente Danny frequentava una buona scuola privata. Si prese contatto con l'insegnante, che comprese il problema quando le fu esposto, suggerendole, ogni volta che il bambino cominciava a fare il buffone, di proporgli un'attività costruttiva in cui non ci fosse bisogno di chiamare le cose per nome. Lo fece e ben presto il comportamento bizzarro sparì. La famiglia poi dovette trasferirsi in Inghilterra per due anni, a causa di impegni di lavoro del padre. Fu preparata una relazione che i genitori potessero presentare alla scuola che Danny avrebbe frequentato laggiù. Dopo vari tentativi trovarono un direttore didattico disponibile a seguire le mie indicazioni. Al ritorno negli Stati Uniti, riportarono Danny per un controllo. Nei due anni di scuola inglese aveva fatto ottimi progressi sul piano dell'apprendimento. Il comportamento bizzarro non si era più ripresentato. La disfasia nominale era scomparsa per gli oggetti, ma il ragazzo aveva ancora difficoltà a ricordare i nomi di persona, anche degli amici. Ma aveva sviluppato varie manovre innocue per aggirare il problema, come aspettare che qualcun altro chiamasse per nome la persona in questione, o bisbigliare a qualcuno «Mi sfugge il nome di quel ragazzo. Dimmi come si chiama». Era impossibile prevedere se col tempo anche questa difficoltà si sarebbe attenuata, ma in ogni caso Danny aveva imparato ad ovviarvi in maniera ragionevole. Faceva ancora errori di ortografia, e probabilmente avrebbe continuato a farne sempre, ma questo era un problema di poco conto alla luce dei suoi ottimi risultati scolastici in generale.

Purtroppo non tutti i casi di disfasia evolutiva hanno un miglioramento come quello di Danny e talvolta il disturbo rimane serio per tutta la vita. E anche nel suo caso, se non fosse stato esattamente diagnosticato, o se avesse avuto insegnanti poco disponibili, il comportamento bizzarro di difesa avrebbe potuto continuare fino a farne lo zimbello della classe. Anziché un'esperienza stimolante, la scuola sarebbe diventata per lui un inferno e non è affatto da escludere che Danny sarebbe finito in una classe speciale per soggetti con «turbe emotive».

Abbiamo definito il caso di Danny come un esempio particolare di incompatibilità fra le richieste della scuola e la sua capacità di farvi fronte, un'incompatibilità che lo sottoponeva a un grave stress che non era in grado di reggere senza danno. Quando l'atteggiamento dell'insegnante si fu modificato, riducendo al minimo quel tipo di richieste, pur mantenendo tutte le altre aspettative sul piano degli apprendimenti e dell'integrazione sociale, l'incompatibilità lasciò il posto a una corrispondenza ottimale, ed ecco che il rendimento scolastico e il sentimento di fiducia in se stesso ebbero uno sviluppo rigoglioso.

Il modo di affrontare l'educazione alla pulizia offre talvolta un'eloquente illustrazione di questo concetto. Un bambino con funzioni biologiche molto regolari può presentare un movimento intestinale tutti i giorni alla stessa ora, mettiamo, subito dopo colazione. Se poi si tratta anche di un bambino dal temperamento calmo, quello che abbiamo definito a basso livello di attività, se ne starà tranquillamente sul vasino anche cinque o dieci minuti. L'educazione degli sfinteri con un bambino del genere è una faccenda rapida e facilissima, che volendo si può completare molto prima dei due anni. Il bambino è compiaciuto dell'impresa e compiaciuto del fatto che i genitori si compiacciano di lui: c'è stata un'ottima compatibilità fra le aspettative dei genitori e la capacità del bambino di rispondervi positivamente. Il bambino ha realizzato una conquista nel processo di socializzazione e questo non può che accrescere la sua fiducia nella propria capacità di far fronte alle richieste del mondo che lo circonda.

Un altro bambino, invece, può avere un alto livello di attività e funzioni biologiche molto irregolari, cosicché l'orario dei suoi bisogni fisiologici è imprevedibile da un giorno all'altro. Stare seduto sul vasino diventa un supplizio, perché dopo qualche minuto comincia a lamentarsi e agitarsi, per quanto i genitori si sforzino di distrarlo o di tenerlo comunque lì, con rimproveri e minacce. Se i genitori insistono in questa strategia rigida, non possono che fare fiasco: c'è incompatibilità fra le loro richieste e le capacità del bambino. Naturalmente prima o poi il bambino smetterà di farsi addosso i suoi bisogni, magari verso i quattro o cinque anni. Ma nel frattempo avrà subito la disapprovazione dei genitori e magari sarà diventato lo zimbello degli altri bambini perché si sporcava ancora quando tutti loro avevano imparato a fare i bisogni al gabinetto. L'educazione alla pulizia sarà diventata un'esperienza infelice e disturbante, anziché corroborare la fiducia e la stima di sé.

Ma ci sono vari modi di realizzare una soddisfacente compatibilità di richieste e risposte per quanto riguarda l'educazione degli sfinteri. Se i genitori si rendono conto presto che il metodo che ha funzionato così bene con la sorella maggiore non serve a nulla col secondo, a causa della sua irregolarità e alto livello di attività, possono cambiare strada. Per prima cosa possono insegnare al bambino ad avvertirli appena se l'è fatta addosso, in modo da poterlo pulire e cambiare immediatamente. Una volta acquisito questo primo passo, possono chiedergli di avvertirli in anticipo, appena avverte il bisogno, cosicché possano metterlo sul vaso. Finalmente potranno spiegargli che è in grado di riconoscere da solo la sensazione di un bisogno imminente e andare sul vaso da sé. Con questa successione, ad ogni passo avanti il bambino può avvertire la sensazione di aver realizzato qualcosa e di essersi guadagnato l'approvazione dei genitori. Anche per lui questo apprendimento può essere un'esperienza positiva, un successo in più nel controllo delle proprie funzioni e nel soddisfare le richieste di socializzazione che gli vengono dal mondo esterno.

FORMULAZIONI ANALOGHE IN ALTRI AUTORI

Il concetto di compatibilità-incompatibilità rende possibile l'analisi dei singoli fattori che intervengono nell'interazione genitore-figlio in uno specifico nucleo familiare. Con questa ottica siamo liberati dall'ossessione di dover trovare le stesse cause ogni volta che un bambino presenta dei problemi comportamentali: al contrario, possono esserci richieste eccessive di un certo tipo per un bambino, aspettative stressanti completamente diverse per un altro, una causa ancora diversa dell'incompatibilità in un terzo caso.

In conseguenza, va crescendo il numero degli autori che trova utilissimo questo concetto per capire che cosa succede ai bambini e alle famiglie che sono oggetto delle loro ricerche. Alcuni preferiscono una terminologia un po' diversa (parlano per esempio di «abbinamento» buono o cattivo), ma il senso è lo stesso. Lo chiarisce molto bene Brazelton nell'epilogo del suo *Infants and Mothers* (1969):

> In ognuno di questi bambini ho cercato di evidenziare le forti differenze innate che predeterminano il loro particolare stile evolutivo. In ciascun caso, certe reazioni da parte dell'ambiente sono più «appropriate» di altre – in altre parole, ogni bambino risponde più facilmente a un tipo di cure materne che corrisponda alla sua capacità di ricezione e di risposta. Ciascuna delle madri che ho descritto è motivata dal desiderio di «capire il suo bambino», e quindi è capace di riconoscerne lo stile particolare e di adattarvisi (p. 281).

Un'altra figura di primo piano nella ricerca sullo sviluppo infantile, Lois Murphy della Menninger Clinic, ha condotto un intensivo studio a lungo termine sullo sviluppo comportamentale di un campione relativamente piccolo di bambini. I suoi interessi erano rivolti in particolare ai meccanismi che il bambino utilizza per mobilitare le proprie risorse a fronte di situazioni nuove o difficili. Ha osservato quindi i modi nei quali i suoi soggetti affrontavano tutta una serie di situazioni diverse, in casa, a scuola, nel gioco, in particolari gite, e così via. Anche la Murphy è arrivata alla formula della compatibilità-incompatibilità fra madre e bambino (parla di «adattamento» - «non adattamento»). Ecco qualche esempio tipico tratto dalla sua ricerca:

> La signora Rogers era una madre affettuosa, una donna energica e intelligente che se la cavava bene col suo primogenito Malcolm, un bambino attivo e vivace, mentre col secondo, Vernon, estremamente sensibile e meno pronto alla risposta, l'adattamento reciproco era peggiore. La madre di Tommy, invece, una donnina minuta e sensibile, non reggeva alle continue richieste del suo bambino, estremamente vigoroso, energico e vivace (1981, p. 168).

J. McVicker Hunt (1980), psicologo dell'educazione all'Università dell'Illinois, riporta una ricerca sulle funzioni cognitive in età scolastica, nella quale emerge con evidenza il *problema della corrispondenza*, come lo chiama. Se la richiesta cognitiva era consonante con le abilità del bambino (compatibilità, secondo la nostra terminologia), il compito era eseguito con interesse e addirittura con entusiasmo. Se invece la richiesta eccedeva il suo livello cognitivo, il bambino tipicamente presentava una reazione di rifiuto e disagio, talvolta anche di pianto.

In realtà il concetto di compatibilità-incompatibilità è stato usato da numerosi psicologi fino dagli anni '40 come modello teorico per studiare la relazione fra specifici tratti di personalità e prestazioni (anche sul piano della soddisfazione personale ricavata dall'attività svolta). Un esempio tipico in questo senso è una ricerca da cui risulta che gli studenti meno socievoli rendevano di più in corsi di tipo tradizionale, con lezioni cattedratiche, mentre quelli più socievoli davano risultati migliori in corsi di tipo seminariale, organizzati come gruppi di discussione (Beach, 1960). Nel 1968 Lawrence Previn, della Università di Princeton, osservava nell'introduzione a una rassegna di questi studi che «per ogni individuo ci sono ambienti (interpersonali e non) che corrispondono più o meno bene alle caratteristiche della sua personalità» (1968, p. 56). I lavori citati da Previn hanno tuttavia una portata limitata: di solito prendono in considerazione tratti globali di personalità che sono difficili da valutare con precisione, né si curano di vedere il valore che i singoli studi possono avere ai fini di un modello teorico generale dello sviluppo infantile. Dal canto suo Previn, per quanto ne sappiamo, non ha sviluppato la sua chiara formulazione con ulteriori ricerche sulla compatibilità fra qualità individuali e richieste dell'ambiente.

Infine, il concetto di compatibilità è stato applicato alla salute fisica oltre che psicologica. L'illustre biologo René Dubos, della Rockefeller University, scrive: «La salute può esser considerata un'espressione di buona integrazione nell'ambiente, di uno stato di adattamento riuscito... Le parole "salute" e "malattia" sono significative solo se definite nei termini di una persona data che funziona in un dato ambiente fisico e sociale» (1965, pp. 350-351).

Diversi ricercatori hanno cominciato ad applicare in lavori sperimentali il concetto di compatibilità, così come l'abbiamo formulato. Particolarmente degno di nota finora è il lavoro pubblicato da Jacqueline Lerner, della Pennsylvania State University (1983). La Lerner ha preso 48 maschi e 51 femmine, alunni di scuola secondaria inferiore, e ne ha valutato il temperamento per mezzo di un questionario per adolescenti. Ha chiesto poi agli insegnanti di indicare le qualità temperamentali che si aspettavano dai loro allievi, attraverso un questionario con frasi da completare del tipo «Pretendo che i miei allievi siano...». In seguito, per tutti i soggetti venivano rilevati i voti scolastici, i giudizi degli insegnanti sul profitto e la competenza sociale, oltre a una misura della stima di sé. La Lerner ha trovato che gli alunni con tratti comportamentali più corrispondenti alle aspettative degli insegnanti ottenevano in media risultati migliori, sia nella valutazione degli insegnanti che nella valutazione soggettiva degli alunni stessi (in sostanza, una maggiore autostima). Ne concludeva che i risultati della sua ricerca portavano una certa conferma all'idea che il legame fra temperamento e adattamento vada cercato nella compatibilità fra le qualità temperamentali dell'individuo e le richieste che gli pone il contesto ambientale nel quale si trova inserito.

QUELLO CHE LA COMPATIBILITÀ *NON* È

Il concetto di compatibilità-incompatibilità apre la via a una più ampia comprensione delle ragioni per cui certi bambini progrediscono bene e senza intoppi, mentre altri presentano difficoltà o addirittura problemi comportamentali di rilevanza clinica. Discutendo con i colleghi di vari istituti di ricerca, sono sorti numerosi interrogativi che hanno bisogno di un chiarimento.

Il nostro concetto di compatibilità non vuol dire che sia desiderabile un temperamento simile fra genitore e figlio. Anzi, talvolta è vero proprio il contrario. Un bambino che abbia reazioni molto negative alla frustrazione non trae affatto giovamento dalla presenza di una madre che risponda alle sue bizze dando in escandescenze: il risultato è solo una scenata con pianti e strilli, dove il problema iniziale ben presto viene perso di vista da entrambi. Anche temperamenti opposti possono entrare in collisione. Un genitore rapido nei movimenti, espansivo e aperto può diventare molto insofferente con un bambino lento e inespressivo; in una situazione del genere può anche succedere che il genitore ignori i legittimi desideri del bambino, espressi così sotto tono. La questione non è se genitore e figlio siano somiglianti, ma che tipo di richieste vengano poste a un particolare bambino e quali reazioni il comportamento del bambino crei nel genitore, a prescindere dal fatto che i loro temperamenti siano simili o diversi.

Buona compatibilità non significa assenza di stress per il bambino. Tutt'altro. Tensioni possono nascere da qualunque richiesta rivolta a un individuo, adulto o bambino che sia, perché cambi il suo modo abituale di fare le cose o assimili una nuova competenza. Richieste e tensioni del genere sono parte integrante della normale crescita di abilità strumentali e competenze sociali col passare degli anni. Se c'è una buona compatibilità e le nuove aspettative sono affrontate e padroneggiate con successo, si sarà avuto un progresso evolutivo e le richieste avranno costituito uno stimolo positivo per il bambino. Se invece le nuove richieste sono al di là delle sue capacità, e non è in grado di farvi fronte, comincerà a svilupparsi una vera e propria incompatibilità. E se i genitori (o altri adulti) insistono nelle loro aspettative, lo stress può diventare eccessivo e produrre conseguenze negative: senso d'insuccesso, sintomi ansiosi, tentativi di eludere le mete irraggiungibili con comportamenti evasivi, scuse o varie forme di negazione difensiva.

Lo stress in quanto tale può avere conseguenze costruttive per lo sviluppo del bambino se c'è compatibilità fra le sue disposizioni temperamentali e le richieste che gli vengono fatte. Tenere il bambino al riparo da questo tipo di stress non è utile. Per esempio, i genitori di un bambino possono rendersi conto che la sua timidezza lo fa stare a disagio in presenza di persone nuove, adulti o bambini, specialmente in situazioni insolite. Non gli si rende un buon servizio se lo proteggiamo da queste esperienze: continuerà a non fidarsi della propria capacità di adattarsi alle persone nuove, perché gli è negata la possibilità di realizzare conquiste del genere. Se invece i genitori lo espongono a situazioni e persone nuove con lentezza e gradualità, i risultati saranno diversi. Il bambino dapprima sarà a disagio, riluttante, si ritrarrà e si aggrapperà ai genitori. La situazione nuova sarà stressante. Ma se è incoraggiato a tentare, se i primi incontri sono brevi e poi si prolungano gradualmente, finirà per adattarsi e integrarsi felicemente nel nuovo gruppo. Si sarà realizzata una buona corrispondenza, perfettamente compatibile, perché la nuova richiesta è stata modellata sulle caratteristiche temperamentali del bambino. Alla fine questo bambino arriverà a poter dire, come ci ha detto uno dei nostri adolescenti: «Sono un po' timido, ma non ho paura della gente».

Alcuni genitori che hanno un bambino dal temperamento difficile cercano di evitare tensioni e scenate cedendo prontamente ad ogni sua richiesta. Questi genitori creeranno un piccolo tiranno, che impara a dominare la famiglia con le sue bizze. In un caso del genere, i genitori dovranno imparare a reggere lo stress, il proprio e quello del figlio, dicendo «No» con calma ma anche con fermezza, quando è il caso, e tenendo duro finché la bizza non passa. È stressante per un bambino dalle reazioni intense accettare le frustrazioni e le regole che non gli piacciono, ma deve imparare a farlo se vogliamo che diventi un essere umano decentemente socializzato. Attraverso questo processo, malgrado periodi di agitazione, arriverà a una ragionevole compatibilità fra le sue risposte e le aspettative non assurde degli altri.

Compatibilità-incompatibilità e meccanismi di difesa

Un contributo fondamentale della psicoanalisi alla teoria evolutiva è stato l'individuazione ed analisi dei meccanismi di difesa. Tali meccanismi si possono definire operativamente come strategie comportamentali per venire a capo di uno stress o conflitto che l'individuo non può o non vuole affrontare direttamente. Questa definizione non implica, come fanno in generale degli psicoanalisti, che debba necessariamente trattarsi di meccanismi inconsci. Le forme che possono assumere i meccanismi di difesa sono molte, fra cui la negazione dell'esistenza del problema, l'evitamento della situazione stressante, il tentativo di trovare una scusa alla difficoltà mediante una spiegazione pseudorazionale che in realtà elude la questione.

Un bambino sottoposto a uno stress eccessivo a causa di scarsa compatibilità fra il suo potenziale e le richieste dell'ambiente adotterà probabilmente un meccanismo difensivo per farvi fronte. Il caso di Danny, citato in questo capitolo, è un esempio vistoso di meccanismo di difesa, sotto la forma, qui, di un comportamento bizzarro, da buffone, per evitare il problema. Trattandosi di strategie per eludere le richieste dell'ambiente, anziché cercare di venirne a capo, i meccanismi di difesa possono accentuare le conseguenze negative di una situazione d'incompatibilità. E fin troppo spesso, come nel caso di Danny, il comportamento inadeguato o addirittura bizzarro cui dà luogo il meccanismo di difesa può di per sé comportare conseguenze nocive, come assegnare al bambino l'etichetta di disadattato o farne lo zimbello dei compagni.

Riconoscere precocemente uno stato di cattiva rispondenza fra caratteristiche individuali e richieste o aspettative ambientali diventa quindi un tema importante dell'igiene mentale infantile, e talvolta anche dell'adulto. I genitori spesso possono far molto per migliorare la compatibilità, come vedremo nel prossimo capitolo. Questo punto dovrebbe avere una grossa rilevanza anche per gli operatori della salute, pediatri e neuropsichiatri, e della scuola.

La compatibilità può cambiare nel tempo

Una buona compatibilità istituita fra genitori e figlio nell'infanzia è un buon punto di partenza, ma non garantisce di per sé che la consonanza fra le aspettative genitoriali e le capacità del ragazzo debba durare. I ragazzi cambiano col crescere dell'età, così come cambiano i genitori. Quella che era una semplice, facile corrispondenza nella prima infanzia può slittare progressivamente in un'interazione più complessa nel corso dell'età scolastica e dell'adolescenza. Per esempio, un lattante con una soglia bassa agli stimoli sensoriali può svegliarsi al minimo rumore o appena si accende la luce nella sua stanza: non è difficile agli adulti modificare le loro abitudini per evitare di svegliarlo. Più avanti, se non tollera la lana, che gli dà prurito e irritazione, si può ovviare al problema mettendogli sotto, per esempio, un indumento di cotone. Ma questa stessa soglia sensoriale bassa può allungare i tempi nell'esecuzione, per esempio, dei compiti per casa, o distrarre il bambino durante le lezioni. Per ristabilire una buona rispondenza può esser necessario che il genitore o l'insegnante richiami sistematicamente la sua attenzione sulle cose da fare. D'altra parte, è impossibile modificare le aspettative e richieste scolastiche solo perché il bambino ha una soglia sensoriale bassa: dovrà pur essere scolarizzato. Ma per essere efficaci queste richieste devono esser presentate in una maniera che tenga conto di tale sua caratteristica temperamentale.

È anche possibile che una situazione di incompatibilità si trasformi in una buona corrispondenza fra richieste esterne e disposizioni temperamentali. Nancy, uno dei soggetti del nostro studio longitudinale, è stata una bambina dal temperamento difficile fino dalla prima infanzia. Suo padre era estremamente critico verso le sue grandi crisi di pianto, il disagio che manifestava all'inizio in quasi tutte le situazioni nuove e la lentezza con cui si adattava al cambiamento. Era un uomo che aveva idee assai rigide su come deve comportarsi un bambino, e le risposte di Nancy erano in netto contrasto con le sue aspettative: gli sarebbe piaciuta una bambina tranquilla, socievole e capace di adattarsi a tutte le novità e cambiamenti di abitudini, ma queste erano richieste impossibili da soddisfare per Nancy, dato il suo temperamento, e il padre così finì per diventare non solo critico ma anche punitivo. La madre si sentiva in soggezione davanti a questo cattivo rapporto fra il marito e la figlia e cominciò a trattarla in maniera incerta e contradditoria. Con una simile incompatibilità, a sei anni Nancy aveva ormai sviluppato vari sintomi: scoppiava in violente crisi di collera, aveva paura del buio, si succhiava il pollice tirandosi una ciocca di capelli e aveva grande difficoltà a fare amicizie. Era evidente che soffriva di un grave disturbo del comportamento, che esigeva un cambiamento radicale da parte dei genitori nel modo di capirla e trattarla. Ma numerosi colloqui con loro si dimostrarono totalmente vani: il padre non vedeva nessun motivo per cambiare atteggiamento (il problema, a suo dire, era soltanto che Nancy era «cattiva e basta»), mentre la madre si sentiva sopraffatta dagli avvenimenti e totalmente incapace di fare alcunché. Si cominciò un trattamento di psicoterapia con la bambina, ottenendo risultati modesti: era il massimo che ci si potesse aspettare, date le circostanze. Il futuro di Nancy appariva davvero molto buio.

Ma poi ci fu un vistoso cambiamento per il meglio, inatteso e imprevedibile. In quarta e quinta elementare Nancy cominciò a manifestare un talento drammatico e musicale, diventando la maggiore attrazione delle recite scolastiche. Ciò le valse le lodi e le attenzioni delle maestre e degli altri genitori. Prima, quando il padre di Nancy veniva fermato per strada dalla mamma o dal babbo di qualche compagno di classe, era solo per sentirsi raccontare un nuovo episodio del cattivo comportamento di sua figlia, ma ora cominciò a sentire commenti entusiastici sul suo talento teatrale. Per buona fortuna di Nancy, queste doti occupavano un'alta posizione nella scala di valori del padre. Questi cominciò a vedere nella personalità esplosiva della figlia non un segno di «cattiveria» ma la prova del suo temperamento d'artista: poteva andar fiero di lei e chiudere un occhio davanti a certi eccessi, in vista della sua «personalità artistica». Anche la madre a questo punto poteva riprendere fiato e ricominciare a stabilire un rapporto positivo con la bambina. A Nancy era consentito adattarsi alle situazioni e richieste rispettando i suoi tempi e i suoi ritmi; gli aspetti positivi del suo temperamento, l'intelligenza e i talenti artistici, vennero in primo piano e la sua immagine di *sé* cominciò a migliorare progressivamente. Alle soglie dell'adolescenza i sintomi erano scomparsi, Nancy aveva molti amici e andava bene a scuola. Lei stessa ammetteva (come del resto i suoi genitori) di avere ancora un carattere «burrascoso», ma ciò non costituiva più un problema. Oggi, prossima ai trent'anni, Nancy è una donna assennata e fiduciosa nelle proprie possibilità, con degli obiettivi chiari che sta perseguendo con successo. Ha imparato a controllare le proprie reazioni violente, ma sa anche lasciarsi andare a manifestare entusiasmo. È ancora un po' «cauta» nelle situazioni nuove, ma sa di potercisi adattare felicemente.

Compatibilità e contesto sociale

Quello di compatibilità non è un concetto astratto, con uno schema fisso di comportamenti desiderabili o indesiderabili da applicarsi nello stesso modo a tutti i bambini e tutte le situazioni. Quella che è una positiva corrispondenza per un certo tipo di bambino può diventare netta incompatibilità in un ambiente diverso. Il contesto sociale in cui vive il bambino ha sempre un'influenza profonda, ma non sempre allo stesso modo per tutti. Un esempio eloquente di questo nesso l'abbiamo trovato confrontando i ragazzi con un temperamento caratterizzato dall'alto livello di attività e reattività in due diversi ambienti sociali: nelle famiglie borghesi del NYLS e in quelle proletarie del nostro campione portoricano. Erano tutti bambini che avevano bisogno di spazio e di ambienti dove esercitare la loro intensa attività fisica e sfogare l'eccesso di energie motorie.

Le famiglie benestanti non avevano alcuna difficoltà ad offrire sfoghi costruttivi al bisogno di attività dei loro figli. Abitavano in villette monofamiliari o in appartamenti spaziosi, con giardini e strade tranquille. Grazie a queste condizioni favorevoli, nessuno di questi ragazzi nel nostro campione di classe media ha sviluppato disturbi del comportamento attribuibili alla costrizione del suo intenso bisogno di attività motoria. I bambini del campione portoricano, invece, vivevano in casamenti di edilizia popolare nella zona orientale di Harlem a Manhattan. Lo spazio nelle abitazioni era limitato, specialmente in rapporto al numero di figli e familiari conviventi, le aree verdi erano assenti o insufficienti e le strade pericolose. In queste condizioni, i bambini più attivi e movimentati si trovavano a vivere semmai ancor più confinati in casa, rispetto ai coetanei più calmi, a causa della legittima preoccupazione delle madri per i pericoli cui sarebbero andati incontro con la loro sventatezza se lasciati a se stessi nella strada. In conseguenza, erano privati di adeguati sfoghi al loro bisogno di attività e diventavano tesi e irrequieti. Diversi fra loro hanno attraversato periodi di comportamento agitato e distruttivo, che alleviava sì la loro tensione fisica ma a spese del resto della famiglia.

Un esempio drammatico dell'influenza che l'ambiente sociale esercita in ordine alla compatibilità-incompatibilità ci viene da un lavoro pubblicato da Marten de Vries (1984). Nel corso di una spedizione antropologica, de Vries ha raccolto dati su un gruppo di lattanti Masai, una tribù del Kenya subsahariano, ricavando valutazioni del temperamento su un gruppo di 47 bambini, dai 2 ai 4 mesi: in questo modo ha potuto individuare i 10 lattanti col temperamento più facile e i 10 più difficili, sulla base di criteri elaborati nei nostri studi longitudinali. Si era agli inizi di una grande siccità e de Vries lasciò la regione. Al suo ritorno, cinque mesi dopo, la siccità aveva ucciso il 97% del bestiame. Delle 20 famiglie individuate in precedenza, de Vries riuscì a localizzare solo 7 di quelle dei bambini più «facili» e 6 dei «difficili» (le altre famiglie erano emigrate per sfuggire alla carestia). Nei nostri ambienti della borghesia occidentale sono di solito i bambini dal temperamento più facile quelli che si sviluppano meglio nella prima infanzia, mentre i lattanti difficili sono più esposti a stress e difficoltà. Ma in quella società tribale de Vries trovò che dei 7 bambini più «facili» 5 erano morti durante la carestia, mentre tutti quelli «difficili» erano sopravvissuti. Si possono fare due congetture. Può darsi anzitutto che in questo ambiente ostile diventasse quanto mai adattiva la tendenza del bambino a piangere forte e a lungo, ottenendo così maggiore attenzione dagli adulti. Oppure è possibile che in quella cultura, a differenza della nostra, un lattante che piange e strepita spesso goda di una migliore considerazione.

Sistemi di valori particolari

I genitori a volte hanno un particolare sistema di valori che si scontra con le aspettative della loro comunità. Il bambino può adattarsi alle loro richieste, cosicché la consonanza sembra ottimale, ma quando poi viene a contatto con l'insieme di valori dominante nel mondo esterno, diverso e contraddittorio, non sempre riesce a cambiare registro. Può risultargli troppo difficile adattarsi in un modo a casa e in un modo diverso con i compagni o gli insegnanti. In questo caso, quella che sembrava una buona compatibilità si risolve in incompatibilità fra capacità di risposta e richieste esterne.

Abbiamo visto vari casi del genere nel nostro studio longitudinale. Kay era una bambina che fino dalla prima infanzia manifestava un temperamento facile, ma sua madre non era contenta di questa capacità di adattarsi facilmente e senza protestare. Lei stessa ricordava di essere stata una bambina «buona», che i genitori avevano senza sforzo condotta a fare quello che volevano loro, non sempre nel suo interesse. Era decisa perciò ad evitare in tutti i modi un destino simile per sua figlia, riducendo al minimo le richieste di prestazioni strutturate – compiti da eseguire, ecc. – in modo che la bambina potesse svilupparsi «spontaneamente». Successe così che Kay aveva sempre più difficoltà in qualunque situazione dove le fossero poste richieste precise: se doveva, mettiamo, infilare perline secondo un modello preciso, ne nasceva una discussione sulle «perline belle», se la maestra le chiedeva il nome della capitale di uno Stato, la bambina poteva tranquillamente mettersi a raccontare di un campeggio che aveva fatto in quello Stato o in un altro qualunque. Era una bambina socievole e simpatica e approfittava di queste sue doti per eludere qualunque richiesta, con la piena approvazione dei genitori. La vita in famiglia scorreva piacevole e senza attriti, con un'ottima rispondenza fra la bambina e i genitori.

Fino alla scuola materna le sue risorse interpersonali continuarono ad assistere Kay nei rapporti con i compagni, e in particolare con i bambini più grandi e con gli adulti, ma purtroppo, crescendo, l'inettitudine a fronte di compiti strutturati produsse un quadro di sempre maggiore immaturità rispetto ai coetanei. Il problema era soprattutto grave in sede scolastica, dove l'incapacità di seguire le consegne e di concentrarsi sul rendimento la portarono ad accumulare un ritardo crescente negli apprendimenti. Purtroppo i genitori si mostravano sordi ad ogni consiglio e tentativo d'intervento. Il risultato fu che, negli anni della scuola elementare, lo sviluppo della bambina fu segnato da cattivo rendimento scolastico, scarsa autostima (si considerava «stupida») e un isolamento crescente. A questo punto i genitori accettarono di sottoporla a una psicoterapia, che si rivelò molto utile. Oggi Kay è una giovane che ha scelto una carriera professionale e sembra pronta a fare i conti con le sue residue difficoltà psicologiche.

Va sottolineato che il nostro modello di compatibilità-incompatibilità non implica che *tutte* le richieste ambientali che appaiono consonanti con le capacità dell'individuo siano da valutare positivamente. Una certa subcultura, per esempio, può aspettarsi dai suoi membri l'uso e l'abuso di alcol o droghe, aspettativa che può non apparire assolutamente in contrasto con le inclinazioni dell'individuo: in apparenza, non presenterà magari nessun effetto nocivo, ma in un senso più ampio la droga interferisce con l'uso ottimale delle sue capacità mentali e rappresenta quindi una forma cattiva di compatibilità. Così, un maschio di razza bianca può accettare gli atteggiamenti razzisti e sessisti dominanti nel suo gruppo e godere del senso di superiorità che gli assicurano, ma ancora una volta questa apparente consonanza maschera una più profonda inibizione della capacità di profondi rapporti umani.

Compatibilità-incompatibilità ed altri attributi

La maggior parte degli esempi citati finora attiene alle caratteristiche temperamentali del bambino. È questa relazione fra temperamento e compatibilità-incompatibilità delle richieste ambientali l'aspetto che abbiamo studiato più a fondo nelle nostre ricerche. C'è anche il fatto che, nella prima infanzia e ancora fino a tutta l'età prescolastica e almeno fino al primo ciclo elementare, il problema dell'incompatibilità e delle sue conseguenze negative si può vedere soprattutto in relazione a richieste e aspettative che contrastino con le disposizioni temperamentali del bambino.

Ma ciò non significa in alcun modo che l'idea di compatibilità fra potenziale individuale e richieste dell'ambiente, come chiave a un sano sviluppo psicologico, debba riguardare solo il temperamento. L'importanza della relazione che sussiste fra le richieste e aspettative dei genitori e le capacità del bambino si estende a molti altri campi. Un problema comune nelle famiglie della classe media è costituito da aspettative di successo scolastico che vanno al di là delle capacità intellettuali del ragazzo. Certi genitori possono avere esigenze eccessive in altri settori, dallo sport alla musica, alle buone maniere in società, per fare solo qualche esempio.

In tutti questi casi, la discrepanza fra aspettative genitoriali e caratteristiche del bambino non produce necessariamente uno stato di incompatibilità, con tutte le sue conseguenze negative. L'incompatibilità si crea quando i genitori *pretendono* che il figlio soddisfi a loro modo a quei requisti, senza accettare l'insuccesso e nemmeno un successo parziale. Tutto questo non può che lasciarlo con la sensazione di aver deluso i genitori, di non essere all'altezza e di doversi aspettare una serie d'insuccessi anche negli altri campi della sua vita.

Se invece i genitori accettano l'incapacità del bambino di soddisfare le loro aspettative, anche se dentro di sé ne sono delusi, la storia prende una piega diversa. Se incoraggiano i suoi sforzi, per quanto maldestri, apprezzano i suoi tentativi di raggiungere gli obiettivi proposti da loro, anche se magari non ne ha seguito i consigli, se modificano le loro aspettative non appena cominciano a cogliere le reali capacità e limiti del figlio, riconoscendone i successi anche parziali, purché abbia dato il meglio di sé, ecco che allora il risultato sarà una buona compatibilità. Tale accettazione dei suoi sforzi e delle sue conquiste da parte dei genitori indurrà nel bambino un senso di successo anziché di fallimento, di competenza e non di inadeguatezza, accrescendo la sua fiducia nelle proprie capacità di far fronte alle sfide e alle richieste che la vita gli riserva per il futuro.

V

Compatibilità-incompatibilità
Applicazioni pratiche

Nel capitolo precedente abbiamo elaborato la nostra formulazione del concetto di compatibilità-incompatibilità come modello utile per capire come e perché ogni singolo bambino abbia un certo tipo di sviluppo. Ora passiamo a considerare alcune domande che genitori e operatori ci hanno posto intorno a questo concetto. Compatibilità con il potenziale del bambino significa necessariamente compromettere le aspirazioni dei genitori a mantenere per sé una certa qualità della vita? Significa che devono rinunciare ai loro modelli etici e morali? Significa che devono sempre cedere ogni volta che il bambino protesta o dà segni di disagio? Con quanta rigidezza dev'essere applicato questo concetto nella vita quotidiana? Applicarlo contribuirà a formare un'alleanza fra genitori e figlio o li metterà piuttosto gli uni contro l'altro?

Cercheremo anche di esporre certe indicazioni per favorire una buona consonanza per ciascuno dei diversi modelli temperamentali nelle varie fasce d'età. E insisteremo sul fatto che non tutti i genitori possono sempre indovinare da soli i cambiamenti necessari per trasformare una situazione d'incompatibilità in una di soddisfacente compatibilità: in quei casi rivolgersi a un consultorio o a servizi specialistici è generalmente molto utile.

COMPATIBILITÀ-INCOMPATIBILITÀ E QUALITÀ DELLA VITA

La nascita di un figlio inevitabilmente comporta molti cambiamenti sul piano delle attività, delle responsabilità e delle abitudini di vita quotidiana. Ma c'è un'enorme variazione nel modo di adattarsi a questi cambiamenti. Per una coppia di genitori, certe modificazioni nello stile di vita sono facilmente accettabili, mentre altre sono più ostiche o addirittura stressanti. In un'altra coppia, il quadro dei cambiamenti accolti senza rimpianto o al contrario con molta riluttanza sarà del tutto diverso.

I genitori naturalmente sono più esigenti col bambino in quei campi che più radicalmente coinvolgono il loro benessere, mentre sono permissivi in quegli aspetti che interferiscono di meno nelle loro preferenze e abitudini di vita. Questa differenza di comportamento è illustrata bene dal problema degli orari di sonno del bambino. Certi genitori sono in grado di svegliarsi prontamente se il bambino piange di notte, allattarlo o comunque confortarlo e poi riprendere subito il sonno interrotto, svegliandosi l'indomani freschi e riposati. Una persona che abbia questa capacità non sarà troppo disturbata anche se il bambino continua a lungo a svegliarsi tutte le notti: la sua qualità della vita, per quanto riguarda il fabbisogno di sonno, è salvaguardata, cosicché possiamo parlare di una buona compatibilità.

Per un'altra madre (o padre) il sonno interrotto ripetutamente è un vero supplizio: fatica a svegliarsi, si aggira per casa assonnata e risponde alle richieste del bambino con lentezza se non con irritazione, dopodiché fatica a riaddormentarsi e la mattina si alza insonnolita per affrontare una giornata appesantita dalla stanchezza che non ha smaltito nella notte. Per una persona così i risvegli notturni del bambino compromettono drasticamente la qualità della vita e un cambiamento si impone. Se almeno uno dei genitori, sia esso il padre o la madre, non ha difficoltà a riaddormentarsi, può farsi carico di questi compiti notturni. Se invece alzarsi la notte è un problema per tutti e due, possono fare a turno spartendosi il peso.

Quando il bambino sarà un po' più grande, si può lasciare accesa in camera sua una luce bassa e mettergli sul comodino acqua, succo di frutta o quant'altro ha l'abitudine di chiedere la notte, spiegandogli che se si sveglia non deve per questo svegliare anche i genitori. È quanto mai probabile che protesti, più o meno vivacemente a seconda del suo temperamento, e ci si può aspettare che continui a chiamare anche le notti seguenti, ma se questi suoi appelli vengono ignorati cesseranno gradualmente. Certi bambini che hanno un ritmo di sonno fondamentalmente regolare cominceranno addirittura a fare tutto un sonno fino al mattino; quelli che hanno il sonno più irregolare continueranno a svegliarsi di notte, ma avranno imparato ad accudire ai propri bisogni senza far rumore. In questo modo si sarà restaurata una buona compatibilità, preservando la qualità della vita dei genitori, almeno per quanto riguarda le abitudini di sonno.

Naturalmente se il bambino si sveglia con un dolore improvviso o altri sintomi, chiamare la mamma o il babbo è del tutto legittimo e bisogna rispondere subito all'appello, ma un genitore di solito sa riconoscere benissimo quando il bambino lo chiama per un malessere autentico o solo per ricevere attenzioni.

Consideriamo un altro aspetto che ha a che vedere con il benessere dei genitori, quella che abbiamo chiamato qualità della vita. Ci sono quei genitori cui non dà nessun fastidio se i bambini la sera si mettono a fare giochi movimentati e rumorosi (anzi, questo rumore di fondo può fargli addirittura piacere, senza impedire la lettura o altre attività). Altri, magari perché sono molto distraibili o hanno una soglia bassa al rumore, non riescono a rilassarsi o concentrarsi quando i bambini si scatenano. In questi casi, a seconda di com'è sistemata l'abitazione, si può dire ai bambini che i giochi rumorosi la sera si possono fare solo in camera o in una zona isolata della casa. Anche qui ci saranno delle proteste, ma insistendo con calma e con fermezza su questa regola si può forse riuscire a insegnare ai ragazzi che nella vita è necessario rispettare i bisogni degli altri.

Modelli genitoriali e compatibilità

Per alcuni genitori certi modelli di buone maniere sono parte integrante e non secondaria dello stile di vita, a livello personale, sociale e anche professionale. Vogliono quindi che i loro figli si adeguino a questi modelli di condotta. Ricordiamo in proposito una visita domiciliare a una delle nostre famiglie. Eravamo in giardino a chiacchierare con la madre quando arrivò tutta eccitata la figlia di dieci anni: «Mamma, indovina che cos'è successo...», interloquì. E la madre, volgendosi un attimo verso di lei: «Lo sai che non devi interrompere quando i grandi stanno parlando. Aspetta che abbiamo finito». La bambina rimase lì un po' avvilita ma senza protestare e dopo qualche minuto, in una pausa della nostra conversazione, la mamma le si rivolse dicendo: «Allora, Kate, dicci tutto». E Kate si lanciò a raccontare l'ultima impresa del suo cane. L'ascoltammo tutti, la mamma le manifestò il dovuto interesse e Kate se ne andò soddisfatta. Quindici anni dopo, Kate è una donna equilibrata che ha una sua attività professionale, per nulla inibita nell'espressione dei suoi sentimenti e con un ottimo rapporto con la madre.

Altri genitori hanno un atteggiamento molto meno esigente quanto al rispetto delle forme di cortesia da parte dei bambini. Qualcuno potrebbe anche inorridire a un comportamento come quello della madre di Kate. Eppure non c'è nessuna prova che un modello di condotta sia migliore dell'altro nell'educazione dei figli. Ogni coppia ha il diritto di pretendere dai figli quei comportamenti che salvaguardino il suo stile di vita, che è parte importante di un'accettabile qualità della vita, ma con due importanti riserve.

Primo, i genitori non devono porre richieste che il bambino non possa soddisfare a causa di sue caratteristiche personali: ciò porterebbe solo a una situazione d'incompatibilità anziché a una buona corrispondenza. Pretendere da un bambino che per temperamento ha un alto livello di attività giochi tranquilli e sedentari nelle ore serali, perché non disturbi i genitori, vuol dire andare in cerca di guai. Delle due l'una: o non riesce a rispettare questa norma e allora sarà stigmatizzato come «cattivo» e «disobbediente», oppure, nel caso che riesca a frenarsi così a lungo, soffrirà in un modo o nell'altro le conseguenze di freni e inibizioni tanto rigide. Basta che i genitori si pongano il problema, per trovare soluzioni che soddisfino le necessità loro e del figlio.

Secondo, i genitori non devono imporre o incoraggiare nei bambini modelli di condotta che contrastino gravemente con quelli del mondo esterno. Due casi tratti dal nostro studio longitudinale potranno illustrare questo punto.

I genitori di Hal davano grande importanza alle formalità e alle buone maniere e non ebbero nessuna difficoltà ad insegnargliele, visto il suo temperamento facile e trattabilissimo. Ma quando il bambino aveva quattro anni si rivolsero a noi perché Hal era diventato lo zimbello dei suoi compagni, che gli facevano continuamente dispetti e gli portavano via i giocattoli, per cui ogni volta tornava a casa in lacrime. Il problema risultò chiaro non appena vedemmo Hal coi nostri occhi: estremamente cortese e beneducato, rispetto al gruppo dei coetanei spiccava come la caricatura di un ometto inamidato. C'era buona compatibilità dentro le mura di casa, ma pessima nel mondo esterno. Lo spiegammo ai genitori, i quali compresero il problema rendendosi conto della necessità di cambiare. Si sforzarono seriamente di offrirgli dei modelli più disinvolti e adeguati alla sua età, ma ci riuscirono solo in parte. Il comportamento di Hal cambiò quanto bastava a non farne più il capro espiatorio del vicinato, senza però che abbia mai superato del tutto le sue maniere rigidamente formalistiche, che hanno continuato ad ostacolarlo nei rapporti sociali fino da grande all'Università.

All'estremo opposto i genitori di Stuart, che per quanto li riguardava erano persone garbate e piene di tatto, non davano molta importanza alle buone maniere nell'educazione dei figli. Stuart era un bambino precoce nel linguaggio e le sue osservazioni sugli altri erano molto acute. Le domande e i commenti che faceva con la sua vocetta da bambino erano spesso così incisivi che i genitori e anche gli estranei, sinceramente divertiti, interrompevano la loro conversazione per congratularsi con lui. Ma col passare del tempo le sue osservazioni critiche in pubblico cominciarono a non essere più tanto graziose, diventando imbarazzanti per quelli che ne erano il bersaglio. I genitori ogni tanto lo rimproveravano, ma in fondo si compiacevano di queste sue batture da *enfant terrible* e in realtà lo incoraggiavano in questo comportamento. A scuola Stuart cominciò ad avere qualche difficoltà a mantenere le amicizie con i compagni, mentre gli insegnanti si lamentavano del disturbo che arrecavano alla classe le sue osservazioni, per quanto acute e centrate. Tutto preso dall'impegno di mantenere questo suo atteggiamento, Stuart cominciò a perdere colpi nel profitto scolastico, che passava in second'ordine rispetto al suo ruolo di giullare di classe. A questo punto i genitori cominciarono a rendersi conto di quello che avrebbe comportato per il suo futuro continuare su questa strada. Si misero d'impegno a prenderlo sul serio e quando il ragazzo si accorse che le sue spiritosaggini non incontravano più la loro approvazione, cominciò anch'egli a prendersi più sul serio. All'ingresso nel *college* manifestava i primi segni di un impegno maturo e responsabile e poi, col succedersi dei buoni risultati negli studi e nella vita di relazione, Stuart è diventato col tempo un giovane serio e riflessivo.

Come trattare le proteste del bambino

Il processo di sviluppo sociale e intellettuale necessariamente comporta richieste di cambiamento, al passaggio da uno stadio evolutivo al seguente. Quello che è un comportamento adeguato per il lattante – mettiamo, un orario di poppate e di sonno a intervalli di quattro ore – non è più necessario, e nemmeno auspicabile, nel secondo anno di vita. A tre anni il bambino forse comincia appena a cercar di vestirsi da solo, ma a sei anni dovrebbe saperlo fare bene. Un bambino di due anni che non è ancora abituato ad annunciare i suoi bisogni fisiologici rientra nel modello corrente, ma uno di cinque anni che si comporta ancora così ha chiaramente un problema. I genitori di un bambino di tre o quattro anni devono sorvegliare che non si faccia del male, ma un undicenne si presume che conosca e rispetti da sé le normali regole di prudenza.

Tutti questi progressi evolutivi, e moltissimi altri, esigono cambiamenti e adattamenti da parte del bambino. Alcuni di questi cambiamenti si realizzano spontaneamente, senza sforzo visibile, ma altri richiedono la modificazione di abitudini consolidate e magari piacevoli. A seconda del suo temperamento, il bambino può rispondere alla richiesta di cambiare con proteste brevi e sommesse o con un'opposizione vivace e prolungata. Specialmente nel secondo caso, certi genitori possono lasciarsi intimidire, o magari sentirsi in colpa. Il pianto del bambino lo interpretano come un segnale di sofferenza, il messaggio che la loro imposizione è dannosa, e fanno marcia indietro. Sono molti i genitori che ci hanno detto di non esser riusciti a imporre un orario ragionevole per andare a letto o un comportamento decente a tavola, perché il bambino piangeva così disperatamente che di certo la cosa gli faceva male. Per tutta risposta chiedevamo: «Immagini questa scena: il suo bambino ha preso un coltello appuntito e lei accorre a strappargliello di mano. Il bambino piange e si dispera perché lo rivuole. Che farebbe lei allora: per paura del danno che può fargli questa frustrazione, gli renderebbe il coltello?». La risposta è sempre: «Naturalmente no, è troppo pericoloso». In casi del genere il genitore non si preoccupa del fatto che il pianto del bambino possa fargli del male in qualche modo.

Non c'è nulla di diverso nel pianto del bambino in risposta a una richiesta dell'adulto che è finalizzata a realizzare una positiva compatibilità fra il suo comportamento e le esigenze della realtà esterna. Quando entra nella scuola materna il bambino deve magari adattarsi ad andare a letto più presto la sera e alzarsi prima la mattina e imparare a mangiare quello che mangiano tutti, invece dei piatti speciali che gli preparava la mamma. Qualunque bambino che sappia un po' il fatto suo protesterà – con più o meno vigore, secondo il temperamento – a questa aggressione portata ad abitudini nelle quali si trovava perfettamente a suo agio. Noi adulti abbiamo le stesse reazioni, anche se forse le esprimiamo con proteste verbali o incassando in silenzio, invece di strillare come il bambino. Ma dannoso non è: il bambino si adatta e si accorge di essere cresciuto e di comportarsi un po' più come i genitori e i fratelli o sorelle maggiori. Si realizza una nuova condizione di compatibilità, a un livello adeguato allo stadio evolutivo raggiunto.

Se la resistenza al cambiamento è prolungata e insormontabile, allora forse le cose stanno diversamente. Forse, anche se gli scopi sono giusti, i genitori hanno troppa fretta, pretendendo che il bambino si adegui all'istante, o usando metodi punitivi per obbligarlo a cambiare. In una situazione del genere è meglio sospendere, magari chiedendo consiglio agli amici, ai parenti, al pediatra, e poi ricominciare con una nuova strategia. Anche quando l'obiettivo e la richiesta sono ragionevoli, il metodo che permetterà di ottenere lo scopo nella maniera più efficace e costruttiva deve basarsi su quello che è il temperamento di quel particolare bambino.

Il necessario e il superfluo

Il concetto di compatibilità non va applicato come una formula meccanica, enunciata e messa in pratica allo stesso modo in tutte le situazioni: «Mio figlio ha questo particolare insieme di caratteristiche temperamentali e pertanto devo aspettarmi che reagisca in questo modo particolare e fargli quindi le mie richieste in conseguenza. Altrimenti non ci sarà compatibilità e si avranno conseguenze negative d'ogni sorta». Come affermazione generale questo principio è valido, ma come quasi tutti gli enunciati generali ha le sue eccezioni. Certe situazioni pongono un imperativo: il bambino *deve* adattarsi. In altre situazioni, che si adatti può essere auspicabile ma non è essenziale. E poi ci sono altre situazioni in cui la discordanza fra genitori e figli è irrilevante: non c'è nessun bisogno di pretendere che il bambino si adegui e anzi il tacito accordo sul fatto di non esser d'accordo rappresenta in realtà la soluzione ottimale in ordine alla compatibilità.

Gli imperativi sono numerosi e per lo più evidenti a chiunque: il bambino deve prima o poi imparare a controllare i suoi bisogni fisiologici, a evitare gli oggetti pericolosi, a vestirsi da solo, a rispettare i diritti degli altri e a integrarsi nella scuola, sul piano del profitto e della socializzazione.

Ci sono poi altre situazioni in cui realizzare la consonanza è auspicabile ma non essenziale. Per un bambino di tre anni stare a tavola con gli altri e mangiare le stesse cose è un'esperienza sociale positiva, che contribuisce a cementare la sua identità con la famiglia e lo fa sentire più grande. Se poi ha delle particolari idiosincrasie alimentari – per esempio, si rifiuta di mangiare l'insalata perché un amico gli ha detto che è piena d'insetti, oppure non tocca il pane perché una volta ne ha mangiato troppo e ha avuto mal di stomaco – non è difficile rispettare queste sue scelte. Può darsi che lo facciano sentire un po' diverso dal resto della famiglia, limitando la consonanza, ma a compensare queste differenze ci sono tanti altri scambi positivi di ogni genere. Le idiosincrasie alimentari diventano un problema solo quando il bambino accetta di mangiare solo due o tre cose, come hamburger e patatine. In questi casi, a parte il rischio di un'alimentazione inadeguata, c'è il pericolo molto reale che il bambino diventi un piccolo dittatore che pretende il suo pranzo speciale, cucinato a parte. Quando succede questo, ecco che il facoltativo o auspicabile diventa un imperativo: i genitori devono pretendere che il bambino allarghi le sue scelte alimentari, anche se la richiesta va posta in armonia con quello che è il suo temperamento.

Oppure, per fare un altro esempio, il bambino può sviluppare particolari preferenze nell'uso del linguaggio e insistere a giocare con le parole. Se le sue scelte verbali sono ragionevoli non c'è problema: i gusti di genitori e figli non c'è davvero bisogno che coincidano. Se però il bambino si fissa su parole o espressioni volgari, scorrette o comunque inaccettabili per i costumi della famiglia, in questo caso è il giudizio dei genitori che va rispettato, non il suo. I genitori possono dargli una scelta, ma solo entro certi limiti. Ecco che il possibile è diventato un imperativo, almeno per quella particolare situazione.

Infine, l'irrilevante: ancora una volta, vi rientra un larghissimo ventaglio di situazioni e di scelte. Si tratta di questioni nelle quali il concetto di compatibilità-incompatibilità non vale. Genitori e figli possono dissentire – inevitabilmente lo fanno – sulle preferenze relative all'abbigliamento, alle letture, al cinema, alla TV e alla scelta di particolari attività e interessi. Al genitore può dispiacere che queste differenze lo allontanino un po' dal figlio, ma il concetto di compatibilità-incompatibilità qui non c'entra. In altre parole, la non consonanza fra aspettative e desideri dei genitori e modo di essere e comportarsi del figlio non dà luogo a una distorsione del suo sviluppo, con conseguenze nocive. Cercar di imporre un'uniformità artificiale quando si tratta di differenze che in realtà non contano è un metodo quasi infallibile per ottenere in futuro la ribellione e l'estraneazione dei figli.

QUANDO GENITORI E FIGLI DIVENTANO AVVERSARI

Quando un genitore fa delle richieste che, per il loro carattere o la loro forma, sono incompatibili con il temperamento e la personalità del figlio, e insiste in queste richieste, fra loro può nascere avversione anziché amicizia. Il genitore interpreta l'incapacità del figlio di adeguarsi alle sue pretese come una «disobbedienza intenzionale», o «mancanza di autodisciplina» (espressioni testuali usate dai genitori nei colloqui con noi). Può trattarsi di genitori che erano partiti con le migliori intenzioni e aspettative nei confronti del figlio, che però finiscono per sentirsi ingannati e traditi da lui. Altri, di fronte a questo stato d'incompatibilità, finiscono invece per sentirsi incapaci e colpevoli. Si sforzano di accontentare il bambino per tenerlo buono, ma ciò non fa che peggiorare le cose. Può darsi che non incolpino direttamente il figlio, ma c'è comunque un elemento di antagonismo: «Se soltanto collaborasse un po' di più, come fanno gli altri bambini, non avremmo tutti questi problemi». Il figlio, dal canto suo, o pensa che i genitori sono ingiusti e hanno pretese assurde, o comincia a temere che ci sia qualcosa che non va in lui, visto che non riesce a soddisfare le loro richieste.

Un'evoluzione come questa sfocia in un rapporto ostile fra genitore e figlio, rapporto che può assumere molte forme, tutte indesiderabili. A volte l'antagonismo può diventare estremo. Un padre, fondamentalmente un uomo mite, molto stimato nella sua professione, si è rivolto a noi con la moglie per i problemi del figlio di dieci anni. Era disperato: «Volevo essere un buon padre, ma mi rendo conto che con Archie sono diventato cattivo. Lo picchio e lo maltratto».

Le tessere del mosaico non furono difficili da mettere insieme. Archie era stato fin dall'inizio un tipico bambino difficile sotto il profilo comportamentale e occuparsi di lui era stato tutt'altro che agevole. I genitori avevano consultato vari psichiatri, ricevendone consigli contraddittori. Con questa confusione degli specialisti e il loro personale disorientamento, i genitori oscillavano continuamente, provando ora a concedere al bambino particolari privilegi, ora ad accontentarlo, ora ad imporre una disciplina rigidissima. Nello stesso tempo i due figli minori, entrambi dal temperamento facile, si sviluppavano senza problemi e accettavano allegramente le regole e richieste, peraltro ragionevolissime, che Archie rifiutava di rispettare. Mai i genitori avevano ricevuto il consiglio necessario per un bambino come Archie: stabilire limiti e regole con calma, coerenza e fermezza, ma affrontando solo uno o due problemi per volta, aspettando di venir a capo delle violente proteste del bambino prima di passare al problema successivo. Archie era cresciuto invece sapendo che i genitori avrebbero immancabilmente ceduto, purché facesse abbastanza confusione. Periodicamente, quando il suo comportamento diventava insopportabile, specialmente verso la madre, il padre andava su tutte le furie e cercava di piegarlo con le botte. I sensi di colpa che poi si portava dietro per questi suoi scatti d'ira erano enormi quanto inutili. Si imponeva un approccio del tutto nuovo, basato sul riconoscimento del difficile temperamento di Archie e sulle strategie necessarie per venirne a capo.

In un altro caso, David, un bambino molto intelligente di quattro anni, aveva cominciato a presentare angosce e disturbi del sonno dopo la morte del nonno, rimuginando su questa perdita e il suo significato. I genitori non si rendevano affatto conto di quanto fossero profonde le sue preoccupazioni e cercarono di liquidarle senza darvi peso: ne nacque una serie di scontri sempre più vivaci. Quando si rivolsero a noi, si chiarì quale fosse il problema e i genitori presero subito a cuore le ansie di David. In sostanza, si resero conto che con tutta la sua intelligenza era pur sempre un bambino di quattro anni, dal punto di vista emotivo. In una lettera, qualche mese dopo, riferivano un netto miglioramento e osservavano: «Dove abbiamo cominciato a perderci è stato nel momento in cui ci siamo sentiti traditi dal comportamento di David. A quel punto abbiamo perso la prospettiva delle cose e non siamo più stati capaci di aiutarlo. Non appena ci siamo resi conto di questo, abbiamo potuto metterci dalla sua parte».

Potremmo citare un esempio dopo l'altro. Una volta che l'incompatibilità fra genitori e figlio ha creato una contrapposizione, i loro rapporti non possono che deteriorarsi, con conseguenze dannose per il bambino. I genitori che si trovano nella posizione di avversari nei confronti del bambino devono prenderlo come un segnale di aver preso una strada sbagliata. A volte possono riuscire a ripensare da soli il problema, raddrizzando la situazione, ma in altri casi può esserci bisogno dell'intervento di uno specialista che li aiuti a farlo.

La compatibilità e i vari temperamenti

Abbiamo insistito sul fatto che la maggior parte dei genitori è capace di descrivere esattamente il temperamento dei figli. Ciò è vero soprattutto se non sono irretiti in una teoria psicologica che attribuisca affrettatamente un significato preconcetto ai comportamenti: per esempio, che la timidezza indichi sempre ansia, che un'espressione intensa delle emozioni significhi sempre ostilità o che la lentezza nell'adattarsi alle situazioni nuove implichi sempre una deliberata resistenza al cambiamento.

Abbiamo anche fornito esempi di comportamenti tipici dei diversi attributi e modelli temperamentali ai diversi livelli d'età. Quello che muove i genitori a cercare di individuare il temperamento del bambino non è ovviamente un interesse accademico o curiosità fine a se stessa. Il problema per loro è poter applicare questa conoscenza per realizzare una buona compatibilità fra le loro aspettative e le potenzialità del bambino. Tenendo presente questo obiettivo, presenteremo una serie di suggerimenti basati sulle cognizioni accumulate nel corso degli ultimi trent'anni nei nostri studi longitudinali. Le indicazioni riguarderanno soprattutto le forme estreme di ogni caratteristica temperamentale, essendo questi i casi in cui si pone l'opportunità o anche la necessità di adottare metodi particolari. Il bambino con un livello medio in tutte le variabili del temperamento, infatti, non richiede in genere strategie educative speciali, a meno che i genitori non sbaglino nel giudicarlo a causa di loro particolari preconcetti. Per esempio, una madre che si aspetta di trovare in casa calma e silenzio la sera, in modo da potersi concentrare sul lavoro che si è portato dietro dall'ufficio, può darsi che trovi fastidiosamente «rumoroso» un bambino che pure ha un livello di attività e di espressione assolutamente nella norma.

Bisogna anche tener presente che il temperamento di un bambino è raro che sia totalmente stabile e coerente. Anche un bambino estremamente distraibile può concentrarsi moltissimo in certe situazioni speciali; un bambino che tende a ritrarsi inizialmente di fronte alle novità può buttarsi ben volentieri in una situazione nuova che lo interessi e attragga fortemente; uno che di solito è pronto ad adattarsi ai cambiamenti può procedere con lentezza e cautela in certe situazioni che hanno un particolare significato per lui; un altro, che di solito ha reazioni molto moderate, può fare una bizza violenta quando è frustrato in qualcosa cui teneva in maniera speciale; e così via per ognuna delle altre forme temperamentali.

Infine, le richieste del lattante, espresse con pianti, proteste o tendendo le mani, si possono sempre considerare ragionevoli e giustificate. In altre parole, il bambino a quell'età esprime un bisogno, si tratti di fame, sonno, irritazione della pelle o malessere per una malattia incipiente, e la soddisfazione di quel bisogno è opportuna e desiderabile. Anche i suoi primi maldestri tentativi di girarsi nella culla, di mettersi in piedi, camminare o bere dalla tazza devono essere incoraggiati, anche se tutte queste attività esigono attenzione e vigilanza per impedire che provochi danni o si faccia del male. Nei bambini più grandi, invece, emergono desideri non sempre adeguati alle circostanze del momento o alle loro conseguenze future. Per esempio, un bambino di cinque anni che va ai grandi magazzini con la madre può essere attratto da un giocattolo costoso che è assolutamente inadatto alla sua età. Così un bambino di otto anni che è rimasto indietro nelle materie scolastiche e ha bisogno di lezioni private quotidiane per rimettersi in pari può avere una gran voglia di partecipare a una gita di quattro giorni con un gruppo di amici. Opporre un rifiuto a queste richieste diventa necessario, anche se a un'altra età o in una situazione diversa sarebbero del tutto ragionevoli.

Pertanto le indicazioni che seguono non vanno intese come regole assolute da seguire in tutte le situazioni con un certo bambino che presenti un particolare insieme di tratti temperamentali. Si tratta piuttosto di orientamenti di massima, che valgono nella maggior parte dei casi ma non necessariamente per tutte le condizioni e tutti i comportamenti che il bambino manifesta in qualunque momento. Alla flessibilità che caratterizza il comportamento del bambino deve accompagnarsi la flessibilità dei genitori nell'applicazione di queste indicazioni.

INDICAZIONI SPECIFICHE PER I VARI TEMPERAMENTI

Livello di attività

Nel primo anno di vita bisogna sempre reggere saldamente un bambino vivace quando lo si mette, per esempio, sul fasciatoio. Con tutti i lattanti si deve stare in guardia contro il pericolo di cadute per un movimento improvviso, ma il rischio è tanto maggiore per i bambini che hanno un livello di attività particolarmente alto. Via via che crescono, si presentano problemi più complicati che esigono l'attenzione dei genitori. Il bambino può diventare irrequieto, irritabile e agitato se viene portato in un lungo viaggio in auto senza soste, oppure costretto a lunghi periodi di silenzio e immobilità, come alle funzioni religiose o ai concerti, o se gli viene impedito di partecipare agli abituali giochi di movimento. Può darsi che certe cose si debbano fare egualmente, malgrado le proteste del bambino, ma in quel caso è possibile di solito organizzarsi in modo da ridurre al minimo il suo disagio. Un viaggio in auto si può fare a tappe, con soste frequenti che permettano al bambino di scendere e fare un po' di movimento; a un concerto, si può prendere posto in fondo alla sala, in modo da portarlo fuori ogni tanto a sgranchirsi le gambe. Se la restrizione della libertà di movimento è inevitabile, come durante un volo in cui tutti devono restare fermi nei loro sedili a causa di turbolenze dell'aria, bisogna spiegare pazientemente al bambino come stanno le cose, dicendogli comunque chiaramente che non c'è scelta e deve rimanere seduto dov'è.

Questo tipo normale di attività elevata per temperamento si deve distinguere da quella forma patologica di attività eccessiva che va sotto il nome di *iperattività*. In quest'ultima l'attività motoria molto abbondante è di tipo impulsivo e accompagnata da un'attenzione instabile e da eccessiva distraibilità. Bambini di quel tipo hanno grandissima difficoltà a mantenere l'attenzione rivolta a una sola cosa, qualunque essa sia. Di solito non è difficile distinguere la vera e propria iperattività dall'attività sia pure intensa del bambino vivace per temperamento, che non presenta questi sintomi a carico dell'attenzione. I bambini iperattivi con disturbi dell'attenzione richiedono un trattamento specialistico, talvolta coadiuvato da terapie farmacologiche.

Il bambino con basso livello di attività non dà luogo a particolari problemi nella prima infanzia. Più avanti nel tempo la sua lentezza di movimenti può essere interpretata come ritardo di sviluppo, scarsa intelligenza o svogliatezza. Un bambino così può diventare anch'egli causa d'irritazione in famiglia, per esempio quando tutti sono pronti per uscire ma devono aspettare che finisca di vestirsi con una lentezza esasperante. Un'insegnante di prima elementare è arrivata a consigliare di rimandare l'iscrizione di uno dei nostri soggetti, poiché ai suoi occhi la lentezza di movimento di questo bambino era un chiaro segno di torpidità mentale. Naturalmente bisogna evitare che questi bambini siano malgiudicati e penalizzati a causa di un tratto temperamentale normalissimo. Il fatto che i genitori prendano atto della lentezza del figlio e ne abbiano chiara l'origine temperamentale fa una differenza enorme. Per esempio, gli possono insegnare a prepararsi in anticipo in molte situazioni, come tener pronti fin dalla sera gli indumenti che dovrà mettersi la mattina per andare a scuola. Il bambino può imparare che ha bisogno di più tempo per fare i compiti a casa, ma anche questo non ha nulla a che vedere con la sua intelligenza. Nei casi d'emergenza, come un temporale improvviso durante un picnic, dovrà rendersi conto che tutti si affrettano e che se lo fa anche lui, magari tralasciando di raccattare qualche cianfrusaglia, non succede niente di male. Quando sarà più grande potrà imparare a mettere le mani avanti, per esempio avvertendo: «Lasciate che faccia anch'io la mia parte, ma mi ci vuole più tempo. Se non vi dispiace, comincio in anticipo».

Ritmicità (regolarità)

Il lattante che ha cicli regolari di veglia e sonno, alimentazione ed evacuazione, rende più facile la vita ai suoi genitori. Si possono programmare le giornate in base a orari precisi, chi sostituisce la madre nell'accudimento del bambino può esser preparato a prevedere i tempi dei suoi bisogni, l'educazione al controllo degli sfinteri è in genere senza problemi. La stessa facilità sul piano dell'organizzazione della giornata si mantiene anche in seguito e la capacità del bambino di adattarsi agli orari regolari della scuola, del gioco e del lavoro rimane un grosso vantaggio.

Il bambino irregolare, invece, complica la vita quotidiana dei genitori. I sonnellini, l'orario dei pasti e del sonno sono irregolari o addirittura imprevedibili. La madre o chi la sostituisce non può mai sapere come organizzare le proprie attività da un giorno all'altro, forse nemmeno da un'ora all'altra (e questo vale anche per il sonno). Educare questo bambino a controllare i suoi bisogni fisiologici è un impegno molto più gravoso (si veda in proposito quanto detto nel Cap. III).

Ciò non significa che tale irregolarità debba mantenersi a tempo indefinito. Abituare il bambino a orari regolari del sonno e dei pasti non è difficile se i genitori sono costanti e pazienti nello stabilire regole e tempi e nel rispondere alle esigenze del bambino. Per esempio, al bambino di due anni che si addormenta sempre a un'ora diversa si può dire benissimo che deve andare in camera sua tutte le sere alla stessa ora, mettersi il pigiama e chiudere la porta: è una richiesta che può soddisfare questa esigenza, ma non quella di «andare a dormire» a una certa ora. Quando arriva all'età di andare a scuola e dev'essere svegliato tutte le mattine alla stessa ora, gli si potrà ragionevolmente chiedere anche di andare a letto a un'ora regolare: sarà abbastanza stanco la sera da accettare l'orario che gli viene richiesto.

Con l'età questa caratteristica temperamentale di solito perde d'importanza sul piano funzionale. Gli orari fissi della scuola, gli appuntamenti con i compagni per le partite, l'orario regolare del pranzo in famiglia, sono tutti fattori che servono a modificare una tendenza di fondo all'irregolarità dei ritmi biologici. Interrogati sulla regolarità degli orari del sonno e dei pasti, i nostri soggetti arrivati all'età adulta rispondevano quasi tutti: «Dipende se mi devo alzare presto la mattina e a che ora posso fare un intervallo per andare a mangiare».

Approccio e ritirata

Il bambino piccolo che risponde positivamente alle novità, si tratti di situazioni, cibi, persone, è un altro di quelli che rendono più facili le cose ai genitori. Non piange quando gli si fa il primo bagno, passa senza protestare ai cibi semisolidi, non protesta se viene lasciato con una nuova *baby-sitter.* Le situazioni nuove che gli si presenteranno via via anche dopo la prima infanzia – nuovi compagni di gioco, l'asilo nido o la scuola materna, cambiamenti di scuola o di abitazione – susciteranno probabilmente la stessa risposta positiva. Quando un bambino del genere si ritrae impaurito da una particolare situazione, questa sua risposta atipica deve mettere sull'avviso i genitori: evidentemente c'è qualcosa che non va e bisogna vederci più chiaro.

Una risposta immediatamente positiva non sempre è un vantaggio. Specialmente se combinata a una vivace reattività, può portare ad azioni impulsive che non necessariamente si risolvono per il meglio. In questi casi è meglio inculcare nel bambino certe norme tradizionali di prudenza, del tipo «Non buttarsi mai a occhi chiusi».

Il quadro opposto – reazioni di ripiegamento di fronte alle esperienze nuove – esige approcci particolari da parte dei genitori. Di solito ci vuole una serie di presentazioni successive, condotte con calma e con pazienza, dapprima brevi e poi via via più lunghe, perché il bambino arrivi a fare volentieri il bagno, ad apprezzare un cibo nuovo, ad accettare di rimanere con una persona sconosciuta. Per un bambino del genere l'inizio della scuola richiede un periodo di adattamento e ogni cambiamento nella situazione scolastica comporta probabilmente un certo disagio. Davanti a un gruppo di bambini nuovi se ne starà in disparte, rifugiandosi dalla mamma e chiedendole che lo riporti a casa: se però questa insiste con pazienza e lo riporta tra i bambini regolarmente, piano piano si avvicinerà agli altri e finirà per partecipare al gioco ben volentieri. Via via che cresce, il bambino di solito ne incontra di meno di situazioni del tutto nuove, per cui la sua tendenza a ritrarsi può passare in secondo piano. Rimarrà magari tendenzialmente cauto, se non proprio inibito, di fronte alla novità, un carattere che di per sé non è poi sempre negativo. E può anche succedere che si appassioni per una qualche attività che lo interessa, gettandovisi con un entusiasmo che contrasta nettamente con le sue tendenze abituali.

Per i genitori trattare con un bambino che tende a ritrarsi di fronte al nuovo non pone particolari problemi, purché si rendano conto che questa è una normale caratteristica temperamentale e non un'opposizione preconcetta. Il principio guida è quello di non lasciar cadere i tentativi di fargli accettate una cosa nuova. Rinunciando, infatti, lo si incoraggerebbe a limitare sempre di più l'ambito delle sue attività, privandolo delle esperienze che gli sono necessarie per sviluppare la fiducia nella propria capacità di assimilare e padroneggiare le novità. I genitori devono invece insistere a presentargliele con pazienza e con calma, ma anche con insistenza, cominciando ovviamente con piccole dosi. I risultati di questo metodo sono senza eccezione gratificanti. Il disagio lascia il posto al piacere, la non partecipazione al coinvolgimento attivo.

Adattabilità

Il bambino molto adattibile è un piacere per i genitori. Accetta i cambiamenti con disinvoltura, quasi senza protestare, cosicché si possono modificare abitudini e orari senza creare scompiglio. Con un bambino poco adattabile le cose sono ben diverse. I cambiamenti sono accompagnati da lotte e proteste. Nella prima infanzia le differenze fra i due tipi di temperamento possono non essere troppo nette: se il bambino poco adattabile rifiuta un cibo nuovo, anche dopo vari tentativi, si può trovare quasi sempre un'alternativa, così come si riesce a realizzare un cambiamento nelle abitudini di sonno (per esempio, spostamento del lettino in un'altra camera), se i genitori insistono con calma nonostante le proteste.

Ma nel bambino più grande le differenze di adattabilità acquistano maggiore importanza: i compagni decidono di fare giochi nuovi con nuove regole, a scuola orari e abitudini cambiano continuamente e nella vita del bambino si affacciano di continuo persone nuove, con maniere e personalità diversissime. Dato che la scarsa adattabilità è spesso accompagnata da un tono dell'umore negativo, una prima esperienza spiacevole, per esempio, al supermercato o ai grandi magazzini può dissuadere i genitori dal portare ancora con sé il bambino che protesta, quando escono a fare spese.

Come nel caso del bambino che tende a battere in ritirata davanti alle novità (e si tratta di una tendenza non di rado accompagnata da scarsa adattabilità), il genitore che capisce il significato di questa difficoltà ad accettare i cambiamenti è generalmente in grado di affrontarla con buoni risultati. Se il cambiamento in questione è irrilevante, non c'è niente di male a cedere (anzi, il bambino ne ricaverà la sensazione che i genitori danno ascolto ai suoi desideri). Ma se la cosa è importante i genitori devono resistere fermamente. A volte basta il ragionamento, specialmente se il bambino sa che le sue proteste non valgono a smuoverli. (A questo proposito, una bambina di dieci anni, dopo che la madre finalmente aveva ceduto ai suoi pianti, così si lamentava: «Ma se poi alla fine fa quello che voglio, perché mi obbliga a fare tutte queste scene?»). Se il ragionamento non funziona, i genitori devono esser preparati ad aspettare che la bizza finisca e poi procedere secondo i loro programmi.

Può sembrare che un'elevata adattabilità rappresenti una caratteristica ideale del temperamento. Rende più facile l'accudimento del bambino e, quando cresce, lo aiuta ad adeguarsi con successo alle aspettative sempre più complesse ed esigenti del mondo esterno. Fino a un certo punto l'adattabilità è un carattere auspicabile, ma non è affatto vero che lo sia in assoluto. Un bambino molto adattabile può adeguarsi in maniere tutt'altro che produttive, per lui o per i genitori. Una bambina del nostro campione aveva sofferto di un'infezione delle vie respiratorie superiori a tre anni. Prima di allora, dormiva tutta la notte senza interruzione, ma ora si svegliava varie volte per notte piangendo per via del naso chiuso: la mamma la consolava, le dava la medicina e poi si riaddormentavano entrambe. In pochi giorni la bambina era guarita, ma con la sua pronta adattabilità aveva imparato a svegliarsi ripetutamente la notte e chiamare la mamma, che accorreva ogni volta. La cosa era andata avanti per qualche settimana, finché la madre, sfinita per la mancanza di sonno ma convinta di dover rispondere agli appelli della figlia, venne a chiederci consiglio. Dal colloquio risultò chiaro che la bambina stava bene e non presentava segni di ansia. Consigliammo alla madre di ignorare le chiamate notturne, anche se questo la faceva sentire in colpa. In capo a pochi giorni la bambina fece una nuova pronta conversione, ricominciando a dormire tutta la notte senza intetruzioni. Un bambino che si adatta facilmente deve anche stare attento a non lasciarsi influenzare troppo. La sua estrema adattabilità al cambiamento può talvolta renderlo troppo debole di fronte ai desideri degli altri, anche quando non sarebbe nel suo interesse. Qui i genitori possono intervenire utilmente a definire il problema, cosicché il ragazzo possa capire quando la sua adattabilità è un vantaggio e quando invece è meglio tener fermo sulle proprie posizioni rifiutando il cambiamento.

Soglia sensoriale

Un'alta soglia sensoriale è raramente un problema, anche se può impedire di apprezzare le sfumature di colori, suoni e superfici. Una soglia bassa può invece talvolta creare difficoltà. William Carey nella sua pratica pediatrica ha notato che i bambini che si svegliano spesso la notte hanno più spesso una soglia bassa agli stimoli sonori e luminosi, in confronto a quelli che fanno un bel sonno ininterrotto (1974). E certe madri si lamentano delle continue lotte che devono sostenere coi bambini a proposito del vestiario. Questi bambini pretendono di mettersi sempre le stesse cose: le altre sono troppo strette, oppure troppo ruvide. A volte il problema può avere altre cause, ma una spiegazione frequente è che il bambino ha una soglia molto bassa di sensibilità tattile e non sopporta il contatto con indumenti che magari non danno nessun fastidio alla grande maggioranza degli altri bambini. Qui il rimedio è chiaro: l'ipersensibilità epidermica dev'essere accettata come cosa normale per quel bambino e gli si devono fornire indumenti nei quali possa sentirsi bene.

Tono dell'umore e intensità delle emozioni

Parliamo insieme qui del tono dell'umore e dell'intensità dell'espressione emotiva perché i genitori di solito si trovano a fare i conti con questi due aspetti combinati. Se il bambino fa una richiesta irragionevole, per il genitore è più facile tener fermo il rifiuto iniziale di fronte a una protesta sommessa che a un pianto fragoroso. Il bambino esuberante che esprime apertamente la sua gioia per un regalo o un intrattenimento particolare ha migliori probabilità di ricevere dai genitori una risposta vivace e compiaciuta, rispetto a quello che non manifesta piacere o lo fa in tono minore.

I genitori di solito imparano quello che è il tono d'umore dominante del bambino. Quello che conta è tutto quanto si discosta dalla reazione tipica. Se un bambino è in generale tranquillo e di buon umore, e non fa quasi mai le bizze, ecco che un grande pianto merita di esser preso sul serio, ma se questo tipo di protesta viene da un piagnucolone abituale è molto probabile che si tratti di cosa di poco conto, da considerare in tutt'altra maniera.

È quando i genitori non si rendono conto di qual è l'umore dominante del bambino che rischia di crearsi una situazione d'incompatibilità. Una coppia della nostra ricerca longitudinale si rivolse a noi per il disorientamento e l'irritazione suscitati dal comportamento della loro bambina. La portavano a uno spettacolo – mettiamo, al circo – e lei sedeva tutto il tempo impassibile senza dare nessun segno di divertimento. Ma poi il giorno dopo la madre la sentiva descrivere animatamente lo spettacolo a un'amica. In molte occasioni i genitori non riuscivano a indovinare quali fossero i suoi desideri o sentimenti. Erano due persone vivaci, allegre e aperte (e così gli amici che frequentavano abitualmente) e lo stile temperamentale della figlia era per loro totalmente estraneo. Ma nel colloquio con noi riuscirono ad ascoltare e a capire il problema – la bambina era normale, ma soltanto molto diversa da loro – e con questa nuova conoscenza poterono istituire una positiva comunicazione con questa creatura per loro così enigmatica.

Distraibilità

Un bambino distraibile è facile da trattare finché è piccolo. Se oppone resistenza al cambio dei pannolini o al bagnetto, si può sviare la sua attenzione con un sonaglio o un altro oggetto, continuando ad accudirlo come se niente fosse. Quando comincia a muoversi a quattro zampe e si avvicina ad oggetti pericolosi, come le prese di corrente, è facile distoglierlo. Allattarlo o dargli la pappa presenta però degli aspetti fastidiosi, perché il bambino si gira continuamente a guardare chiunque entri in scena. Un lattante non distraibile invece può concentrarsi sulla poppata qualunque cosa succeda intorno a lui, ma se oppone resistenza alle cure di *routine* (cambiargli il pannolino, vestirlo o spogliarlo, fargli il bagno) è più difficile aggirare questa sua reazione: non c'è giocattolo che serva a distrarlo se non vuole esser cambiato o lavato e può darsi che si debba rimandare l'operazione, o portarla a termine con la forza.

Con i bambini più grandi la situazione può ribaltarsi completamente. Il rovesciamento avviene quando il bambino comincia ad assumersi sempre di più la responsabilità del proprio comportamento a casa, a scuola e con gli amici. Tipicamente, il bambino molto distraibile dimentica di portare a termine impegni, compiti e incarichi. Magari parte allegramente, pregustando la soddisfazione che potrà ricavare dalla cosa, ma a mezza strada una qualche scena o persona interessante basta a distrarlo, assorbendolo completamente. Quando finalmente arriva a casa, si sente ricordare quello che era lo scopo iniziale della spedizione, viene rimproverato per il suo comportamento irresponsabile e rimane confuso e pieno di rimorsi.

In episodi del genere, è decisivo il comportamento dei genitori. Può darsi che capiscano il problema e si mettano a spiegare con calma al bambino che deve sorvegliarsi per difendersi da queste distrazioni, dandogli qualche suggerimento utile, come quello di scriversi tutte le mattine un elenco delle cose da fare e consultarlo spesso durante il giorno. Con questo metodo, che probabilmente andrà ripetuto molte volte, si ha una buona compatibilità fra genitori e figlio e si può sperare che alla fine il ragazzo arrivi a controllare la sua distrazione. Se invece i genitori assumono una posizione antagonistica, partendo dall'idea che lo faccia di proposito, le prospettive cambiano. Al bambino vengono imputate «disobbedienza», «pigrizia», «egoismo», «ribellione», o una qualche combinazione di queste qualità negative. Ponendo la questione in questi termini, i genitori sollevano problemi che non solo sono irrilevanti ma che certo non aiutano il bambino a realizzare un comportamento più adeguato. I rapporti fra loro cominciano spesso ad andare di male in peggio e può fissarsi una grave incompatibilità, con tutte le conseguenze negative che si porta dietro.

Il bambino non distraibile, al contrario, non dimentica un impegno preso una volta che si è messo in moto. I genitori dicono di lui: «Può andare a fuoco la casa e non se ne accorge nemmeno». Il problema può essere che diventi *troppo poco* distraibile, incapace di notare stimoli ed eventi ai margini del suo campo di attenzione, una volta che la sua mente è tutta presa da un progetto. Questo oblio di tutto quanto lo circonda può indispettire la famiglia, gli amici o gli insegnanti, ma di solito gli viene perdonato perché la sua coscienziosità e serietà sono doti molto apprezzate. Può succedere che un genitore si arrabbi di dover chiamare ripetutamente il figlio prima di ottenere risposta, ma questo raramente diventa un grosso problema.

Vale la pena di notare anche che la distraibilità può avere i suoi aspetti positivi. Un bambino facile a distrarsi è pronto a cogliere sfumature di comportamento e di sentimenti negli amici e nei familiari. Questa prontezza nel capire gli altri può rivelarsi preziosa in molte situazioni.

Perseveranza e durata dell'attenzione

Perseveranza e capacità di mantenere a lungo l'attenzione sono doti molto apprezzate nella nostra società. Se è vero che ai genitori può dar fastidio la perseveranza con la quale il bambino insiste per ottenere un oggetto proibito o continua in un'attività incurante dei loro divieti, la qualità del carattere in sé incontra la generale approvazione. E via via che il bambino cresce, la perseveranza diventa un attributo sempre più apprezzato nella nostra società orientata sui valori della produttività.

I genitori si preoccupano invece se il bambino davanti a una difficoltà rinuncia, immaginando già tutte le conseguenze negative che la scarsa perseveranza comporterà negli studi e nel lavoro, come un grosso limite alle possibilità di successo del figlio. Spesso non si accorgono che quello stesso bambino che arretra davanti alla difficoltà finisce poi per ritornare sul problema e risolverlo. La combinazione di scarsa perseveranza e forte distraibilità dispiace particolarmente ai genitori, che non riescono a vederla come una normale qualità del temperamento: «Io posso rimanere incollato al lavoro finché non l'ho finito. Perché lui no? Vuol dire che non ha forza di volontà e autodisciplina». La pretesa che il figlio faccia proprie la perseveranza e la capacità di concentrazione del genitore è condannata all'insuccesso. In una famiglia del nostro studio longitudinale il risultato di tutto questo era un ragazzo privo di ambizione e di autostima, che diceva: «Mio padre dice che non ho forza di volontà, e ha ragione». Solo se i genitori guardano a quello che il bambino alla fine riesce a realizzare, invece di fermare l'attenzione sul suo modo discontinuo di lavorare, è possibile arrivare a un esito positivo.

Ogni tanto può succedere che un bambino molto perseverante si trovi in difficoltà, specialmente a scuola o con i coetanei. In casa i genitori sanno tener conto del suo temperamento e in fondo sono fieri di quello che fa, ma a scuola o nei gruppi di gioco possono subentrare regole rigide e abitudini fisse che sono in contrasto coi suoi personali progetti. Trovandosi di fronte un muro, senza possibilità di accomodamenti flessibili, un ragazzo del genere può soffrire grosse frustrazioni e magari avere uno scoppio di collera senza riuscire a spiegare le sue ragioni. Se questi episodi si ripetono abbastanza spesso, può diventare facilmente il capro espiatorio del gruppo. Un ragazzino di dieci anni che aveva questo problema (era uno dei soggetti del nostro campione) alla fine sbottò a dire disperato: «Diciamo le cose come stanno. Dentro di me c'è una specie di mostro».

Ora possiamo tornare alla domanda che abbiamo posto all'inizio di questo libro: che cos'ha prodotto la differenza radicale fra lo sviluppo di Ricky e di Eddie? Siamo in grado di dare una risposta almeno parziale.

Le qualità temperamentali dominanti di Ricky erano un alto livello di attività, adattamento rapido e perseveranza. Abitava in una villetta suburbana con molto spazio a disposizione per le sue esigenze di attività fisica. I genitori erano permissivi, ma se necessario – per esempio nello stabilire certe regole di prudenza – sapevano insistere con calma, con pazienza ma anche con fermezza nelle loro richieste. L'adattabilità pronta di Ricky gli permise di fare amicizie e di adattarsi senza difficoltà all'ambiente scolastico. La perseveranza (mai spinta all'estremo) e il buon livello d'intelligenza gli hanno infine garantito ottimi risultati nello studio.

Eddie al contrario è stato fin da piccolo un bambino dal temperamento molto difficile. I genitori erano sconvolti dai suoi grandi pianti che non finivano più e dalla lentezza nell'adattarsi a qualunque novità, comportamenti del tutto opposti alle loro aspettative. Oscillavano fra il cedimento e le arrabbiature, con reazioni punitive che non facevano altro che aggravare le difficoltà del bambino. Consultarono diversi neuropsichiatri infantili. Il primo disse loro che sarebbe passato tutto con l'età, cosa che non avvenne. Il secondo consigliò più «affetto e tenerezza», una prescrizione che i genitori avrebbero seguito ben volentieri ma che era del tutto vana quando Eddie presentava una delle sue frequenti bizze, o comunque il suo solito atteggiamento oppositivo, sia pure meno violento. Il terzo psichiatra disse che il bambino doveva andare in trattamento con cinque sedute settimanali, un regime chiaramente poco praticabile, visto che per riuscire a portarlo alla visita i genitori avevano dovuto immobilizzarlo con la forza. Nessuno dei tre medici ha fatto cenno al problema del temperamento difficile e alla necessità, da parte dei genitori, di trovare un approccio più adeguato.

In queste condizioni di netta incompatibilità fra caratteristiche temperamentali e richieste dei genitori, il comportamento di Eddie non poteva che peggiorare, al punto da gettare spesso nello scompiglio tutta la casa, mentre la vita personale del bambino era segnata dall'isolamento e da una profonda infelicità. Finalmente Eddie è stato portato per una visita da uno di noi e a questo punto la sequenza negativa del suo sviluppo è emersa chiara dall'anamnesi. È stato proposto e avviato un trattamento di sostegno e chiarificazione per i genitori, con qualche risultato iniziale promettente, anche se le prospettive di lungo periodo sono tuttora dubbie.

Come realizzare la compatibilità

Realizzare una sufficiente consonanza fra le richieste ambientali e le capacità del bambino è un problema che si pone in tutte le situazioni, dentro e fuori delle mura domestiche. Ma sono di solito i genitori ad avere il maggior impatto.

I genitori sono anche quelli che hanno le più frequenti occasioni di far capire al bambino quali siano le sue più marcate qualità temperamentali e quali le tecniche comportamentali da adottare per ridurne al minimo le eventuali conseguenze negative.

Certi genitori sanno riconoscere le particolari caratteristiche comportamentali del figlio, trovando con sicurezza il metodo migliore per trattarlo. In genere questi genitori se la cavano benissimo da soli. Altri magari riescono a vedere le cose con altrettanta chiarezza, ma sono meno fiduciosi nella validità del proprio giudizio, perché vedono che il bambino di certi amici o parenti si comporta così diversamente dal loro. Qui può bastare una pura e semplice valutazione da parte di uno specialista. Ci sono invece dei genitori che si trovano disorientati e incapaci di capire il comportamento del figlio. Questi genitori finiscono spesso per assumere una posizione antagonistica verso il bambino – e magari anche fra loro – con sensi di colpa, di incapacità personale o di rifiuto. Sono queste le situazioni d'incompatibilità dove un esito tutt'altro che infrequente è lo sviluppo di turbe del comportamento nel bambino. Qui c'è bisogno di un lavoro sistematico di chiarificazione e di sostegno per i genitori, da parte di uno specialista della salute mentale, una procedura che abbiamo chiamato di «orientamento e consulenza genitoriale».

L'operatore che conduce il trattamento deve per prima cosa escludere che vi siano altre cause a determinare il problema, come una cerebropatia o un disturbo dell'apprendimento non diagnosticati. Una volta chiarito che il problema consiste proprio nell'incompatibilità fra genitori e bambino, si procede spiegando il concetto di temperamento e poi esaminando coi genitori le caratteristiche temperamentali specifiche del bambino e i modi utili e controproducenti di trattarlo. Per chiarire a fondo questi problemi sono necessari vari colloqui, talvolta anche numerosi.

Questo tipo d'intervento è utile non solo per la sua efficacia ma anche perché evita l'alternativa di una psicoterapia prolungata, per il bambino, il genitore o entrambi. Nel nostro studio longitudinale abbiamo trovato un 50% di genitori che rispondevano positivamente a questa linea di chiarificazione e sostegno, con miglioramenti netti del bambino. Certi genitori però non si riusciva a smuoverli dalla posizione antagonistica che avevano assunto nei confronti del figlio. Questo succedeva non tanto coi bambini dal temperamento difficile, ma soprattutto con figli maschi che presentavano distraibilità e scarsa perseveranza. I genitori dei bambini difficili potevamo rassicurarli sul fatto che, trovando il modo più giusto di trattarli, i loro figli si sarebbero sviluppati bene e sarebbero arrivati a soddisfare le aspettative loro e della società in generale. Ai genitori di quei maschi instabili nell'attenzione, invece, dovevamo dire che con gli opportuni metodi educativi queste tendenze si sarebbero mitigate ma il temperamento di base non poteva cambiare. I genitori interpretavano questo dato di fatto come una sentenza definitiva: il figlio sarebbe stato sempre svogliato in qualunque lavoro e non avrebbe mai portato a termine nulla. Come poteva, con queste caratteristiche, avere successo nella vita? (È interessante che tutte queste obiezioni venissero esclusivamente dai genitori di figli maschi, mai delle bambine.)

La resistenza dei genitori a questo tipo d'intervento può avere numerose ragioni. C'è chi ha modelli di condotta troppo rigidi, irraggiungibili per il bambino. Può esserci alla base un bisogno nevrotico di controllo autoritario della famiglia, oppure la pretesa di avere un figlio modello che confermi l'immagine di sé come genitore modello. Tutto quello che si discosta da uno schema preconcetto di perfezione nel figlio può costituire una minaccia per certi genitori, che hanno un bisogno nevrotico di successo in tutto quanto intraprendono.

In alcuni casi d'insuccesso del nostro intervento sui genitori, questi preferivano sottoporre il bambino a psicoterapia. La psicoterapia otteneva risultati molto variabili, talvolta era efficace, talvolta no. Le probabilità di riuscita del trattamento psicoterapico del bambino erano molto minori quando i genitori insistevano negli atteggiamenti e nelle richieste che in origine avevano prodotto la situazione d'incompatibilità. Alcuni però si rendevano conto che le difficoltà del bambino dipendevano anche dai loro problemi psicologici: non riuscendo a cambiare da soli, accettavano di andare in trattamento a loro volta, per una psicoterapia individuale o in qualche forma di terapia di gruppo. In questi casi le prospettive di venire a capo dell'incompatibilità, risolvendo il problema comportamentale del bambino, erano molto più favorevoli.

PARTE SECONDA

Lo sviluppo del bambino: dalla prima infanzia all'adolescenza

VI
Umani si nasce
Gli inizi dello sviluppo sociale-cognitivo

Quando abbiamo condotto i primi colloqui coi genitori nel corso del nostro studio longitudinale (i bambini avevano due o tre mesi), ne siamo usciti con la netta e chiara impressione che quelli che i genitori ci descrivevano erano dei *veri esseri umani.* I lattanti erano diversi fra loro, e quello era il punto focale della nostra ricerca, ma le differenze erano differenze tipicamente umane. Se il bambino rifiutava il primo bagno, la sua reazione non era solo una ritirata passiva, in qualche modo di tipo puramente riflesso: scalciava e si divincolava cercando di sfuggire e l'espressione del viso indicava un chiaro dispiacere. Se la madre lo prendeva in braccio, gli sorrideva e gli parlava, la ricambiava col sorriso e vocalizzi. Queste erano risposte complesse a uno stimolo esterno, comportamenti molto simili a quelli di un bambino grande o di un adulto in risposta a una situazione piacevole o spiacevole. Le risposte del lattante erano più semplici solo in funzione dei limiti posti dal suo sviluppo cerebrale ancora incompleto. E lo stesso valeva per tutti gli altri comportamenti del bambino: come reagiva a qualcosa di nuovo, come si adattava ai cambiamenti, come si lasciava distrarre dall'arrivo di un'altra persona, da un oggetto, da un rumore, come perseverava nell'osservare un giocattolo o i movimenti delle proprie mani. C'erano differenze individuali, ma sotto tutti i profili il comportamento era complesso e organizzato. Non c'era verso di poter descrivere il comportamento dei bambini come una serie di semplici azioni riflesse. Inoltre, molti genitori ci descrivevano lo stesso quadro del bambino ad appena una settimana di vita: risposte attive agli stimoli interni (fame, sete, sonno) e a tutte le situazioni ed esperienze nuove provenienti dall'esterno, in particolare dalla figura adulta che lo accudiva.

L'idea del lattante come un essere umano fin dall'inizio si discostava drasticamente dalle concezioni tradizionali del neonato, ma era in linea coi risultati delle ricerche di vari psicologi e psichiatri che nel corso degli ultimi trent'anni hanno profondamente trasformato la nostra immagine del bambino piccolo e delle sue capacità. La questione non interessa solo i teorici impegnati a rintracciare le origini e le sequenze dello sviluppo psicologico infantile, ma tocca da vicino anche il nostro concetto di *attaccamento* e di formazione del *legame madre-bambino*, termini che di recente sono venuti in primo piano. Il modo in cui i genitori vedono il bambino appena nato può influenzare considerevolmente il loro approccio a questa persona apparentemente misteriosa della quale devono farsi carico.

Vecchie idee sul neonato

Nei secoli passati due idee contrastanti del bambino si contendevano il campo. Alcuni consideravano il neonato una sorta di *homunculus*, un adulto in miniatura già dotato degli attributi fisici e psicologici dell'adulto che sarebbe diventato. Questo concetto che attribuiva tutto all'eredità era all'origine di detti popolari del tipo «Tale padre, tale figlio», «Buon sangue non mente», «La mala pianta dà cattivi frutti», ecc. In psichiatria, ha dato luogo ad etichette del tipo «inferiorità costituzionale» e «psicopatia costituzionale» che facevano risalire alla nascita ogni sorta di anomalie del comportamento.

Nel XVIII secolo è venuta la più idealizzata, romantica visione rousseauiana del bambino come «buon selvaggio» dotato di un «innato senso morale», con «intuitiva conoscenza di ciò che è giusto e sbagliato» ma «soffocato dalle restrizioni della società». Altri avevano un'idea diametralmente opposta. Per loro il bambino era una *tabula rasa*, come diceva il filosofo inglese John Locke, una tavoletta di cera vergine su cui l'ambiente avrebbe potuto inscrivere la sua influenza fino ad incidervi completamente la personalità adulta. Essenzialmente queste due teorie in conflitto rispecchiavano la controversia biologica sull'importanza relativa di eredità e ambiente, di natura e cultura.

In questo secolo la visione meccanica del lattante come *homunculus* è caduta sempre più in discredito. L'opera di Freud e Pavlov ha dimostrato che gran parte del comportamento etichettato come ereditario e predeterminato nasce in realtà dalle esperienze di vita del bambino. Una miriade di ricerche ha approfondito e ampliato (e continua a farlo tuttora) la nostra conoscenza del valore profondo che ha l'ambiente nel plasmare lo sviluppo fisico e psicologico del bambino.

Purtroppo, come spesso succede, l'oscillazione del pendolo è andata all'estremo opposto. Negli anni '50 il neonato non era più un *homunculus*, ma era diventato una *tabula rasa*. L'ambiente, specialmente la madre, apparve non solo importante ma assolutamente decisivo ai fini del comportamento e della salute mentale del bambino: tutti i guai psicologici che avrebbe sviluppato nell'infanzia o nell'adolescenza, dai semplici problemi di comportamento alla delinquenza, alle gravi malattie mentali, erano scaricati sulla madre.

Una variante più sofisticata della *tabula rasa* si affacciò nelle formulazioni di vari psicologi. Per costoro la mente del neonato non era una lavagna vuota, ma le uniche capacità psichiche alla nascita erano una serie di riflessi o istinti. Era quindi l'influenza dell'ambiente su questi istinti o riflessi a plasmare lo sviluppo della mente infantile. In questa concezione il neonato era un organismo tutto rivolto su se stesso, non un essere umano pronto da subito ad entrare in un attivo rapporto di interscambio con l'ambiente, in particolare con le figure adulte significative che lo accudiscono, a molti livelli diversi.

Secondo Jean Piaget, pioniere della psicologia cognitiva, il cervello del neonato era un fascio di riflessi, dei quali il più importante era il riflesso di prensione. Nell'ottica di Piaget (1936; 1937), il riflesso di pressione (i muscoli della mano si contraggono intorno a qualunque oggetto tocchi) sarebbe il fondamento su cui si sviluppano le capacità di manipolazione e da queste tutta una serie di competenze via via più complesse, la conoscenza del mondo e infine le capacità concettuali e di pensiero astratto. Con questa idea limitata delle capacità del neonato di rispondere al mondo circostante, Piaget descriveva lo stato psicologico alla nascita come una forma di «egocentrismo radicale».

Nella teoria psicoanalitica tradizionale, il bambino alla nascita è corredato solo di un insieme di pulsioni istintuali primitive, il cosiddetto «Es». Per citare le parole di Freud, «l'Es è il caos, un calderone di eccitazione ribollente... l'Es non conosce valori, il bene o il male, la moralità» (1933, pp. 104-105). Solo attraverso il successivo sviluppo dell'«Io» e del «Super-Io», secondo questa concezione, gli impulsi asociali dell'Es vengono repressi, controllati e sublimati, cosicché il bambino gradualmente comincia a diventare un essere umano sociale. Lo psicoanalista inglese John Bowlby (1969), ha modificato questa visione, pur continuando ad affermare che certi riflessi del neonato sono la base dello sviluppo sociale. I riflessi cui dava maggior importanza erano la suzione, il pianto e l'aggrapparsi, in quanto stimolano le cure materne, costituendo in tal modo il primo passo nel processo di socializzazione.

La psicoanalista americana Margaret Mahler si è spinta ancora più avanti. Per lei e i suoi collaboratori il neonato sarebbe completamente autocentrato («narcisistico») e incapace di integrare qualunque stimolo esterno o di prender coscienza degli altri, compresa la madre, come individui a sé stanti. Secondo la definizione della Mahler, «durante le prime settimane di vita extrauterina prevale uno stadio di narcisismo assoluto, segnato dalla mancata consapevolezza, da parte del bambino, di un agente delle cure materne. Questo è lo stadio che abbiamo definito *autismo normale*» (Mahler, Pine e Bergman, 1975, p. 42). In sostanza la Mahler paragonava la situazione del neonato all'autismo, una gravissima malattia mentale che può insorgere in età prescolastica, caratterizzata dall'incapacità di rapporto con altri esseri umani. Postulava quindi un secondo stadio di sviluppo, a partire dal secondo mese di vita, «una fase simbiotica normale, nella quale il bambino si comporta e funziona come se egli e la madre fossero un sistema onnipotente – un'unità duale entro un confine comune» (p. 44). Solo a cinque o sei mesi, secondo questa struttura teorica, il lattante comincerebbe a «rompere il guscio», emergendo come individuo separato dalla madre (p. 54).

Le idee della Mahler sullo sviluppo del neonato e del lattante hanno avuto grande influenza nel movimento psicoanalitico, non solo, ma anche su molti altri psichiatri e psicologi. La sua era una struttura teorica dettagliata per delineare una sequenza di sviluppo nei primi mesi di vita, cosa che mancava nelle precedenti concezioni psicoanalitiche. A sostegno di queste affermazioni veniva citata inoltre una complessa ricerca a largo raggio su un gruppo di madri e lattanti a diverse età e in vari contesti situazionali (Mahler, Pine e Bergman, 1975). Tale ricerca presenta tuttavia alcuni problemi metodologici assai gravi che impediscono di accettarne le conclusioni. Manca, per cominciare, qualunque criterio comportamentale oggettivo per la valutazione delle categorie «narcisismo», «simbiosi» o «autismo»: gli osservatori partivano dal presupposto dell'esistenza di queste variabili, limitandosi a valutarne il «grado» nel comportamento del bambino. La Mahler enuncia chiaramente questo modo di procedere quando, ripetutamente, parla della metodologia della ricerca: «Gli osservatori operavano più da clinici che da strumenti di ripresa; ci affidavamo alla loro esperienza per capire i fenomeni, malgrado la soggettività che ciò poteva comportare» (p. 239); «Non è mai stata nostra convinzione di potere, né nostra intenzione di dovere, codificare tutte le nostre osservazioni in forma standardizzata, tanto meno quantificabile» (p. 246); «Abbiamo deciso per il sistema descritto prima con osservazioni *a priori* delle possibilità di comportamento (basate sulle nostre precedenti osservazioni ed esperienze cliniche) e con una diretta valutazione del bambino da parte di un osservatore (che semplicemente verifica la presenza di uno degli assunti *a priori*), invece di registrare in dettaglio il comportamento osservato» (p. 255).

In altre parole, la Mahler ha inventato in anticipo le sue categorie, senza nessuna precisa definizione del comportamento del bambino, e gli osservatori partivano dal presupposto che queste categorie fossero presenti, limitandosi a verificarne presenza e intensità. Con un sistema così non ci si può sbagliare! Queste insufficienze sono state oggetto di aspre critiche anche all'interno del movimento psicoanalitico. Come ha scritto Bowlby, «in breve, le teorie della Mahler sullo sviluppo normale, comprese le fasi normali di autismo e simbiosi da lei postulate, si rivelano basate non sull'osservazione ma su preconcetti fondati sulla teoria psicoanalitica tradizionale, ignorando pertanto quasi interamente quel patrimonio notevole di nuove conoscenze sulla primissima infanzia che si è andato accumulando negli ultimi vent'anni» (1982, p. 673).

L'analista Emanuel Peterfreund rileva che i dati della Mahler non possono esser considerati validi neppure se presumibilmente basati su osservazioni del bambino, poiché partono da assunti aprioristici e poiché i concetti della Mahler presuppongono un'equivalenza fra il comportamento del lattante e quello dell'adulto. Osserva Peterfreund: «Il neonato grida per i suoi bisogni ma il neonato non conosce altro modo, a differenza degli adulti che hanno altre capacità. Il comportamento "onnipotente" del neonato ha un significato del tutto diverso da quello di un adulto che agisca allo stesso modo» (1978, p. 436). Non ci resta che dire «Amen!» a una formulazione come questa.

Fondamentalmente, tutte queste diverse concezioni del neonato – come *homunculus*, come *tabula rasa*, come un fascio di istinti o riflessi, come esempio di egocentrismo radicale o di autismo – discendevano da un'idea comune dell'estrema limitazione delle capacità presenti nel neonato normale. Come scrive un importante ricercatore inglese, Rudolph Schaffer,

> ... si pensava che nelle prime settimane di vita i sensi del bambino non fossero ancora capaci di assorbire nessuna informazione dal mondo esterno, cosicché sarebbe stato a tutti gli effetti cieco e sordo. Non meno incapace di movimento, sembrava il ritratto dell'incompetenza psicologica, della confusione e disorganizzazione. Solo la regolarità dell'esperienza, garantita principalmente dal genitore, si pensava che portasse ordine nella mente del bambino. Fino ad allora, tutto quello che poteva fare era mangiare e dormire (1977, p. 27).

Jerome Bruner, cui dobbiamo contributi di grande portata alla nostra conoscenza della percezione, delle funzioni cognitive e dei processi educativi, racconta la visita di un pediatra al suo laboratorio di Harvard per la ricerca sulla prima infanzia, negli anni '60. I suoi collaboratori illustravano una delle tecniche sperimentali utilizzate, un apparecchio che permetteva a un bambino di sei mesi, mediante la suzione di una tettarella, di mettere a fuoco l'immagine proiettata su uno schermo. Racconta Bruner: «Il visitatore stette un po' a guardare, poi sbottò quasi indignato: "Ma i bambini di quell'età non ci vedono"» (1983, p. 157).

Quello che sappiamo oggi

Con questa idea del neonato cieco e sordo, psicologicamente incompetente e incapace di comunicare, non c'è da meravigliarsi se la ricerca sul comportamento e le funzioni mentali nella primissima infanzia ci ha messo tanto tempo a fiorire. Pochi pionieri, come Arnold Gesell e Mary Shirley, si sono effettivamente impegnati in questa direzione negli anni '30 e '40. Ma, per quanto utile, il loro lavoro si limitava principalmente alla descrizione del comportamento osservabile, finalizzata a seguite il processo di maturazione, attraverso i tempi di comparsa ed evoluzione di abilità e competenze. Di tanto in tanto veniva riferito un episodio relativo al comportamento di qualche bambino (per solito, si trattava del figlio dell'autore), ma queste descrizioni isolate e superficiali non fornivano certo una base sufficiente per capire le caratteristiche psicologiche del lattante.

Solo negli anni '50 e '60 un certo numero di ricercatori ha cominiciato ad osservare e studiare seriamente il neonato e il lattante, con l'idea che le idee correnti in proposito potessero essere del tutto sbagliate. Nuove tecniche e procedure sono state messe a punto, tali da permettere inferenze circa i processi mentali del bambino piccolo: misurazione della durata e qualità della fissazione visiva di un oggetto, per valutare la percezione e l'attenzione; studio dei movimenti corporei in risposta a stimoli di vario tipo; videoregistrazioni da analizzare fotogramma per fotogramma e magari con metodi computerizzati; apparecchiature ingegnose come quella di Bruner – la tettarella che comanda la messa a fuoco di una diapositiva – per misurate la percezione e i comportamenti intenzionali; esperimenti semplici sull'imitazione; infine, dettagliati resoconti descrittivi dei genitori sul comportamento del lattante. Oggi numerosi centri di ricerca negli Stati Uniti e altrove sono impegnati nello studio approfondito delle capacità e funzioni mentali nel primo anno di vita, e la letteratura scientifica sull'argomento si è arricchita enormemente.

Con queste ricerche degli ultimi venticinque anni la nostra visione del neonato si è completamente ribaltata. In luogo del «ritratto dell'incompetenza psicologica», o di quella «unica grande confusione di luci e rumori», di cui parlava William James (1890), oggi è chiaro che il neonato si affaccia alla vita come un organismo capace di percezione, comunicazione, imitazione e apprendimento. Il bambino appena nato non solo riconosce certe configurazioni visive ma rivolge di preferenza l'attenzione a queste configurazioni, soprattutto se complesse, in movimento e tridimensionali. Risponde al suono ed è in grado di localizzarne la provenienza. L'apprendimento, come dimostra la formazione di riflessi condizionati, comincia attivamente alla nascita. Anche l'apprendimento per imitazione è stato dimostrato nei primi giorni di vita. A sole due settimane il bambino è capace di discriminare fra due visi di donna, di distinguere le voci e di cominciare ad associare il viso alla voce. Ci vorrebbe un volume intero solo per esporre in dettaglio tutto l'accurato lavoro di solida ricerca scientifica che ha messo in luce l'ampia gamma di capacità psicologiche del neonato. Qui possiamo soltanto dare qualche esempio per quanto riguarda la percezione, la comunicazione, l'apprendimento per imitazione e l'integrazione comportamentale.

La percezione nel neonato

Un pioniere della ricerca sulla percezione visiva nel neonato è stato Robert Fantz, della Western Reserve University, che ha cominciato questi studi nel 1956. A lui si deve un'interessante procedura sperimentale: il bambino, disteso nell'*infant-seat*, guarda una parete inclinata che gli sta davanti a poca distanza dal viso, nella quale compaiono stimoli diversi, mediante schermi scorrevoli e proiezioni. Una feritoia nella parete permette all'osservatore di misurare il tempo in cui il bambino fissa lo sguardo su ogni stimolo che gli viene presentato. Per determinare il tempo di fissazione, l'osservatore deve poter vedere, attraverso la feritoia, il riflesso corneale dello stimolo centrato nell'apertura pupillare: finché l'immagine si riflette nella pupilla del bambino, sappiamo che questi sta fissando lo sguardo direttamente sullo stimolo. Il punto cruciale dell'esperimento di Fantz era determinare se i neonati guardano stimoli diversi altrettanto a lungo o con durate diverse. Se i tempi erano diversi, voleva dire che c'era discriminazione visiva fra i due stimoli. E Fantz ha scoperto appunto che già il neonato è capace di distinguere una superficie a strisce bianche e nere sottili (3 mm di larghezza) da una grigia uniforme (Fantz, 1966).

Può sembrare forse una cosa di poco conto, ma in realtà ha delle implicazioni profonde. Per poter discriminare fra l'oggetto rigato e quello in colore unito (come rivela la differenza del tempo di fissazione), il neonato deve fare qualcosa di più che vedere semplicemente: deve reagire visivamente ai due oggetti. Deve, in altre parole, organizzare gli innumerevoli stimoli visivi che gli arrivano simultaneamente dall'oggetto in una struttura integrata, in un percetto, come si dice. La capacità del cervello di organizzare gli stimoli in percetti è quella che ci mette in condizione di riconoscere le differenze e somiglianze tra diversi volti o altri oggetti qualunque, oppure fra diverse combinazioni di suoni o stimoli tattili. Questa attitudine a formare e differenziare percetti a partire dagli stimoli sensoriali è decisiva per lo sviluppo cognitivo. I percetti si organizzano in idee e nella capacità di riconoscere il linguaggio orale e scritto, di comprendere il significato dei numeri, e così via. E il neonato, come ha messo in luce Fantz, si affaccia nel mondo con la capacità di formare semplici percetti, gli inizi dello sviluppo percettivo-cognitivo. Fantz e i suoi collaboratori hanno proseguito questo lavoro di ricerca in tutta una serie di studi che hanno evidenziato la crescita dell'abilità percettiva nel lattante di mese in mese, addirittura di settimana in settimana (Fantz e Nevis, 1967).

La ricerca di Fantz sulla percezione nella primissima infanzia è stata estesa dagli esperimenti di Genevieve Carpenter (1975) alla St. Mary's Hospital Medical School di Londra. In condizioni standardizzate (come negli studi di Fantz: bambino calmo, vigile e in posizione confortevole) si presentavano i visi di individui diversi: la discriminazione era misurata anche qui in base ai tempi di fissazione degli stimoli. Già a due settimane il viso della madre riceveva un'attenzione significativamente maggiore in confronto a quello di un estranea. Inoltre, l'attenzione era più prolungata se la presentazione del viso era accompagnata dalla voce, ma il viso materno senza voce continuava ad essere uno stimolo più efficace di quello dell'estranea completo di voce. Quando i volti e le voci erano abbinati a rovescio – il viso materno con la voce dell'estranea e viceversa – i bambini tendevano a distogliere lo sguardo. Gli esperimenti della Carpenter indicano che le basi neurobiologiche della percezione, dell'associazione fra stimoli visivi e uditivi (viso e voce della madre) e della memoria sono talmente sviluppati alla nascita che nelle prime settimane di vita il bambino è già in grado di operare queste distinzioni percettive e di associare chiaramente un viso alla voce corrispondente.

Quanto presto cominci questo tipo di apprendimento ce lo dice uno studio recente di Tiffany Field e dei suoi collaboratori dell'Università di Miami: un gruppo di 48 neonati (età media: 45 ore) differenziava significativamente il viso materno e quello di un'estranea. La discriminazione era misurata attraverso la durata degli sguardi, registrata da un osservatore e da una telecamera. L'estranea in questo esperimento era anch'essa una puerpera, per escludere la possibilità che le reazioni del neonato fossero influenzate da segnali olfattivi associati al parto recente e all'allattamento in corso. Si noti che alla data dell'esperimento i bambini avevano passato in tutto non più di quattro ore con la madre (Field e coll., 1984): un esempio davvero convincente della precocità con la quale cominciano gli apprendimenti.

Attiva comunicazione sociale

Una capacità che colpisce nel neonato è quella di entrare in un'attiva comunicazione sociale, sia pure rudimentale: è l'elemento base nello sviluppo delle relazioni interpersonali. William Condon e Louis Sander, due ricercatori dell'Università di Boston, hanno usato una tecnica raffinata di microanalisi di filmati sonori dell'interazione fra neonati e adulti, trovando che «già nel primo giorno di vita il neonato umano esegue precisi e prolungati segmenti di movimento che sono sincroni con la struttura articolata del linguaggio dell'adulto» (1974, p. 99). Questa precisa sincronia compariva solo con il linguaggio, non importa se americano o cinese, ma non con vocali sconnesse o rumori ritmici. Lo stesso tipo di sincronia fra neonato e adulto è stata osservata nel comportamento di suzione (Kaye e Brazelton, 1971). Il pianto del bambino è una forma attiva ed efficace di comunicazione sociale fino dal momento della nascita, comunicazione che è decisamente potenziata dallo sviluppo del sorriso nelle prime settimane di vita.

Imitazione dei gesti dell'adulto

Un'altra scoperta entusiasmante è che il neonato può imitare certe mimiche dell'adulto. È un'attività complessa davvero: vuol dire che il bambino per prima cosa si forma una percezione del gesto eseguito dall'adulto, poi traduce questa percezione nell'immagine di una propria azione analoga e infine riesce a riprodurre il gesto basandosi su questa immagine.

I lavori più importanti sulle capacità imitative del neonato sono stati condotti da Andrew Meltzoff dell'Università di Washington. Si tratta di una serie di esperimenti assai eleganti con un gruppo di 40 neonati in buona salute (età: da 42 minuti a 72 ore), in cui si registravano le risposte dei bambini a un adulto che apriva la bocca o sporgeva la lingua (la stanza era oscurata e uno spot illuminava il volto dello sperimentatore; le risposte del neonato erano riprese con una telecamera ad infrarossi). Meltzoff non si è contentato di esaminare l'imitazione di un unico gesto – mettiamo, la protrusione della lingua – perché si sarebbe potuto obiettare che il movimento della lingua da parte del bambino fosse il prodotto accidentale di una generica maggiore mobilità del viso del bambino in risposta alla mimica animata dell'adulto. Questa possibilità di una pseudo-imitazione accidentale è stata esclusa con l'adozione delle due situazioni-test: protrusione della lingua e apertura della bocca da parte dello stesso sperimentatore adulto. In questo modo Meltzoff ha potuto dimostrare che i neonati imitavano realmente entrambi i gesti: la frequenza dell'apertura della bocca da parte del bambino era infatti significativamente maggiore in risposta allo stesso gesto dell'adulto che non in risposta alla protrusione della lingua, e viceversa. Con questo schema sperimentale incrociato, si poteva concludere che si trattava di autentica imitazione della mimica adulta e non soltanto di una generica reazione alla stimolazione sociale (Meltzoff e Moore, 1983; Meltzoff, 1985).

Secondo Meltzoff, questa capacità imitativa dei neonati li correda di «un meccanismo attraverso il quale cominciare ad identificarsi con gli altri esseri umani, a riconoscerli come "eguali a me"» (1985, p. 29).

Integrazione comportamentale

Il bambino piccolo è capace di rispondere ad uno o più stimoli in maniera organizzata o integrata. Per esempio, non solo ode un rumore, ma volge anche gli occhi (e nelle settimane successive anche la testa) nella direzione da cui il rumore proviene. Questa è integrazione di comportamenti.

T. Berry Brazelton ha condotto estese ricerche sui neonati in situazioni naturalistiche, non in laboratorio, evidenziando un ampio ventaglio di processi comportamentali integrativi, variazioni nel comportamento associato ai vari stati di attivazione* e risposte a stimoli sociali di diverso tipo. Per fare un esempio, abbiamo potuto osservare Brazelton con un neonato (appena 30 minuti dopo il parto) che giaceva sveglio e tranquillo nella culla della *nursery*. Brazelton prese un fermaglio da carta e lo fece scorrere sulla pianta del piede del bambino, che ebbe una netta reazione di fuga in tutto il corpo. Ripetendo la stimolazione, il bambino si ritrasse meno vivacemente. Poi, via via che Brazelton continuava ad accarezzargli la pianta del piede con il fermaglio, il bambino si limitò a spostare prima la gamba, poi il piede, poi solo le dita del piede, finendo per addormentarsi durante quella stessa stimolazione che

* Uno dei problemi della ricerca sulla prima infanzia è la grande variabilità dello stato di attivazione dei bambini molto piccoli, da cui dipende la vigilanza. Un bambino che si addormenta subito dopo la poppata non presterà attenzione a uno stimolo. Invece, il bambino appena svegliato, che non ha ancora fame, sarà tranquillo e vigile. Quando si descrivono le risposte dei lattanti, è essenziale indicare anche lo stato di attivazione o vigilanza (spesso per brevità si usa il termine «stato» senza altra specificazione).

in un primo momento aveva causato una reazione così massiccia. Brazelton ci spiegò: «Vedete, il bambino è capace di proteggersi dagli stimoli dolorifici». Con procedure semplici come questa, Brazelton ha trovato prove significative di controllo corticale e di reattività rispetto a 22 variabili comportamentali, che oggi costituiscono la *Brazelton Neonatal Behavioral Assessment Scale* (1973), ampiamente entrata nell'uso. Questa è l'ulteriore dimostrazione, in un'ottica diversa, dello straordinario livello di capacità comportamentali che il neonato utilizza nell'interazione col mondo circostante.

Il lattante come essere sociale

Il bambino dunque viene al mondo equipaggiato biologicamente per entrare subito in una relazione di scambio sociale con i genitori o gli altri adulti che l'accudiscono. E non è assolutamente un partner passivo in questi scambi, non è una *tabula rasa.* Ma non è neppure un *homunculus.* Ha tutto l'equipaggiamento per intervenire attivamente nelle relazioni sociali, ma il tipo di rapporti che sviluppa e il tipo di persona che diventerà non sono affatto preformati o predeterminati. È sempre l'interazione fra il bambino e l'ambiente (genitori, fratelli e sorelle, coetanei, insegnanti, ecc.) che è decisiva, non l'uno o l'altro da solo.

La prima volta che è preso in braccio, la prima volta che viene allattato, la prima volta che percepisce il viso umano, il neonato risponde a stimoli che hanno un significato sociale e culturale, e li integra. A loro volta, le risposte attive del bambino influiscono sull'atteggiamento e le condotte dell'adulto che lo accudisce. Da un punto di vista evoluzionistico, la competenza percettiva, sociale e di apprendimento del neonato umano è strettamente legata al lungo periodo di cure e dipendenza infantile: sono queste capacità neonatali a rendere possibile la trasmissione ottimale del retaggio culturale dell'umanità, quel meccanismo adattivo che ha uno sviluppo così esclusivo nella nostra specie.

Interazioni precoci

Daniel Stern, psichiatra al Centro medico della Cornell University e autorevole ricercatore nel campo della prima infanzia, ha studiato con grande attenzione le sottigliezze della prima relazione sociale del bambino con la madre, o altra figura primaria di riferimento (1977). Ha osservato le interazioni madre-bambino sia in laboratorio che nell'ambiente domestico. Molte di queste sedute sono videoregistrate e i nastri vengono ripassati un gran numero di volte (Stern nota di aver passato ore ad esaminare eventi che durano solo qualche secondo), talvolta anche con l'ausilio del computer, per evidenziare correlazioni e modelli ricorrenti di risposta.

Da questo straordinario materiale di ricerca, Stern ricava un quadro vivissimo dello scambio reciproco e della comunicazione fra due esseri umani, il lattante e la madre: «Il bambino viene al mondo con un bagaglio di formidabili capacità d'istituire rapporti umani. Fin dal primo momento è parte in causa nel plasmare la sua prima e principale relazione» (1977, p. 33). In questo rapporto il lattante è ovviamente immaturo in confronto alla madre, ma, come sottolinea Stern,

> ... l'etichetta di «immaturità» non può essere un segnale di via libera che autorizzi a svalutare un comportamento in attesa che arrivi la sua versione più matura... in ultima analisi ogni essere umano non è altro che quello che è nel momento in cui lo troviamo. I comportamenti del bambino di tre mesi sono del tutto maturi e pienamente realizzati comportamenti dei tre mesi. Lo stesso vale per i due anni, i dieci anni, i vent'anni (p. 33).

I genitori che si aspettano dal bambino piccolo che agisca come un adulto in miniatura, o ne ignorano il comportamento perché immaturo, perdono tutta la spontaneità, vivacità e gioia che possono trovare nell'interazione con il lattante.

Stern sviluppa la tesi secondo cui nei primi mesi di vita, a partire dalla nascita, c'è un livello ottimale di stimolazione che la madre fornisce al bambino nel corso delle *routine* quotidiane – dargli il latte, cambiarlo, pulirlo – e nel gioco spontaneo. Quando la stimolazione è ottimale, il bambino sorride, vocalizza e guarda la madre, vigile e attento. La madre a sua volta è gratificata e i suoi comportamenti sono rinforzati dalla risposta del piccolo. Si instaura quello che Stern chiama «sistema di retroazione reciproca».

Se invece gli stimoli sono troppo deboli o troppo ripetitivi, il bambino non è adeguatamente stimolato; se sono troppo forti o troppo complessi, non può assorbirli e integrarli produttivamente. Ma Stern insiste sul fatto che la madre non deve fare prodigi di equilibrismo per assicurare al bambino la dose esatta di stimolazione, né troppa né troppo poca. Al contrario: la gamma ottimale di stimolazione è ampia. Non solo – e questo è un aspetto cruciale del lavoro di Stern – ma la relazione madre-bambino ha il carattere fondamentale della fluidità e flessibilità. Attraverso l'analisi attenta delle sequenze interattive nelle coppie madre-bambino, Stern ha accertato con sicurezza che entrambi i partner possono regolare la quantità di stimolazione che il bambino riceve: se il livello si alza o si abbassa troppo, entrambi presentano comportamenti che lo riportano entro la fascia d'intensità ottimale. Inoltre, gli «errori» materni nel senso di iper- o ipostimolazione occasionale del bambino – e nessuna madre ha una sensibilità perfetta alle esigenze del piccolo in qualunque momento – possono forse avere addirittura un valore positivo. Stern fa notare infatti che il bambino ha bisogno di una pratica continua in questi comportamenti adattivi, in condizioni leggermente diverse da un momento all'altro.

Ci sentiamo di sottoscrivere di tutto cuore i giudizi di Stern sull'importanza della spontaneità nell'interazione col bambino piccolo. I genitori che si preoccupano di sapere se la stimolazione che gli forniscono è sufficiente, eccessiva o insufficiente e spiano le reazioni del bambino, in cerca di segni che li rassicurino, perdono questa spontaneità e il piacere che essa comporta. La loro mancanza di spontaneità rischia fin troppo facilmente di irrigidire il normale scambio col bambino, con tutta quella naturale comunicazione e capacità di autoregolazione che sono tanto importanti per il genitore non meno che per il bambino.

Competenza e interazione sociale

Quanto importa sapere, come oggi sappiamo, che il neonato dell'uomo è un essere umano competente e non un fascio di istinti, con in più certe idee complicate come narcisismo e onnipotenza? Importa sapere che fin dalla nascita esordisce come individuo separato, invece di uscire psicologicamente dall'uovo a quattro mesi?

Per chi studia lo sviluppo del bambino i fatti importano e molto. Danno forma alle sue teorie e gli indicano le direzioni di ricerca futura. Se le ricerche si basano su solidi dati di fatto, il lavoro ha buone probabilità di dare frutti. Se le teorie sono fantasiose, la ricerca finirà in un vicolo cieco.

Ma ai genitori importa? Certo che sì. Genitori che vedano nel nuovo nato una sorta di primitivo organismo animale che dev'essere nutrito, pulito e tenuto al caldo prenderanno questi compiti come faccende noiose e anche antipatiche da sopportare in attesa che il lattante diventi un essere umano. Ma se lo vedono già come un essere umano che risponde e comunica attivamente, troveranno nei suoi movimenti e vocalizzi significato, interesse e piacere.

È molto importante avere la sensazione di accudire una persona reale, sentire che si sta svolgendo un'interazione sociale e che il bambino è già un individuo competente. Ma la competenza infantile non dev'essere confusa con la competenza adulta. Quando si dice che il lattante ha competenza visiva, ciò significa che vede meglio a una certa distanza e può distinguere figure di una certa complessità e non oltre. Non è ancora pronto a vedere come vede l'adulto: per questo ci vuole pratica. Ma sta facendo pratica, interagendo come essere sociale con la persona che si prende cura di lui. La sua acuità visiva è massima proprio a quella distanza alla quale la madre lo tiene in braccio, né si sbagliano genitori, nonni e fratellini quando hanno l'impressione che questo nuovo membro della famiglia li guardi davvero in faccia e li studi per saperli riconoscere in futuro. Perché è proprio quello che sta facendo.

Anche l'udito è pronto a funzionare nel neonato. Il bambino percepisce subito tutta una gamma di suoni vocali; in realtà sente la voce femminile un po' meglio di quella maschile. Se la mamma gli parla da un lato e il babbo dall'altro, si volterà di preferenza dalla parte della mamma. Qualche settimana dopo, però, fra la voce paterna e quella di un uomo sconosciuto sceglierà la voce maschile nota. È vero, non capisce le parole e non è ancora in grado di distinguere piccole differenze sonore, ma ci sta già lavorando sul piano dell'interazione sociale, rispondendo al linguaggio coi movimenti e con l'espressione del viso, una mimica che diventa sempre più chiara via via che aumenta il suo controllo dei muscoli facciali e che impara, attraverso la ripetizione, ad associare il linguaggio alle azioni. Il suo udito è competente, ma, ancora una volta, competente per i bisogni di un lattante.

Il bambino inoltre risponde al contatto fisico e al modo in cui è tenuto. Quante volte abbiamo visto una madre o un padre prendere dalle braccia di un altro il bambino che piange, e il pianto cessare subito non appena l'ha preso, gli parla e magari lo culla? Questi genitori sono importanti per il piccolo, che li conosce già, li conosce come può conoscerli un lattante. E via via che migliorano le sue capacità sensoriali e la coordinazione muscolare, i segnali di socievolezza che invia all'adulto diventano più traducibili, non perché finalmente stia diventando un individuo ma perché fin dall'inizio è un individuo che va maturando.

Col suo comportamento il lattante modella perfino il proprio ambiente. Certe cose che i genitori fanno le fanno semplicemente perché piacciono al bambino, e questo a sua volta fa piacere a loro. Altre cose le fanno perché il bambino le fa succedere. Può darsi, per esempio, che non accetti di prendere il latte finché non l'hanno cambiato; può succedere che i suoi ritmi di sonno e veglia costringano a fare certe cose a certe ore, come fare la doccia non all'ora consueta ma quando il bambino si è addormentato. Chi è allora che ha fatto la prima mossa? Proprio come succede con i vocalizzi e la lallazione, quando questa compare, a volte è il bambino che prende l'iniziativa, a volte i genitori, altre volte c'è un vero e proprio fare a turno, un dialogo di suoni e di azioni, un'interazione sociale.

Quello che esattamente il bambino può fare per dimostrare la propria individualità sociale cambia con lo sviluppo. Di certo diventa sempre più bravo con la pratica e la maturazione. Il bambino impara continuamente, così come imparano i genitori. Dire che il neonato è già un essere sociale non significa che il primo giorno sia competente come a sessanta giorni. La sua natura umana continua ad assumere via via nuove forme.

I modi di sapere che cosa vuole il bambino cambiano via via che questo cresce e può fare e ricevere di più. Anche una semplice azione come il bagno mette in luce l'aspetto sociale del suo comportamento. Dapprima, finché il cordone ombelicale non si è staccato e rimarginato, viene pulito con una spugna, poi va nella bagnarola. Gli ci vuole tempo per abituarsi – pochi minuti o qualche settimana, a seconda del suo stile individuale –, ma prima o poi ci si abitua e mostra che la cosa gli piace. Guarda l'adulto che gli fa il bagno e scalcia e agita le braccia. Quando alla fine è bello asciutto e profumato, si muove in un modo che fa dire all'adulto «Gli piace quando gli faccio il bagnetto e lo asciugo», o magari «Questo gli piace e quello no». Tutto il suo corpo esprime gioia o dispiacere. Sia l'uno o l'altra, o magari una via di mezzo, i movimenti corporei e le vocalizzazioni comunicano all'adulto le reazioni del bambino.

E in risposta ai segnali del bambino, gli adulti modificano i modi di manipolarlo e accudirlo. Se gli piace fare il bagnetto ma non gli piace esser asciugato e rivestito, ecco che la madre lo lascerà più a lungo nell'acqua e lo vestirà rapidamente per sbrigare la cosa alla svelta. Se gli piace l'una e l'altra cosa, il bagno quotidiano può diventare un momento importante della giornata sia per i genitori che per il bambino. C'è azione e interazione. A volte sono i genitori a prendere l'iniziativa (dopo tutto, il bagno al bambino viene fatto tutti i giorni, gli piaccia o no), a volte è il bambino, come quando sorride appena lo avvolgono nell'asciugamano, avviando così un prolungamento del cerimoniale. L'interazione c'è fino dalla prima volta e vi partecipano sia gli adulti che il piccolo. Perché gli adulti parlano ai bambini piccini? Anche nel periodo in cui si pensava che il lattante non fosse che un ammasso di materia biologica bisognoso di cibo, pulizia e poco più, i genitori parlavano ai bambini. È la cosa che viene più naturale: fra amici non si sta mica a guardarsi in silenzio.

Genitori e bambini sono amici fin dall'inizio. E come in ogni buona amicizia succede talvolta che certi segnali passino inosservati o vengano interpretati male. Ma in ogni buona amicizia gli errori sono riconosciuti e rimediati e la prossima volta il segnale viene letto meglio. Non succede niente di male. Magari i genitori modificheranno certe abitudini, ma a volte è il bambino a modificare il suo comportamento. I lattanti sono creature adattabili, capaci di accomodamenti. Dopo tutto, la personalità dei genitori si presenta con gli stili individuali più diversi, per non dire dei tanti modi differenti che le varie culture hanno di trattare i bambini piccoli. I bambini vengono al mondo con una capacità notevole di adattarsi a tante diverse maniere di accudirli, si tratti di stili individuali o di abitudini culturali.

Plasticità del lattante

La plasticità dei bambini piccoli è un aspetto importante della loro umanità. Non solo le abitudini e regole delle varie culture sono molto diverse fra loro, ma anche gli ambienti familiari e i genitori che li modellano hanno ciascuno la propria individualità. Se i bambini avessero un solo modo di rispondere al mondo esterno, si troverebbero a malpartito dovendo sopravvivere in ambienti così diversi. Ma il piccolo dell'uomo ha la protezione incorporata della plasticità, la capacità di adattarsi a una gamma vastissima di condizioni di vita e di climi psicologici. È semmai il bambino non adattabile, quello che ha bisogno di un particolare insieme di circostanze e non altre, a trovarsi nei guai. Per la massima parte i bambini hanno quella plasticità che permette di adattarsi a un ventaglio straordinariamente largo di circostanze. Crescono bene nella vita nomade e in un'esistenza sedentaria, nella stessa casa finché diventano grandi. Stanno bene se la madre se li porta sulla schiena quando va a lavorare nei campi, chinandosi e rialzandosi continuamente, così da sottoporre il bambino a continui cambiamenti di posizione; non soffrono ad esser portati in giro in uno zaino a spalle o rannicchiati in un marsupio; se ne stanno tranquilli, distesi in carrozzina o su un divano. Si adattano a stare fasciati e, una volta adattati a questo tipo di vita, piangono quando vengono lasciati liberi; scalciano felici se fino dal primo giorno hanno libertà di movimento.

Tutti questi modi di manipolare il bambino sono stati usati da varie culture e i bambini si sono sempre adattati ai vincoli e alle convenienze di quella certa cultura dove si sono trovati a nascere. Per secoli i bambini sono stati allevati da una molteplicità di figure materne, affidati alle sorelle maggiori, alle balie o alle bambinaie, ma crescono anche con un'unica figura di riferimento, una figura materna responsabile di tutte le loro cure. I padri sono stati figure remote, oppure hanno condiviso alla pari con le madri l'accudimento quotidiano dei piccoli, o ancora hanno avuto responsabilità precise ma circoscritte. Con tutte queste diverse circostanze in cui i bambini si sono trovati a crescere, una generazione dopo l'altra, come si può essere così sciocchi da dettare un qualunque singolo metodo «giusto» per tutti i bambini in tutte le famiglie e in tutte le culture?

Comunicazione fra lattante e genitore

Il bambino comunica fino dalla nascita, con poteri crescenti di attività differenziata. Col passare delle settimane e dei mesi, può modulare il pianto, scalciare, agitare le braccia, inarcare il corpo. Lo sguardo si fissa più a lungo sui volti, gli occhi, gli oggetti. La testa è in grado di volgersi verso un oggetto col sorriso di piacere o la bocca aperta per mangiare o esplorare. Il bambino può allontanare il poppatoio, il cucchiaio, la tazza, il boccone che gli viene offerto, oppure ritrarsi al primo assaggio per riaprire volentieri la bocca non appena ha distinto il vero sapore del nuovo cibo. Può gongolare di piacere quando è tenuto su in alto a scalciare allegramente, come può sorridere e rannicchiarsi soddisfatto a giochi più teneri: un bisbiglio nell'orecchio, le dita che gli camminano sulla gota e gli danno un biscottino sul naso, la mamma che gli fa cucù. O, al contrario, può mettersi a strillare rifiutando di partecipare a uno qualunque di questi giochi.

È vera comunicazione solo la crescente abilità del genitore di decifrare i precisi segnali del bambino? E il bambino, in realtà, dà sempre da parte sua segnali precisi? Quando ha fame e gli viene dato il latte, che beve con piacere, si potrebbe pensare di sì. Ma se invece del latte gli si fosse dato cibo solido – omogeneizzati, bocconcini di cibo da grandi, un pezzo di biscotto – e l'avesse accettato con piacere, l'adulto crederebbe egualmente di aver saputo leggere esattamente i segnali del bambino? E se invece il bambino continua a piangere, vuol dire che il genitore è un buono a nulla, sordo ai suoi tentativi di comunicare?

La comunicazione si costruisce gradualmente. Un genitore ha bisogno di varie settimane per imparare a distinguere fra il pianto di fame, il lamento del bambino che vuole compagnia e quello che indica qualche malessere fisico – mal di pancia, otite, un disagio qualunque. Può volerci del tempo prima che il genitore impari che quando il bambino si lagna a una certa ora del giorno la cosa migliore è metterlo a letto e lasciare che pianga fino ad addormentarsi, in modo da procurarsi il riposo di cui ha bisogno, così come il bambino non impara subito che piangere più a lungo la notte non gli ottiene l'accesso al letto dei genitori (e quando l'avrà imparato, ci guadagneranno tutti un buon sonno ininterrotto, il bambino e i genitori).

Ma che bisogno c'è di dire queste cose, non le sappiamo già? Sì e no. La comunicazione fra il lattante e l'adulto troppo spesso è presentata come se per realizzare una buona corrispondenza l'adulto dovesse imparare a decifrare immediatamente e senza errori i segnali del bambino, per soddisfare i bisogni che questo gli indica. Sarebbe davvero un'impresa mirabile. Gli stessi adulti sono spesso pieni di vaghi desideri, malesseri e infelicità che non sanno precisare meglio. Come pensare che il lattante dia sempre segnali precisi che hanno soltanto un'unica risposta soddisfacente? Il bambino si sta avviando, un po' a capriccio, a sviluppare i suoi gusti e disgusti: un giorno un dato cibo è il suo preferito, un altro lo rifiuta, una sera è del tutto soddisfatto di giocare col babbo mentre la mamma esce, la sera dopo la stessa situazione provoca un pianto apparentemente inconsolabile.

I genitori devono forse sentirsi incompetenti se non sempre riescono a leggere subito e senza errori i segnali del bambino? No davvero! Ci saranno sempre momenti in cui non hanno la minima idea di quello che vuole il bambino in quella particolare situazione. Né gli specialisti – pediatra, infermiera, psicologo, neuropsichiatra infantile – sono necessariamente più acuti in questi casi.

Una buona compatibilità fra bambino e genitore non si identifica con una comunicazione perfetta e un'istantanea gratificazione di tutti i bisogni del bambino. Il sistema sociale genitore-bambino comporta sufficiente flessibilità e adattabilità da aver posto per errori di calcolo, giudizi sbagliati e procedimenti per tentativi ed errori.

I genitori possono e devono essere spontanei coi bambini piccoli, confidando nella propria capacità di fare gradualmente conoscenza con le loro speciali caratteristiche individuali. Questa spontaneità dei genitori, accompagnata dalla fiducia che il tempo sia dalla loro parte, è la miglior garanzia della crescita di una sana relazione adulto-bambino.

Due concetti discutibili

Il legame madre-bambino

Abbiamo insistito sul fatto che una relazione umana fra genitori e bambino comincia a formarsi già alla nascita e che il neonato ha le capacità di intervenire attivamente in questa relazione. Questo attaccamento reciproco fra genitore e figlio si sviluppa e si estende via via che il bambino cresce, anche in rapporto ai molteplici eventi ed interazioni che si verificano fra loro nella vita quotidiana col passare delle settimane, dei mesi e degli anni. L'accento che abbiamo posto su questo concetto di uno sviluppo graduale progressivo dell'attaccamento genitore-figlio viene dalle osservazioni condotte nelle nostre ricerche, oltre che dagli studi di altri autori, come li abbiamo riassunti fin qui.

Ma nel 1976 due autorevoli pediatri della Western Reserve University, Marshall Klaus e John Kennell, hanno pubblicato un volume, *Maternal-Infant Bonding*, nel quale si esponeva una tesi diversa. Gli autori affermavano categoricamente: «Siamo ben convinti che un principio essenziale dell'attaccamento sia l'esistenza di un *periodo sensibile* nei primi minuti ed ore dopo il parto, che è ottimale per la formazione dell'attaccamento madre-bambino» (pp. 65-66). Se il neonato è separato dalla madre durante queste prime ore, proseguiva la loro tesi, non si avrà uno sviluppo ottimale. Per garantire la formazione di questo positivo «legame» della madre al bambino, Klaus e Kennell raccomandavano che tutte le puerpere avessero subito in sala parto un contatto fisico col bambino appena nato, per un breve tempo, non oltre la mezz'ora. Sostenevano inoltre l'opportunità di liberi contatti fra le madri e i bambini, sia nella *nursery* che nella camera della puerpera. All'epoca questi contatti erano limitati o addirittura vietati per ragioni igieniche. Klaus e Kennell chiamavano in causa prove molto convincenti, ricavate specialmente da ricerche in Guatemala e alla Stanford University, che dimostravano come i contatti fra madre e bambino subito dopo il parto non aumentassero affatto il rischio di infezioni. Questa conclusione non è stata contestata da nessun'altra ricerca ed è oggi normalmente accettata come valida.

Quanto all'importanza psicologica dell'immediato contatto fisico madre-bambino, è tutta un'altra storia. Klaus e Kennell riportavano vari studi che avrebbero dovuto dimostrare gli effetti positivi di questa pratica: per esempio, un comportamento più affettuoso, e un'incidenza minore di casi di maltrattamenti e di abbandono, nelle madri che avevano avuto questo contatto fisico col neonato subito dopo il parto.

Le affermazioni di Klaus e Kennell hanno stimolato un gran numero di ricerche da parte di vari autori. La maggior parte di questi lavori non ha confermato quanto riferito da loro circa l'importanza di un immediato legame col neonato (Chess e Thomas, 1982). Nel 1983 Susan Goldberg, dell'Ospedale pediatrico di Toronto, ha pubblicato una dettagliata analisi critica delle ricerche pubblicate – sia positive che negative – giungendo alle conclusioni seguenti: (1) Non c'è nessuna ricerca sistematica sulla possibilità che esista un periodo critico per l'inizio del comportamento materno. (2) Gli studi che citano effetti a breve termine non si curano in genere di correlare questi dati con i successivi comportamenti materni. (3) Non c'è nessuna dimostrazione convincente di effetti regolari e prevedibili di un contatto supplementare madre-bambino in sala parto. Un altro articolo di Barbara Myers (1984), della Virginia Commonwealth University, metteva in evidenza i difetti metodologici dei lavori a sostegno della tesi di Klaus e Kennell: si eseguono molte analisi statistiche ma si riportano solo quelle positive; si combinano artificialmente misure diverse per creare punteggi compositi la cui attendibilità è discutibile; si usano misure singole di successo-insuccesso che hanno una rilevanza dubbia in ordine al legame madre-bambino. C'è poi una moltitudine di altri lavori che portano a formulare seri dubbi sulla validità del concetto di legame iniziale madre-bambino (Svejda, Panabecker e Emde, 1982), anche se qualcuno presenta forse difetti metodologici.

Gli scritti di Klaus e Kennell hanno avuto due effetti importanti, uno positivo e l'altro negativo. Sul versante positivo, sono stati determinanti ai fini dell'apertura delle *nursery* ai contatti con le madri, invece di bandirli. A prescindere dal fatto di favorire l'attaccamento, questa pratica ha rappresentato un cambiamento in meglio nell'organizzazione ospedaliera, permettendo alle madri di fare senza indugio la conoscenza del bambino. Al passivo si devono invece iscrivere le innumerevoli madri che si sono sentite in ansia o in colpa per non aver avuto quel contatto fisico immediato col bambino, per le ragioni più varie – regolamenti ospedalieri, taglio cesareo, ricovero immediato del neonato in rianimazione, magari in un altro ospedale. Troppo spesso queste madri si sono convinte di non poter più arrivare ad amare il loro bambino come avrebbero dovuto, avendo perduto questa esperienza iniziale decisiva per la formazione del legame.

Con tutte queste critiche e risultati negativi, Klaus e Kennell hanno attenuato la loro posizione nella nuova edizione riveduta del libro, nel 1982. Ora scrivono che «appare poco probabile che una relazione così fondamentale per la sopravvivenza possa dipendere da un singolo processo» (p. 70) e che «ogni genitore non reagisce in maniera uniforme e prevedibile alle molteplici influenze ambientali che si presentano» (pp. 56-57). Con la loro umanità di clinici, si mostrano sinceramente preoccupati all'idea che le madri che non hanno avuto questa esperienza iniziale debbano sentirsi colpevoli o defraudate di qualcosa: «Purtroppo, alcuni genitori che non hanno avuto l'esperienza di legame iniziale hanno avuto l'impressione che tutto fosse perduto per la loro futura relazione. Ciò era (ed è) completamente sbagliato» (p. 55).

L'idea oggi dominante è riassunta al meglio in un articolo recente di un autorevole gruppo di ricercatori dell'Università del Colorado (Svejda, Pannabecker e Emde, 1982), che passano in rassegna vari aspetti negativi del concetto di legame iniziale madre-bambino: mancanza di adeguato sostegno sperimentale; formulazione discutibile di un periodo critico a base biologica; eccessiva attenzione alla fase neonatale; eccessiva semplificazione di un modello che ignora i molteplici fattori nella rete di rapporti familiari; elevazione del termine «legame» allo statuto di teoria reificata; danno procurato alle madri che non possono stare col bambino subito dopo il parto. Da questa somma di considerazioni concludono «che il modello del legame... non è più utile» (p. 91).

Concordiamo con questa loro conclusione, ma speriamo che questo giudizio negativo non comprometta l'atmosfera più umana che si è instaurata in molte cliniche di maternità. Tale miglioramento si giustifica di per sé e non ha bisogno del sostegno di una teoria dubbia e discutibile.

La psichiatria della prima infanzia

Uno sviluppo delle nuove ricerche sulla prima infanzia e sulle relazioni madre-neonato è stata la comparsa in anni recenti di una sedicente specializzazione in «psichiatria della prima infanzia». A nostro avviso questo movimento rappresenta un'estrema oscillazione del pendolo, dai tempi in cui si sapeva pochissimo delle capacità percettive, comunicative, imitative e comportamentali del lattante.

Come rilevato da noi e da altri, le conoscenze nuove e crescenti che abbiamo delle competenze del neonato dovrebbero permetterci di vedere la flessibilità e plasticità funzionale del bambino piccolo, le varie combinazioni genitore-bambino suscettibili di dare risultati positivi, le molte capacità di autocorrezione che entrambi i partner possiedono nel caso in cui la relazione adulto-bambino si sviasse temporaneamente. Ma gli «psichiatri della prima infanzia» al contrario hanno preso i dati delle ricerche più recenti e li hanno usati per costruire una specie di letto di Procuste per madri e bambini. Hanno postulato una serie di stadi, per i diversi periodi della prima infanzia, facendoli corrispondere alla maturità e competenza crescente del bambino. Gli stadi proposti coprono i primi due anni di vita. Per ogni stadio è elencata una serie di comportamenti «adattivi» o «disadattivi» del bambino e una serie di attività dell'adulto, anch'esse «adattive» o «disadattive», che cambiano ad ogni nuovo stadio evolutivo del bambino. Se il comportamento del bambino o quello dell'adulto che lo accudisce è «disadattivo», deve intervenire lo psichiatra o un altro specialista della salute mentale. Un'esposizione sommaria di queste tesi la troviamo in un articolo recente a firma di due esponenti di spicco del nuovo movimento, Stanley Greenspan e Reginald Lourie del National Institute of Mental Health (1981).

Le nostre riserve su questo movimento sono diverse. Sotto il profilo teorico, contestiamo la validità di costringere tutti i lattanti in precisi stadi evolutivi scaglionati su una serie di brevi periodi d'età. Il primo stadio, dalla nascita ai tre mesi, va sotto il nome di «omeostasi» o «interesse equilibrato per il mondo», il secondo, dai due ai sette mesi, è chiamato «attaccamento». Ma tutte le nostre nuove conoscenze insistono sul fatto che i bambini cominciano attivamente fin dalla nascita a formare attaccamenti verso le figure adulte e che un «interesse equilibrato per il mondo» non è davvero un fenomeno speciale dei due mesi, ma un processo che dura tutta la vita. Il fatto è questo: i bambini sono troppo diversi quanto a rapidità e qualità di maturazione e nei comportamenti individuali per poter essere incasellati dentro schemi evolutivi così fissi.

Sul versante pratico siamo preoccupati all'idea delle richieste irrealistiche o addirittura impossibili che questa impostazione può porre alle madri. Dalla madre «adattiva» si pretende che sia, dalla nascita ai tre mesi, «impegnata, dedita, protettiva, confortante, prevedibile, coinvolgente e interessante», mentre dai due ai sette mesi è «innamorata e induce il bambino a "innamorarsi"»; il suo dev'essere in ogni momento un «coinvolgimento efficace, multimodale e piacevole» (Greenspan e Lourie, 1981, p. 727). Ma quale madre reale nel mondo reale potrebbe mai attenersi a queste prescrizioni? Le madri si ammalano, si esauriscono, sopraffatte dalla fatica e a volte anche dalla noia di cambiare pannolini, fare bucati e preparare pappine. Anche i bambini possono essere agitati o sentirsi poco bene, possono piangere la notte senza alcun motivo apparente e rendere la vita difficile ai genitori. Eppure nella vita reale madri e bambini prosperano con questi continui «disadattamenti».

Il rischio è che la psichiatria della prima infanzia spinga le madri a stare continuamente sul chi vive, pronte a cogliere qualunque deviazione dall'ideale prescritto e ad intervenire «preventivamente». Così Greenspan e Lourie affermano che «se il bambino tende la mano molto lentamente per entrare in contatto, la madre all'inizio può andargli incontro a tre quarti di strada. Lentamente, trovando stimoli nuovi può incoraggiarlo a cominciare a incontrarsi a mezza strada» (1981, p. 730). Sicché si vorrebbe che la madre stesse a misurare i movimenti della mano del bambino verso di lei, e decidesse se sono troppo lenti: e se l'incontro avviene a tre quinti della distanza, che si fa? Non sarà per caso anche questo un segnale di pericolo, visto che non è esattamente a mezza strada? Sulla madre in questo modo si accumulano nuovi compiti e responsabilità, senza nessuna prova chiara che questo sovraccarico porti dei vantaggi reali a lungo andare.

È certamente vero che un intervento terapeutico può essere importante nella prima infanzia quando ci siano indizi chiari di comportamento patologico o sviluppo ritardato. E certi genitori possono aver bisogno dell'aiuto di uno specialista se sono depressi, disorientati dal comportamento del bambino, sopraffatti dal peso delle responsabilità, o comunque presentano atteggiamenti gravemente inadeguati. Ma c'è il rischio reale che la psichiatria della prima infanzia tenda ad estendere le sue prescrizioni e i suoi interventi a un numero molto maggiore di coppie madre-bambino solo perché non corrispondono in un modo o nell'altro a un qualche modello «ideale». Come rileva Daniel Stern (1977) – e ci trova perfettamente d'accordo – bisogna essere molto cauti in questi interventi. Un'interazione madre-bambino che sembri negativa può correggersi da sola col passare del tempo. E anche se dovesse durare qualche mese, le nostre capacità di prevederne le conseguenze a lungo termine sono tutt'altro che esatte. Sacrificare la spontaneità dei genitori in vista di vantaggi così incerti sarebbe davvero un rimedio peggiore del male. Stern cita il caso di una coppia madre-bambino nella sua ricerca, dove una previsione pessimistica sembrava dapprima del tutto giustificata. La madre aveva un atteggiamento quanto mai intrusivo e stimolava eccessivamente il bambino, che reagiva evitando il contatto visivo con la madre. La situazione andava peggiorando e verso i quattro mesi Stern sentì di dover intervenire. Ma proprio allora lo scambio fra la madre e il bambino cominciò a migliorare e ha continuato a migliorare anche in seguito. Stern non ha mai capito perché sia successo, ma sta di fatto che non c'è stato bisogno di alcun intervento. Ed ecco il suo commento: «Il viaggio compiuto in loro compagnia ha generato in me una grande prudenza nel predire i risultati e nel valutare la necessità e tempestività di interventi – una prudenza che rimane tuttora» (1977). Anche noi, come altri che hanno seguito nel tempo i bambini e le loro famiglie, abbiamo imparato questa stessa prudenza.

VII
I bambini apprendono sempre

> Un banco di coralli che arrivi poco sotto il pelo dell'acqua non compare all'orizzonte, né più né meno che se non avesse mai cominciato a formarsi, e spesso è l'ultima pennellata quella che sembra creare un evento che da lungo tempo è potenzialmente una cosa compiuta.
>
> Thomas Hardy
> *Far From the Madding Crowd*

Nel capitolo precedente abbiamo descritto in dettaglio le capacità complesse della mente del neonato, capacità che non ci saremmo mai sognate prima delle ricerche di questi ultimi decenni. Abbiamo indicato come queste abilità percettive, comunicative, imitative e comportamentali permettano al bambino di esordire nella vita come un essere sociale, coinvolto in una relazione sempre più ricca con le figure adulte che lo accudiscono e poi via via con una moltitudine di altri esseri umani. Nel senso più profondo del termine, l'essere umano è un essere sociale fino dalla nascita.

Contemporaneamente, queste stesse caratteristiche di cui il neonato è biologicamente corredato gli permettono di cominciare ad *apprendere* non appena venuto al mondo. Ed è questo apprendimento in un contesto sociale che porta al linguaggio e alla capacità di formare simboli e pensieri astratti. Queste abilità sono presenti in misura maggiore o minore anche in certe altre specie, ma il loro straordinario sviluppo negli esseri umani ha prodotto una capacità senza riscontri di controllare e sfruttare l'ambiente (e la sinistra capacità potenziale che oggi abbiamo di distruggere noi stessi e tutta la vita su questo pianeta).

Tutte le specie trasmettono le loro caratteristiche alla generazione seguente attraverso il meccanismo genetico dell'eredità. Gli esseri umani trasmettono i loro caratteri fisici e le capacità di funzionamento sociale e cognitivo che sono già evidenti nel neonato. Il linguista Noam Chomsky è arrivato a postulare, sulla base dei suoi studi, che gli esseri umani ereditino anche un meccanismo pre-programmato per l'elaborazione del linguaggio (1957).

Ma la nostra specie possiede una seconda, esclusiva modalità di trasmissione *non genetica*. La speciale dotazione dell'essere umano, il suo talento per formare relazioni sociali, apprendere e usare il linguaggio ha reso possibile la trasmissione della *cultura*. Le conquiste ed esperienze di vita di una generazione non sono dimenticate ma passano alle generazioni successive. Altre specie, come le società di primati, possiedono questa capacità in forma molto primitiva, ma solo gli umani possono trasmettere un'eredità culturale altamente evoluta, cumulativa – nella scienza, le arti, la filosofia, la tecnologia, lo sport –. E questa capacità di ereditare la cultura ci viene dalla nostra speciale dotazione genetica, che ci rende sensibili all'esperienza. Come scrive un autorevole genetista, Theodosius Dobzhansky,

> ... non ereditiamo la cultura biologicamente. Ereditiamo i geni che ci rendono capaci di acquisire cultura mediante l'educazione, l'apprendimento, l'imitazione di genitori, compagni, insegnanti, giornali, libri, pubblicità, propaganda, più le nostre proprie scelte, decisioni e i prodotti della riflessione e della speculazione. I geni ci mettono in condizione di apprendere e di scegliere. Ciò che apprendiamo non proviene dai geni ma dalle associazioni, dirette e indirette, con altri esseri umani (1966, p. 14).

Come apprende il lattante

La signora B., mentre cambia il pannolino alla sua bambina di tre settimane, si accorge che gli occhi della figlia sembrano fissare il barattolo azzurro del talco. Lo racconta al marito, chiedendogli: «Non credi che dovremmo comprarle dei giocattoli per stimolarla?».

Parlando con una coppia di amici, che ha un bambino di tredici mesi, ricevono il consiglio di abbonarsi a una ditta che fornisce una serie graduata di giocattoli, inviando direttamente a casa al momento giusto quelli adatti al livello d'età. In questo modo saranno sicuri che la bambina riceva la stimolazione giusta per uno sviluppo ottimale di vista, udito, movimento e coordinazione.

La signora A., da madre coscienziosa, segue regolarmente un corso per genitori. Quando il suo primogenito compie otto mesi, lo psicologo che guida il gruppo le dice che è arrivato il momento di fare il gioco del cucù, in modo che il bambino impari che quando la mamma sparisce, ritorna ogni volta; altrimenti rischia di sentirsi abbandonato quando lo lascia.

Che dire di questi consigli? C'è bisogno di fornire giochi didattici appositamente progettati e di seguire le prescrizioni dello psicologo quando si gioca col bambino? Senza quei giocattoli il bambino non si svilupperà come si deve? Soffrirà se la mamma non gli fa fare certi giochi?

Sharon a tre settimane fissa lo sguardo sulla scatola azzurra perché la scatola si trova lì e perché notare quell'oggetto colorato rientra nelle sue capacità. Chiaramente, oggetti comuni come questo sono interessanti e stimolanti e la sua casa è piena di cose che hanno colore, forma, grandezza e superfici. Via via che Sharon diventa capace di una maggiore discriminazione e di un maggior controllo dei muscoli (occhi, collo, arti, torso) il suo sguardo diventerà selettivo e indugerà più a lungo sugli oggetti, permettendo la familiarizzazione e il riconoscimento.

Non c'è nulla di male nei giocattoli in commercio, che in effetti chiamano in causa quasi tutti con successo le capacità crescenti del bambino. Se un giocattolo è progettato per un'età superiore, il bambino piccolo non ci bada affatto, semplicemente lo usa come pare a lui. Provate a dare una piramide di anelli colorati a un bambino di sette mesi: anche se gli anelli «dovrebbero» essere impilati sul perno centrale in ordine di grandezza, il bambino ne prende uno e se lo mette in bocca, lo leva, lo guarda e se lo rimette in bocca, oppure ne prova un altro. In realtà, ha usato il giocattolo in maniera del tutto corretta per il suo livello evolutivo: l'ha esplorato, l'ha manipolato in maniera utile alla crescita delle sue capacità di discriminare colori, grandezze, superfici, si è esercitato a localizzare l'oggetto nello spazio, a prendere con le dita quello che vede, ha allenato i muscoli del braccio, delle dita e del polso a muoversi secondo i bisogni, ha fornito alle articolazioni tutte le sensazioni associate ad azioni coordinate fra gruppi di muscoli e fra i muscoli e l'occhio.

Così anche innumerevoli oggetti domestici offrono queste possibilità stimolanti. Spesso, in un mucchio di giocattoli, la scelta del bambino cade su una presina colorata, un cartone da uova, il coperchio di un contenitore di plastica. A meno che non viva in una casa deserta e priva di oggetti, il bambino troverà facilmente cose stimolanti per giocare e per apprendere al suo particolare livello evolutivo. Quante volte succede che un genitore venga a casa con un giocattolo costoso, certo che serva a stimolare lo «sviluppo cognitivo» del suo bambino, mettiamo, di un anno e mezzo, per accorgersi con dispiacere e un po' di vergogna che il bambino ignora del tutto il giocattolo per concentrarsi invece su pentole, tegami e altri utensili di cucina! Il giocattolo nuovo sarebbe magari andato benissimo, se il bambino se ne fosse interessato. Ma certo l'uso di pentole e tegami non rappresenta una deprivazione: manipolandoli, mettendoli in pila, inventando giochi per utilizzarli insieme ai suoi altri balocchi, il bambino ricava una stimolazione cognitiva non minore che dal nuovo gioco didattico.

E il gioco del cucù? Ci sono davvero giochi insostituibili,

che offrono una sequenza di eventi necessaria per l'apprendimento di essenziali concetti e rassicurazioni sociali?

A volte, nella seconda parte del primo anno, il bambino, se gli presentiamo un oggetto attraente e poi glielo nascondiamo alla vista, cercherà di ritrovarlo. In altre parole, sa che l'oggetto ha una costanza, che non è svanito e che deve poter ricomparire. Prima di allora, se un oggetto scompare alla vista il bambino si comporta come se non esistesse più. Lo sviluppo della costanza dell'oggetto è un passo importante sulla via della comprensione del mondo che lo circonda. Ma non c'è nessuna prova del fatto che giochi come il cucù o il nascondino stimolino lo sviluppo del concetto di costanza dell'oggetto. Il bambino raggiungerà questo stadio quando la maturazione del suo cervello e le esperienze di vita glielo consentiranno. Il cucù e tanti altri giochi fra la mamma e il bambino sono un'ottima cosa. Possono esser divertenti per entrambi e contribuiscono a rendere più piacevole la loro relazione reciproca, ma non sono indispensabili per stimolare lo sviluppo cognitivo.

Allo stesso modo, non c'è niente che dimostri che giochi come il cucù prevengano l'angoscia di separazione, il dolore che un bambino di sei o otto mesi dimostra quando la madre (o chi per lei) lo lascia. Dopo tutto, nel corso delle normali attività di ogni giorno la mamma, il babbo e gli altri adulti che si occupano di lui vanno e vengono continuamente. Non sono in ogni momento sotto i suoi occhi o almeno a portata di voce. Se ci pensa la vita quotidiana a insegnare al bambino che i distacchi non sono definitivi, non è poi così indispensabile un gioco organizzato per impararlo. Non fare il gioco del cucù o del nascondino non vuol dire condannare un bambino all'insicurezza e all'ansia abbandonica.

Giochi e giocattoli sono in sostanza un'imitazione della realtà. Tutte le culture forniscono ai bambini giocattoli che sono repliche di cose importanti nel mondo sociale che dovranno abitare. I giochi più o meno organizzati consentono di prepararsi a partecipare a quella società, rispecchiando eventi e interazioni di quel mondo. Sono divertenti per gli adulti non meno che per i bambini, e sono utili, ma sono pur sempre un riflesso della realtà e non si deve farne un qualcosa di magico, più reale della realtà stessa.

L'APPRENDIMENTO NELLA PRIMA INFANZIA: MITO E REALTÀ

Dire che i bambini apprendono tutto il tempo dagli oggetti d'uso comune e dalle esperienze della vita quotidiana può sembrare ovvio a un genitore esperto. Dire poi che questo tipo di apprendimento continua per tutta l'infanzia, o meglio per tutta la vita, non è nemmeno questa una novità. Purtroppo ci sono molti specialisti al giorno d'oggi che fanno una mistica dell'apprendimento precoce e vanno predicando l'utilità, o addirittura la necessità, di giochi, oggetti e procedure speciali per assicurare il migliore sviluppo intellettuale e sociale del lattante.

Perché tutto questo zelo? Ci sono varie ragioni. Primo, c'è la solita tendenza del pendolo ad oscillare da un estremo all'altro. Un quarto di secolo fa, ai tempi d'oro della psicoanalisi, tutto l'accento era posto sullo sviluppo emotivo del bambino. Ai genitori si insegnava che i loro piccoli avevano bisogno di dosi massicce di tenerezza, giorno e notte. Se avessero seguito questa prescrizione, tutto sarebbe andato per il meglio, compreso lo sviluppo intellettuale del bambino. Quella era anche l'epoca in cui si pensava ancora, nella cerchia degli specialisti, che nella primissima infanzia le capacità visive, uditive e di comunicazione sociale fossero nel migliore dei casi molto primitive, cosicché il bambino poteva apprendere poco o nulla.

Poi venne il graduale riconoscimento e accettazione dei monumentali lavori di Jean Piaget sugli stadi di sviluppo cognitivo, cioè delle capacità di pensiero del bambino. Piaget ha dimostrato che l'attitudine dell'adolescente e dell'adulto al pensiero astratto e al ragionamento logico non nasce di colpo per forza propria. Al contrario, come nel banco di coralli di cui parla Thomas Hardy, questa attitudine è l'«ultima pennellata», il culmine di un processo progressivo e sistematico di sviluppo intellettuale cominciato nella primissima infanzia. In quello stesso periodo, le ricerche di psicologia evolutiva mettevano in luce le notevolissime capacità di percezione, comunicazione e apprendimento perfino nel neonato (come abbiamo visto nel Cap. VI). Si faceva inoltre sempre più chiaro nella mente dei genitori che le possibilità di successo dei loro figli nella nostra società tecnologicamente avanzata dipendono più dalle loro abilità intellettuali che da qualunque altro fattore.

E così il pendolo è oscillato da un estremo di attenzione alla vita emotiva del bambino a un estremo interesse per il suo sviluppo intellettuale. La tenerezza non basta più a garantirgli un futuro felice: quello di cui ha più bisogno è la «stimolazione cognitiva», perché possa imparare ad apprendere, con rapidità e competenza, per entrare da grande in una delle migliori Università. Lo stesso Piaget una volta ebbe a dire che gli americani non si accontentavano di capire gli stadi di sviluppo intellettuale del bambino, ma volevano a tutti i costi accelerare il processo.

Con questi riflettori puntati sull'apprendimento precoce, ad esasperare il problema sono venute diverse affermazioni, presumibilmente fondate su un lavoro di ricerca, secondo cui il bambino che non apprende le cose giuste nel modo giusto e al momento giusto non avrà una seconda possibilità. Due di queste formulazioni sono venute dagli studiosi del comportamento animale, in particolare da quel gruppo che va sotto il nome di «etologi», guidato da Konrad Lorenz. Gli etologi hanno postulato l'esistenza di due fattori importanti nell'apprendimento precoce, che hanno chiamato «*imprinting*» (Lorenz, 1949) e «periodo critico» (Scott, 1958). L'*imprinting* sarebbe una forma esclusiva di apprendimento precoce a partire da un'unica esperienza che ha effetti irreversibili e permanenti. L'ipotesi del periodo critico afferma che l'organismo giovane dev'essere esposto a una data occasione di apprendimento entro un preciso limite di tempo, altrimenti subirà un deficit che i successivi apprendimenti non potranno colmare.

Se i piccoli dell'uomo dovessero davvero imparare per *imprinting* e in precisi periodi critici, ci sarebbe di che preoccuparsi. Se in un bambino si «stampasse» accidentalmente un apprendimento sbagliato, il danno sarebbe permanente. Viceversa, se per qualche ragione mancasse di imparare qualcosa di essenziale durante il «periodo critico», non potrebbe mai più recuperarlo. Per fortuna le cose non stanno così. Nello stesso comportamento animale i concetti di *imprinting* e di periodo critico sono stati messi sempre più in dubbio ad opera di autori come Robert Hinde (1966), dell'Università di Cambridge, uno dei più illustri studiosi del comportamento animale in tutto il mondo. Per quanto riguarda l'uomo, nessuno ha mai citato dei dati che facciano anche lontanamente supporre un processo come l'*imprinting*. Sull'esistenza dei periodi critici, infine, i dati sono così vaghi e contraddittori che due diversi consuntivi della materia concludono per l'opportunità di lasciar cadere il concetto e il termine stesso (Wolff, 1970; Connolly, 1972).

Altri due tentativi di avvolgere l'apprendimento precoce in un'aura tutta speciale vanno ricordati qui perché, seppure ormai generalmente screditati, sono stati accolti con rispettosa attenzione dagli specialisti al loro apparire, rispettivamente nel 1964 e nel 1976. D'altra parte, continuano ad esser citati da sedicenti esperti e continuano a creare in alcuni genitori inutili preoccupazioni su quanto il bambino arriva a imparare nei primi anni di vita.

Il primo è dovuto a Benjamin Bloom (1964), dell'Università di Chicago, il quale proclamava al termine di una serie di analisi statistiche che un buon 50% dell'intelligenza di un individuo si è già sviluppato all'età di quattro anni. Questa conclusione è stata ampiamente citata, e molti educatori se ne sono serviti per giustificare i loro insuccessi con gli alunni che partono da condizioni svantaggiate. Ma lo studio di Bloom aveva un difetto irrimediabile, messo in evidenza da Robert McCall (1977) del Center for the Study of Youth Development a Boystown (Nebraska), uno dei più sofisticati esperti di statistica nella ricerca evolutiva e personaggio creativo e stimolante in questo campo di studi. McCall ha richiamato l'attenzione sul fatto che Bloom era giunto a quella conclusione calcolando la correlazione statistica fra il QI a 4 anni e a 17 anni. Ma questa correlazione misura solo la *stabilità* del QI, non il livello di sviluppo intellettuale del bambino. (Ai fini di questo discorso, diamo per buono che il QI misuri davvero l'intelligenza, un assunto assai fragile, come vedremo nell'Appendice, Cap. II). Una tale analisi delle correlazioni ignora il fatto che l'età mentale del bambino – cioè il suo livello di funzionamento intellettivo – cresce di quattro volte e mezzo nel periodo d'età considerato, dai 4 ai 17 anni (McCall, 1977), cosa di cui peraltro i test d'intelligenza tengono conto, richiedendo prestazioni più alte di anno in anno. Sicché può ben darsi che un bambino mantenga nel tempo lo stesso QI, ottenuto dividendo l'età mentale per l'età cronologica, ma questa stabilità si regge proprio perché nel corso degli anni età cronologica ed età mentale aumentano entrambe. In altre parole, la stabilità del QI può anche raggiungere un livello del 50% a 4 anni: questo vuol dire semplicemente che un bambino di 4 anni ha una probabilità del 50% di ritrovarsi con lo stesso QI a 17 anni. Ma in quel caso il suo effettivo livello d'intelligenza sarà cresciuto del 450% durante lo stesso periodo di tredici anni.

La seconda formulazione si spinge ancora più in là. Burton White, di Harvard, a conclusione di uno studio su un gruppo di bambini in età prescolastica, ne ha dato la generalizzazione più sfrenata (1976). Alle domande: «I giochi sono fatti a tre anni? I limiti delle nostre capacità future sono irrevocabilmente fissati durante i primi 36 mesi di vita?», White risponde convinto: «In una certa misura, penso davvero che a tre anni i giochi siano ormai fatti». E prosegue affermando che la famiglia è ovviamente decisiva ai fini degli esiti evolutivi: se non fa un buon lavoro nei primi anni di vita, «può esserci poco da fare da parte di operatori e tecnici per salvare il bambino dalla mediocrità» (p. 4). Di nuovo il genitore come capro espiatorio!

Ma il giudizio estremistico e allarmante di White si basava su dati raccolti nei primi tre anni di vita, *senza alcun cenno a controlli successivi*. Nessun'altra ricerca ha confermato questi pronunciamenti. Al contrario, abbiamo ormai una massa impressionante di prove opposte, raccolta da ricercatori di primo piano. Stephen Richardson, del Centro medico Albert Einstein, ha dimostrato che anche bambini che hanno sofferto carenze, povertà di stimolazioni e denutrizione nei primi anni di vita possono rispondere con un miglioramento nettissimo, fisico e intellettuale, agli interventi di recupero (1976). Myron Winick e i suoi collaboratori della Columbia University hanno studiato un gruppo di bambini coreani che avevano alle spalle denutrizione e gravi carenze ambientali, trovando che gli effetti di queste iniziali esperienze potevano essere superati grazie all'ambiente arricchito offerto dalle famiglie adottive (Winick, Meyer e Harris, 1975). Il recupero era documentato dagli indici di crescita fisica, rendimento scolastico e QI, che facevano registrare tutti un miglioramento significativo.

Al di là di questi resoconti su situazioni di grave carenza – alimentare e di stimoli in genere – abbiamo vari studi eloquenti, condotti con cura e adeguati controlli a distanza di tempo, che dimostrano l'efficacia a lungo termine degli interventi di stimolazione e recupero di bambini svantaggiati in età prescolastica. Si trattava di bambini che, al momento di essere inseriti in questi speciali programmi di scuola materna, avevano circa tre anni, un'età in cui, secondo Burton White, avrebbero dovuto essere già intellettualmente condannati. Uno di questi lavori, frutto di un'ampia collaborazione, ha osservato negli anni '70 gli effetti a lungo termine di questi interventi presso dodici scuole materne diverse, interventi gestiti direttamente o almeno coordinati dall'*équipe*, assicurando quindi un livello qualitativo uniforme e documentato (Lazar e Darlington, 1982). I risultati dimostravano che tempestivi programmi di recupero educativo per i bambini di famiglie svantaggiate producevano duraturi effetti positivi nel rendimento scolastico, nello sviluppo delle abilità intellettuali, negli atteggiamenti e valori dei bambini, nel coinvolgimento e disponibilità delle famiglie. Un'altra sperimentazione analoga, avviata a Ypsilanti (Michigan) negli anni '60, ha messo in evidenza, a distanza di ben quindici anni, una minore mortalità scolastica, un inserimento lavorativo migliore, una più bassa incidenza di gravidanze precoci e comportamenti antisociali e un ricorso meno frequente a sussidi e altri interventi assistenziali, in confronto a un gruppo di controllo (Berruetta-Clement e coll., 1984).

La spiegazione di questi effetti drammatici e duraturi di buoni interventi precoci non è difficile da trovare. Il bambino svantaggiato tipicamente arriva all'età scolastica senza aver acquisito molte di quelle nozioni che le insegnanti di prima elementare (o anche di preparatoria) danno per scontate. E può darsi che soffra anche la fame.

Povero e svantaggiato non sono termini intercambiabili. Molte famiglie povere nutrono aspettative chiare nei confronti dei figli e impartiscono loro buone abitudini di apprendimento e un sufficiente patrimonio di nozioni di base. Il vero bambino svantaggiato, che arriva alla scuola impreparato per un processo strutturato di apprendimento, che trova in casa un ambiente dove studiare e fare i compiti non è facile e che viene inserito in una scuola sovraffollata povera di contenuti, ben difficilmente troverà stimolante e attraente questa esperienza. I cattivi risultati lo scoraggiano e l'insuccesso scolastico abbassa la stima di sé. C'è un effetto cumulativo a valanga che lo trascina sempre di più in una direzione sfavorevole nel corso degli anni. Ma se invece ha potuto giovarsi dell'inserimento in una buona scuola materna (fra l'altro, completa di mensa), comincia le elementari ben preparato, ricettivo all'esperienza di apprendimento anche in una scuola sovraffollata, e ottiene dall'insegnante il riconoscimento del suo interesse e dei suoi sforzi. Con questo rinforzo positivo dell'esperienza nella scuola materna, si mette in moto un effetto a valanga nella direzione giusta.

È POSSIBILE PRODURRE SUPERDOTATI?

Abbiamo visto che il livello intellettuale di bambini socialmente sfavoriti può essere aumentato, ma è possibile fare la stessa cosa per i bambini della classe media? In effetti molti genitori sembrano impegnati in questa impresa. Fino dai primi mesi inondano i loro bambini di giochi didattici, li tengono a vedere i programmi educativi alla TV quando non hanno ancora due anni e alla stessa età o anche prima cominciano con l'alfabeto e coi numeri. A tre o quattro anni il bambino deve imparare a leggere e magari anche a scrivere. A volte lo esercitano addirittura con i problemi dei test d'intelligenza, in modo che entri a vele spiegate in una di quelle classi preparatorie che chiedono il QI per l'ammissione, nella speranza che, se parte da una scuola d'*élite* in I elementare, possa finire con la laurea di un'università delle più prestigiose.

Ha senso un programma del genere?

No. C'è una grande differenza fra un intervento che aiuta un bambino svantaggiato a raggiungere il massimo del suo potenziale intellettivo, cosa che non può fare un ambiente familiare poco stimolante o una scuola materna che è soltanto un parcheggio, e invece questi sforzi per stimolare un bambino di famiglia borghese a raggiungere un livello intellettuale che di fatto è superiore alle sue capacità. I genitori magari pensano di esserci riusciti, se il bambino impara a leggere, scrivere e fare semplici conti in tenera età. Ma gli effetti a lungo termine sono un'altra faccenda: il bambino si assesterà al suo livello – medio, inferiore o superiore alla norma – nonostante le spinte ricevute da piccolo. *Nessuna ricerca ha dimostrato che un programma di stimolazione cognitiva in età prescolastica aumenti in maniera durevole il livello intellettivo di un bambino di famiglia benestante.*

Prendiamo un esempio da un campo diverso: le attitudini sportive. Se un bambino non ha mai avuto occasione di fare pratica sportiva, un programma sistematico di allenamenti servirà a portarlo a sviluppare il suo potenziale atletico, sia esso modesto, medio o superiore. Ma se viene da una casa dove ha avuto tutte le opportunità di manipolare oggetti, lanciare e riprendere una palla, o magari anche provare a usare una racchetta da tennis o un bastone da golf, il bambino svilupperà varie competenze sportive al suo livello di capacità, nel corso della vita quotidiana. Ovviamente, se dimostra talento e interesse in una disciplina sportiva, i genitori possono aiutarlo a raggiungere quello che è il livello massimo di competenza in quel campo. Ma questo non significa che diventerà un campione olimpico, né metterlo sotto pressione servirà a fargli raggiungere questo obiettivo se non ne ha la stoffa.

Allo stesso modo, i genitori non possono fare a piacere dei superdotati dei loro figli. Possono incoraggiare i loro interessi e offrire tutte le occasioni utili a svilupparne le potenzialità, ma queste possono benissimo rivelarsi modeste o appena normali. Spinte e pressioni non serviranno a far salire il QI una volta per tutte, mentre possono facilmente produrre uno stress che renderà l'apprendimento un peso anziché un piacere.

Come apprende il bambino

Che cosa sappiamo, allora, su come apprendono i bambini? In effetti oggi ne sappiamo molto.

Come si è visto nel capitolo precedente, il bambino viene al mondo con un livello di sviluppo cerebrale che lo abilita a cominciare subito e rapidamente ad imparare. Uno dei più eminenti psicologi infantili, Jerome Kagan, dell'Università di Harvard, ha riassunto in poche parole ciò che sappiamo in proposito.

> Il neonato è pronto a sperimentare, se non tutte, la maggior parte delle sensazioni base concesse alla nostra specie fin dal momento della nascita. Il neonato vede e sente, avverte gli odori ed è sensibile al dolore, al tatto e ai cambiamenti di posizione del corpo. Benché l'efficienza di queste moda-

lità sensoriali non sia ancora al suo massimo... il lattante risponde all'informazione proveniente da tutti i sensi. Riconosce le differenze fra una superficie a strisce larghe appena 3 mm e una tutta grigia, fra rigature verticali e oblique, fra linee diritte e curve, tra figure dai contorni frastagliati e uniformi. Nella modalità uditiva, il neonato discrimina fra Do naturale e Do acuto e fra le sillabe «pa» e «ba», ed è estremamente sensibile alla rapidità di variazione dell'energia sonora nel primo mezzo secondo di un evento uditivo... Nuove conoscenze sono acquisite soprattutto quando l'attenzione del bambino è concentrata su un evento, ed una delle qualità centrali che governano la vigilanza e la durata dell'attenzione è il cambiamento... Cambiamenti particolari nella configurazione e disposizione degli elementi hanno anch'essi il potere di trattenere l'attenzione del bambino, almeno nel primo anno di vita (Kagan, 1984, pp. 31-34).

Abbiamo anche visto come i bambini molto piccoli sappiano imitare le azioni degli adulti, impegnare con questi un'attiva comunicazione e muoversi in precisa e prolungata sincronia col linguaggio adulto. I riflessi condizionati, quella forma elementare di apprendimento in cui uno stimolo esterno si lega a un riflesso innato, cominciano a formarsi alla nascita. Studi recenti hanno indicato però che la rapidità, o addirittura immediatezza, con la quale si formano può dipendere dal valore adattivo degli stimoli. In altre parole, il cervello forse è «preparato» a organizzare immediatamente certe combinazioni di stimoli, risposte e rinforzi, altre lentamente, altre ancora mai (Sameroff, 1979).

Diamo quindi per scontato che il bambino piccolissimo possa rispondere a una vasta gamma di stimoli sensoriali, riconoscere immagini complesse di forma e struttura diversa, collegare gli stimoli del mondo esterno con il suo proprio sistema, cominciare a imitare gli altri e comunicare in un attivo scambio reciproco con gli adulti che lo accudiscono. Ma come organizza tutti questi stimoli, percezioni e altre esperienze, in configurazioni permanenti e precise dentro il cervello, pronte per esser rievocate se necessario, pronte a plasmare il suo comportamento quando è il caso e pronte ad esser trasformate più o meno profondamente da successive informazioni in arrivo dall'ambiente? In altre parole, quali sono i meccanismi mediante i quali il bambino apprende?

Questa domanda ha rappresentato una straordinaria sfida per la giovane scienza dello sviluppo. Il lattante non può verbalizzare e raccontarci che cosa pensa, non può rispondere alle nostre domande, né farne egli stesso. Ma possiamo ricavare molte inferenze dall'attento studio oggettivo del suo comportamento, delle sue risposte a stimoli speciali. Possiamo impiegare particolari tecniche e apparecchiature, come l'osservazione del tempo di fissazione visiva, la videoregistrazione, o dispositivi di laboratorio come la tettarella collegata a un sensore che abbiamo descritto nel capitolo precedente. Da tutti questi metodi e dall'analisi dei dati che ci forniscono, possiamo mettere insieme un quadro coerente del pensiero infantile. E quando fa la sua comparsa il linguaggio, le verbalizzazioni dei bambini arricchiscono enormemente la nostra informazione intorno al modo di funzionare della loro mente.

Jean Piaget: come i bambini imparano a pensare

Un posto di primissimo piano fra i pionieri dello studio dello sviluppo cognitivo spetta a Jean Piaget, lo scienziato svizzero che ha portato un contributo monumentale alla nostra conoscenza dei modi in cui i bambini imparano a pensare. Piaget non era uno psicologo di professione, ma un epistemologo, interessato allo studio dei meccanismi attraverso i quali i bambini pervengono ad acquisire conoscenza. Osservava da vicino bambini di età diverse, a partire dalla prima infanzia. Ha ideato esperimenti semplici ma ingegnosi, come presentare a bambini di età diversa due bicchieri eguali pieni d'acqua, travasarla da uno dei due in un bicchiere alto e stretto e chiedere in quale dei due bicchieri ci fosse più acqua. Oppure faceva domande come: «Che cosa fa muovere le nuvole?». Dalle risposte dei bambini ricostruiva lo sviluppo della concezione del mondo e il passaggio a un'immagine esatta del mondo esterno e degli oggetti in esso contenuti. Ipotizzava che le azioni del bambino siano il materiale grezzo da cui si generano la conoscenza e il pensiero. Postulava inoltre l'esistenza di una forza motivazionale che spinge il bambino ad integrare e organizzare stimoli sempre più complessi nel suo livello di cognizione, cosa che gli consente di afferrare e comprendere sempre meglio il mondo che lo circonda.

Piaget, come tutti i pensatori creativi, faceva arditi balzi nelle sue formulazioni, molte delle quali non hanno resistito alla prova del tempo. Ma, come ha scritto Bruner, «ha portato un contributo enorme alla nostra comprensione della mente infantile e del suo sviluppo, o meglio alla nostra comprensione della mente in generale... Piaget potrebbe anche sbagliarsi in ogni singolo dettaglio ma dovrebbe lo stesso esser riconosciuto come uno dei grandi pionieri» (1983).

Lev Vygotskij: la complessità del processo di apprendimento

Un altro pensatore creativo, pioniere nello studio del pensiero e dell'apprendimento infantile, è stato lo psicologo russo Lev Vygotskij, morto prematuramente nel 1934 ad appena trentasette anni (in un articolo recente è chiamato a ragione «il Mozart della psicologia»). Praticamente sconosciuto negli Stati Uniti fino alla pubblicazione di due suoi libri nel 1962 e nel 1978, la sua opera e le sue idee hanno esercitato un'influenza crescente negli ultimi anni. È stato uno dei primi a formulare chiaramente il concetto dello sviluppo non come semplice transizione passo per passo da uno stadio al seguente, ma come processo complesso caratterizzato da disparità nello sviluppo di funzioni diverse, trasformazione qualitativa di una forma in un'altra e continuo intreccio di forze esterne e interne. Vygotskij ha inoltre messo in dubbio l'idea convenzionale, statica e ristretta, della misurazione delle abilità, come nei test d'intelligenza standardizzati, insistendo invece sull'individuazione del potenziale intellettivo del bambino, da accertare nella soluzione di problemi sotto la guida dell'adulto o in collaborazione con bambini più maturi.

Jerome Bruner: il contesto sociale dell'apprendimento

Negli Stati Uniti una figura di spicco nel rivoluzionare la psicologia accademica, costringendola a fare i conti con la vita cognitiva, i processi interni della presunta «scatola nera», inconoscibile, della mente umana, è stato Jerome Bruner, che con il collega George Miller ha fondato il Centro per gli studi cognitivi di Harvard, nel 1960. Così rievocava anni dopo egli stesso l'avvenimento: «Nel 1960 la parola "cognitivo" che abbiamo scelto come insegna era provocatoria. La maggior parte degli psicologi rispettabili all'epoca pensava ancora che la cognizione fosse qualcosa di troppo mentalistico per una scienza obiettiva. Ma attaccammo la targa alla porta e la difendemmo finché non l'abbiamo avuta vinta noi. E ora ci sono Centri cognitivi dappertutto» (1983, p. 124).

Sotto la guida di Bruner il Centro di Harvard divenne una sorta di calamita, attirando studiosi e ricercatori capaci da ogni parte del mondo. Il contributo del Centro alla conoscenza dell'apprendimento infantile è inestimabile. L'interesse di Bruner è sempre stato rivolto al contesto sociale nel quale avviene l'apprendimento, un taglio assente in Piaget ma non in Vygotskij. Così lo enuncia come tema centrale:

> Facciamo nostra l'idea che la crescita cognitiva in tutte le sue manifestazioni avvenga altrettanto dal fuori al dentro che dal dentro al fuori. Gran parte di essa consiste nel legame che si istituisce fra un essere umano e «amplificatori», culturalmente trasmessi, delle capacità motorie, sensoriali e riflessive. Non si deve aspettarsi che il corso della crescita cognitiva proceda parallelo in culture diverse, poiché necessariamente vi sono accentuazioni diverse, diverse deformazioni. Ma molti degli universali evolutivi sono anche attribuibili alle uniformità nella cultura umana... La crescita cognitiva, sia divergente o uniforme da una cultura all'altra, è inconcepibile senza la partecipazione ad una cultura e alla sua comunità linguistica (1973, p. 2).

Alcuni degli esperimenti di Bruner sul legame fra cultura e processi percettivi o cognitivi sono assai complessi, ma uno dei primi è di una semplicità geniale. Si confrontava un gruppo di bambini di famiglie povere di Boston con un gruppo benestante. A ciascuno si dava da manipolare una moneta da mezzo dollaro, chiedendogli poi di valutarne la grandezza rispetto a una serie di oggetti circolari di diametro diverso: i bambini poveri sopravvalutano sistematicamente la grandezza del mezzo dollaro, rispetto ai bambini di famiglia benestante. Diverse esperienze di vita avevano influenzato i loro giudizi sul diametro della moneta (1983).

Nei suoi studi sulla prima infanzia, Bruner insiste sulla competenza che il bambino acquisisce attraverso l'attività ludica. Un bambino di sei mesi impara a reggere un oggetto e a portarselo alla bocca, dopo di che comincia tutta una serie di variazioni: lo scuote, lo batte contro il seggiolone, lo fa cadere oltre il bordo del tavolo, ecc. È attraverso attività come queste che il bambino raggiunge quello che Bruner chiama «gioco di padronanza» (Bruner e coll., 1966). Per i bambini più grandi Bruner sottolinea l'importanza dell'imitazione del comportamento adulto nella crescita cognitiva. Questa attitudine in effetti esordisce con la capacità del neonato di imitare la mimica degli adulti.

Bruner cita un esempio affascinante per illustrare l'influenza della cultura sul processo di apprendimento infantile. In Africa i ricercatori hanno osservato, in un *habitat* simile, il gioco dei piccoli babbuini e dei bambini boscimani. I piccoli babbuini giocavano quasi esclusivamente con i coetanei e imparavano gli uni dagli altri in questa loro attività: gli adulti non davano nessuna «istruzione» e interferivano solo per fissare dei limiti generali. Neanche fra i boscimani c'era molto insegnamento esplicito, ma a differenza dei babbuini c'era molta attività in comune fra bambini e adulti: il bambino imparava dall'interazione diretta con gli adulti, ma l'insegnamento era implicito, in quanto era nel contesto dell'azione che si insegnava al bambino un qualcosa di particolare (Bruner e coll., 1966). Bruner osserva in proposito che in una società tecnologica complessa questo tipo di insegnamento diretto, implicito, cambia: «Le conoscenze e abilità nell'ambito della cultura vengono sempre di più ad eccedere quanto ogni singolo individuo può sapere... Sempre di più si sviluppa quindi una nuova, moderatamente efficace, tecnica didattica: *dire* fuori contesto, anziché *mostrare* nel contesto» (p. 62). La scuola diventa lo strumento principale di questa nuova tecnica, ma, come sottolinea Bruner, c'è anche una grande quantità di spiegazioni da parte dei genitori, esse pure fuori dal contesto dell'azione, essendo relativamente poche le situazioni in cui fare pratica *in situ*, come fanno i boscimani. Secondo Bruner questo sviluppo spiega l'importanza dei «perché» nella risposta del bambino al suo ambiente. Nonostante questo gran peso che attribuisce alle esperienze di vita e alla cultura nella crescita della mente infantile, Bruner non considera affatto il neonato come una *tabula rasa*. Egli nota infatti, molto giustamente, che

> ... il lattante giunge presto a risolvere problemi di alta complessità e lo fa sulla base di incontri con l'ambiente che sono troppo scarsi di numero, troppo poco rappresentativi o troppo aleatori nelle conseguenze, per tenerne conto sia in termini di formazione del concetto che attraverso l'azione plasmante del rinforzo. Nell'«apprendimento» iniziale c'è una gran parte di preadattamento che riflette istruzioni genetiche specie-specifiche. Ma è un preadattamento altamente flessibile (1973, p. 2).

Jerome Kagan: il principio di discrepanza

Jerome Kagan ha condotto studi estesi e accurati sul processo di apprendimento nella prima infanzia, con particolare attenzione alle caratteristiche della traccia mnestica dopo stimoli ed esperienze specifiche. Che tale traccia, o residuo, debba esistere è chiaro: in caso contrario il bambino non potrebbe distinguere un oggetto familiare da uno sconosciuto, o imitare un'azione che ha osservato in precedenza. Questa traccia mnestica Kagan l'ha chiamata *schema*, «una rappresentazione dell'esperienza che sta in rapporto con l'evento originale... I lattanti creano rappresentazioni schematiche le quali hanno origine in ciò che vedono, odono, annusano, assaggiano o toccano. Gli schemi permettono il riconoscimento del passato» (1984, p. 35), passato che esiste già nei primi giorni di vita. Esposizioni successive a uno stesso evento non sono mai identiche, per cui lo schema creato dalla mente è un *prototipo schematico*, un conglomerato di tutte le esperienze. Kagan rileva inoltre che esistono dati dai quali si può ipotizzate che già nella prima infanzia un prototipo schematico possa rappresentare qualità astratte, indipendenti da ogni esperienza concreta. Ma allora, il lattante è proprio capace di pensiero.

Le sue ricerche hanno indotto Kagan a formulare il principio di discrepanza: «Eventi che sono una trasformazione parziale di schemi preesistenti cominciano a dominare l'attenzione del lattante... Un evento che può essere assimilato produce interesse, ma uno che non può essere assimilato produce incertezza» (1984, p. 39). Questo principio è stato formulato in base a una serie di esperimenti con bambini nel primo anno di vita. Per esempio, c'è una correlazione positiva fra entità dei contatti madre-bambino e comparsa della reazione negativa all'estraneo dopo i sei mesi: quanto più stretto è il contatto del bambino con un'unica figura di riferimento, tanto maggiore è la probabilità che manifesti ansia e rifiuto in presenza di una persona estranea (1971).

Un esempio del principio di discrepanza nella prima infanzia si può osservare quando il bambino vede la mamma con un'acconciatura diversa e un vestito nuovo. Il suo aspetto è una trasformazione parziale di uno schema esistente e attrae positivamente l'attenzione del bambino. Viceversa, la comparsa di un estraneo, che non somiglia a nessun membro della famiglia, e cerca di prenderlo in braccio o di cambiarlo, è troppo discrepante e suscita incertezza e disagio.

Kagan elabora questo principio di discrepanza in una concezione generale del processo di apprendimento, sostenendo che le idee e nozioni nuove che apprendiamo meglio sono quelle che rappresentano lievi modificazioni delle nostre attuali credenze. Al contrario, le idee nuove che si discostano molto da quelle che abbiamo già vengono ignorate o rifiutate su due piedi. Se è vero che questa formulazione può apparire troppo semplice per abbracciare tutta la complessità del processo di apprendimento, essa corrisponde di certo a molte reazioni che bambini e adulti manifestano di fronre alle piccole o grosse novità.

Perché il bambino apprende: competenza sociale e padronanza del compito

Abbiamo visto che il neonato si affaccia alla vita pronto ad imparare e a formare rapporti sociali e che immediatamente comincia a perseguire con vigore ed efficacia questi obiettivi. Ma *perché* i bambini imparano e continuano ad imparare via via che crescono? Questa domanda può sembrare fin troppo banale, ma può avere molte risposte. A un certo livello possiamo dire che i bambini devono imparare per poter camminare, parlare, prendersi cura di se stessi e trovarsi un posto nella società dove sono nati. A un altro livello, i biologi potrebbero dire che, attraverso la selezione naturale, nell'evoluzione della nostra specie la capacità di apprendimento si è sviluppata come quell'attributo che più di ogni altro ha assicurato la sopravvivenza del genere umano.

Come studiosi del comportamento infantile, ci piacerebbe però una risposta più precisa. Ci piacerebbe una risposta che permettesse di generalizzare la moltitudine di attività diverse che il bambino, fino dalla prima infanzia, porta avanti giorno per giorno. Molte di queste attività possono apparire scollegate fra loro ed essere variamente etichettate: «Gioca»; «Mette in scena le sue fantasie»; «È curioso di tutti questi oggetti che ci sono nel suo ambiente»; «Sta imitando i genitori o il fratello maggiore». Ci piacerebbe poter generalizzare in modo da raccogliere queste attività separare in una o più categorie e finalità, così da capirle più a fondo. Questo ci aiuterebbe a sua volta a formulare altre idee e ricerche sullo sviluppo del bambino.

Riflettendo, noi e altri, intorno ai diversi tipi di capacità del neonato e osservando i bambini nelle loro attività quotidiane alle diverse età, siamo arrivati a poter dare una risposta più puntuale a questa domanda. La nostra tesi è che il bambino apprende per acquisire *competenza sociale e padronanza del compito*. Prendiamo le domande di fondo che ci poniamo su qualunque persona nuova che incontriamo, bambino o adulto che sia: è una persona con cui si sta bene insieme? Fa amicizia facilmente e sa conservarsi le amicizie? In altre parole, ha una buona competenza sociale? In più ci interessa sapere se ha la responsabilità, competenza ed efficienza necessarie a portare a termine un impegno: in altre parole, qual è la sua padronanza del compito? Ovviamente, possono interessarci anche altri dati – i suoi interessi e talenti particolari, i suoi valori etici, le ambizioni, lo stato di salute, ecc. – ma un aspetto primario è sempre la competenza sociale e la capacità di padroneggiare i compiti che gli sono affidati.

Basta osservare un bambino piccolo per accorgersi che questi due aspetti, il sociale e lo strumentale finalizzato alla padronanza funzionale di compiti specifici, sono sempre in evidenza. Gli sorridiamo e risponde col sorriso, lo ignoriamo e, se vuole la nostra attenzione, ci richiama con la voce o coi gesti: questa è competenza sociale a uno stadio iniziale. Se scorge un oggetto nuovo, allunga la mano, lo afferra, se lo mette in bocca, lo tira fuori, lo tocca da ogni lato, lo lancia e poi cerca di recuperarlo: ecco qui la padronanza strumentale ai suoi inizi. Secondo il tradizionale schema psicoanalitico, se un bambino si mette in bocca un oggetto abbiamo la manifestazione di un «istinto orale». Nella nostra formulazione, che non richiede un tale sistema di pulsioni istintuali, il bambino si mette in bocca l'oggetto per valutarne il contorno, la superficie, la durezza, il sapore: in altri termini, questo suo gesto rientra nello sforzo mirante a padroneggiare l'uso dell'oggetto in questione.

Più grande, esercita la competenza sociale e la padronanza dei compiti in molte maniere diverse, per lo più nel gioco. Non c'è bisogno di andare a cercare ipotetici significati inconsci del gioco, una volta che lo vediamo come un'attività piacevole con finalità sia di tipo sociale che strumentale (la padronanza, appunto). Il bambino che a due anni, seduto nel seggiolone, fa finta di mangiare il piatto, la forchetta e il tovagliolo, richiamando nel frattempo l'attenzione dei genitori con risatine, non fa altro che esercitare la raggiunta padronanza classificatoria nella distinzione fra oggetti commestibili e non, e lo fa in una maniera tale da favorire un positivo scambio sociale con gli adulti. La bambina di quattro anni che sistema le bambole sulle seggioline intorno a un tavolo apparecchiato con stoviglie e posate di plastica in miniatura e finge di fare un pranzo con loro, si esercita nelle regole che governano le buone maniere a tavola, ancora una volta una competenza allo stesso tempo sociale e strumentale, nella padronanza del compito. Il bambino di cinque anni che impara le regole di un gioco di gruppo alla scuola materna acquista la padronanza del compito posto dal gioco e contemporaneamente impara a farsi accettare come membro del suo gruppo d'età.

E così vanno le cose con le richieste ed esperienze sempre più complesse via via che passano gli anni: tutti si possono definire concettualmente come aspettative di competenza sociale o di padronanza strumentale, adeguate al livello evolutivo del bambino. Lo stesso vale per l'adulto: un nuovo posto di lavoro mette alla prova la sua capacità di padroneggiare i compiti che gli vengono messi davanti e insieme recluta la sua competenza nei nuovi rapporti sociali che istituisce. Gli stessi temi li ritroviamo nel matrimonio, nell'educazione dei figli o anche soltanto in un viaggio di piacere. È di un certo interesse notare che lo stesso Freud sottolineava questi medesimi obiettivi nel suo modello di adulto sano e maturo, quando parlava della capacità di «amare e lavorare».

Perché il bambino fino dalla prima infanzia ha queste spinte interne a sviluppare competenza sociale e padronanza dei compiti? Noi partiamo dall'assunto che esse abbiano un valore e significato evoluzionistico, in quanto il neonato viene al mondo già equipaggiato delle capacità sostanziali di realizzare questi obiettivi. I biologi hanno ragione quando spiegano che queste attitudini sono state sviluppate dalla selezione naturale nell'evoluzione della specie umana. Competenza sociale e padronanza strumentale dei compiti sono chiaramente risorse decisive per gli esseri umani nel venire a capo dell'ambiente, non come individui isolati ma come parte integrante di un gruppo sociale organizzato. Con questo concetto non abbiamo nessun bisogno d'ipotizzare presunte pulsioni istintuali che debbano essere controllate mediante la rimozione o altri dispositivi. Nella scienza il principio di parsimonia vuole che sia preferibile quella teoria che esige il minimo numero di ipotesi non dimostrate. La nuova generazione di psicoanalisti lo ha riconosciuto, ammettendo che l'apprendimento non è il risultato dello sforzo per dominare pulsioni istintuali inaccettabili e riconducendolo invece a quella che chiamano «autonomia dell'Io» (Hartmann, 1958), concetto che in realtà abbraccia proprio quelle capacità del neonato e del bambino piccolo che abbiamo descritto finora.

Non siamo stati di certo i primi o gli unici nel campo della psichiatria o psicologia evolutiva ad arrivare a questa formulazione della competenza sociale e della padronanza strumentale. Bruner enuncia questo concetto con grande chiarezza: «Per comodità, le forme della competenza precoce si possono dividere in quelle che regolano l'interazione con gli altri membri della specie e quelle che intervengono nella padronanza di oggetti, utensili, sequenze di eventi ordinate nello spazio e nel tempo. Ovviamente i due aspetti non si possono separare, come testimonia l'importanza dell'imitazione e dei modelli nell'acquisizione delle abilità attinenti alle cose inanimate» (1973, p. 1).

Nella nostra esperienza clinica abbiamo trovato utile che i genitori abbiano questa idea della competenza sociale e strumentale come obiettivi del bambino. Ne ricavano una miglior comprensione del valore che hanno le attività ludiche, così come gli sforzi per raggiungere la padronanza di un nuovo compito. Avendo chiaro tutto questo, i genitori possono capire molto più facilmente quando è il caso di incoraggiare il bambino, come partecipare ai suoi giochi di fantasia, quando tenersi in disparte e lasciare che se la cavi da sé e quando invece intervenire per aiutarlo, se sta affrontando un compito che è molto al di là del suo livello di sviluppo.

La plasticità dello sviluppo umano

Come dice Bruner nel brano citato poco fa, la dotazione genetica del neonato «è un preadattamento altamente flessibile» (1973, p. 2). E davvero questa flessibilità e plasticità del cervello umano fin dall'inizio è un attributo di grande significato evolutivo. Bambini normali mostrano un ampio ventaglio di variabilità nelle caratteristiche percettive, concettuali e cognitive. Le differenze individuali nel temperamento sono nettissime e funzionalmente significative. L'età di comparsa di capacità e competenze motorie e di un uso efficace del linguaggio varia ampiamente da un bambino normale all'altro. Bambini di ambiente sociale e culturale diverso possono presentare differenze cospicue nelle norme di comportamento, nel linguaggio e nei modelli di valori.

Questa variabilità individuale e flessibilità in risposta all'ambiente comporta vantaggi decisivi per il genere umano. Quei genitori che si preoccupano del fatto che il loro bambino da piccolo, pur senza manifestare problemi evidenti, ha un comportamento più mutevole degli altri, dovrebbero essere rincuorati da questa osservazione di Robert Emde, uno psichiatra che conduce ricerche all'Università del Colorado:

> Non è probabile che quella che ha uno speciale valore adattivo sia proprio *una variabilità ed estensione del comportamento*? In altre parole, non dovrebbero questi caratteri offrire un vantaggio selettivo durante l'evoluzione ed esser quindi

> preprogrammati nella nostra specie? Crederei che anche a livello individuale il neonato caratterizzato da una sufficiente variabilità di comportamento dovesse essere avvantaggiato, con maggiori possibilità di far collimare o sincronizzare i suoi comportamenti con l'ambiente che gli eroga le cure materne – un ambiente che sarà in larga misura imprevedibile. In effetti, può darsi che il bambino vulnerabile sia quello che non si discosta mai dai comportamenti di massima frequenza, o comunque presenta una gamma ristretta di variabilità comportamentale nel tempo (1978, p. 136).

Per l'appunto un sintomo vistoso ed invalidante nei bambini che soffrono di certe gravi turbe psichiatriche – autismo, cerebropatia, grave nevrosi – è proprio la perdita di questa variabilità di comportamento.

Il valore potenziale di questa flessibilità e plasticità del cervello è illustrato drammaticamente dallo sviluppo dei bambini nati con gravi minorazioni sensoriali o motorie. Abbiamo avuto occasione di studiare lo sviluppo di un vasto gruppo di bambini che hanno sofferto di varie forme di tali minorazioni, a seguito di rosolia della madre in gravidanza.

Il bambino sordo vede il mondo ma non lo ode. L'acquisizione delle competenze motorie non presenta alcun ritardo. Ma se i genitori non conoscono il linguaggio dei segni, il bambino sordo non può fare domande né udire le risposte. Non può ricevere spiegazioni, almeno non in linguaggio orale, e le restrizioni imposte alla sua attività per ragioni di sicurezza saranno necessariamente più severe del normale. In tutti questi modi i bambini non udenti soffrono limitazioni nelle esperienze e nelle occasioni di apprendimento. E tuttavia i bambini sordi del nostro gruppo facevano registrare un miglioramento significativo nell'esecuzione dei test d'intelligenza dall'età prescolastica all'età scolastica (Chess, 1978). Come si spiega questo progressivo adattamento? In partenza questi bambini sono privati della possibilità di apprendere attraverso la parola parlata e il loro funzionamento intellettuale ne subisce un ritardo iniziale. Ma quando sviluppano il loro sistema di comunicazione e apprendimento attraverso segnali visivi, come gesti, linguaggio dei segni e lettura labiale, arrivano a colmare questo svantaggio evolutivo. Possiamo dire che il loro cervello ha trovato una forma funzionale alternativa e sostanzialmente efficace.

I bambini non vedenti, a differenza dei sordi, presentano ritardi nello sviluppo motorio: controllo della testa, posizione seduta, stazione eretta e cammino compaiono più tardi che nei bambini normali o non udenti. In sostanza, non vedono nell'ambiente circostante gli oggetti che stimolerebbero certi movimenti per vederli meglio o cercare di afferrarli. Maturando, però, questi bambini recuperano il ritardo rispetto ai vedenti, spesso già verso i tre-cinque anni (Fraiberg, 1977a). Il loro cervello ha imparato a usare i segnali uditivi e tattili come stimoli potenti, un'altra testimonianza della plasticità del cervello umano.

I bambini con minorazioni motorie soffrono di un impoverimento dell'esperienza sensomotoria e di una drastica limitazione nella possibilità di esplorare il mondo circostante. Secondo la teoria piagetiana dello sviluppo cognitivo, il bambino impara dapprima a coordinare stimoli sensoriali ed esperienze motorie. Questo primo passo fornisce la base per quello che è il primo stadio nel processo di apprendimento, la cosiddetta intelligenza sensomotoria. Per un bambino con grave handicap motorio, privato di queste esperienze attive di coordinazione, parrebbe inevitabile un deficit dell'apprendimento e dello sviluppo cognitivo. Eppure, i molti che in tali condizioni raggiungono un livello intellettuale medio o addirittura superiore alla media, capacità delle quali fanno uso produttivo e creativo, sono ancora una volta la testimonianza vivente della capacità intrinseca del cervello umano in ordine a una plasticità dei processi evolutivi.

Il bambino sordo, il non vedente e quello con minorazioni motorie, ciascuno di loro può trovare un percorso evolutivo in armonia con le sue capacità e i suoi limiti, grazie alla plasticità del cervello. Alla stessa stregua, possiamo dire che il bambino svantaggiato da fattori ambientali non è inevitabilmente condannato a uno sviluppo psicologico anormale o inferiore alla media. Sia che lo svantaggio derivi da pregiudizi sociali o povertà, da un ambiente familiare patologico o da esperienze stressanti, la plasticità potenziale del cervello umano consente di sperare in cambiamenti positivi e correzioni di rotta. Che la cosa sia possibile lo sappiamo dalle ricerche citate in questo capitolo: lo studio sui bambini coreani dati in adozione, il programma di recupero in età prescolastica coordinato in dodici centri su scala nazionale, gli interventi preventivi di Ypsilanti (Michigan).

Ma la speranza non è una garanzia. Le autorità politiche e i tecnici che formulano i programmi di intervento educativo, rieducativo e terapeutico per questi ragazzi possono tradurre la speranza in realtà. Ma lo faranno solo se l'opinione pubblica si impegna su questo obiettivo sociale e pretende che la sua realizzazione abbia la priorità nelle scelte di bilancio. Una particolare responsabilità in questo ambito tocca agli specialisti della salute mentale, in virtù delle loro competenze e del prestigio di cui godono nella comunità. Lo ha affermato con grande energia Edward Zigler, dell'Università di Yale, ex-direttore del progetto *Head Start* e attivo sostenitore dei diritti e bisogni dei bambini: «Non dimentichiamo che il sapere è potere, e come psicologi abbiamo un grande sapere. Dobbiamo essere disposti a diffondere quel sapere fuori dei recinti dell'Università... Dobbiamo sbarazzarci di un pregiudizio condiviso da troppi di noi, precisamente che la politica di interventi sul sociale sia qualcosa di troppo lontano dal nostro campo d'azione, troppo bizantino e contaminato da interessi spuri, perché uno psicologo che si rispetti vi si possa impegnare» (Zigler e Muenchow, 1984, p. 420).

Ci sono poi casi in cui una lesione o un disturbo nella maturazione del cervello ne limitano o distruggono la flessibilità potenziale. Anche se non possiamo aspettarci dal trattamento miglioramenti significativi, la società continua ad avere precise responsabilità verso questi bambini e deve garantire loro le cure speciali di cui hanno bisogno.

VIII
Sviluppo cognitivo ed emotivo

Nel capitolo precedente abbiamo trattato il tema generale dell'apprendimento nei bambini. Abbiamo sottolineato che le capacità percettive, comunicative, imitative e d'integrazione comportamentale del neonato gli permettono di cominciare subito a imparare a conoscere se stesso e il mondo che lo circonda. Per la verità, alcuni ricercatori oggi arrivano a sostenere che l'apprendimento può cominciare nel grembo materno. A quanto sembra, hanno dimostrato che il neonato ricorda i suoni che ha udito nella vita intrauterina, come il battito del cuore materno, o addirittura un raccontino che la madre ha letto ripetutamente a voce alta in gravidanza. La presenza di tali ricordi è indicata dalle variazioni del ritmo di suzione di una tettarella che comanda la riproduzione di un nastro registrato coi suoni in questione. Si tratta di dati molto suggestivi, ma la loro importanza non è ancora del tutto chiara.

Prenderemo qui in esame il problema delle sequenze o stadi che i bambini attraversano via via che imparano a conoscere se stessi e il mondo esterno, ed anche imparano a pensare. Nei termini più generali, ciò che apprendono è sia cognitivo che emotivo. Nell'Occidente moderno pensiero ed emozioni appaiono come attributi contraddittori della mente. Il pensiero razionale è stato massimamente apprezzato, anche se non sempre seguito nella vita quotidiana, e filosofi come Kant e Spinoza hanno visto nelle emozioni intense un pericolo per l'intelletto. Le passioni dell'artista creativo possono magari esser tollerate e scusate in grazia di un supposto «temperamento artistico», ma non ammirate come modelli che gli altri debbano emulare.

Pensiero e ragione sembrano esser caratteristiche esclusive dell'uomo, che fioriscono con la maturazione individuale e le esperienze di vita dall'infanzia all'età adulta. Le altre specie animali mostrano nel migliore dei casi solo una capacità rudimentale di pensiero. Le emozioni, o almeno alcune di esse, sembrano al contrario esser comuni ad altre specie e già evidenti in massima parte nei bambini. A differenza delle funzioni cognitive, il cui sviluppo implica allargamento ed elaborazione, la maturazione emotiva sembra chiamare in causa controllo e inibizione (spesso rimproveriamo l'adulto che esprime sentimenti appassionati ingiungendogli di «non fare il bambino»). E mentre lo studio oggettivo dei processi cognitivi si va continuamente perfezionando, quantificando e allargando a nuovi campi, lo studio delle emozioni è rimasto nel complesso molto più improvvisato e speculativo.

Discutere sull'importanza relativa di emozioni e pensiero nello sviluppo psicologico, peraltro, è non meno improduttivo e irrilevante della controversia su eredità e ambiente. Affettività e pensiero sono attributi mentali di base, intimamente integrati in un processo di influenza reciproca. Per riprendere le parole di un autorevole studioso di psicologia dell'educazione, Edmund Gordon dell'Università di Yale: «Purtroppo, la nostra tendenza è stata quella di separare fra loro il dominio dell'affettività e quello della cognizione. Eppure non possiamo separarli, né a fini didattici né di ricerca, e nemmeno per mettere l'accento su uno solo dei due. Sono così integralmente connessi che non ha senso parlare dell'uno indipendentemente dall'altro» (1975, p. 11). Empatia e disprezzo, altruismo ed egoismo, benevolenza e aggressione, odio e amore, cooperazione e competizione, tutti implicano specifiche emozioni verso altre persone e contemporaneamente pensieri intorno a quelle stesse persone. I sentimenti rinforzano le idee, le idee rinforzano i sentimenti.

La strettissima relazione fra emozioni e pensiero ha un'evidenza impressionante nella sindrome maniaco-depressiva. Questa malattia è in primo luogo un disturbo del tono dell'umore, con oscillazioni dall'estrema euforia (fase maniacale) a malinconia profondissima (fase depressiva), inframmezzati da periodi più o meno lunghi di umore normale. Durante la fase maniacale, il paziente sviluppa idee grandiose e aspettative di successo e conquista. Nella fase depressiva, si sviluppano idee di colpa e inferiorità che poi alimentano l'umore depresso. Quindi, sia esso euforico o disforico, il particolare stato emotivo stimola idee ben precise, che a loro volta influiscono sul tono dell'umore e la sua espressione.

In questo capitolo affronteremo varie domande che riguardano lo sviluppo cognitivo ed emotivo. Come definire l'intelligenza e le emozioni? Nel loro sviluppo attraversano fasi o stadi specifici? E in quel caso che cosa determina la sequenza delle fasi? Quali differenze individuali significative emergono nei due ambiti? Infine, che utilità pratica hanno le nostre informazioni?

Anche se abbiamo sottolineato l'intimo collegamento fra aspetti emotivi e cognitivi, questi problemi risulteranno più chiari se consideriamo separatamente l'intelligenza e l'affettività*.

NATURA DELL'INTELLIGENZA

Non ci interessa qui la misurazione dell'intelligenza, che tratteremo nell'Appendice (Cap. II), ma la sua definizione.

* I termini *cognizione* e *intelligenza* sono usati indifferentemente dalla maggior parte degli psicologi parlando del pensiero e della conoscenza. Abbiamo consultato personalmente un buon numero di psicologi illustri, chiedendo a tutti la differenza fra i due termini. Ognuno ci ha dato una risposta diversa. Alcuni hanno detto che i due termini sono in realtà dei sinonimi, oppure che le differenze sono minime. Altri ci hanno detto che differenze ci sono, ma fra questi ciascuno aveva una formula diversa per definire tali differenze. Data questa difformità, abbiamo deciso che la via più semplice e meno esposta a creare confusioni fosse usare i termini *cognizione* e *intelligenza* in maniera intercambiabile.

Un eccellente bilancio del problema è stato pubblicato di recente da Robert Sternberg, autorevole psicologo cognitivista di Yale. A suo avviso, «l'intelligenza consiste in quelle funzioni mentali intenzionalmente impiegate a fini di adattamento ad ambienti del mondo reale, ma anche per plasmare e selezionare tali ambienti» (1985, p. 1111). Una definizione simile dell'intelligenza è proposta da un'altra figura di primo piano nella psicologia cognitiva, Howard Gardner (Università di Harvard e di Boston): «Un'intelligenza è la capacità di risolvere problemi o di creare prodotti che sono apprezzati nell'ambito di uno o più contesti culturali» (1985, p. X). Entrambe le definizioni indicano che l'intelligenza non può essere connotata in astratto ma solo in rapporto all'ambiente dell'individuo e che essa implica un'azione entro tale ambiente.

Sternberg passa in rassegna le molte e varie concezioni dell'intelligenza, che sembrano essere altrettanto numerose quanto gli autori che se ne sono occupati, e le classifica in cinque gruppi secondo il modello e la teoria utilizzati. Il primo è il *modello geografico*: l'intelligenza come mappa della mente. Questo modello risale ai frenologi ingenui del secolo scorso, che misuravano l'intelligenza mediante il numero, la forma e la posizione delle protuberanze del cranio. In anni recenti, è stato utilizzato in ricerche sofisticate che si servono di tecniche statistiche, come l'analisi fattoriale dei punteggi nei test d'intelligenza, per determinare quanti fattori intellettivi risiedano presumibilmente nel cervello umano. (L'analisi fattoriale è un metodo statistico per individuare i livelli di correlazione fra un insieme di misurazioni ottenute indipendentemente l'una dalle altre.)

Gli psicologi che hanno privilegiato questo modello geografico si sono differenziati nel numero di fattori che costituirebbero l'intelligenza e nella loro identificazione. Alcuni hanno optato per un singolo fattore generale, indicato con *g*, che pervaderebbe ogni test specifico di abilità mentali, determinandone i risultati. Altri hanno affermato l'esistenza di due soli fattori, altri ancora di un numero molto maggiore, un autore è arrivato a proporne ben 120 (Guilford, 1967). Questo approccio ha gradualmente perso favori per diverse ragioni. Primo, due individui possono ottenere lo stesso punteggio in un test d'intelligenza dando risposte esatte a problemi completamente diversi: è chiaro che risultati del genere non potrebbero mai misurare lo stesso fattore. Secondo, metodi diversi di analisi fattoriale possono produrre risultati diversi partendo dagli stessi dati e si è rivelato difficilissimo determinare se un certo metodo, che dà luogo a un particolare insieme di fattori intellettivi, sia migliore o peggiore di un altro che fa emergere fattori del tutto diversi.

Per queste ragioni la maggior parte degli psicologi ha abbandonato la ricerca di un modello della mente che consista di intelligenze separate e distinte. L'unica eccezione di rilievo è rappresentata da Howard Gardner (1985), che ha proposto un modello di sette forme multiple d'intelligenza: linguistica, musicale, logico-matematica, spaziale, corporeo-cinestesica, interpersonale e intrapersonale. (Per un'esposizione del significato e valore di queste sette «intelligenze», il lettore interessato può leggere il libro di Gardner, *Frames of Mind*, 1985, ricco di informazioni e di spunti stimolanti.) A differenza degli altri psicologi che hanno cercato di individuate i diversi fattori dell'intelligenza, Gardner non si è affidato all'analisi fattoriale ma ai dati raccolti da numerose fonti: bambini prodigio, superdotati, pazienti con lesioni cerebrali, specialisti di varie discipline, individui di culture diverse, bambini e adulti normali, i cosiddetti *idiots savants* (insufficienti mentali con un talento straordinario in un unico specifico settore, come il calcolo aritmetico). Sternberg è scettico sulla validità della formulazione di Gardner, che comunque rimane tutta da dimostrare.

Il secondo modello identificato da Sternberg è il *modello computazionale*: l'intelligenza come un programma di computer. È quello che è diventato di moda negli ultimi dieci anni, allorché si sono costruiti computer in grado di eseguire sempre meglio compiti che si consideravano esclusivamente umani, come giocare bene a scacchi. Questo modello ha molte varianti, così com'è applicato da vari psicologi. Sternberg è critico verso questa impostazione, dubitando che le procedure di laboratorio usate per saggiarne il potenziale siano rilevanti rispetto a ciò che possono fare le persone in situazioni di vita reale. Si tratta di una critica giustamente sollevata nei confronti di buona parte della ricerca psicologica, che si fonda sui risultati di test artificiali in situazioni artificiali, anziché sul comportamento di bambini e adulti nella vita reale (McCall, 1977). Il metodo di laboratorio è pulito e chiaro, e le procedure possono essere facilmente replicate da altri ricercatori, ma quanto ha a che vedere con il comportamento reale delle persone?

Sternberg chiama *modello antropologico* il terzo gruppo di teorie: l'intelligenza come invenzione culturale, «l'idea che la natura dell'intelligenza sia in tutto o in parte determinata dalla natura dell'ambiente nel quale si vive» (1985, p. 1115). Spinta all'estremo, questa posizione nega ogni elemento comune all'intelligenza nelle varie culture; può esser criticata per la sua unilateralità e il non tener conto delle somiglianze del funzionamento cerebrale da una cultura all'altra. Ma Sternberg è critico anche nei confronti delle versioni moderate di questo modello, comprese quelle dei cosiddetti psicologi del ciclo vitale. Ammette che queste posizioni focalizzate sul contesto «hanno il pregio di tener conto del fatto che non tutte le culture vedono l'intelligenza allo stesso modo», ma gli sembra che tendano a ignorare gli stessi processi cognitivi di base nell'ambito di particolari culture. Obietta, comunque, che se si vuol analizzare l'intelligenza nel suo contesto culturale si dovrebbe studiare ogni singolo individuo separatamente, perché «ogni individuo in realtà vive in una subcultura o intreccio di subculture almeno leggermente differente» (p. 1116). Questa interpretazione ci sembra un po' una caricatura della posizione dei teorici culturali: dalla lettura dei loro scritti e anche dalle discussioni personali con diversi di loro, risulta chiaro che riconoscono l'importanza dei fattori biologici oltre che culturali.

Gli altri modelli individuati da Sternberg sono il *modello biologico*, qual è esemplificato da Piaget, e il *modello sociologico*, quale quello proposto da Vygotskij. Infine Sternberg avanza la sua personale teoria, che chiama *modello politico*: l'intelligenza come autogoverno mentale. «Come nel caso di un governo, per capire l'intelligenza è indispensabile un esame della politica interna (relazione dell'intelligenza col mondo interno dell'individuo), la politica estera (relazione dell'intelligenza col mondo esterno dell'individuo) e i processi di governo quali evolvono nel corso del tempo (relazione dell'intelligenza con l'esperienza)» (1985, p. 1117): questo modello si sforza realmente di raggiungere una visione complessiva dell'intelligenza, nei rapporti che essa intrattiene simultaneamente col mondo interno del cervello, il mondo esterno e le esperienze di vita dell'individuo. Come tale, non sembra concettualmente molto lontano dal modello del ciclo vitale. Sternberg conclude rilevando che l'intelligenza si evolve nel tempo e che le sue componenti devono essere esaminate mentre «si applicano al mondo quotidiano a vari livelli di esperienza» (p. 1117). Niente di più vero, e la stessa formulazione è calzante per altre caratteristiche psicologiche: temperamento, motivazioni, talenti e struttura della personalità.

LO SVILUPPO COGNITIVO: IL MODELLO DI PIAGET

Come abbiamo accennato nel capitolo precedente, il tema dei processi cognitivi nel bambino è stato oggetto di studio intensivo da parte di molti psicologi di primo piano. Ma quando si viene a parlare delle sequenze dello sviluppo cognitivo, è Jean Piaget lo scienziato che ha formulato un modello sistematico per spiegare come il bambino passi nel tempo da uno stadio o livello di abilità cognitiva al successivo.

Nell'organizzare teoricamente i dati ottenuti dall'osservazione dei bambini, Piaget si contrapponeva alla posizione unilaterale che vedeva nel bambino un organismo passivo, la cui mente sarebbe plasmata dall'accumulo delle esperienze, ma anche all'idea che fino dalla prima infanzia sia dotato di un'innata capacità intellettuale destinata a dispiegarsi e maturarsi con l'età. Egli concepiva piuttosto l'intelligenza come l'esito dell'adattamento del bambino al mondo, attraverso stadi successivi ordinati in una sequenza invariante. Era l'azione del bambino sull'ambiente, a partire dalla capacità innata, presente fino dai primi giorni di vita, di rispondere agli stimoli sensoriali e motori, l'elemento che Piaget considerava cruciale ai fini dello sviluppo intellettivo (1936; 1937).

Piaget chiamava il primo stadio *intelligenza sensomotoria*, comprendente la prima infanzia (fino ai due anni). Secondo la sua formulazione, il neonato viene al mondo con un insieme di riflessi motori e sensoriali che sono il fondamento della sua interazione con l'ambiente. Da tale interazione il lattante impara a coordinare le esperienze sensoriali e motorie nella consapevolezza del mondo esterno come luogo permanente con oggetti che sono indipendenti dalle sue percezioni. Per fare un esempio, il bambino alla nascita presenta il riflesso di prensione, che si mette in moto stimolando il palmo della mano: via via che afferra vari oggetti, imparerà a sperimentare diverse forme, superfici, pesi e temperature.

Il secondo stadio cognitivo secondo Piaget è il periodo della *rappresentazione preoperatoria*, che va all'incirca dai due ai sette anni. In questa fase il bambino interiorizza le sue esperienze sensomotorie e le loro tracce mnestiche in rappresentazioni simboliche. Lo sviluppo del linguaggio nel corso di questi anni è un esempio di tale trasformazione simbolica: le parole diventano simboli di oggetti, persone, categorie e attività. Nello stadio successivo, quello delle *operazioni concrete* – dai sette ai dodici anni circa – il bambino comincia a strutturare e integrare i suoi pensieri in un sistema coerente, a fare classificazioni di oggetti e delle relative proprietà, ad astrarre concetti come quelli di lunghezza, larghezza, volume e tempo. Queste operazioni mentali sono applicate a oggetti concreti: da qui il termine di stadio *operatorio concreto*.

Infine, dopo i dodici anni, il bambino diventa capace di *operazioni formali*, considerate da Piaget la forma più avanzata di attività cognitiva, un livello che alcuni individui possono non raggiungere mai in nessun campo del pensiero, o almeno non in tutti. In questo stile cognitivo delle operazioni formali, il ragazzo o l'adulto non è più legato ad oggetti e relazioni concrete ma è in grado di afferrare concetti astratti, realtà potenziali e le implicazioni di varie idee e ipotesi.

L'opera di Piaget ha avuto un'influenza enorme sul pensiero e sull'attività di ricerca in psicologia cognitiva. Le sue formulazioni basilari sono state il punto di partenza di innumerevoli studi che le hanno fruttuosamente applicate a diversi gruppi di bambini e adolescenti in varie situazioni sperimentali e naturali. Non c'è tuttavia da stupirsi se un lavoro pionieristico del genere non ha risposto una volta per tutte ad ogni domanda. Molte ricerche hanno dimostrato che i bambini non necessariamente passano con regolarità da uno stadio all'altro come pensava Piaget: i bambini, ma anche gli adulti, possono eseguire certi compiti a un livello di sviluppo superiore, altri solo a un livello più basso (Gardner, 1985). Ciò è diventato così evidente che gli psicologi hanno cominciato a mettere in dubbio il concetto di periodo o di stadio, che alcuni hanno lasciato cadere del tutto (Sternberg, 1985). Inoltre, Piaget ha concentrato i suoi studi sullo sviluppo del pensiero logico, ignorando questioni come la fantasia, i talenti speciali, o il ruolo delle emozioni e delle motivazioni in rapporto al pensiero. Fra l'altro, Piaget ha sviluppato un modello teorico astratto per descrivere in che modo il bambino assorbe e integra le esperienze nuove, un modello che si basa su concetti – come quelli di «schema», «assimilazione» e «accomodamento» – che sono troppo vaghi e generali per poter servire a indirizzare in concreto le ricerche successive.

Ma con tutti questi limiti Piaget rimane un pioniere nell'aver inaugurato metodi oggettivi e sistematici per seguire lo sviluppo del pensiero nei bambini. Senza lo stimolo rappresentato dalle sue idee e ricerche, i progressi della psicologia cognitiva sarebbero stati molto più lenti e faticosi.

DIFFERENZE INDIVIDUALI NELLO SVILUPPO COGNITIVO

Implicita nelle teorie e nei risultati di Piaget e Vygotskij, come di altri autori, da Bruner a Kagan o Sternberg, è l'idea che l'intelligenza dipenda sia dalla maturazione che dalle esperienze di vita. Dal momento che i bambini maturano con modi e tempi diversi (fatto che si osserva facilmente nelle differenze di sviluppo del linguaggio in bambini normali) e dal momento che hanno esperienze quanto mai varie, possiamo aspettarci differenze significative nel loro sviluppo cognitivo. Questo problema è argomento di un recente articolo di Kurt Fischer (Università di Denver) e Louise Silvern (Università del Colorado), che fornisce un panorama molto esauriente della letteratura. Essi notano che «in generale, la ricerca sullo sviluppo di bambini e adulti in un lungo arco di tempo [mette in luce] grosse differenze fra i gruppi d'età ma anche differenze sostanziose fra individui compresi entro gli stessi gruppi d'età» (1985, p. 617). Tali differenze sono ancor più marcate nei bambini più grandi che ai livelli d'età inferiori.

Fischer e Silvern documentano i vari fattori che possono influire sulle differenze di livello intellettivo, perfino in uno stesso bambino. Tra i fattori ambientali rientrano la difficoltà del compito, differenze nei suoi contenuti, il maggiore o minore aiuto e sostegno che il bambino riceve dagli altri. Influenze interne sono lo stato di mobilitazione e vigilanza, la capacità di integrare nelle proprie competenze l'informazione ricevuta dall'ambiente, interiorizzandola, e tutta una serie di fattori di personalità, come la motivazione e vari stati emotivi. Gli autori sottolineano che «una cornice teorica che coniughi organismo e ambiente prevede che gli individui attraversino sequenze evolutive diverse, serie diverse di abilità specifiche. Non c'è né un organismo fisso né un ambiente fisso a produrre un'unica, fissa sequenza evolutiva» (p. 641). Rilevano inoltre che quando si analizza il comportamento in termini altamente astratti (come ha fatto Piaget), ecco che allora può sembrare che tutti gli individui si sviluppino in maniere simili. Ma quando l'analisi del comportamento tiene conto dello stato interno di ciascun individuo e del contesto ambientale, allora si vede come le varie sequenze evolutive differiscano in misura significativa. Fischer e Silvern concludono che lo studio dell'intelligenza deve basarsi sulle influenze coniugate di organismo e ambiente. «Per avvicinarsi a questa prospettiva, lo schema delle ricerche deve prevedere sistematicamente variazioni sia in importanti variabili sul versante dell'organismo, come età, livello di abilità e stato emotivo, sia in variabili ambientali rilevanti, come tipo di compito, quantità di pratica e sostegno esterno» (p. 643). Concordiamo pienamente con questa linea. È forse uno dei temi centrali del nostro libro il fatto che questo tipo di ricerca riveli l'ampiezza e ricchezza delle differenze individuali negli esseri umani. Ciò è in netto contrasto con l'ottica della maggior parte degli psicologi, qual è illustrata vistosamente nella pratica dei test d'intelligenza (ne riparleremo nell'Appendice, Cap. II).

Cognizione e metacognizione

Negli ultimi dieci anni si è sviluppato un nuovo e promettente approccio allo studio dei processi di pensiero, l'impostazione metacognitiva propugnata da John Flavell, illustre psicologo di Stanford (1976). In parole povere, «cognizione» indica ciò che una persona sa e come usa questa conoscenza, «metacognizione» riguarda invece l'autoregolazione del processo di pensiero, cioè il fatto di sapere come si procede, o si dovrebbe procedere, nell'esecuzione di un compito o nella soluzione di un problema. Un esempio molto alla mano può illustrare la differenza tra le due forme di pensiero. Una padrona di casa può essere un'ottima cuoca e preparare ogni volta pranzi piacevoli ed eleganti, ma se le chiedono una ricetta risponde: «Non te la so dare, lo faccio e basta. Se vuoi fare come me, devi guardarmi mentre cucino e prendere appunti». Una persona del genere ha un'ottima competenza sul piano cognitivo, ma non a livello metacognitivo: sa cucinare (cognizione), ma non sa spiegare come procede per mettere in atto questa conoscenza (metacognizione). Oppure, prendiamo il caso inverso. Una persona compra una scatola di montaggio per costruire una culla. Sa benissimo come impostare il procedimento: studiare lo schema, individuare le varie parti e seguire il foglio d'istruzioni. Eppure non ci riesce perché non capisce fino in fondo uno o più elementi cruciali dello schema o delle istruzioni. Ecco una persona che dispone della competenza metacognitiva (sa come progettare e organizzare la soluzione del compito), ma non ha la cognizione indispensabile (non sa eseguire la strategia di soluzione).

L'importanza della metacognizione è riconosciuta da vari psicologi cognitivisti. Sternberg parla delle «metacomponenti o processi esecutivi, mediante i quali si progetta il da farsi, se ne sorveglia l'esecuzione e si valuta il risultato al termine delle operazioni» (1985, p. 1117). Lauren Resnick (1987), del Centro per lo studio e lo sviluppo dell'apprendimento dell'Università di Pittsburgh, parla di «pensiero di ordine superiore», che tende alla complessità, produce spesso soluzioni multiple ed implica giudizi sfumati e l'applicazione di criteri molteplici. Questo tipo di pensiero, aggiunge la Resnick, vuol dire anche autoregolazione dei processi di pensiero e comporta l'attribuzione di significati, cioè la capacità di trovare senso e struttura in un disordine apparente.

Kagan (1984) ha dimostrato l'importanza della metacognizione attraverso le strategie per aiutare la memorizzazione: ripassare i dati, inventare associazioni, cercare nei dati strutture organizzate, contare e raggruppare gli elementi che appartengono alla stessa categoria. In una prova di memoria, i bambini ai quali erano state insegnate queste strategie presentavano un miglioramento significativo su tutto il fronte. Un altro gruppo di bambini, che non avevano ricevuto queste istruzioni ma erano fortemente motivati, ha ottenuto risultati quasi equivalenti: i soggetti avevano inventato spontaneamente alcune delle strategie più efficaci. I risultati peggiori erano quelli dei bambini che non avevano ricevuto né specifiche istruzioni, né un incentivo motivazionale.

Si pone qui una domanda cruciale. Ai bambini si possono impartire informazioni specifiche e insegnare procedimenti intellettuali ben precisi, migliorando così il loro livello cognitivo, ma è possibile insegnare anche questo pensiero di più alto ordine, la competenza metacognitiva? Se così fosse, avremmo conseguenze enormi sul piano pedagogico. La Resnick fa il punto sullo stato attuale delle ricerche in proposito. Non dubita che bambini normali di livello medio possano apprendere questo tipo di pensiero, riservato in passato a un gruppo d'*élite*. La sua posizione è di cauto ottimismo, ma conclude che le ricerche fin qui disponibili riportano risultati molto vari e che non è possibile ancora una risposta definitiva, anche perché molti dei progetti non sono stati sottoposti a una valutazione adeguata.

Lauren Resnick solleva comunque vari punti che meritano molta attenzione. Il tentativo di impartire competenze metacognitive non va condotto in astratto ma nel contesto delle tradizionali discipline scolastiche, che forniscono la base di conoscenze da cui partire per insegnare processi di pensiero di più alto ordine. Per esempio, quando scrive una relazione su un libro letto, l'alunno può esser indirizzato ad analizzare i temi principali e secondari dell'opera, le strategie usate dall'autore per elaborare e documentare queste idee, i metodi usati per collegarle fra loro. A questo punto, l'alunno potrebbe imparare ad applicare lo stesso tipo di ragionamento nella relazione di un esperimento scientifico. Inoltre, è chiaramente dimostrato che un insegnamento del genere dovrebbe fondarsi su un contesto di interazioni sociali, come un gruppo di studio: un tale contesto offre le occasioni per fornire modelli di pensiero efficaci e per incoraggiare i primi incerti tentativi. La Resnick sottolinea anche che non basta insegnare a un bambino nuovi processi cognitivi, ma bisogna anche motivarlo ad usarli il più possibile. I processi di pensiero di ordine superiore sono diversi dai processi cognitivi ordinari e pertanto «possono implicare qualche rischio sociale: di trovarsi a dissentire da figure percepite come più potenti, di non giungere alle risposte attese, soprattutto di non poter sempre rispondere immediatamente», data la necessità di soppesare le varie alternative. È quest'ultimo aspetto, lascia intendere la Resnick, pur non dicendolo esplicitamente, che può suscitare forti resistenze da parte delle autorità scolastiche al tentativo di introdurre nei programmi didattici l'insegnamento di competenze metacognitive.

Il significato delle emozioni

Le difficoltà che si incontrano quando si cerca di arrivare a una definizione concordata dell'intelligenza sono nulla a paragone del problema di definire le emozioni (o l'affettività, come spesso si dice). I fenomeni cognitivi possono se non altro essere studiati attraverso una varietà di prove oggettive, come ha dimostrato Piaget, così come è possibile inferire diverse capacità cognitive partendo dai dati ottenuti su persone con speciali talenti o con vari tipi di danno cerebrale, secondo il suggerimento di Gardner.

Le emozioni invece sono stati soggettivi, privati, della sensibilità, difficilissimi da valutare oggettivamente. Le espressioni del viso possono forse darci degli indizi, ma non certo risposte definitive. Un certo sorriso può indicare che il bambino si diverte nel gioco che sta facendo, o forse pensa a un avvenimento piacevole che è in programma l'indomani, o magari sta seguendo una sua privata fantasticheria. Con gli adulti, che hanno imparato a controllare e nascondere i sentimenti, le espressioni emotive sono ancora meno attendibili per risalire a quello che è il reale stato emotivo: l'adulto può sorridere quando incontra una persona, pur provando in realtà ansia o collera, emozioni che cerca di occultare e sopprimere a causa delle convenzioni sociali che regolano il comportamento da tenere in pubblico, o perché esprimerle apertamente potrebbe creargli delle difficoltà.

I genitori sanno benissimo che i bambini imparano presto a controllare l'espressione pubblica dei sentimenti. Una madre stava guardando dalla finestra il suo bambino di tre anni che giocava in giardino. A un certo punto il bambino inciampa e cade, senza farsi niente. Si alza, si struscia il ginocchio e comincia a piangere. Nessuno gli presta attenzione e così smette di piangere per qualche minuto. Poi, a quanto sembra, avendo deciso che la sua situazione merita qualche conforto, si avvia verso casa e, prima di varcar la soglia, ricomincia a piangere strofinandosi il ginocchio.

Oltre allo stato emotivo interno e alla sua espressione pubblica, ci sono anche varie reazioni fisiologiche che accompagnano l'emozione. Esse variano enormemente da un individuo all'altro e non sono affatto specifiche quanto a significato: il battito rapido del cuore può accompagnare un'esperienza estremamente piacevole come una spaventosa; di fronte a un pericolo acuto, una persona può vomitare, un'altra avere la diarrea, una terza sentire il bisogno urgente di urinare, una quarta sudare abbondantemente, una quinta non dare nessun segno fisiologico di tensione e paura.

Ma soprattutto gli stati emotivi sono influenzati da fattori cognitivi, dal significato che si attribuisce a una certa esperienza o situazione. Così, una persona che nutre forti convinzioni circa i danni del pregiudizio razziale reagirà con rabbia all'uso di epiteti sprezzanti contro le minoranze, mentre un'altra che non abbia convinzioni del genere può restare indifferente o addirittura divertita. Un bambino che vede una minaccia in un cane che abbaia si ritrarrà impaurito, un altro che interpreta l'abbaiare come un saluto amichevole si avvicinerà all'animale per fargli una carezza. Questi giudizi diversi, da parte di bambini o adulti, rispecchiano esperienze passate che sono state interiorizzate come parte integrante del sistema cognitivo di ciascuno.

Viceversa, le emozioni possono a loro volta influenzare i processi cognitivi. Un bambino che abbia avuto una serie di piacevoli esperienze ludiche con un certo adulto può far proprie molte idee di questa persona. Un altro che per l'appunto abbia avuto numerosi incontri spiacevoli con coetanei di un certo gruppo etnico, razziale o religioso, può facilmente adottare stereotipi negativi verso tutti i membri di quel gruppo.

Un grosso problema, quando si trattano le emozioni, è che si usano gli stessi termini per designarle nei bambini e negli adulti, e tuttavia la rabbia, la gioia o la tristezza di un bambino piccolo non sono eguali a quelle di un adulto. Hanno significati e conseguenze diverse, e spesso anche una diversa origine.

Definizione delle emozioni

Dati gli elementi complessi che costituiscono gli stati emotivi, non sorprende trovare tanto disaccordo sulla definizione del fenomeno. Alcuni autori privilegiano la componente biologica, altri sostengono che le emozioni sono plasmate da influenze sociali. Alcuni lasciano intendere che le emozioni sono intimamente legate alla vita cognitiva, o addirittura dipendenti da questa, mentre altri insistono sulla sostanziale autonomia di questi fenomeni psichici (Izard, 1977). Gli psicoanalisti hanno messo a fuoco teorie degli stati emotivi come derivati del percorso individuale di presunte pulsioni istintuali durante l'infanzia. Ma i loro metodi di ricostruzione retrospettiva dei ricordi d'infanzia negli adulti e le loro interpretazioni altamente ipotetiche del gioco infantile non hanno permesso di fondare uno studio oggettivo e sistematico delle emozioni nei bambini. I comportamentisti, dal canto loro, hanno proclamato semplicemente che le emozioni non meritano di essere studiate, né possono dar luogo a uno studio scientifico, dato il loro carattere soggettivo. La psicologia evolutiva, infine, per vari anni si è occupata principalmente della cognizione, un campo nel quale era possibile ottenere dati quantitativi attendibili, a differenza del campo delle emozioni.

In anni recenti questa situazione è cambiata e un buon numero di ricercatori preparati, nel campo della psicologia e psichiatria evolutiva, ha intrapreso seriamente lo studio delle emozioni, sforzandosi nel frattempo di mettere a punto definizioni adeguate dei fenomeni emotivi. Particolare rilievo ha in questo senso l'opera di uno dei più autorevoli studiosi americani di psicologia evolutiva, Michael Lewis, e della sua collaboratrice Linda Michalson, entrambi della Rutgers University. Nel loro libro, *Children's Emotions and Moods* (1983), i due autori presentano una definizione esauriente dell'emozione, esaminano il problema dello sviluppo emotivo e descrivono i loro metodi per lo studio sistematico e obiettivo delle emozioni nell'età evolutiva.

Lewis e Michalson definiscono e analizzano le emozioni in termini di cinque componenti: attivatori, recettori, stati emotivi, espressioni ed esperienze. Se è vero che anche altri hanno formulato distinzioni fra alcuni di questi elementi, nessuno prima di loro ha trattato in dettaglio tutti e cinque gli aspetti.

Attivatori: in questa definizione, sono gli eventi che fanno scattare un cambiamento nello stato fisiologico interno dell'individuo. Gli attivatori esterni possono essere non sociali (per esempio, una luce violenta o un forte rumore), o sociali (un'aggressione, l'incontro con una persona amata, ecc.). Gli attivatori interni variano moltissimo, da una crisi ipoglicemica a una fantasticheria, all'impegno di un difficile compito cognitivo. Sono più difficili da individuare, ed è questa la ragione per cui la maggior parte delle ricerche si occupa solo di stimoli esterni. Le ricerche mirano inoltre a determinare con precisione quali elementi dell'attivatore mettono in moto la risposta emotiva. Non tutti gli stimoli che producono un'alterazione fisiologica necessariamente fungono da attivatori emotivi. Per esempio, un soffio d'aria fredda può dare i brividi, ma non suscita di per sé una risposta emotiva, a meno che la persona che ne è colpita si arrabbi con qualcuno, accusandolo di sbadataggine o maleducazione.

I *recettori emotivi* possono essere aree o circuiti specifici del sistema nervoso centrale, oppure sistemi generali dell'organismo, non specifici ma legati al livello di attivazione e attraverso questo a particolari stati emotivi. I dati disponibili sui recettori emotivi sono molto scarsi: si tratta di un settore difficilissimo da studiare empiricamente e gran parte dell'analisi è a livello speculativo.

Uno *stato emotivo* è definito da Lewis e Michalson come «una particolare costellazione di cambiamenti nell'attività somatica e/o neurofisiologica, che accompagna l'attivazione di recettori emotivi» (1983, p. 105). Questa definizione corrisponde approssimativamente a quella avanzata da vari altri studiosi (Izard, 1977). Una persona può presentare stati emotivi senza averne consapevolezza: è lo studio di questi stati emotivi sottratti alla consapevolezza cosciente a costituire un elemento centrale nella teoria e pratica psicoanalitica.

Le *espressioni emotive* sono quelle manifestazioni, nel viso, nella voce, nel corpo e nel livello di attività, che sono potenzialmente accessibili all'osservazione esterna. Queste espressioni sono state oggetto di un lavoro abbondante di studio, misurazione e classificazione, di solito concentrando l'interesse in un singolo campo – la mimica, le posture, ecc., a seconda degli interessi di ciascun autore – ma senza occuparsi quasi mai delle relazioni fra i diversi settori.

L'*esperienza emotiva* è «l'interpretazione e valutazione che l'individuo dà di questo stato ed espressione emotiva, una volta che li percepisca... L'esperienza emotiva avviene attraverso l'interpretazione e valutazione di stati ed espressioni emotive. Pertanto, l'esperienza emotiva dipende da processi cognitivi» (Lewis e Michalson, 1983, pp. 118-119). L'esperienza emotiva implica un complesso di valutazioni, lo stato interno, il contesto nel quale l'emozione si è presentata e l'identificazione dello stimolo attivatore immediato.

Lewis e Michalson si addentrano in un'analisi dettagliata di questi cinque aspetti dell'emozione, citando numerosi esempi tratti da situazioni di vita reale e ricollegando i loro concetti all'opera di altri ricercatori. Mettono inoltre le cinque componenti in relazione fra loro ed avanzano una concezione evolutiva delle emozioni. Avere scomposto l'emozione in queste cinque componenti rappresenta un modello teorico persuasivo, sottolineando la complessità del fenomeno, che in superficie potrebbe apparire semplice in confronto ai processi cognitivi.

Lo sviluppo emotivo

Data la complessità dei fattori che plasmano gli stati emotivi e la mancanza di metodi attendibili d'indagine e raccolta dei dati, lo studio dello sviluppo delle emozioni nell'arco della vita è un'impresa difficile. I dati che comunque abbiamo sembrano indicare che i bambini possano sviluppare i rudimenti di emozioni complesse in età precocissima. Per esempio, prendiamo l'empatia, l'interesse per i sentimenti che si osservano nell'altro, fino al punto di condividerli. Lo studio fondamentale di Dunn e Kendrick sui fratelli (1982) ha dimostrato che, su 16 bambini fra i due e i tre anni d'età, ben 13 presentavano un comportamento decisamente empatico verso il fratellino di otto mesi. In questo tipo di comportamento rientrano atti come aiutare il bambino piccolo a recuperare o comunque manipolare un oggetto, quando non ci riesce da solo, oppure offrirgli un giocattolo o un biscotto quando piange. Questa comparsa precoce dell'empatia è confermata da Lewis e Michalson in base alla letteratura esistente sull'argomento (1983, p. 180) e anche da Kagan (1984, p. 126).

Uno sforzo intelligente di organizzare quanto sappiamo sullo sviluppo delle emozioni è quello di Jerome Kagan nel suo libro *The Nature of the Child* (1984). Pochissimi psicologi sono qualificati come lui per un tentativo del genere, sia per l'abbondanza delle sue personali ricerche sullo sviluppo del bambino che per l'assoluta padronanza della letteratura scientifica. L'analisi di Kagan delle emozioni è inevitabilmente breve, data la scarsità delle nostre conoscenze, anche se copre l'arco d'età dalla prima infanzia a tutta l'adolescenza. Ma rappresenta egualmente un contributo prezioso. Kagan sottolinea continuamente che i mutamenti negli stati emotivi nel corso dello sviluppo «sono dovuti, almeno in parte, alla maturazione di nuove funzioni cognitive e all'acquisizione di nuove conoscenze» (p. 183). Così, per esempio, «la comparsa del senso di colpa avviene più tardi perché il suo fondamento cognitivo richiede tempo per maturare. Il talento cognitivo in questione è la capacità di riconoscere che si può scegliere» (p. 175). A due anni il bambino non possiede questa competenza, ma a quattro anni sì e diventa quindi capace di provare quell'emozione che chiamiamo senso di colpa. Lo studio sistematico dello sviluppo emotivo sta muovendo i primi passi, ma rappresenta una grossa sfida per i ricercatori. Lewis e Michalson propongono una generalizzazione che dovrebbe costituire un'utile guida alla ricerca in questo campo:

> Più di un modello può esser necessario per spiegare le emozioni a diversi livelli evolutivi nella vita dei bambini... Maturazione, processi biologici e forze socializzanti svolgono tutti un ruolo chiave nelle sequenze evolutive che partono da un organismo relativamente indifferenziato per sfociare in un individuo altamente differenziato, consapevole e capace di vivere una ricca vita affettiva (1983, p. 139).

Differenze individuali nelle emozioni

Data la complessità e variabilità dei fattori che intervengono negli stati emotivi, non può meravigliare il fatto che ci siano grandi differenze individuali. Ciò costituisce materia di osservazione comune. Alcuni bambini (e alcuni adulti) esprimono vivacemente le loro emozioni, altri molto meno o magari quasi per niente. Esperienze diverse evocano emozioni diverse in bambini diversi, e differenze nell'espressione delle emozioni. Qui il temperamento svolge un ruolo importante. Il bambino dal temperamento facile, col suo umore prevalentemente positivo e la rapida adattabilità a situazioni nuove, manifesterà per lo più gioia e allegria, mentre il bambino difficile, con caratteristiche diametralmente opposte, presenterà in genere abbondanza di stati emotivi a tonalità negativa, con pianto, bizze e altri segni di frustrazione o malessere. Il bambino perseverante, poco distraibile, che viene strappato a forza da un'attività in cui è assorto, reagirà tipicamente con rabbia e dolore, mentre il bambino distraibile è facile indurlo a cambiare attività, tranquillamente o magari anche con gioia.

Altri fattori poco chiari hanno anch'essi la loro parte. Certi bambini si svegliano allegri e ben disposti, pronti a giocare, altri rimangono imbronciati o bizzosi per qualche minuto o anche più a lungo. E alla fine della giornata, alcuni bambini diventano irritabili quando cominciano ad avere sonno, mentre altri si infilano a letto tranquillamente senza fare storie.

È il caso di ripetere quanto si è già detto in altri capitoli, che queste differenze individuali rappresentano variazioni sul normale e che non c'è un modello «più normale» di un altro. Quando invece un bambino con un certo tipo di espressività emotiva cambia all'improvviso, sia in generale che in alcune situazioni specifiche, il cambiamento esige qualche spiegazione.

IMPLICAZIONI PER I GENITORI

A questo punto qualche genitore potrebbe chiedere: «Tutte queste informazioni sui fenomeni cognitivi ed emotivi sono interessanti, ma come faccio ad applicarle in concreto col mio bambino nella vita di ogni giorno?». È una domanda legittima, e ci sono varie considerazioni pratiche da fare.

I genitori di solito sono in grado di riconoscere il quadro individuale che i loro figli presentano sul piano cognitivo ed emotivo, e di modellare il loro comportamento in modo da realizzare una buona compatibilità. Un bambino, per esempio, può aver voglia di sapere come funziona una bicicletta e come si fa a mantenersi in equilibrio prima di provare ad andarci sopra, un altro non vorrà saperne di queste spiegazioni e impara ad andare in bicicletta montando in sella e pedalando. Uno riflette in silenzio prima di rispondere alle domande e questo non vuol dire assolutamente che non voglia rispondere, un altro risponde subito, a volte esattamente, a volte no.

Allo stesso modo, le abilità cognitive e le emozioni maturano con tempi diversi nei diversi bambini, e non tutte insieme neppure nello stesso bambino. Alcuni cominciano a parlare più presto o imparano a leggere o contare prima di altri. Cerri bambini sviluppano risposte empatiche ai bisogni e sentimenti altrui con grande precocità, altri meno. Fare pressioni per un livello di abilità cognitiva o di risposta emotiva che il bambino non ha ancora raggiunto non può avere che effetti negativi. Il corso evolutivo di ciascuno dev'essere rispettato, anche se differisce da quello dei coetanei, a meno che ci siano segni chiari di una deviazione eccessiva. Ma questi casi generalmente si riconoscono facilmente: il bambino di tre anni che ancora non parla, quello di cinque anni che manifesta paure o disagio senza cause apparenti, o qualunque altro comportamento che susciti dubbi molto concreti, sono questi i casi nei quali è opportuno ricorrere al consiglio di uno specialista.

Soprattutto, l'interesse del bambino per il pensiero e l'apprendimento dev'essere coltivato. Lo studio di Kagan sui processi metacognitivi nelle prove di memoria, che abbiamo citato poc'anzi, ci fa vedere quanto sia importante la motivazione per stimolare i bambini a sviluppare da soli le strategie utili per venire a capo di un problema. La Resnick, a proposito di processi di pensiero di ordine superiore, sottolinea l'importanza della motivazione: «Attraverso l'incoraggiamento a tentare nuovi metodi più attivi e attraverso il sostegno sociale assicurato ai loro sforzi, anche se solo parzialmente riusciti, gli allievi possono arrivare a percepire se stessi come individui capaci di impegnarsi in modalità indipendenti di pensiero, in grado di esercitare un controllo sui loro processi di apprendimento» (1987).

I genitori possono fare moltissimo per incoraggiare la motivazione all'apprendimento. Come abbiamo già detto, questo non significa usare ginnastiche mentali per aumentare il QI: sono sforzi vani, anche se i risultati immediati possono sembrare una crescita impressionante delle conoscenze del bambino. Si tratta di nozioni vuote e meccaniche, e se il bambino è sottoposto a queste pressioni c'è il rischio reale che l'apprendimento cessi di costituire per lui un'esperienza interessante e stimolante. Ma i genitori possono avere molte opportunità di fare quanto suggerisce la Resnick. Possiamo illustrarlo con qualche esempio tratto dalla nostra esperienza personale. Una sera a cena uno dei nostri figli – all'epoca avrà avuto quattro anni – rimase qualche minuto in silenzio e alla fine annunciò: «Lo so perché i pesci nuotano così bene. Fanno esercizio tutto il giorno». Avremmo potuto metterci a ridere e far passare la sua battuta in barzelletta, mettendolo in imbarazzo e scoraggiandolo da questo tipo di pensiero. Invece lo prendemmo sul serio e gli facemmo i complimenti per la sua analisi; subito dopo (e poi in varie altre occasioni) ci mettemmo a parlare dell'anatomia dei pesci, che li rende così adatti al nuoto, e delle differenze fra animali che vivono in mare e sulla terraferma. Un'altra volta, stavamo per uscire per una gita, ma lui era tutto preso dalla costruzione di un modellino di aereo: chiaramente preferiva rimanere a casa a finire il suo lavoro, piuttosto che venire con noi. Dato che in casa restava qualcuno che avrebbe potuto dargli un'occhiata, gli esprimemmo la nostra approvazione per l'impegno che metteva nel lavoro e ce ne andammo senza di lui. Al nostro ritorno ci mostrò trionfante il prodotto finito e ricevette le nostre lodi. Se avessimo insistito perché interrompesse la sua attività e venisse con noi in gita, avrebbe perso un'occasione importante per dimostrare a se stesso le sue capacità di lavoro e di soluzione dei problemi.

Un'ultima avvertenza ai genitori. Il lavoro di ricerca nel campo dei processi metacognitivi appare promettente e prima o poi dovrebbe arrivare a dimostrare che un addestramento in questo tipo di pensiero può essere efficace, aumentando la capacità del bambino di sviluppare un pensiero di ordine superiore. Se e quando ciò avverrà, senza dubbio spunteranno come funghi individui e organizzazioni a proporre, com'è già successo per il QI e altri temi, metodi semplici e garantiti per «insegnare la metacognizione». Di fronte a queste operazioni i genitori devono esser molto cauti e diffidenti, capire prima di che cosa si tratta esattamente e farsi consigliare da persone competenti, prima di iscrivere i loro figli a corsi del genere. La didattica delle funzioni metacognitive, se mai diverrà possibile, non sarà certamente traducibile in procedure semplici e rapide, ma esigerà tutta una serie di strategie accuratamente studiate ed applicate da autentici specialisti.

IX

L'autostima del bambino

Finora abbiamo concentrato l'attenzione su quello che le più recenti ricerche ci hanno insegnato intorno alle capacità del neonato e del bambino piccolo, sullo spiegamento impressionante di abilità con cui viene al mondo. Queste competenze non sono come il sistema elaborato di istinti che equipaggia un insetto non appena uscito dall'uovo e gli permette di iniziare la sua via nell'acqua o nell'aria, pronto a riprodurre dopo pochi giorni la vita dei suoi progenitori. Il piccolo dell'uomo, al contrario, è assolutamente incapace di sopravvivere da solo. Ma possiede capacità esclusive che gli insetti e gli altri organismi non hanno. È in grado di percepire e discriminare rapidamente il viso umano, di entrare in comunicazione con le persone che lo accudiscono, di cominciare ad imitare gli adulti, l'inizio dell'apprendimento mediante la comunicazione. È anche in grado di esplorare attivamente gli oggetti del suo ambiente e ben presto impara a saggiarli con la bocca e le dita e a manipolarli in tutti i modi. E tutte queste attività le porta avanti con lo stile comportamentale che gli è proprio.

In tutti questi modi il lattante si dispone ad apprendere ciò che la cultura si aspetta e pretende da lui e a sviluppare col tempo quei talenti e attitudini particolari che eventualmente possieda. È pronto anche ad istituire legami e rapporti sociali, dapprima con la madre (o i suoi sostituti), e poi con una cerchia sempre più larga di altre persone.

Questa visione del bambino piccolo come essere umano dotato di competenze, in continua interazione col suo ambiente e impegnato in un processo costante di apprendimento, ci porta a una questione centrale nello sviluppo infantile: quando e come il bambino sviluppa un senso di sé.

Il senso di sé è uno di quei concetti dei quali ciascuno di noi ha soggettivamente esperienza diretta, ma tuttavia trova difficile definire. È legato a tutta una serie di attributi che consideriamo importanti, o addirittura decisivi, nello sviluppo del bambino e nella vita dell'adulto: il rispetto di sé, l'autostima, la fiducia nelle proprie possibilità.

Per una definizione semplice e utile del sé, possiamo dire che è costituito dall'identità, carattere e qualità essenziali di una persona, che tendono ad essere permanenti. In sostanza, il sé è la propria persona, il proprio essere come individuo distinto e separato da tutti gli altri.

Dati sperimentali fanno supporre che anche altri animali superiori, come lo scimpanzé, possano avere una rudimentale consapevolezza di sé (Goodall e Hamburg, 1975), ma è nell'uomo che il senso di sé è altamente sviluppato: il senso di essere una persona che, pur cambiando nel tempo, rimane la stessa, che è simile agli altri eppure diversa da tutti loro. Noi cambiamo, via via che affrontiamo una dopo l'altra le esperienze della vita, eppure un nucleo centrale del nostro essere psicologico ci sembra rimanere sempre lo stesso. Il sessantenne sa di essere diversissimo da quello che era a vent'anni, ma allo stesso tempo sente profondamente di essere sempre la stessa persona che era allora.

L'IMPORTANZA DELL'AUTOSTIMA

Via via che si sviluppa nel bambino, il senso di sé prende forma in senso positivo o negativo. Il bambino può sviluppare autostima e fiducia in se stesso, oppure formarsi una scarsa opinione di sé e delle proprie capacità di funzionare nei rapporti sociali e di padroneggiare compiti impegnativi. Ci sono anche situazioni miste, bambini e adulti che hanno un'alta stima di sé in certi campi, magari quelli per i quali sono più dotati, mentre in altri si sentono incapaci.

L'autostima può essere considerata un elemento chiave del funzionamento psicologico, per il bambino non meno che per l'adulto. Con una sana stima di sé il bambino può affrontare le prove della vita con fiducia nella propria capacità di venirne a capo con successo. Con una scarsa o incerta valutazione delle proprie competenze – in altre parole, con un'autostima insufficiente – il bambino dubita di riuscire a far fronte alle richieste e aspettative nuove che si trova di fronte, ed è insoddisfatto anche di ciò che può aver realizzato, convinto di non essere all'altezza dei coetanei, si tratti del gioco, della scuola o di un lavoro.

Una volta che comincia a cristallizzarsi nella mente di una persona, il senso di un'alta o bassa stima di sé diventa spesso una di quelle profezie che si realizzano per forza propria. Il bambino, adolescente o adulto, con un senso solido e preciso delle proprie capacità saprà mobilitarsi efficacemente in vista di un compito nuovo, prenderlo di petto e garantirsi così una riuscita che a sua volta rinforzerà la sua autostima. Un ragazzo che è insicuro dei propri mezzi e teme l'insuccesso ha fin troppe probabilità di affrontare la prova con apprensione e dubbi, o addirittura evitarla con qualche pretesto, assicurandosi in tal modo l'insuccesso e confermando la cattiva opinione che ha di sé. A volte questi dubbi sul proprio conto sono nascosti dietro una facciata di millanteria e vanagloria, cosa che non aiuta per nulla e in genere non fa altro che aggiungere una preoccupazione in più, che gli altri non si lascino ingannare da questa maschera e si facciano un'opinione ancora più scadente.

Dispiace vedere quanto spesso si rivolgono allo psichiatra o allo psicologo persone con gravi dubbi sul proprio conto, quando le loro effettive capacità e doti personali avrebbero dovuto assicurare una salutare autostima, che avrebbe fatto una differenza enorme nella loro vita. L'importanza della stima di sé trova ampio riconoscimento nell'enorme letteratura scientifica dedicata da psicologi e psichiatri a questo tema, così come nell'attenzione ad esso riservata nel corso dei secoli da romanzieri e drammaturghi. Solo i comportamentisti vecchio stampo hanno ignorato lo studio dell'autostima, cacciandola nella «scatola nera» della mente, della soggettività che non può, a loro avviso, essere studiata scientificamente. Il resto di noi che ci occupiamo di queste materie dissente con decisione: ignorare il tema dell'autostima nello studio dello sviluppo psicologico è come mettere in scena *Amleto* senza Amleto.

Le origini del senso di sé

L'autostima è questione così centrale che le sue origini ed evoluzione sono diventate temi cruciali della teoria e ricerca sullo sviluppo. Quello che possiamo conoscere in proposito può fare molta differenza per i genitori e gli altri che vogliono sapere come stimolare e alimentare la crescita di una solida e sana stima di sé nei bambini.

Perché possa cominciare a svilupparsi un senso di sé, il bambino dev'essere in grado di percepire se stesso come individuo, separato dai genitori e altre persone e dal mondo oggettuale. Dev'essere in grado di differenziare se stesso e il proprio comportamento da stimoli e azioni che provengono dal mondo esterno. Inoltre, le esperienze debbono lasciare nel suo cervello tracce mnestiche, o schemi (si veda la definizione e descrizione di Kagan nel Cap. VII), in modo che possa riconoscere gli altri come diversi da sé.

Concezioni tradizionali

Tradizionalmente, il lattante non era ritenuto capace di quelle risposte differenziate all'ambiente che sono indispensabili per avviare un senso di sé. Per Piaget e Bowlby il cervello del neonato era composto solo di fasci di riflessi, per Freud era costituito da un sistema di pulsioni istintuali. Tutte queste teorie usavano etichette come indifferenziazione, egocentrismo, narcisismo (preoccupazione esclusiva per i propri bisogni, a prescindere dall'ambiente), o anche, per citare la Mahler, «autismo normale».

Le idee di Anna Freud sull'egocentrismo della primissima infanzia erano simili a quelle della Mahler, pur non articolandosi in uno schema elaborato come quello mahleriano di «simbiosi» e «separazione-individuazione». La sua formulazione sembra basata sull'idea che il bambino possa rapportarsi indipendentemente al mondo esterno solo nella seconda parte del primo anno, quando ha raggiunto lo stadio della «costanza dell'oggetto», lo stadio in cui si accorge che un oggetto quando scompare dalla sua vista non sparisce definitivamente. Scrive infatti Anna Freud: «Finché la fase della costanza dell'oggetto non è raggiunta, l'oggetto, cioè la persona che fornisce le cure materne, non è percepita dal bambino come dotata di un'esistenza propria; essa è percepita solo in termini del ruolo che le è assegnato nel quadro dei bisogni e desideri del bambino» (1965, p. 58). In altre parole, vedeva il bambino egocentrico al punto da non poter percepire come persona indipendente neppure la madre. Considerava il neonato indifferenziato e pertanto incapace di un senso di sé separato. Solo più tardi, di solito intorno ai quattro-sei mesi, l'interazione col mondo esterno avrebbe posto il bambino in condizione di cominciare il processo di differenziazione di sé.

Il ragionamento di Anna Freud era fondamentalmente una congettura speculativa basata sul dato di fatto della costanza dell'oggetto, senza il sostegno di alcuna prova empirica. Altri psicoanalisti hanno messo in dubbio queste idee. Erik Erikson colloca l'inizio del sé e dell'identità nei primi mesi di vita, nel primo stadio del suo schema evolutivo. Questo stadio, designato da Erikson con la polarità *fiducia-sfiducia*, comprende un «rudimentale senso di identità dell'Io» (1950, p. 58). Non diversamente da Anna Freud, tuttavia, neppure Erikson porta dati oggettivi a conferma di questa sua visione, sia pure diversa e suggestiva.

Più di recente Heinz Kohut, uno psicoanalista di Chicago, ha scosso la comunità analitica contestando la tradizionale teoria del complesso edipico e della sua risoluzione come tema centrale dello sviluppo infantile. Kohut e i suoi allievi insistono piuttosto sul periodo della prima infanzia, nel quale lo sviluppo del senso di sé costituirebbe il primo e più complesso compito evolutivo, un compito destinato in ultima istanza a durare tutta la vita (Kohut, 1977). Ma neppure le formulazioni di Kohut sono state vagliate alla luce della conoscenza oggettiva che andiamo accumulando sulle capacità del lattante e la sua attiva comunicazione con l'adulto. Queste idee di Erikson e di Kohut, per quanto possano piacerci in confronto alle formulazioni freudiane classiche, o a quelle di Anna Freud e di Margaret Mahler, hanno suscitato nella comunità analitica un vivace dibattito teorico e speculativo, che in assenza di riprove empiriche, ha prodotto più calore che luce.

In generale, queste varie concezioni psicoanalitiche dello sviluppo del sé soffrono di due difetti. Primo, i dati base vengono da una ricostruzione retrospettiva tratta dai ricordi di bambini più grandi o adulti in trattamento analitico. A parte il carattere speciale di questi casi, in confronto a persone normali, questi ricordi sono estremamente inattendibili, come ebbe a scoprire lo stesso Freud e come altri hanno documentato (Robbins, 1963; Wenar, 1963). Secondo, il comportamento del neonato è valutato come se si avesse a che fare con un adulto in miniatura o con un bambino più grande affetto da una malattia come l'autismo. Gratificare il neonato di etichette come quelle di *egocentrismo* e *onnipotenza*, che sarebbero pertinenti per un adulto con un comportamento simile, significa ignorare che il suo livello di funzionamento cerebrale non consente neppure lontanamente un'ideazione del genere. Come rileva Emanuel Peterfreund (1978), se un lattante piange forte finché i suoi bisogni non sono soddisfatti, questo non è il narcisismo o «onnipotenza» dell'adulto che pretende a tutti i costi la soddisfazione immediata dei suoi desideri: il bambino, a differenza dell'adulto che ha molte altre alternative, ha solo questo mezzo per segnalare che ha fame, è bagnato o sente dolore. Equiparare i due è cadere nell'errore di adultomorfismo.

Studi oggettivi sullo sviluppo del senso di sé

A queste speculazioni teoriche, ci piace contrapporre le implicazioni che si possono chiaramente ricavare da recenti studi oggettivi sul neonato e il lattante. La nostra personale convinzione (Thomas e Chess, 1980) è che le competenze percettive, di comunicazione e di apprendimento del neonato fanno sì che l'individuazione e differenziazione di sé possano cominciare fino dalla nascita e crescere poi via via che il bambino è coinvolto in interazioni sempre più varie e complesse con i genitori, altre persone e oggetti inanimati. Questo sviluppo è analogo all'evoluzione sequenziale del linguaggio, in cui le prime parole dei nove, dodici o diciotto mesi non sono l'inizio della funzione linguistica, ma un nuovo stadio che si è evoluto dal precedente periodo di vocalizzi e linguaggio gestuale cominciato alla nascita.

Verso il terzo mese, o anche prima, i bambini possono restare molti minuti di seguito a fissarsi le mani, rotando i polsi e guardando attentamente le mani mentre si muovono. Alla stessa età, o magari qualche settimana dopo, molti bambini quando sono soli nella culla non solo vocalizzano a lungo, ma talvolta continuano a ripetere lo stesso suono. Come nota un'acuta osservatrice, Judy Dunn, «sappiamo che al terzo mese di vita i bambini sono incantati dagli eventi che derivano dai loro stessi atti (lo dimostrano, per esempio, certe ricerche sul sorriso) e sono turbati se il loro comportamento con gli altri manca di produrre la reazione che si aspettano» (1977, p. 32).

In tutti questi casi il bambino prende l'iniziativa di un comportamento che ha delle conseguenze di cui appare chiaramente consapevole (movimento delle mani, un suono, un sorriso, le risposte degli altri). Questo è certamente l'inizio di quell'ingrediente base del concetto positivo di sé, la consapevolezza che «io» posso produrre cambiamenti nel mondo esterno: «io» devo essere un'entità separata dal mondo di fuori, se «io» posso realizzare questo.

In un suo recente, importante articolo, Daniel Stern, psicoanalista e ricercatore, ha sviluppato la tesi del neonato come organismo differenziato, capace di un senso di sé. Dalla conoscenza delle più recenti scoperte sull'organizzazione percettiva, le tendenze d'azione e le competenze cognitive del lattante, scoperte basate soprattutto su metodi sperimentali e di osservazione, Stern trae la conclusione netta e decisa che «i bambini probabilmente non vivono mai una fase di esistenza indifferenziata – cioè, il bambino è pre-programmato a discriminare e cominciare a formare schemi distinti di sé e degli altri fino dai primissimi mesi di vita» (1983, p. 50). È critico verso i concetti della Mahler, contestando con dati scientifici persuasivi le sue idee di una «simbiosi», un'iniziale confusione del bambino fra sé e la figura primaria di riferimento. Secondo Stern, «le esperienze e gli schemi di sé e degli altri non sono mai stati sistematicamente o generalmente fusi o confusi dal bambino nel corso dello sviluppo iniziale, ma sono invece formati separatamente, come costrutti sensomotori e cognitivi emergenti» (p. 51).

In un libro recente, *The Interpersonal World of the Infant* (1985), Stern prende le mosse dai suoi studi e da un sostanzioso patrimonio di ricerche altrui per proporre un disegno sistematico dello sviluppo del senso di sé nella prima infanzia. Il primo stadio è quello che chiama *sé emergente*, che si forma nei primi due mesi di vita. Durante questo periodo il bambino ha esperienze separate e sconnesse, ma comincia anche ad integrarle e organizzarle. È da questo processo di organizzazione incipiente che il bambino sviluppa la base di un emergente senso di sé. Il secondo stadio, definito da Stern *nucleo del sé*, si forma fra i due e i sei mesi. È in questo periodo, come indicano le ricerche, che il bambino si forma il senso di avere il controllo delle proprie azioni (il braccio e la gamba si muovono quando vuole), azioni che hanno delle conseguenze nel mondo esterno (se colpisce una giostra sospesa, questa si muove). Il terzo stadio – il senso di un *sé soggettivo* secondo Stern – si sviluppa dai sette ai quindici mesi. Stern afferma che è in questo periodo d'età che «i bambini gradualmente pervengono alla cruciale scoperta che le esperienze soggettive interne, la "materia" della mente, sono potenzialmente condivisibili con altri» (1985, p. 124). Questa condivisione può prendere molte forme come chiedere qualcosa o richiamare l'attenzione di un'altra persona su un certo oggetto. Il quarto stadio è quello in cui si forma il senso di un *sé verbale*, dopo i quindici mesi. Lo sviluppo del linguaggio rende possibile la formazione di segni e simboli verbali e l'inizio di azioni simboliche come il gioco.

Stern insiste sul fatto che queste quattro forme del senso di sé non sono fasi successive che si sostituiscono l'una con l'altra: «Una volta formato, ciascun senso di sé rimane pienamente funzionante e attivo per tutta la vita» (1985, p. 11). Questa formulazione rappresenta il primo tentativo sistematico, fondato su solidi dati scientifici, di seguire l'evoluzione del senso di sé attraverso la prima infanzia. Certi concetti sono per forza di cose speculativi, come qualunque tentativo di capire che cosa sente e pensa il lattante, che ancora non può comunicare attraverso il linguaggio, ma le ricerche e le ipotesi di Stern promettono di ampliare e approfondire in maniera quanto mai significativa la nostra comprensione dello sviluppo psicologico nei primi mesi di vita.

Nel suo precedente articolo (1983), Stern toccava un punto molto importante a proposito di tante teorizzazioni e speculazioni psicoanalitiche o psichiatriche in genere, troppo spesso presentate come se fossero fatti provati. Scriveva infatti: «Troppo a lungo ci siamo posti in una posizione di svantaggio, guardando agli stadi normali di sviluppo in base a successivi errori patologici o concezioni deliranti circa la natura della realtà» (p. 80).

Lawrence Kolb, illustre clinico e professore di psichiatria alla Columbia University, ha sollevato lo stesso problema a proposito degli adulti. Egli avanza la tesi, contraria alle correnti formulazioni psicodinamiche, secondo cui gli aspetti positivi della personalità «indubbiamente derivano da processi evolutivi ben diversi, quanto ad origine e azioni, da quelli che producono la psicopatologia. Nel malato, quei processi che presiedono al controllo dell'ambiente sono inibiti, o hanno fallito nella loro evoluzione» (1978)*.

Il rapido sviluppo del concetto di sé nei primi mesi di vita è illustrato da vari esperimenti ingegnosi di due psicologi evolutivi, Michael Lewis e Jeanne Brooks, dell'*Educational Testing Service*, che hanno osservato come, a partire dai nove mesi circa, i bambini, pur manifestando la reazione negativa all'estranea adulta, rispondevano positivamente a un bambino sconosciuto. Hanno osservato inoltre la risposta dei bambini all'apparente avvicinamento della propria immagine, prodotto con un gioco di specchi: era altrettanto positiva che all'avvicinamento reale della madre (1974). Se, come generalmente si suppone, la reazione negativa all'estranea riflette la discriminazione dall'immagine interiorizzata della madre, allora la risposta al bambino sconosciuto e alla propria immagine speculare dovrebbe essere ancora più negativa, discostandosi molto di più dall'aspetto della madre. La reazione positiva osservata da Lewis e Brooks, invece, fa pensare che il bambino confronti i visi non solo a quello materno ma anche al proprio, cosa che esige almeno l'inizio di un senso di sé organizzato.

In un altro esperimento molto elegante (1975), Lewis e Brooks chiedevano alle madri di spalmare un po' di rossetto sul naso dei bambini (età dai nove mesi ai due anni), senza farsene accorgere. I bambini venivano quindi portati davanti a

* Questa insistenza su quello che c'è di sano e normale oltre che di patologico può sembrare ovvia. Ma nella nostra esperienza didattica con gli specializzandi in psichiatria, ci siamo accorti che questo è il loro tipico scotoma. Sono capaci di descrivere il comportamento patologico di un adulto o di un bambino, ma alla domanda «Quali sono le sue risorse? Che cos'ha di sano?», rimangono interdetti e fanno notare che una domanda come questa non gli è mai stata fatta dagli altri supervisori. A parte le altre implicazioni che comporta ai fini di impostare un trattamento adeguato, questa insistenza sul patologico ha avuto gravi conseguenze sul tipo di consigli che gli specialisti impartiscono ai genitori. Come rileva Stern, se i normali stadi evolutivi sono concepiti in termini di «errori patologici», come può un sedicente esperto che segua questo dogma offrire indicazioni attendibili ai genitori di bambini normali?

uno specchio: se alla vista del proprio riflesso si toccavano il naso macchiato di rosso, dimostravano di saper identificare con se stessi l'immagine speculare. A nove mesi lo facevano in pochi, ma la percentuale cresceva progressivamente nell'arco del secondo anno.

Implicazioni di un senso precoce di sé

Importa davvero sapere se il senso di sé comincia a svilupparsi fino dalla nascita o dalle prime settimane di vita, o solo più tardi, al quarto, sesto o ottavo mese? Importa molto, per diverse ragioni.

Prima di tutto, lo studio dello sviluppo infantile è una disciplina scientifica e ci interessa che sia quanto più esatto possibile: questo è uno dei principi basilari della ricerca. Ma lo studio delle origini del senso di sé può avere anche applicazioni pratiche. Conoscere meglio le cause di tali origini potrebbe servire a trovare i modi per stimolare la formazione di una positiva autostima. Non solo, ma varie turbe psichiatriche dell'infanzia, come autismo, insufficienza mentale e gravi cerebropatie, producono distorsioni nella percezione di sé come individuo separato e distinto nel rapporto con gli altri. Una più sottile cognizione dei meccanismi e dei tempi coi quali matura il senso di sé potrebbe forse darci indicazioni preziose per il trattamento di questi disturbi.

Inoltre, se l'emergere di un senso di sé viene collocato più tardi, verso la metà del primo anno di vita o ancora dopo, come abbiamo visto, la descrizione del neonato e del lattante di pochi mesi viene ad essere inevitabilmente formulata in termini che hanno connotazioni negative se non patologiche: egocentrismo, simbiosi e fusione con la madre, narcisismo e onnipotenza. Succede poi, per forza di cose, che questi termini si trascinino nella descrizione di bambini più grandi, cosicché un bambino di dieci mesi può essere ancora definito egocentrico, narcisistico, non ancora uscito come individuo a sé dall'identità simbiotica con la madre. Etichette del genere portano poi a giudicarlo un malato, quando in realtà è fondamentalmente un bambino normale e ha solo una maturazione un po' lenta. Per rimediare a questi presunti problemi, può succedere che si prescrivano trattamenti che non possono non essere inadatti o addirittura dannosi.

Per i genitori, come abbiamo rilevato, può fare una gran differenza sapere che stanno curando la crescita di un vero essere umano e che non devono soltanto nutrire, lavare, pulire e cambiare un piccolo oggetto urlante che prima o poi diventerà un essere umano a pieno titolo. Le incombenze ripetitive e a volte fastidiose dell'accudimento prendono un altro valore quando si vedono come parte integrante del processo attraverso il quale il bambino sviluppa un senso di sé. Bambino e adulto diventano allora due individualità separate che interagiscono in una maniera utile e produttiva per entrambi.

Per finire, ecco una congettura suggestiva e stimolante di Stern nel suo ultimo libro (1985): «Una volta che i genitori vedono un bambino diverso, quel bambino comincia a trasformarsi secondo questa loro nuova ottica e finisce per diventare un adulto diverso... Vedere diverso il neonato e il lattante vuol dire cominciare a rendere diversi i bambini, adolescenti e adulti della generazione dopo» (p. 276). In altre parole, la visione che i genitori hanno del bambino nei primi mesi di vita influisce sul loro comportamento e atteggiamento successivo, esercitando un'azione significativa sul suo sviluppo psicologico. Questa nuova ottica dei genitori e le sue conseguenze per il bambino, una volta che gli specialisti ne prendano atto, non potrà non modificare le loro teorie circa l'origine ed evoluzione di molti disturbi psichiatrici.

La crescita della consapevolezza di sé nel secondo anno

Nel secondo anno di vita è chiaro che il senso di sé si è dispiegato in un forte senso d'identità e autoconsapevolezza. Con l'acquisizione del linguaggio il bambino può verbalizzare «io» e «me» contrapposti a «te» o «lui», mostrando di essere ben cosciente di se stesso come persona separata e distinta in un mondo popolato da tanti tipi di persone diverse.

Gli studi più accurati e completi sul tema della consapevolezza di sé li dobbiamo a Jerome Kagan (1982). Nel suo lavoro questo autore si è occupato delle varie manifestazioni comportamentali dell'autoconsapevolezza nella seconda metà del secondo anno di vita, con raffronti transculturali in tre gruppi di bambini – 26 americani bianchi di classe media, 67 bambini delle isole Fiji e 7 vietnamiti immigrati da poco negli Stati Uniti. Kagan era inoltre interessato a determinare le implicazioni dei suoi dati in ordine ai fondamenti biologici oltre che sociali di questi comportamenti.

In un primo momento le sue ricerche sono partite da costrutti astratti come passività, socievolezza, ostilità, realizzazione, riflessività e identificazione, per lo più ricavati almeno in parte dalla teoria psicoanalitica, cercando di aggiustare le osservazioni a questo schema di personalità. Ma per quanto quegli attributi sembrassero utili nello studio dei bambini più grandi, ben presto Kagan si è reso conto che erano inadatti per l'osservazione dei più piccoli. È passato quindi a una strategia empirica consistente nel notare i comportamenti manifesti dei bambini per poi elaborare inferenze aderenti a questi dati di base. (Anche noi abbiamo riscontrato che questo è il metodo principe per lo studio del comportamento nella prima infanzia.) Kagan ha osservato inoltre, molto a proposito, che «i bambini piccoli sono incerti nella maggior parte delle situazioni sperimentali, e questo stato è spesso una delle cause principali delle loro reazioni» (1982, p. 364). (Diversi ricercatori farebbero bene a tenere ben presente questo avvertimento: troppo spesso gli studi sperimentali con bambini piccoli trascurano di mettere in conto questo fattore dell'incertezza dei soggetti.) La maggior parte delle ricerche di Kagan è stata condotta quindi col metodo dell'osservazione del comportamento infantile nell'ambiente domestico abituale in presenza della madre. Possiamo riassumerne rapidamente i risultati:

La comparsa di modelli. Intorno ai 17-20 mesi i bambini manifestano un'evidente preoccupazione per gli oggetti ed eventi che si discostano in qualche modo da ciò che gli adulti considerano normale. Per esempio, indicano con trepidazione piccoli fori nella stoffa degli abiti, macchie sui mobili, setole mancanti su una spazzola, dicendo con tono dispiaciuto: «Oh-oh». Tutti questi eventi non presentano alcuna somiglianza fisica, ma hanno in comune il fatto di scostarsi dal modello normale, cosa verso la quale i genitori hanno presumibilmente espresso la loro disapprovazione.
Inoltre, fra i 19 e i 26 mesi nel linguaggio di ogni bambino compaiono riferimenti espliciti alla violazione di questi modelli d'integrità («rotto», «cacca», «sporco», «lava mani», «non fa»). Kagan rileva che è molto improbabile che tutti i bambini di due anni si siano formati da soli questi modelli e ne abbiano individuate le violazioni: molto più plausibile è che li abbiano appresi dalle comunicazioni dirette o indirette dei genitori.

Empatia. Come Dunn e Kendrick (1982), Kagan descrive la capacità di valutate lo stato psicologico di un'altra persona come una funzione che matura nel secondo anno di vita. Per esempio, i bambini di due anni cominciano a reagire alla vista di un bambino che piange cercando di consolarlo con carezze o l'offerta di cibo o giocattoli, e chiamando in soccorso un adulto.

Ansia per i possibili insuccessi. Dopo un periodo di gioco libero, l'esaminatore esemplificava varie attività complesse, come far parlare al telefono una bambola, sotto gli occhi del bambino, che poi invitava a giocare anche lui (senza chiedergli esplicitamente di imitare le sue azioni). Espressioni di disagio erano evidenti da parte dei bambini, comparendo intorno ai 15 mesi e crescendo fino a raggiungere il massimo intorno ai due anni. Kagan da questo comportamento inferisce che «il bambino si sente in obbligo di eseguire le azioni del modello adulto e... ha una certa consapevolezza della propria incapacità di farlo. In conseguenza, diventa incerto e si mette a piangere o smette di giocare. Se il bambino non ha nessun dubbio sulla sua capacità di soddisfare le attese e pensa di riuscire, ci prova senz'altro» (p. 369).

Sorrisi di padronanza. Un altro fenomeno di questa età è la comparsa del sorriso dopo che il bambino ha raggiunto uno scopo con un certo sforzo, sorriso accompagnato da uno sguardo all'adulto per ottenere conferma. Kagan lo interpreta come un sorriso «privato, non sociale», indicante che «il bambino si è creato uno scopo... ha perseverato nei tentativi per raggiungerlo e sorride perché ci è riuscito» (p. 370). Se questa interpretazione è esatta, allora il bambino a due anni ha la capacità non solo di proporsi degli obiettivi, ma anche di sapere se li ha raggiunti o no.

Istruzioni agli adulti. Nel bambino di due anni emergono comportamenti che indicano il desiderio di influenzare il comportamento degli adulti mediante richieste precise. Secondo Kagan, «il bambino non avrebbe cominciato a dirigere il comportamento dell'adulto se non avesse l'aspettativa che la sua richiesta venga soddisfatta... Il bambino si aspetta di poter influenzare il comportamento degli altri» (p. 371). Kagan distingue queste richieste dal comportamento del bambino di otto mesi che piagnucola indicando un oggetto fuori della sua portata. Egli presume infatti – e la congettura sembra ragionevole – che a otto mesi non ci sia l'idea consapevole che il pianto o il gesto debba modificare il comportamento dell'adulto, ma solo una reazione di frustrazione alla vista di un oggetto fuori portata.

Verbalizzazioni autodescrittive. Parole ed espressioni che designino il bambino stesso non sono affatto evidenti quando compare il linguaggio. Nello studio di Kagan, gli enunciati autodescrittivi erano assenti a 17, 18 e 19 mesi, aumentavano nettamente intorno ai due anni ed erano piuttosto elaborati a 27 mesi, con frasi come: «Lo faccio io». Il bambino a questo punto è consapevole di ciò che sta facendo egli stesso.

Kagan descrive diversi altri cambiamenti comportamentali nel secondo anno, riconducendoli allo sviluppo del senso di sé: *sostituzione di se stesso nel gioco simbolico* (appoggiare il telefono alla testa della bambola invece che alla propria) e un'accresciuta *memoria spaziale*, interpretata da Kagan come effetto di una maggiore motivazione a soddisfare certi modelli di competenza.

Quello che emerge dalle attente e sofisticate ricerche di Kagan è il notevole sviluppo che il senso di sé raggiunge verso i due anni, e la sensibilità che il bambino a quell'età dimostra, in quanto persona separata e distinta, verso gli oggetti e le persone che lo circondano. La comparsa di modelli, la capacità di manifestare empatia, l'ansia per i possibili insuccessi, la reazione consapevole al conseguimento di uno scopo impegnativo, le direttive rivolte agli adulti e l'uso di un linguaggio autodescrittivo, tutto questo testimonia del grande sviluppo del senso di sé che è avvenuto alla soglia del terzo anno di vita.

Come i dati oggettivi di cui oggi disponiamo sul primo anno di vita, anche i risultati di Kagan rappresentano uno scostamento netto dalle impostazioni e teorie psicoanalitiche. Gli psicoanalisti, salvo qualche eccezione come Daniel Stern, partono da un assunto preliminare sulla natura dello sviluppo infantile, assunto che deriva in massima parte dal lavoro clinico con adulti affetti da vari disturbi psichiatrici. Le loro ipotesi inoltre suppongono, come si è visto, l'esistenza di certi stati soggettivi nella prima infanzia (egocentrismo, narcisismo, identità con la madre). Usando questi concetti, la maggior parte delle ricerche di scuola analitica ha cercato di sondare direttamente, o almeno a livello speculativo, lo stato soggettivo del bambino piccolo, alla ricerca soprattutto di conflitti fra l'«Es» e l'«Io», o dello sviluppo di conflitti «orali», «anali» o «edipici» e delle fantasie legate a questi conflitti. (La psicologia del sé proposta da Kohut, pur contestando numerosi concetti psicoanalitici tradizionali, è anch'essa rivolta alla ricerca delle esperienze e fantasie soggettive del bambino.) Molti di noi però, compresi alcuni psicoanalisti, hanno riscontrato che un accostamento soggettivo del genere è di scarsa utilità. Come dice Stern: «Forse che la classica teoria della libido, nell'ipotizzare una o due pulsioni fondamentali che si spostano, nel corso dello sviluppo, da una zona erogena all'altra ed hanno tutta una serie di vicissitudini, è servita a farci vedere un lattante nella sua realtà? La risposta è no» (1985, p. 238).

L'esplosione delle conoscenze sulla prima infanzia in anni recenti riposa invece su studi empirici descrittivi, condotti il più possibile con tecniche e situazioni molto vicine all'ambiente naturale del bambino. Ciò non significa che la teoria non abbia la sua parte in tali ricerche. Nuovi concetti teorici sono emersi, come abbiamo veduto in questo e nei due capitoli precedenti. Il bambino viene al mondo con un certo numero di dotazioni biologiche, ma queste non sono semplici riflessi o ipotetici istinti, ma piuttosto capacità – percettive, comunicative, imitative, ecc. – che permettono al neonato di cominciare a rispondere all'ambiente (e ad agire su di esso) come un essere sociale. Kagan, dall'esperienza dei suoi studi con bambini di due anni appartenenti a tre diverse culture e da tutto quanto oggi sappiamo della maturazione dei centri cerebrali superiori, trae la convinzione che «l'ultimo mezzo secolo [abbia] accordato troppo scarso peso alla maturazione biologica» (1984, p. 277). Con questo non intende assolutamente svalutare le influenze sociali che agiscono sul bambino: lo sviluppo è il risultato di un'interazione di fattori sociali e biologici. Ma postula specificamente che i progressi psicologici dei due anni, e le somiglianze che presentano in culture diverse, indichino che questi cambiamenti «sono inevitabili conseguenze psicologiche di eventi maturativi nel sistema nervoso centrale, purché il bambino viva in un mondo di oggetti e di persone» (1982, p. 376).

FORMAZIONE DELL'AUTOSTIMA

Con la cristallizzazione di un definitivo senso di sé nei primi due anni di vita, la scena è pronta per lo sviluppo dell'autostima. Il riconoscimento dei modelli fissati dai genitori, i giudizi sui propri insuccessi o successi, la consapevolezza di poter influenzare gli altri col proprio comportamento, tutto questo prepara sequenze di realizzazione e riconoscimento della propria competenza, ovvero di insuccessi e dubbi sul proprio conto. E questa autovalutazione è in ogni momento un giudizio sociale nell'ambito di un contesto sociale. Come dice Erikson,

> ... il bambino che cresce deve, ad ogni passaggio, ricavare un senso vitalizzante di realtà dalla consapevolezza che il suo modo individuale di padroneggiare l'esperienza (la sua sintesi dell'Io) è una variante riuscita di un'esperienza di gruppo... L'identità dell'Io acquista vera forza solo dal riconoscimento sincero e coerente di veri successi – cioè di realizzazioni che hanno significato nella cultura (1950, p. 208).

Svezzamento e controllo degli sfinteri nello sviluppo dell'autostima

A proposito di «riconoscimento sincero e coerente di veri successi» come base di una forte «identità dell'Io» (cioè, autostima), qualcosa va detto sullo svezzamento e l'educazione al controllo delle funzioni fisiologiche. Queste due pietre miliari della prima infanzia sono state ribaltate dalla tradizionale teoria psicoanalitica, che ne fa delle esperienze temibili anziché conquiste positive.

La teoria freudiana dello sviluppo suppone l'esistenza di pulsioni istintuali fondamentali che si manifestano in sequenza nel bambino, prima la pulsione orale, poi l'anale e infine la genitale. Il processo di socializzazione implicherebbe la repressione di queste pulsioni istintuali, attraverso le richieste dei genitori e della società più vasta. Per dirla con Freud, «la civiltà è il frutto della rinuncia alla soddisfazione istintuale» (1924, p. 297). Una gestione scorretta dello svezzamento e dell'educazione alla pulizia – troppo precoce o troppo tardiva, troppo severa o troppo permissiva – potrebbe avere effetti permanenti sulla personalità del bambino. La letteratura psicoanalitica descriveva i tipi di personalità che si supponeva dovessero derivare da errori nello svezzamento o nell'educazione degli sfinteri, la «personalità orale» e la «personalità anale». Questi termini sono andati scomparendo dalla letteratura più recente, via via che diventava più chiara la mancanza di qualunque supporto nei dati empirici.

Lo stesso Erikson, che pure ha modificato ampiamente le teorie freudiane ortodosse, è rimasto attaccato a queste idee. Dello svezzamento diceva che «anche nelle circostanze più favorevoli questo stadio lascia il residuo di un senso primario di male e di perdita e di un'universale nostalgia di un paradiso perduto» (1950, p. 75). Quanto all'educazione alla pulizia, osservava che «l'addestramento al controllo delle funzioni intestinali e urinarie è diventato l'elemento di più evidente disturbo nell'educazione del bambino in vaste cerchie della nostra società» (p. 77).

Concetti come questi sono duri a morire, anche di fronte a dati di fatto che li contraddicano. Nel 1948 un gruppo di ricercatori cercò di convalidare la teoria secondo la quale ogni lattante avvertirebbe per prima una pulsione istintiva orale, che per essere soddisfatta richiederebbe una certa quantità di suzione. (Margaret Ribble, autorevole pediatra dell'epoca, era arrivata, nel 1943, a stabilire che il bambino aveva bisogno di un minimo di due ore di suzione al giorno.) Furono presi quindi 60 neonati e divisi in tre gruppi. Nei primi dieci giorni di vita un gruppo fu allattato al seno, il secondo con il biberon e il terzo direttamente da una tazza. In ciascuno si misurava l'intensità del riflesso di suzione, oltre ad osservare dettagliatamente l'attività orale spontanea, il pianto e il livello di attività generale. Secondo la teoria psicoanalitica tradizionale, i bambini allattati con la tazza, essendo deprivati nei loro supposti bisogni orali, avrebbero dovuto presentare un'attività di suzione più intensa e prolungata, oltre a vari indizi di malessere. Viceversa, non emergeva nessuna differenza significativa fra i tre gruppi, quanto all'attività orale spontanea o al pianto. Il riflesso di suzione più intenso, contrariamente alle aspettative, lo sviluppavano i bambini allattati al seno, mentre fra gli altri due gruppi non c'era differenza. I dati relativi al livello di attività generale, infine, erano inconcludenti (Davis, Sears, Miller e Brodbeck, 1948). In altre parole, non c'è nessuna prova che la mancata esperienza di suzione dei neonati nutriti alla tazza provocasse effetti negativi. E l'intensità della suzione era influenzata dall'esperienza e non dalla deprivazione: erano infatti i bambini allattati al seno quelli che esercitavano più a lungo la suzione.

Eppure l'influenza di una teoria ben congegnata è così forte che uno dei membri più autorevoli di quel gruppo di ricercatori, nonostante che il suo stesso studio mettesse in dubbio l'idea di una pulsione orale, scriveva una decina di anni dopo: «Il processo di svezzamento, salvo nelle circostanze più fortunate, non può non essere frustrante per il bambino» (Sears, Maccoby e Levin, 1957, p. 53). Viene in mente la battuta feroce che circola negli ambienti scientifici: «Non permettere mai che i fatti interferiscano nelle tue teorie».

Si potrebbe tuttavia sostenere che questo esperimento con l'alimentazione alla tazza non permetta di trarre conclusioni definitive. Pur non essendoci magari alcun *immediato* effetto dannoso osservabile, la «mancata gratificazione del bisogno istintivo orale» potrebbe avere un profondo effetto inconscio destinato a manifestarsi più tardi nel corso della vita in una qualche forma negativa. (Questa argomentazione ovviamente ignora il fatto dimostrato che non esiste nessuna semplice correlazione diretta fra pratiche di allevamento nella prima infanzia e personalità successiva.)

In questo caso comunque abbiamo in effetti la documentazione degli esiti a lungo termine di una pratica come quella di alimentare fino dalla nascita il bambino con tazza e cucchiaio. Nei primi anni '60 uno psichiatra di Kansas City, Richard Davis, venne a sapere di un ragazzo di quattordici anni (non un caso psichiatrico) che era stato allevato con questo metodo, su consiglio del pediatra. Il pediatra in questione, negli anni '40, era preoccupato a vedere quante delle sue clienti che praticavano l'allattamento artificiale si limitavano a porgere il biberon nella culla, in modo da non dover tenere in braccio il bambino durante la poppata: convinto degli effetti negativi (per la madre non meno che per il bambino) di questa mancanza di contatto fisico, raccomandava a tutte le sue clienti l'alimentazione con tazza e cucchiaio.

Come prevedibile, alcune madri seguirono il suo consiglio, altre no. Attraverso la madre del ragazzo che aveva conosciuto, Davis riuscì a rintracciare venti ex-pazienti di quel pediatra, tutti allattati alla tazza fino dalla nascita. Questo gruppo di adolescenti fu abbinato a un gruppo di controllo, venti coetanei di estrazione culturale ed economica simile che nell'infanzia erano stati allattati al seno o con il biberon. Tutti i soggetti furono intervistati e sottoposti a test d'intelligenza e di personalità da parte di psicologi che non sapevano a quale dei due gruppi appartenessero. Quando si analizzarono i dati del colloquio e dei test non emerse nessuna differenza statistica fra i due gruppi. A quanto pare, l'allattamento al seno o con il biberon non faceva nessuna differenza rispetto alla pratica di alimentazione con tazza e cucchiaio, sotto il profilo dello sviluppo emotivo e dell'adattamento generale (Davis e Ruiz, 1965).

Abbiamo studiato il problema dello svezzamento precoce e dell'educazione precoce alla pulizia, analizzando i dati raccolti nel nostro New York Longitudinal Study. Avevamo a disposizione resoconti dettagliati dei genitori sul comportamento di ogni bambino prima, durante e dopo lo svezzamento e l'educazione degli sfinteri. Dall'analisi dei dati relativi ai primi 50 soggetti dello studio, indizi di difficoltà associate allo svezzamento emergevano in un unico caso ed erano chiaramente attribuibili a un complesso di atteggiamenti e comportamenti troppo rigidi e incoerenti da parte dei genitori. In alcune famiglie lo svezzamento avveniva per il rifiuto spontaneo del biberon da parte del bambino. In qualcuno di questi casi la madre insisteva nei suoi sforzi per continuare l'allattamento, rinunciando solo quando si accorgeva che tutti questi tentativi erano vani.

Questo atteggiamento era dovuto ai timori, espressi apertamente dalle madri nelle interviste, che uno svezzamento precoce, così come un'educazione precoce alla pulizia, potesse far male al bambino. (Si era alla fine degli anni '50, un periodo in cui molti sedicenti esperti mettevano in guardia sui pericoli dello svezzamento precoce e dell'addestramento precoce al controllo delle funzioni fisiologiche.) Qualcuna di loro confessava addirittura di sentirsi a disagio per lo svezzamento precoce realizzato spontaneamente dal bambino, temendo che le amiche le attribuissero un atteggiamento rigido e antiquato. I dati che emergevano per quanto riguardava l'educazione degli sfinteri erano molto simili. Non solo l'operazione si compiva senza disturbi, eccettuato un singolo caso, ma spesso era il bambino stesso a cominciare chiedendo di essere messo sul vasino, di solito per imitazione di un fratello o sorella maggiore.

I miti del passato circa gli effetti potenzialmente dannosi dello svezzamento e dell'educazione alla pulizia sono forse oggi meno diffusi, ma continuano a ripresentarsi sotto nuove forme. Una nostra conoscente, madre di un bambino di diciotto mesi, è stata ammonita seriamente da un'amica che si tiene aggiornata sulle ultimissime novità nel campo della puericultura: «Quando insegni a Sandy a fare i suoi bisogni sul vaso, sta' attenta che non ti veda quando tiri lo sciacquone, altrimenti vedrà i suoi preziosi prodotti scomparire per sempre». Che cosa avrà mai pensato questa donna di tutte le precedenti esperienze di Sandy, quando vedeva buttare nella spazzatura i suoi pannolini sporchi?

Proviamo a guardare in un'altra ottica lo svezzamento e l'educazione degli sfinteri. Invece di essere le esperienze frustranti previste dalle teorie delle pulsioni istintuali orale e anale, lo svezzamento e l'apprendimento delle abitudini di pulizia si possono considerare una conquista, fonte di soddisfazione e di migliori rapporti sociali. L'uso della tazza e del cucchiaio permette al bambino di regolare il flusso del liquido e la deglutizione come non può fare quando succhia da un capezzolo o da una tettarella. Il controllo delle sue funzioni fisiologiche gli consente di decidere tempo e luogo dell'evacuazione e gli assicura il conforto di essere sempre asciutto e pulito. Con lo svezzamento e il controllo degli sfinteri il bambino compie dei passi importanti nell'integrazione sociale entro il suo gruppo familiare. Queste idee non sono semplici congetture. Basta avere un po' a che fare con i bambini piccoli per rendersi conto di quante volte succeda di essere accolti con annunci pieni di fierezza: «Ormai sono un bambino grande. Non lo porto più il pannolino quando vado a scuola. E bevo dal bicchiere come la mamma e il babbo».

L'educazione alla pulizia può essere rapida e facile o più lunga e difficile, secondo le caratteristiche temperamentali del bambino. Ma se è condotta tranquillamente, senza minacce o scenate, diventa una conquista positiva per il bambino, un altro passo avanti nella padronanza delle sue funzioni e una risposta riuscita alle aspettative del mondo esterno. Come tale, essa rappresenta un passaggio importante nello sviluppo dell'autostima e della fiducia in se stesso. Altrettanto si può dire dello svezzamento, anche se, in confronto all'educazione degli sfinteri, sono meno numerosi i bambini per i quali questo processo pone delle difficoltà.

E lo stesso vale per tutte le numerose conquiste del bambino: vestirsi e spogliarsi, mangiare da solo, giocare alla pari con i coetanei. Tutte rappresentano dei successi nella padronanza di un compito, e l'approvazione da parte dei grandi, così come l'accettazione da parte dei coetanei, porta con sé un senso crescente di competenza sociale. E sono questi gli eventi che promuovono l'autostima e la fiducia in se stessi. Per il bambino più grande i compiti si fanno più complessi, via via che si trova di fronte alle richieste di apprendimento, che diventano sempre più astratte. Può anche succedere che, attraverso una qualche serie di eventi, sviluppi dentro di sé particolari paure e fantasie. Ma in generale, con la maturazione che procede a livello di strutture cerebrali e con un patrimonio sufficiente di fiducia in se stessi, accumulato dalle precedenti esperienze di vita, i bambini crescendo diventano perfettamente capaci di far fronte alle richieste di apprendimento astratto e di venire a capo di eventuali timori e fantasie particolari.

Autostima e compatibilità genitore-bambino

Una buona compatibilità fra genitori e bambino, come abbiamo detto nei Capp. IV e V, è anch'essa importantissima ai fini della stima di sé: fra le due cose c'è anzi un profondo legame di scambio reciproco.

Ricordiamo la formulazione di Erikson: «L'identità dell'Io acquista vera forza solo dal riconoscimento sincero e coerente di veri successi, cioè di realizzazioni che hanno significato nella cultura» (1950, p. 208). I termini «identità dell'Io» e «vera forza» equivalgono all'autostima, nel senso pieno della parola. E «realizzazioni che hanno significato nella cultura» risultano dalla compatibilità fra le attitudini e caratteristiche del bambino e le richieste e aspettative del suo ambiente. Il bambino che ha fiducia in sé e ha avuto regolarmente l'esperienza di rispondere in maniera adeguata alle successive richieste che gli sono state poste, affronterà una nuova prova con la convinzione di poterla padroneggiare ancora una volta. E anche se qualche compito si rivela troppo difficile per il suo livello evolutivo, un occasionale insuccesso non minerà la sua fondamentale fiducia in se stesso.

L'esperienza del successo, grazie alla compatibilità fra potenziale e richieste, alimenta la stima di sé. La stima di sé a sua volta fa sì che il bambino si sforzi di venire a capo di un compito che sulle prime può sembrare impossibile, e se necessario non si vergogni di chiedere aiuto. Viceversa, i fallimenti ripetuti causati da un'incompatibilità fra caratteristiche individuali e richieste esterne riducono o addirittura distruggono l'autostima. La scarsa autostima porta il bambino a evitare anche prove che potrebbe superare bene. E gli rende anche difficile rivolgersi ad altri in cerca di aiuto, una richiesta che non farebbe altro che mettere ancora più a nudo la sua presunta incapacità. Ed ecco che un nuovo insuccesso si aggiunge al lungo elenco, e la stima di sé affonda sempre di più.

Erikson usa un'espressione significativa: «riconoscimento coerente di veri successi». In altre parole, l'autostima non si costruisce con i successi in sé e per sé, ma col loro «riconoscimento coerente». Un ragazzo del nostro campione, Warren, si presentò agli esami di ammissione per una scuola secondaria prestigiosa, molto selettiva. Studiò a lungo e con impegno, superando l'esame. Tuttavia, la scuola decise di fargli ripetere l'ultimo anno della secondaria inferiore, perché era uno dei più piccoli della sua classe e perché la scuola di provenienza non gli aveva dato in certe materie una preparazione adeguata in vista della classe successiva. Si trattava di un'indicazione del tutto giustificata, ma il padre di Warren, nonostante che il voto d'esame rappresentasse un grosso successo, considerò uno scacco la decisione della scuola di fargli ripetere la classe. Il ragazzo accettò il verdetto paterno e rimase nella vecchia scuola, rinunciando all'ammissione, duramente conquistata, a un istituto di molto maggior prestigio. Questo non era l'unico caso in cui il padre avesse posto a Warren richieste eccessive, ma l'episodio, stavolta che si era impegnato tanto per riuscire e ce l'aveva fatta davvero, lo lasciò con la convinzione definitiva di essere un fallito, per quanti sforzi facesse.

D'altro canto ci sono bambini e adulti che nutrono un profondo senso d'inferiorità e cercano di mascherarlo con una facciata di scuse pretestuose, di vanterie e smargiassate: «Vi potrei battere tutti se volessi, ma non ne vale la pena»; oppure: «Gli insegnanti ce l'hanno tutti con me, per questo non prendo mai un buon voto». A volte è facile scoprire la vacuità di queste vanterie e la falsità delle scuse accampate. In altri casi, il ragazzo riesce a reggere la parte con un'abilità sufficiente a trarre in inganno il prossimo. Ma è un'operazione che gli si ritorce facilmente contro, e allora la messa a nudo di quei sentimenti di sfiducia e inferiorità può avere effetti distruttivi. Può esserci bisogno di tutto il sostegno della famiglia, degli amici, forse anche di un intervento specialistico, per restaurare una compatibilità indispensabile a migliorare l'autostima così compromessa.

VALUTAZIONE DELL'AUTOSTIMA

Quasi tutti siamo convinti di conoscere noi stessi, di avere un senso esatto di quello che siamo e del nostro valore. Ma, come ha detto un ricercatore, «ognuno sa che cos'è il sé», eppure, «nonostante l'apparente chiarezza del concetto, la gente non sembra intendersi sul senso da dare alla parola» (Becker, 1968, p. 194).

Un grosso problema nella valutazione dell'autostima è se basarla su ciò che il soggetto dice di se stesso o sul suo comportamento reale. Il senso di sé è un attributo estremamente soggettivo e forse solo l'interessato è in grado di dirci l'opinione che ha di se stesso. D'altra parte, un'informazione oggettiva intorno agli scopi che una persona si propone, e ai suoi sforzi per realizzarli, ci darà degli indizi su ciò che motiva le sue azioni, e queste motivazioni forse ci permettono di capire come si sente, più precisamente se si sente capace di riuscire, di certo un elemento fondamentale nella stima di sé. Nel nostro campione del New York Longitudinal Study abbiamo incontrato vari esempi di stridente contraddizione tra valutazioni soggettive e oggettive. Ecco in breve la storia di uno di questi casi.

La caratteristica temperamentale che più colpiva in Richard era una perseveranza estrema. Questa sua tenacia in genere, anziché creare problemi, gli procurava l'approvazione dei genitori e degli insegnanti. Se veniva interrotto o comunque frustrato in un'attività che l'assorbiva profondamente, però, fin troppo spesso il risultato era una crisi di bizze violenta e prolungata, con deprecabili conseguenze d'ogni genere. Un giorno, in prima elementare, voleva a tutti i costi continuare a lavorare a una complicata costruzione, quando era l'ora di passare a un'altra attività: non ci fu modo di smuoverlo e alla fine l'insegnante, esasperata, spazzò via l'edificio che aveva montato con tanta cura. Richard reagì scalciando e scoppiando in un grande pianto inconsolabile. Subito divenne lo zimbello della classe, il «piagnucolone» bersaglio di derisioni. Le cose andavano di male in peggio, finché i genitori non decisero di cambiargli scuola. Nel nuovo ambiente Richard poté ripartire da zero, e la sua perseveranza nelle attività scolastiche gli guadagnò la stima delle insegnanti e l'amicizia dei compagni.

Com'era quasi inevitabile, qualche anno dopo ci fu un altro incidente con conseguenze disastrose. Per la settimana della fratellanza la scuola aveva organizzato una gara di manifesti e nella sua classe erano stati scelti per parteciparvi altri tre alunni. Richard però era entusiasta dell'idea e si mise con grande impegno a lavorare a un suo manifesto, che alla fine portò a scuola tutto fiero. L'insegnante interpretò questo comportamento come una grave indisciplina, lo rimproverò e strappò il manifesto. Come c'era da aspettarsi, Richard reagì con una grande scenata (fra l'altro, tirò un libro contro l'insegnante). A questo punto, gli venne appiccicata l'etichetta non solo di alunno indisciplinato, ma di violento. Ancora una volta si trovava ad essere il capro espiatorio della classe. La sua autostima aveva toccato il fondo e ci disse: «C'è un mostro dentro di me, e ogni tanto viene fuori. Non ne voglio parlare».

Le cose a scuola continuarono a procedere con queste altalene. Richard andava bene, ma ogni tanto scoppiava la crisi. Di solito cominciava con una qualche sua idea o comportamento, che dimostrava intelligenza e riflessione, ma che l'insegnante rifiutava di riconoscere. Richard continuava per la sua strada, ma anche se riusciva a far valere le sue ragioni, ormai la classe era in subbuglio e certo l'insegnante non era disposto a riconoscere la validità delle sue idee. Succedeva invece che in diverse materie lo bocciassero a causa dell'antagonismo che aveva creato.

Per fortuna, alla scuola superiore e poi all'università la sua indipendenza di pensiero e la sua contestazione dell'autorità di vari insegnanti cominciarono ad essere rispettate per quello che erano, idee non improvvisate, basate su uno studio serio. I suoi interessi col tempo si rivolsero alle scienze economiche e a ventun anni cominciava gli studi in vista del dottorato di ricerca.

È a questo punto che l'abbiamo incontrato nell'ambito del primo controllo in età adulta previsto dal nostro programma di ricerca. In questo colloquio si mostrava depresso e scontento di sé, pessimista circa il proprio futuro. In base alla sua valutazione soggettiva, non potevamo che attribuire un punteggio molto basso alla sua autostima. E tuttavia, riesaminando i dati di fatto oggettivi del suo sviluppo, l'abbiamo trovato costellato di episodi nei quali aveva dimostrato una grande fiducia nelle proprie idee e le aveva sapute difendere in modo battagliero. Si era addirittura impegnato in una campagna politica locale, ben sapendo che si sarebbe rivelata difficile, lavorandoci con molta energia ed efficacia. Mettendo insieme tutti questi dati, potevamo solo concludere che il ragazzo che mostrava una tale convinzione delle proprie idee e capacità doveva avere un'alta stima di sé e una grande fiducia nelle proprie possibilità.

Qual era la valutazione giusta, quella soggettiva o quella oggettiva? Oppure si trattava di un caso di confusione e mescolanza contraddittoria nel senso di sé, fenomeno non insolito? Per quanto riguarda Richard, gli sviluppi successivi sono stati favorevoli e la contraddizione si è risolta in senso positivo. Quando è stato intervistato di nuovo, a venticinque anni, l'umore depresso era scomparso e la stima di sé era rifiorita. Si era laureato brillantemente e aveva trovato un lavoro che l'interessava molto. Per i suoi superiori, la costanza e il rigore intellettuale di Richard erano doti preziose, e aveva fatto rapidamente carriera. A quanto si poteva vedere, era felicemente sposato con tre figli.

Perché questo deciso cambiamento in meglio a questa età? Rivedendo la storia della sua vita, una caratteristica di Richard saltava agli occhi: per quanto cattiva fosse l'accoglienza ricevuta dalle sue azioni o dalle sue idee, non mollava. A volte il risultato di tutto questo era una grande confusione e Richard finiva per diventare vittima di attacchi e vere e proprie persecuzioni, ma altre volte riusciva a spuntarla. Non mollava mai, in grazia del suo temperamento. Ma era anche un ragazzo intelligente e le sue battaglie erano quasi sempre per una giusta causa. Insieme ai successi che di tanto in tanto riportava e alle risposte positive che saltuariamente gli venivano dagli altri, la sua intelligenza e perseveranza bastavano a dargli un senso di autostima, per quanto scoraggiato e incerto sul proprio futuro potesse essere a volte. A determinare la svolta, sono state poi due esperienze di vita: un buon matrimonio, con un positivo impegno nella cura dei bambini, e un buon posto in un'azienda che ha saputo apprezzare le sue idee – applicate con buoni risultati – e gli ha aperto una carriera promettente.

Certamente non era obbligatorio che la vita di Richard prendesse una piega così favorevole. Il caso ha avuto la sua parte. Ci sono stati insegnanti e datori di lavoro che hanno riconosciuto le sue qualità positive, senza lasciarsi turbare dalla sua «testardaggine», e gli hanno offerto l'opportunità di metterle alla prova. Non è andata così con tutti i soggetti che abbiamo seguito nel nostro studio. Alcuni di loro presentavano una situazione opposta a quella di Richard: oggettivamente, le loro prestazioni erano disastrose, spesso in conseguenza di una grave incompatibilità fra il loro potenziale e le richieste degli adulti, e tuttavia alle interviste parlavano con apparente convinzione dei propri talenti eccezionali, che a loro dire cominciavano ad essere riconosciuti dagli altri, e del futuro roseo che li aspettava. I controlli che abbiamo eseguito a distanza di tempo hanno messo in luce una mescolanza di esiti contraddittori: alcuni se la sono cavata bene, altri continuano a navigare in cattive acque. In altri casi, che forse sono la maggioranza, la valutazione soggettiva e quella oggettiva della stima di sé coincidevano: quei giovani che avevano una buona opinione di se stessi presentavano un quadro positivo sul piano funzionale, mentre quelli che avevano di sé un'idea scadente mostravano un adattamento insufficiente o addirittura erano ai margini della società.

La nostra esperienza ci porta a ritenere che l'autostima sia un attributo complesso, da valutare sia soggettivamente (in base a ciò che l'interessato dice di sé) che oggettivamente (i dati che si possono ricavare dal suo livello di funzionamento e dal tipo di impegni che si assume e riesce a portare a termine). Questo è un punto che vale davvero la pena di sottolineare, perché spesso i giudizi sull'autostima, sia in sede di ricerca che nella selezione scolastica o professionale, si affidano prevalentemente alle valutazioni soggettive dell'interessato, in un questionario o in un'intervista.

L'autostima non è una qualità globale. Certe persone possono cavarsela bene in certi campi, si tratti di materie scolastiche, discipline atletiche, attività scientifiche, artistiche o sociali, e avere quindi un'alta opinione di sé in quei particolari settori. Ma nello stesso tempo possono sottovalutare drasticamente le proprie capacità in altri campi, un atteggiamento che spesso finisce per diventare una profezia, di quelle che si realizzano per forza propria. Un insegnante o uno psicoterapeuta capace si rende conto senza difficoltà di queste scissioni nella stima di sé: i settori positivi dove si concentrano la fiducia in se stesso e le concrete realizzazioni possono allora essere reclutati come risorse e stimoli nella lotta per modificare l'immagine negativa che l'individuo ha di sé in altri campi.

Che cosa possono fare i genitori

I genitori sono un fattore decisivo nel plasmare il senso di sé del bambino e determinare il tipo di autostima che svilupperà crescendo. Questo influsso si manifesta nelle attività domestiche d'ogni giorno, oltre che nel modo di affrontare eventi ed esperienze particolari.

Come abbiamo detto, lo sviluppo di una sana autostima è strettamente legato ad una buona compatibilità fra le caratteristiche del bambino e le richieste dell'ambiente. Qualunque atteggiamento, reazione o comportamento del genitore verso il bambino, che favorisca tale compatibilità, non può non stimolare la fioritura di un solido senso di sé, mentre un tipo di condotta genitoriale che produca incompatibilità minaccia di compromettere la fiducia in se stesso e lo sviluppo dell'autostima.

Sono i genitori quelli che meglio di chiunque altro possono fornire al bambino quel riconoscimento dei suoi successi che è così fondamentale per la crescita della stima di sé. Per «vero successo» non si deve intendere solo una conquista eccezionale. Anzi, i successi più importanti da riconoscere e lodare per i genitori sono le normali conquiste dello sviluppo: la padronanza di compiti e le competenze sociali che qualunque bambino sano raggiunge, come camminare, parlare, controllare i propri bisogni fisiologici, mangiare da solo, vestirsi e spogliarsi, tenere il passo con i coetanei sul piano della socializzazione e dei risultati scolastici. Questi sono i successi importanti da apprezzare, proprio perché si succedono uno dopo l'altro nel corso dello sviluppo normale. Il riconoscimento e l'apprezzamento che riceve dai genitori significano per il bambino che sta crescendo come si deve e che è in grado di superare le prove che la vita ha continuamente in serbo per lui.

Certi genitori però eccedono nelle espressioni di lode e compiacimento per i normali progressi del bambino. Sapendo che queste lodi sono importanti, esagerano le loro manifestazioni di entusiasmo. Oppure, può darsi che siano talmente compiaciuti dal magico spettacolo dello sviluppo (e la maturazione di un bambino ha davvero qualcosa di magico) da gridare spontaneamente al miracolo ad ogni nuova conquista. Qualunque ne sia la ragione, questi eccessi non favoriscono la crescita dell'autostima. Il bambino sa bene che sta facendo grossi passi avanti, ma sa anche che non sono niente di eccezionale, perché vede i coetanei fare lo stesso. L'entusiasmo sfrenato dei genitori allora suona falso e rischia di confonderlo anziché rafforzare in lui il senso positivo delle proprie capacità.

Altri genitori magari esitano a correggere, criticare o frustrare il figlio, per timore che questi interventi «negativi» possano ostacolare la crescita dell'autostima. Come vedremo meglio nel Cap. III dell'Appendice, i genitori sono i primi e i migliori maestri che il bambino ha. Possono manifestargli le loro critiche come veri amici che vogliono che impari le lezioni di cui ha bisogno per cavarsela bene nel mondo esterno. Se si inibiscono in questa loro funzione, il bambino rischia di diventare un piccolo tiranno in famiglia, ruolo che certo non favorisce lo sviluppo di un positivo senso di sé: quando finalmente dovrà imparare quelle lezioni nel mondo esterno, sarà un'esperienza dura e ostile, di certo non favorevole alla sua autostima.

Purtroppo ci sono genitori che trovano difficile o impossibile offrire al bambino le lodi che si merita. Ci sono quelli che hanno modelli e pretese eccessive: tanti ragazzi sono rimasti terribilmente feriti quando, arrivando a casa con una pagella piena di buoni voti si sono sentiti dire soltanto: «Potevi fare di più». Oppure, certi genitori entrano in competizione con il figlio e ne svalutano i successi. Altri sono delusi, non riuscendo a capire e apprezzare i particolari interessi che assorbono il bambino. Ci sono poi quelli che hanno per loro conto gravi problemi psicologici, tali da impedire un positivo contatto emotivo coi figli, come con chiunque altro. In tal caso anche eventuali apprezzamenti avranno un tono freddo e formale che non serve ad alimentare la stima di sé. Un genitore malato di mente può di certo ostacolare lo sviluppo dell'autostima, ma non sempre è così. Se il bambino riceve a sufficienza segnali positivi da altri membri della famiglia, amici o insegnanti, i giudizi negativi o anche ostili di quel genitore posso essere più che compensati dalle risposte contrarie che riceve dagli altri.

Con i bambini più piccoli è necessaria una particolare attenzione al problema dell'autostima. Le conquiste e realizzazioni del bambino piccolo possono sembrare poca cosa in confronto a quello che fa il fratello maggiore. Ma sono proprio i genitori quelli che possono collocare nella giusta prospettiva le capacità, i successi e le conquiste del più piccolo, assicurandogli che sono importanti e che, quando avrà l'età del fratello o della sorella più grande, saprà fare altrettanto, a suo modo e con lo stile che gli è proprio.

I genitori devono ricordare sempre che il processo di sviluppo non è uniforme da un bambino all'altro, siano pure entrambi normali. Alcuni sbocciano presto e ottengono senza sforzo riconoscimenti e lodi. Altri hanno una fioritura tardiva e in questo caso è facile che i genitori non sappiano cogliere i primi segni delle loro capacità potenziali. Per esempio, in una classe scolastica il primo e l'ultimo nelle discipline sportive possono benissimo aver mosso i primi passi alla stessa età, così come il bambino che comincia a parlare tardi può diventare un conversatore dei più brillanti.

È vero che i genitori hanno questo ruolo decisivo ai fini del senso di sé e dell'autostima del bambino, ma come per altri aspetti dello sviluppo la famiglia non opera in un vuoto sociale. Fattori esterni, come razzismo, sessismo o pregiudizi religiosi o di classe, possono compromettere la stima di sé, talvolta in maniera drammatica. I genitori spesso possono fare molto per superare gli effetti di questi pregiudizi sociali, ma non sempre sono in grado di annullarli. E poi c'è la possibilità che intervenga, nell'età scolastica o nell'adolescenza, un fatto inaspettato, imprevedibile, che avrà un effetto profondo sull'autostima del ragazzo, nel bene o nel male.

Non tutti i giochi sono fatti nei primi anni di vita. Né i genitori sono onnipotenti: la loro influenza è determinante, ma non decide tutto il futuro del bambino. Infine, i loro sbagli non sono fatali. Possono giudicare erroneamente il comportamento del figlio, lodarlo troppo o troppo poco, ma avranno sempre, sia loro che il bambino, molte occasioni di rimediare l'errore.

X

Differenze fra i sessi e identità sessuale

Ci sono stati molti sviluppi radicali nel campo degli studi sul bambino e ne abbiamo documentati alcuni. Le idee intorno al neonato e alle sue capacità psicologiche e sociali sono state rivoluzionate: le vecchie concezioni del neonato come essere inetto, indifferenziato, incapace di prestazioni tipicamente umane, sono state spazzate via.

Un altro settore di ricerche feconde che hanno messo in crisi i vecchi dogmi è quello delle differenze fra i sessi. Come e quanto sono diversi fra loro bambini e bambine, e perché? Questi studi hanno decisamente messo in crisi le idee dominanti del passato, secondo cui la femmina sarebbe intellettualmente inferiore al maschio, passiva e dipendente dove l'altro è attivo e dominante, e controllata da impulsi soggettivi in luogo della calma razionalità maschile.

Vecchie idee sulle differenze sessuali

Molte ragioni sono state portate con disinvolta sicurezza, anche se senza prove, per giustificare queste idee sessiste, esattamente come si cercava di giustificare il pregiudizio contro i neri o altri gruppi etnici o razziali con pronunciamenti altrettanto gratuiti. La più nota e autorevole formulazione scientifica del sessismo è venuta da Freud. Secondo Freud, la bambina quando si accorge di non avere il pene come i maschi diventa gelosa e invidiosa, arrivando a pensare di essere stata castrata. Questa «invidia del pene», come l'ha definita, avrebbe avuto profondi effetti permanenti sullo sviluppo psicologico femminile. Accusava Freud:

> I tratti del carattere che i critici di ogni epoca hanno imputato alle donne – che mostrano minor senso di giustizia degli uomini, che sono meno pronte a sottomettersi alle grandi necessità della vita, che sono più spesso influenzate nei loro giudizi da sentimenti di affetto o di ostilità – tutto questo sarebbe ampiamente spiegato dalla modificazione del Super-Io che abbiamo già inferito. Non dobbiamo lasciarci distogliere da tali conclusioni per le negazioni delle femministe, che sono ansiose di costringerci a considerare i due sessi assolutamente pari come valore e posizione (1950, p. 197).

Freud parte dal presupposto che il modo maschile di formulare giudizi morali sia il modello di riferimento: se le donne usano regole diverse, si discostano da quella che è la posizione giusta. Vale la pena di sottolineare che l'articolo in cui proponeva questa formula di un maschilismo sfrenato si intitolava *Alcune conseguenze psicologiche della distinzione anatomica fra i sessi*. Né le donne avrebbero mai potuto cambiare questa formulazione, poiché il suo motto era che «la biologia determina il destino».

Freud era il maestro e i suoi dettami erano sacri per i seguaci. Ancora nel 1944, con tutta l'attività e le lotte del movimento femminista, una delle più illustri allieve di Freud, Helene Deutsch, una psicoanalista di Boston, ripeteva fedelmente quei pregiudizi: le donne sono narcisistiche, passive e masochiste; questi caratteri sono fissati una volta per tutte e le donne che entrano in settori di lavoro finora preclusi diventano «mascolinizzate», e farebbero bene a rinunciare a questi tentativi per tornare al focolare domestico (Deutsch, 1944). Perché tutto questo non suoni alle giovani generazioni come una specie di caricatura, possiamo testimoniare personalmente che ricordiamo bene come il libro della Deutsch fosse preso sul serio e citato da fin troppi specialisti (incuranti del fatto che mentre scriveva il suo libro la Deutsch non se ne stava certo a casa a badare ai fornelli, ma faceva la psicoanalista, una professione all'epoca tipicamente maschile). Le bambine e le donne non erano solo diverse dai maschi, ma inferiori in tutta una serie di qualità molto apprezzate dalla nostra cultura: dominanza, altruismo, giudizio morale e controllo razionale delle emozioni.

Le concezioni tradizionali entrano in crisi

Soltanto a partire dagli anni '30 e primi anni '40 un gruppo di psicoanalisti di New York ha messo apertamente in discussione questa parola d'ordine freudiana. Questo gruppo, del quale facevano parte fra gli altri Karen Horney, Clara Thompson, Judd Marmor e Bernard Robbins, contestava molte formulazioni di Freud che si richiamavano a una teoria non dimostrata fondata su istinti biologicamente determinati, ignorando il ruolo cruciale di fattori sociali e culturali. Con particolare energia sottolineavano che per spiegare i particolari problemi psicologici che affliggevano tante donne bastava considerare i pregiudizi e le discriminazioni sessiste della società, senza alcun bisogno di invocate una fatalistica teoria dell'«invidia del pene».

Inoltre questi analisti rilevavano come i tratti comportamentali che la società – e con essa la psicoanalisi – poneva in cima alla scala di valori fossero per l'appunto quelli più evidenti nei maschi di razza bianca. Gli stessi identici attributi ricevevano una definizione positiva nel maschio e negativa nella donna: la dominanza nell'uomo era «iniziativa», «lodevole ambizione», ma nella donna diventava «aggressività», «ostilità», ulteriore dimostrazione dell'invidia del pene. E se una donna affermava se stessa nei confronti di un uomo era etichettata come «castratrice», desiderosa di privarlo della sua virilità.

Ci voleva un grande coraggio professionale, mezzo secolo fa, perché degli psicoanalisti osassero contestare apertamente certi concetti teorici fondamentali di Freud, in particolare uno così saldamente radicato come quello dell'invidia del pene. I responsabili di tali deviazioni rischiavano l'ostracismo dalla comunità psicoanalitica ortodossa (equivalente a una scomunica). E in realtà questo fu il destino che il gruppo dovette subire, guadagnandosi però in cambio la libertà di esplorare nuove idee e nuovi metodi senza doversi preoccupare se fossero ortodossi o in qualche modo eretici.

Le teorie di una presunta inferiorità femminile sono state poi ulteriormente minate dal succedersi in anni recenti di accurate ricerche sul normale sviluppo del bambino. Questi lavori sono esposti e analizzati in un monumentale volume pubblicato nel 1974, *The Psychology of Sex Differences*, a cura di Eleanor Maccoby e Carol Jacklin, due psicologhe della Stanford University. Il libro passa in rassegna oltre 1.400 lavori, su una gamma d'età dalla nascita all'età matura. Da tutto questo materiale risultavano provate quattro sole differenze comportamentali fra i due sessi: (1) le bambine hanno un'abilità verbale maggiore dei maschi; (2) i maschi sono più abili delle bambine nei compiti visivo-spaziali; (3) i maschi sono superiori nell'abilità matematica; (4) i maschi sono più aggressivi. Quanto alle basi di queste poche differenze, Maccoby e Jacklin concludevano che «non ci sono probabilmente moltissime differenze iniziali di comportamento su base biologica» (p. 343).

Si possono citare vari studi rappresentativi delle molte centinaia tabulate da Maccoby e Jacklin. In uno di questi si misurava la variabilità relativa dell'intelligenza su un totale di 10.070 soggetti dagli otto ai tredici anni, sulla base dei punteggi in un test standardizzato su scala nazionale: non è emersa alcuna differenza sessuale (Rigg, 1940). In un altro lavoro, si sottoponevano inizialmente i soggetti (152 studenti universitari) a un test d'intelligenza e a un questionario sull'autostima. In una seconda seduta, si comunicava loro che avevano ottenuto nel test d'intelligenza risultati brillantissimi, oppure estremamente scadenti, dopodiché compilavano nuovamente il questionario sull'autostima: le variazioni in meglio o in peggio della stima di sé per effetto dell'informazione ricevuta non presentavano alcuna differenza fra maschi e femmine (Nisbett e Gordon, 1967). Un'altra ricerca misurava le competenze grammaticali e lessicali di 127 soggetti dai tre ai cinque anni: neppure qui risultavano differenze fra i due sessi (Mehrabian, 1970).

I dati da noi personalmente raccolti nell'ambito del New York Longitudinal Study non si discostano da quelli di altri autori. Abbiamo condotto vari confronti fra maschi e femmine nel gruppo complessivo di 133 soggetti, su diverse variabili, come il temperamento nei primi cinque anni e all'inizio dell'età adulta, il livello di adattamento a tre anni, a cinque e intorno ai vent'anni. Non abbiamo trovato nessuna differenza di rilievo. Su un totale di 79 confronti fra i sessi, 19 soltanto raggiungevano il livello di significatività statistica, e si trattava di differenze sparse in maniera casuale fra le varie rilevazioni. Coi metodi statistici adottati, queste poche differenze sono da attribuire con ogni probabilità agli effetti del caso e sono comunque prive di qualunque significato sul piano funzionale. L'unico dato che si presentava con una certa regolarità era un maggior livello di attività nei maschi, riscontrato a un anno, a tre anni e all'inizio dell'età adulta (Chess e Thomas, 1984). In quello stesso libro citavamo altri studi sulle differenze sessuali del temperamento nella prima infanzia, in Svezia, a Taiwan e nel Quebec: in tutti le differenze rilevate erano sparse e generalmente discontinue (p. 93).

In una recente messa a punto del problema, Jacklin e Maccoby sottolineano la tenuità delle differenze che esistono fra bambini e bambine. Fanno un discorso molto chiaro: «C'è pochissimo da spiegare... Malgrado l'importanza biologica del sesso, molti aspetti del funzionamento umano non presentano alcun dimorfismo sessuale» (1983, p. 176).

Tanto basti per l'affermazione di Freud che «la biologia determina il destino».

In qualche lavoro, raro per la verità, si tende ad esagerare l'importanza di alcune piccole differenze sessuali rilevate nei neonati, facendo congetture su ipotetiche conseguenze nello sviluppo successivo. Per esempio, una ricercatrice cita il fatto che i neonati di sesso femminile presenterebbero una maggiore «sensibilizzazione orale» (di per sé una generalizzazione assai dubbia rispetto ai dati esistenti), collegando poi questa presunta differenza sessuale alla nascita con certe forme psichiatriche che in età adulta hanno un'incidenza maggiore nelle donne (Korner, 1973). Alla luce dei tanti fattori che intervengono a influenzare il corso dello sviluppo psicologico da un livello d'età all'altro, un simile salto concettuale dal neonato all'adulto – e senza potersi appoggiare su nessuna prova – è certamente privo di valore.

Il colpo più decisivo alle idee maschiliste, ai pregiudizi e alle pratiche discriminatorie è venuto dal movimento di liberazione delle donne. Le sue lotte si sono spinte molto avanti nella distruzione degli stereotipi che servivano a mantenere le donne in posizione d'inferiorità, e le donne hanno cominciato ad assumere con successo ruoli prestigiosi, nelle libere professioni, nelle aziende e nell'amministrazione. Sul terreno della teoria psicologica, le femministe sono state particolarmente efficaci nello smascherare la natura viziata delle teorie dell'inferiorità femminile, sia che derivassero dalla freudiana «invidia del pene» o da altri concetti pseudoscientifici. Nessuno psicologo o psichiatra rispettabile, quali che possano essere le idee che qualcuno di loro magari coltiva in privato, si azzarderebbe oggi a difendere una teoria dello sviluppo infantile che definisse le femmine intrinsecamente inferiori ai maschi.

La battaglia per la parità dei diritti delle donne ha registrato molti successi in anni recenti, ma restano ancora da combattere molte lotte non facili. È sconfortante, per esempio, sentire quanti padri ancora oggi dicono, con le migliori intenzioni: «Beh, non importa se la bambina non studia. Tanto si sposerà e avrà il suo daffare coi figli». Il tema delle differenze sessuali nello sviluppo e degli atteggiamenti differenziati di genitori e altri verso le bambine e i bambini non solo è un problema importante di per sé, ma ci aiuta a far luce su certe controversie intorno all'origine e alla natura delle differenze fra i sessi nella vita adulta.

DIFFERENZE REALI E LORO POSSIBILI CAUSE

Non c'è nessun dubbio, ovviamente, sul fatto che maschi e femmine differiscano profondamente sul piano biologico. Le differenze a livello fisico, ormonale e neurofisiologico sono materia di estese ricerche da parte di molti autori. Un'osservazione abbastanza buffa viene a proposito qui: con tutti gli stereotipi e pregiudizi sulla superiorità maschile, viene fuori che in realtà i maschi in tutta l'età evolutiva sono più vulnerabili delle bambine. Si concepiscono più maschi che femmine, forse un 20% in più, ma aborti e decessi alla nascita sono più comuni fra i maschi, cosicché il numero dei bambini vitali nati a termine di sesso maschile è appena leggermente superiore a quello delle femmine (Jacklin e Maccoby, 1983). Le bambine generalmente cominciano a parlare prima dei maschi e il loro sviluppo del linguaggio è più rapido. Le femmine in generale raggiungono anche la pubertà e la statura adulta definitiva con anticipo sui maschi. Viceversa, il peso medio alla nascita è superiore nei maschi e durante tutta la fanciullezza i maschi sono più alti e presentano una maggior percentuale di massa muscolare sul peso corporeo.

Infine, la durata della vita è significativamente più lunga per le donne. L'espressione «sesso debole» non si dovrebbe usare né per l'uno né per l'altro, ma certo finché si tratta dei tempi di maturazione e di durata della vita, il sesso femminile non ha niente di debole. Quelli che ci interessano in questo capitolo sono comunque gli aspetti psicologici: che differenze ci sono fra bambini e bambine nel comportamento, nel pensiero e nelle risposte emotive; le origini di tali differenze; l'influsso che esse hanno sul corso dello sviluppo psicologico; infine, la forza positiva che i genitori possono rappresentare in certi campi dove le differenze sessuali sembrano avere importanza. Particolare interesse presenta il fatto, confermato ripetutamente dalle ricerche, comprese le nostre, che i maschi siano significativamente più esposti a vari disturbi psicologici e psichiatrici, fra cui problemi di comportamento in generale, iperattività, dislessia (difficoltà nell'apprendimento della lettura) e perfino autismo. Con l'adolescenza, questa differenza fra i sessi tende a riequilibrarsi (Chess e Thomas, 1984).

Influenza di fattori biologici

A parte la specifica vulnerabilità dei maschi a certe turbe psichiatriche, non ci sono prove di significative differenze biologiche negli attributi e stili comportamentali dei due sessi alla nascita e nella prima infanzia. Come abbiamo detto prima, Maccoby e Jacklin hanno effettivamente trovato differenze in quattro aspetti, per quanto riguarda i bambini più grandi, pur sottolineandone la relativa tenuità rispetto al netto prevalere delle somiglianze. Due di queste differenze – superiorità delle bambine nell'abilità verbale e dei maschi in quella visivo-spaziale – possono benissimo avere una base biologica, ma è plausibile che non si tratti di differenze innate del funzionamento cerebrale fissate una volta per tutte e destinate a durare per la vita, in quanto non abbiamo nessuna prova solida di analoghe differenze sessuali negli adulti. Sembra invece che si debbano attribuire a differenze nei tempi di maturazione di varie funzioni fisiologiche e psicologiche. Così, ad esempio, le bambine arrivano alla pubertà prima dei maschi, ma poi questi le raggiungono: la stessa sequenza probabilmente vale per le differenze nelle abilità verbale e spaziale durante l'infanzia.

Quanto alla differenza nell'attitudine matematica, potrebbe dipendere sia da fattori biologici che da influenze ambientali, interne o esterne alla famiglia. Non abbiamo a disposizione i dati per decidere definitivamente fra queste alternative. In ogni caso, le differenze che si registrano fra i due sessi nell'abilità matematica presentano un'ampia fascia di sovrapposizione: in altre parole, c'è un numero considerevole di bambine che si collocano sopra la media o addirittura a livelli di eccellenza, anche se la media generale è più bassa di quella dei maschi. Sarebbe quindi del tutto sbagliato scoraggiare una bambina che manifesti interesse per la matematica: le vanno offerte le stesse opportunità, che si darebbero a qualunque maschio, di sviluppare questo suo interesse e avviarsi ad una carriera in cui mettere a frutto il suo talento matematico.

Il significato della quarta differenza sessuale segnalata da Maccoby e Jacklin – l'aggressività – è particolarmente controverso. Alcune autorità, fra cui Freud, suppongono che le guerre e le altre prove di comportamenti violenti in tante società diverse debbano essere attribuite a un istinto aggressivo innato, di origine biologica (Lorenz, 1943). Ma un assunto del genere sarebbe un passo indietro nella nostra concezione dello sviluppo psicologico umano. Tutte le nostre ricerche e conoscenze ci portano alla conclusione che le caratteristiche complesse della personalità umana non si basano su istinti fissi e predeterminati. Possono avere in qualche caso un fondamento biologico, ma essenzialmente sono il risultato di ciò che *apprendiamo* dalla famiglia e dalla società nel corso della crescita. Per quanto riguarda l'aggressività umana e la guerra, Judd Marmor fa notare:

> Altre diffuse istituzioni sociali del nostro passato, come lo schiavismo, il duello, i sacrifici umani e il cannibalismo, che ai loro tempi e nel loro ambiente apparivano altrettanto radicate nella natura e nel destino dell'uomo, sono state nel corso della storia quasi totalmente eliminate. È un fatto, poi, che sono esistite varie società senza guerra per molte generazioni (1974, pp. 374-375).

Ma nella nostra società il maschio aggressivo, pronto a dar battaglia e a usare violenza, continua a rappresentare il modello di ruolo maschile in innumerevoli spettacoli cinematografici e televisivi di successo. Questo fatto da solo basterebbe a spiegate i dati relativi a una maggior tendenza aggressiva dei maschi in confronto alle bambine. È nostra ferma convinzione, pertanto, benché le risultanze scientifiche siano ancora incomplete, che le differenze sessuali nell'aggressività siano il risultato di un processo di apprendimento e non debbano essere attribuite ad alcun «istinto» biologico*.

Bambine e bambini sono trattati diversamente

Mentre le differenze biologiche fra i sessi che emergono dalla ricerca sono molto modeste, c'è un patrimonio impressionante di dati che dimostrano l'estensione e profondità delle differenze di atteggiamenti, aspettative e giudizi nei confronti dei maschi e delle femmine durante tutto il processo di crescita. Al termine di un'esauriente panoramica su queste ricerche, Beverly Birns, psicologa all'Università statale di New York a Stony Brook, concludeva che «sembra chiaro che l'ambiente in cui maturano tutti i bambini americani proietta evidentemente degli stereotipi di ruolo sessuale. Queste aspettative stereotipate e le risposte differenziali che suscitano sono abbastanza chiare e univoche da spiegare le differenze cognitive e di personalità fra i bambini, differenze che infine li condurranno ad assumere i diversi ruoli, cui devono adempiere» (1976, p. 252).

* In un articolo recente sul *New York Times Magazine* (4 agosto 1985), due professori di Harvard, Richard Herrnstein e James Wilson, affermano che i dati raccolti in vari studi indicano un fattore biologico ereditario nell'eziologia del comportamento criminale. Le prove in questo senso da loro citate provengono da studi che hanno usato i metodi standard per lo studio delle differenze genetiche in individui e gruppi. Da queste ricerche risulta anche che le condotte antisociali sono molto più frequenti nei maschi. Gli autori ammettono che questa differenza sessuale si può spiegare anche solo in base a fattori sociali, ma sostengono che il materiale accumulato indica l'intervento anche di un fattore biologico. Non optano per una screditata teoria degli istinti, ma avanzano la tesi che il delitto, specialmente nel caso dei delinquenti abituali, sia causato da una «combinazione di tratti biologici predisponenti, incanalati da circostanze sociali nel comportamento criminale» (p. 30). Ipotizzano che fra questi fattori biologici possano intervenire l'intelligenza e il temperamento, ma i dati che riferiscono a sostegno di questa idea sono scarsi e discutibili. La tesi complessiva di Herrnstein e Wilson non può certo essere rifiutata in tronco, date le ricerche citate dai due autori. D'altro canto, non si può nemmeno prenderla per dimostrata. C'è bisogno di altri studi approfonditi, come raccomandano peraltro gli autori stessi.

Fra innumerevoli altri, due studi si possono citare a sostegno di questa conclusione. John e Sandra Condry (1976) hanno chiesto a un campione di 204 studenti universitari di valutare, da un filmato, le risposte emotive di un bambino piccolo a quattro situazioni-stimolo (per esempio, avvicinargli un orsacchiotto e poi portarglielo via). A metà dei soggetti si diceva che il bambino era maschio, agli altri che era una femmina. È risultato che la risposta dello stesso bambino alla stessa situazione era valutata diversamente a seconda del sesso che gli era attribuito, oltre che secondo il sesso di chi lo valutava e le precedenti esperienze che questi aveva di bambini piccoli.

Nel New York Longitudinal Study, per i bambini con problemi di comportamento puntavamo soprattutto su un lavoro di chiarificazione e sostegno coi genitori, un tipo di trattamento che abbiamo descritto nel Cap. V. L'intervento sui genitori è risultato efficace (almeno in parte, ma talvolta in pieno) nella maggior parte dei casi, in tutti i gruppi temperamentali ad eccezione dei bambini distraibili e non perseveranti. Abbiamo incontrato quattro casi di disturbi del comportamento in bambini con questo tipo di temperamento, ed erano tutti maschi. In ognuno di questi quattro casi il lavoro coi genitori è stato un fallimento. Per i genitori di questi bambini, come per tutti quelli che abbiamo contattato nell'ambito della ricerca, la perseveranza e la capacità di concentrazione erano doti essenziali per riuscire nella carriera. Tutti quanti davano importanza ai risultati scolastici delle figlie non meno che dei figli maschi, ma un temperamento incostante e non perseverante non li preoccupava nelle bambine: una carriera di successo non aveva grande importanza ai loro occhi finché si trattava del futuro delle femmine. Il contrario succedeva nell'atteggiamento verso i maschi. Un ragazzo che si distraesse facilmente e non mostrasse perseveranza era considerato «un debole», «senza forza di volontà» e destinato a non fare una brillante carriera. Le richieste insistenti dei genitori di questi ragazzi perché modificassero il loro comportamento erano irrealizzabili e non servivano ad altro che a scatenare problemi. Quanto a noi, non siamo in nessun modo riusciti a convincere i genitori ad accettare il temperamento di questi loro figli maschi come un fatto normale, da prendere per quello che era, e tutti i nostri interventi hanno fallito in pieno. La differenza dei modelli e delle aspettative genitoriali nei confronti dei figli maschi e delle figlie emerge con estrema chiarezza da questi quattro casi.

Differenze nel giudizio morale

Negli ultimi anni, alla discussione sulle differenze tra i sessi e sul loro significato psicologico, si è aggiunta una nuova dimensione, grazie al lavoro e agli scritti della psicologa di Harvard Carol Gilligan. Il terreno della controversia è fornito dalla teoria proposta da Lawrence Kohlberg (1976), secondo cui il giudizio morale si svilupperebbe attraverso una sequenza invariabile di sei stadi. Kohlberg ha definito e ordinato questi sei stadi sulla base delle sue ricerche su adolescenti maschi.

Lo stadio più immaturo consiste in un orientamento centrato su obbedienza e punizione. Nel secondo stadio, le regole sono seguite quando sono nell'interesse immediato del bambino o di un'altra persona. Il ragazzo attraversa quindi gli stadi in cui la bontà viene identificata con l'aiuto del prossimo e poi con la compiacenza, seguiti dallo stadio nel quale i rapporti sono subordinati a valori e regole sociali. Nel sesto stadio, il più maturo, i giudizi morali si basano su principi universali di giustizia, accettati spontaneamente. Secondo Kohlberg solo una piccola minoranza di adulti raggiunge quest'ultimo stadio di sviluppo morale. Egli afferma inoltre che «la sequenza di stadi nello sviluppo morale è universale; la stessa sequenza si ritrova in tutte le culture, subculture o strutture di classe sociale» (1978, p. 210). La tesi di Kohlberg ha stimolato grande interesse e abbondanti ricerche in psicologia evolutiva. L'analogia con la sequenza di stadi cognitivi proposta da Piaget ha reso questo concetto ancor più convincente agli occhi di alcuni autori. Lo schema formulato da Kohlberg è stato però anche il bersaglio di critiche severe da varie parti. La sua affermazione di un'universalità culturale è stata contestata e lo sviluppo morale è apparso «molto più reversibile che nel modello di Kohlberg» (Vaillant, 1977, p. 343). L'analisi metodologica dei dati di Kohlberg conduce un autorevole specialista a dubitare che «vi sia una qualche interrelazione sistematica fra le risposte al suo questionario sul giudizio morale, tale da giustificare l'uso di un concetto di stadi» (Wohlwill, 1973, p. 198).

L'attacco della Gilligan alla tesi di Kohlberg si muove a un altro livello: questa psicologa rileva che gli studi sono stati condotti esclusivamente con soggetti maschi e che «nella ricerca da cui Kohlberg ricava la sua teoria, le femmine semplicemente non esistono» (1982b, p. 18). Fra le altre cose, Kohlberg teorizza che le donne, se non lavorano fuori casa, non raggiungono neppure in età matura uno stadio di sviluppo morale superiore al terzo. Questa insufficienza implicherebbe – nota la Gilligan – «che solo entrando nel terreno tradizionale di attività maschile le donne riconoscono l'inadeguatezza della loro prospettiva morale (aiutare e compiacere gli altri) e progrediscono come gli uomini verso gli stadi più alti» (p. 18).

Nel suo libro più importante, *In a Different Voice* (1982a), e in altri scritti, Carol Gilligan propone una concezione alternativa. La sua tesi è che lo sviluppo del giudizio morale nella donna si discosti fondamentalmente dai sei stadi previsti da Kohlberg, perché gli atteggiamenti e rapporti sociali che le bambine sperimentano sono diversi da quelli dei maschi. Per illustrare i suoi risultati, possiamo citare un esempio dal lavoro della Gilligan. Il metodo fondamentale usato da Kohlberg per valutare il livello del giudizio morale consiste nel presentare una serie di dilemmi, indagando poi il tipo di ragionamento seguito dal soggetto per arrivare a una soluzione. In uno dei problemi più noti si parla di un uomo molto povero, Heinz, che ha bisogno di una medicina per salvare la moglie in pericolo di vita, ma non ha i soldi per comprarla. Al soggetto si chiede se Heinz dovrebbe o no rubare il farmaco e poi gli vengono poste altre domande per ricostruire la logica che sta dietro alla sua risposta.

Carol Gilligan ha presentato questo dilemma morale a due bambini di undici anni, Jake ed Amy, entrambi molto intelligenti, di ambiente sociale simile e allo stesso livello di scolarizzazione. Alla bambina, Amy, interessavano soprattutto le scienze, a Jake la matematica. Secondo Jake era chiaro che Heinz doveva rubare la medicina, perché una vita umana vale più del denaro, e che il giudice avrebbe dovuto infliggergli la condanna più mite possibile. Amy invece ha dato una risposta apparentemente evasiva. Heinz secondo lei non avrebbe dovuto rubare: «Penso che potrebbero esserci altri modi, come chiedere i soldi in prestito o fare un mutuo o roba del genere, ma non deve rubare la medicina, però nemmeno la moglie deve morire». Inoltre, era preoccupata delle conseguenze, nel caso che Heinz finisse in prigione: «La moglie si potrebbe riammalare... e allora non potrebbe davvero parlare con qualcuno e trovare il modo di mettere insieme i soldi» (1982a).

La Gilligan rileva che Jake affronta il dilemma in termini di sistemi logici e legali, mentre Amy lo tratta a livello personale, sul piano della comunicazione. Secondo il sistema di Kohlberg, Amy, pur essendo altrettanto matura e riflessiva, si collocherebbe uno stadio sotto a Jake quanto a «maturità morale». Dopo aver approfondito questo tema in vari gruppi di ricerca, la Gilligan conclude:

> La concettualizzazione femminile del problema morale come problema di cura e responsabilità nei rapporti personali, anziché di diritti e di regole, collega lo sviluppo del pensiero morale nella donna ai cambiamenti che intervengono nella sua concezione della responsabilità e dei rapporti, esattamente come l'idea di moralità come giustizia collega lo sviluppo alla logica dell'eguaglianza e della reciprocità. Quindi la logica che è alla base di un'etica della cura e sollecitudine è una logica psicologica di rapporti, contrapposta alla logica formale dell'equità che informa l'approccio [maschile] improntato alla giustizia (1982a, p. 73).

Le idee e i dati di Carol Gilligan hanno suscitato una vivace controversia nel campo della psicologia evolutiva. Molti concordano con questa sua concezione, considerandola un contributo fondamentale alla comprensione delle differenze sessuali e del loro significato. Altri criticano duramente il suo metodo che tende a generalizzazioni molto ampie, sostenendo inoltre che, quando si confrontano uomini e donne con livello d'istruzione e professione simile, le differenze scompaiono (Colby e Damon, 1983).

Qualunque possa essere il giudizio definitivo sul suo lavoro, la nostra opinione è che la Gilligan abbia già portato un contributo importante. Ha svelato il taglio maschilista di numerose ricerche psicologiche, una distorsione purtroppo non limitata all'opera di Kohlberg. Ha messo in evidenza il fatto che molte enunciazioni psicologiche si basano sullo studio di campioni esclusivamente maschili, i cui dati sono generalizzati ad entrambi i sessi. Ci ricordiamo di un episodio poco dopo la pubblicazione del libro della Gilligan. Eravamo a un convegno sul tema della ricerca psicologica e nel corso della discussione qualcuno del pubblico sollevò il problema dei rilievi metodologici della Gilligan, chiedendosi se non fossero pertinenti al dibattito che si stava svolgendo in quella sede. Uno dei relatori, fino a quel momento il modello dello scienziato sereno, oggettivo e distaccato, saltò su come una furia: «Non ne posso più di sentir parlare di quella donna!». Purtroppo non sempre la preparazione scientifica è un vaccino efficace contro i pregiudizi.

Al di là della validità o meno del sistema proposto da Kohlberg, le ricerche della Gilligan suggeriscono comunque che le diverse esperienze evolutive di maschi e femmine possano sfociare in profonde differenze sul piano dei valori morali. Ovviamente la distinzione non sarà così netta: certi uomini possono nutrire principi etici più tipicamente femminili, certe donne condividere le concezioni morali maschili.

Infine, a differenza di Kohlberg e altri, Carol Gilligan non ha cercato di dare un giudizio di valore sulle differenze fra maschio e femmina. I due sessi possono in generale differire quanto a tipo di giudizio morale, ma entrambi hanno i loro valori: sono diversi, ma l'uno non necessariamente è superiore all'altro. Questa visione corrisponde alla nostra tesi secondo cui i bambini possono ben differire nel temperamento, ma queste differenze rientrano nella normalità. Al di là di tutto questo, essa è conforme alla lunga lotta per affermare che differenze di razza, religione, colore, nazionalità o classe sociale non rendono nessuno intrinsecamente superiore o inferiore.

L'OMOSESSUALITÀ

Spesso le preoccupazioni dei genitori per certi interessi e comportamenti dei figli, interpretati come segni di omosessualità, sono del tutto infondate, ma sono anche molti quelli che si accorgono, quando il figlio o la figlia è ormai adolescente, o anche più tardi, che è davvero omosessuale. La scoperta è sempre un grosso colpo. Anche genitori aperti e favorevoli al movimento per i diritti degli omosessuali, quando si tratta dei propri figli preferirebbero che le cose stessero altrimenti, non fosse altro, per i problemi e conflitti che gli omosessuali devono affrontare nella nostra società, col rischio di complicazioni nella vita personale e professionale. Genitori meno tolleranti, legati ai tradizionali stereotipi ostili e sprezzanti verso l'omosessualità, reagiranno probabilmente con una miscela di sentimenti, dove entreranno in varia misura disorientamento, rabbia, condanna, disprezzo e incredulità. Finiranno magari per accettare la situazione, anche se spesso con la tacita convinzione che «se soltanto lo volesse davvero, potrebbe cambiare». Altri possono a tutti gli effetti disconoscere il figlio o la figlia.

È di un certo interesse il fatto che gli atteggiamenti di condanna siano generalmente molto più forti verso gli omosessuali maschi che verso le lesbiche. Sembra che per molti sia quasi un oltraggio, se non una sfida, il fatto che un uomo sia disposto a sacrificare quegli attributi maschili che nella nostra società gli assicurano tanti vantaggi sulle donne, creature «inferiori». Si è anche congetturato che questa ostilità derivi dalla paura inconscia degli uomini nei confronti delle proprie tendenze omosessuali latenti. Non c'è nessun dato solido a favore o contro questa ipotesi puramente speculativa. In tutti i casi, non spiega gli atteggiamenti ostili di molte donne verso gli omosessuali maschi.

Al dispiacere per l'omosessualità del figlio o della figlia, si aggiungono per i genitori interrogativi angosciosi: «Qual è stato il nostro errore? Se ci fossimo comportati in un altro modo le cose sarebbero andate diversamente?». E queste non sono affatto domande gratuite. Un'abbondante letteratura psichiatrica sull'argomento, specie in passato, sostiene che l'omosessualità sia davvero il risultato di certe caratteristiche dei genitori e del loro modo di allevare i figli. L'omosessualità, in questa ottica, non è dovuta a differenze di ordine biologico o biochimico, ma è frutto di un apprendimento nell'ambito di una situazione familiare per qualche verso patologica. Facendo il punto della situazione, nel 1975 Judd Marmor concludeva che «la teoria più diffusa sul decorso evolutivo dell'omosessualità è quella che l'attribuisce a un ambiente familiare patogeno» (p. 1513). Per esempio, uno studio ampiamente citato (Bieber e coll., 1962) affermava che l'omosessualità maschile è causata da un padre ostile e distaccato e da una madre seduttiva che lega a sé il figlio maschio e domina e svaluta la figura paterna. Ma, come nota Marmor, molti figli maschi hanno genitori così senza per questo diventare omosessuali. Questa e altre ricerche analoghe sono inoltre compromesse da seri difetti metodologici. Le conclusioni sono ricavate da pazienti in trattamento per i sintomi più vari, gli psichiatri che li hanno in cura tendono in maniera preconcetta a ricercare le cause del disturbo nelle esperienze infantili e non ci sono mai adeguati gruppi di controllo formati da soggetti paragonabili che non presentino omosessualità o gli altri sintomi in questione.

Ciò non vuol dire che fattori psicologici, come paura od ostilità verso i membri dell'altro sesso, non possano essere importanti nei singoli casi, ma queste reazioni possono presentarsi durante lo sviluppo per molte ragioni, non necessariamente legate alla personalità dei genitori o al loro comportamento reciproco e verso il figlio.

Anche fattori biologici sono stati indagati come cause possibili dell'omosessualità, ma senza arrivare a risultati conclusivi, nonostante alcuni spunti interessanti (Marmor, 1975, p. 512).

Le influenze dell'ambiente sociale sembrano realmente significative. La grande variabilità della frequenza del fenomeno in società diverse, a seconda dell'atteggiamento favorevole o sfavorevole verso i comportamenti omosessuali, testimonia in questo senso. Viene subito alla mente la grande diffusione dell'omosessualità maschile nell'antica Grecia. Anche altri fattori situazionali esterni possono far differenza, come dimostra l'aumento delle pratiche omosessuali in gruppi maschili o femminili isolati. Intervengono anche fattori economici. Marmor riferisce che l'omosessualità è frequente fra i Čukči della Siberia settentrionale, a quanto sembra per l'alto prezzo d'acquisto di una moglie, che solo pochi possono permettersi (1975).

Uno studio esauriente dell'omosessualità condotto finalmente con riguardo ai principi metodologici è venuto di recente dall'Istituto Kinsey (Bell e coll., 1981), famoso per le sue estese ricerche sul comportamento sessuale umano. Intervistatori qualificati hanno condotto lunghi colloqui (dalle 3 alle 5 ore) con 686 omosessuali maschi (575 bianchi e 111 neri) e con 293 lesbiche (229 bianche e 64 nere). Le interviste erano condotte anche in un adeguato campione di uomini e donne eterosessuali, con una composizione simile per razza, sesso, età e livello d'istruzione. La maggior parte dei soggetti non aveva mai ricevuto trattamenti psichiatrici. Per l'analisi dei dati è stato usato un potente metodo statistico specializzato, l'analisi dei percorsi. Il punto debole di questo studio era che si basava su dati retrospettivi, cioè sul ricordo di eventi che risalivano al passato anche remoto. Come sappiamo dalle ricerche longitudinali come la nostra, tali ricostruzioni sono soggette a lacune e distorsioni. Tuttavia, anche gli altri studi sull'omosessualità si basano su dati retrospettivi. Eliminare questo problema impostando uno studio longitudinale sarebbe un'impresa molto costosa e complicata, considerando le migliaia di famiglie che dovrebbero partecipare per esser certi di avere un numero sufficiente di bambini che finiranno per diventare omosessuali, oltre alla complessità dei dati da raccogliere.

Lo studio dell'Istituto Kinsey ha trovato che né il forte legame con la madre, né un rapporto negativo o seduttivo tra madre e figlio è un fattore causale nella scelta omosessuale maschile. Circa metà degli omosessuali maschi avevano col padre relazioni meno positive degli eterosessuali, ma l'analisi statistica dei dati dimostrava che questo cattivo rapporto era una *conseguenza* e non una *causa* dell'omosessualità del figlio maschio.

Fra le donne, sia omosessuali che eterosessuali, la maggior parte descriveva buoni rapporti con la madre, anche se fra le omosessuali erano più frequenti che nelle altre rapporti madre-figlia negativi. Un dato più comune era un cattivo rapporto col padre da parte delle lesbiche, mentre era rarissimo uno stretto legame padre-figlia.

La scelta omosessuale, sia maschile che femminile, si era di solito determinata prima dell'adolescenza con l'emergere di sentimenti erotici verso persone dello stesso sesso, anche se l'attività sessuale vera e propria poteva essere cominciata anche diversi anni dopo.

Un orientamento degli interessi non conforme ai modelli di ruolo sessuale durante l'infanzia non ha molto valore nella previsione di un successivo sviluppo omosessuale. Così, mentre metà degli omosessuali maschi ricordavano di aver avuto da bambini interessi e attività tradizionalmente maschili, quasi un quarto degli eterosessuali avevano presentato interessi tipicamente femminili. Allo stesso modo fra le donne c'era stata un'alta incidenza di attività da «maschiaccio» negli anni dell'infanzia, sia per le omosessuali che per le eterosessuali.

La conclusione dello studio organizzato dall'Istituto Kinsey è che non esiste nessun singolo modello eziologico che spieghi tutti i casi di omosessualità. I ricercatori sono orientati cautamente verso l'idea, sia pure non definitiva, di una profonda predisposizione biologica, pur ammettendo che i loro dati si potrebbero anche attribuire a qualche tipo di «esperienza precoce di apprendimento» (e forse a più d'uno). Dai loro risultati è chiaro che non esiste nessuno schema semplice di rapporti familiari che valga per tutti gli omosessuali. Come scrive Marmor a commento di questa ricerca, «i tentativi di "spiegare" l'omosessualità in base a un unico tipo di modello interpersonale o di costellazione familiare sono semplicistici e riduttivi» (1982, p. 960).

Quanto emerge dal nostro New York Longitudinal Study conferma il giudizio di Marmor. A tutt'oggi tre dei nostri soggetti, un maschio e due femmine, hanno messo in luce una scelta omosessuale, apparentemente definitiva, all'inizio della vita adulta. Le dettagliate informazioni che avevamo raccolto sul conto loro e dei genitori fino dalla più tenera età non rivelano nessuno schema uniforme per quanto riguarda la personalità dei genitori, i loro rapporti reciproci o la relazione coi figli. In nessuno dei tre casi potremmo mai dire: «Se i genitori avessero fatto questo o quello in un altro modo, i risultati nell'orientamento sessuale del figlio (o della figlia) sarebbero stati diversi».

Uno di noi (per l'esattezza, Stella Chess), nel corso di molti anni di pratica clinica come neuropsichiatra infantile, ha avuto occasione di rivedere nel tempo sette adolescenti omosessuali che aveva avuto in trattamento da bambini per disturbi del comportamento. Riesaminando le loro cartelle cliniche, abbiamo visto che in nessun caso avremmo potuto prevedere in anticipo questo esito. Né emergeva alcun modello comune nei rapporti familiari, che erano tutti diversi.

La complessità del problema delle origini dell'omosessualità è illustrata in un notevole studio di John Money e Jean Dalery, della Johns Hopkins University (1976). Essi hanno individuato sette soggetti, femmine come sesso cromosomico, ma anatomicamente maschi (lo sviluppo del pene era dovuto a un eccesso di ormoni surrenalici nella vita intrauterina). Quattro di loro erano state sottoposte ad asportazione chirurgica del pene nei primi anni di vita, erano allevate come bambine e si consideravano femmine a tutti gli effetti. Giocavano raramente con le bambole, tuttavia, e preferivano giocattoli tradizionalmente maschili, come automobiline e pistole. Al momento della ricerca erano troppo piccole per poter manifestare attendibili interessi erotici. Gli altri tre soggetti, ormai adulti, che erano stati allevati come maschi e tali si consideravano, avevano regolarmente rapporti sessuali con *partner* femminili.

Da questa panoramica sull'argomento, non possiamo che sottoscrivere l'affermazione di Marmor, secondo cui l'omosessualità è «determinata da fattori multipli, psicodinamici, socioculturali, biologici e situazionali» (1975, p. 513). È anche dimostrato chiaramente che l'omosessualità come tale non è una malattia psichiatrica e può essere associata a un normale funzionamento psicologico in tutti gli altri campi. E quando gli omosessuali effettivamente presentano disturbi psicologici, come ansia, depressione o senso di colpa, questi sintomi sembrano la conseguenza delle tensioni create dalla condanna della società. Un sondaggio condotto nel 1974 dall'American Psychiatric Association fra i suoi iscritti ha dimostrato che la maggioranza degli psichiatri era giunta alla conclusione che l'omosessualità non debba essere etichettata come una malattia mentale. (Il merito va in buona parte alla campagna dei gruppi *gay* militanti, che avevano sfidato gli psichiatri a dimostrare che gli omosessuali fossero malati di mente.)

Indicazioni per i genitori di omosessuali

Abbiamo diversi consigli da dare ai genitori che scoprono di avere un figlio o una figlia omosessuale.

Primo, quali che siano i loro sentimenti o pregiudizi in proposito, questa scoperta non deve cambiare l'affetto o la stima che hanno nei suoi confronti. L'omosessualità non significa – e questa è la pura verità – che il ragazzo o la ragazza siano anormali o pervertiti. Non si deve permettere che questo problema distrugga i buoni rapporti esistenti.

Secondo, se il ragazzo o la ragazza chiede l'aiuto di uno specialista per affrontare i problemi creati dall'omosessualità, oppure vuol cercare di cambiare questo suo orientamento sessuale, incoraggiare in tutti i modi questi tentativi. (È vero, comunque, che i trattamenti psichiatrici od ormonali dell'omosessualità si sono rivelati generalmente inefficaci.) Se invece si dichiara soddisfatto della propria vita sessuale e convinto che l'omosessualità sia normale, non consigliare trattamenti psichiatrici. A parte la sua inutilità, un consiglio del genere non fa altro che comunicare il messaggio che i genitori considerano una malattia la condizione del figlio o della figlia.

Ma soprattutto, non sentirsi in colpa. Come abbiamo documentato fin qui, non c'è nessuna prova reale del fatto che i genitori siano la causa dell'omosessualità dei figli. Le cause del fenomeno sono ancora tutt'altro che chiare, ma probabilmente molteplici e diverse da un individuo all'altro. Ci vorrà un grosso lavoro di ricerca prima che si possano avere risposte definitive in questo campo.

I genitori e gli stereotipi sessuali

Alcuni genitori oggi sono decisi a trattare i figli e le figlie esattamente allo stesso modo. Così facendo sperano di evitare agli uni e alle altre gli effetti dei pregiudizi sessisti. Altri, all'estremo opposto, pretendono a tutti i costi, incuranti dei cambiamenti che possono essere intervenuti negli atteggiamenti della società, di educare le figlie perché diventino «perfette signore» e i figli dei «veri uomini», nel senso più tradizionale dei termini.

La nostra opinione è che i genitori dovrebbero evitare di proporsi per i loro figli degli obiettivi stereotipati. L'idea che maschi e femmine debbano avere personalità e scale di valori identiche è uno stereotipo alla stessa stregua della distinzione vittoriana fra «signore» e «signori». Il tema è lo stesso che abbiamo continuato a ribadire in tutte queste pagine: bambini diversi hanno interessi, talenti e obiettivi diversi. Ogni volta che sia possibile, i genitori devono incoraggiare queste attitudini e interessi individuali dei loro figli. E possono farlo davvero solo se non confondono questi obiettivi con giudizi stereotipati circa la differenza fra i sessi. Abbiamo vivissimi nella mente due esempi in proposito.

Qualche anno fa un padre si è rivolto a uno di noi (Stella Chess) preoccupatissimo per il comportamento del figlio undicenne. Il bambino aveva poco interesse per gli sport, specialmente per quelli più violenti, mentre veniva sviluppando una vera passione per lo studio e la collezione degli insetti. Il padre non aveva da lamentare nulla per tutto il resto del suo comportamento: il ragazzo aveva amici, era obbediente in casa e andava bene a scuola. E allora, che cos'era che preoccupava tanto suo padre? «Ecco», spiegò, «se mio figlio non ha interesse per le attività virili e ha un *hobby* così particolare, non sarà il segno che sta diventando un omosessuale?». Dopo avergli spiegato che i comportamenti del bambino non lasciavano prevedere assolutamente nulla circa le sue future scelte sessuali e dopo un colloquio col ragazzo dal quale non emerse alcun segno di anormalità, al padre venne data formale assicurazione del fatto che le sue preoccupazioni erano totalmente infondate, oltre al consiglio di smettere di spingere il figlio ad attività sportive che non gli interessavano, rispettando piuttosto la serietà e l'impegno che metteva nei suoi interessi. Il padre seguì il consiglio, ma chiaramente non era del tutto rassicurato. Si persuase soltanto quando conobbe il figlio di una coppia di nuovi vicini di casa: era un ragazzo che aveva la stessa età del suo, molto dotato per gli sport, che aveva un *hobby* molto simile a quello del figlio. I due ragazzi fecero amicizia e l'esempio dell'altro convinse finalmente il padre che gli interessi «poco virili» di suo figlio non significavano niente ai fini della sua futura vita sessuale. Gli anni si incaricarono di confermare questo giudizio, quando il ragazzo all'adolescenza cominciò a manifestare un indubbio interesse per l'altro sesso.

L'altro caso riguarda anch'esso un padre che si presentò a uno di noi (Alexander Thomas) ad esporre le sue preoccupazioni per la figlia di dodici anni. Era una bambina intelligente e socievole che non presentava nessun segno di disturbi del comportamento. Allora, qual era il problema? Il padre era un chirurgo e viveva in un ambiente borghese dove il successo scolastico era altamente considerato, per le femmine non meno che per i maschi. La figlia in realtà se la cavava con la scuola, ma a giudizio del padre – e in questo gli insegnanti gli davano ragione – sarebbe stata in grado di fare molto di più. La bambina però dimostrava in tutti i modi che i suoi interessi più autentici non erano rivolti alla riuscita negli studi ma piuttosto ad attività femminili del tutto tradizionali, come cucire e fare da mangiare: agli occhi di suo padre, questa era una regressione a un'epoca ormai superata, quando le ragazze non avevano altra scelta che adattarsi a questi ruoli femminili, «inferiori» per definizione. Al colloquio la bambina appariva perfettamente normale: confermava quanto detto dal padre circa i suoi interessi, ma pensava che non ci fosse proprio niente di male. Al padre venne spiegato che a suo modo non faceva che perpetuare gli antiquati pregiudizi su ciò che dev'essere considerato «superiore» o «inferiore» nel comportamento dei due sessi. La parità sessuale non significava che le bambine *dovessero* perseguire necessariamente gli stessi obiettivi dei maschi, ma solo che dovevano avere le stesse possibilità di scelta. Né lo autorizzava a negare a sua figlia la possibilità di mirare a un ruolo tradizionalmente femminile, se questo corrispondeva a un suo vero interesse. Allo stesso modo, se un ragazzo avesse voluto fare l'insegnante di scuola materna, il cuoco o il ballerino, il fatto che in queste professioni ci siano tante donne non le qualifica certo come scelte «di seconda classe».

Il padre accettò questo giudizio, formulato da uno specialista, ma con molta riluttanza. In particolare, fu colpito dal sentirsi attribuire un pregiudizio maschilista, proprio lui che si compiaceva della sua mentalità aperta e progressista. La bambina comunque continuò per la sua strada, decise di diventare infermiera e superò con grande entusiasmo gli anni della scuola professionale, trovandosi poi molto bene in questa professione tipicamente «femminile».

A volte, quando la personalità e gli interessi di un ragazzo non corrispondono al più consueto stereotipo maschile, può sorgere un problema diverso. I genitori magari lo apprezzano e lo incoraggiano nelle sue attività e in casa non ci sono difficoltà, ma fuori il ragazzo può essere oggetto di una vera e propria persecuzione da parte del gruppo dei coetanei, che lo considerano «una femminuccia». (È interessante notare che il rifiuto di cui erano oggetto le bambine per i loro comportamenti da «maschiaccio» è diventato molto più raro.)

Col ragazzo perseguitato dai compagni come «femminuccia», ci sono varie cose che i genitori possono fare. Possono confermargli il loro appoggio e ribadire che il problema nasce solo dai pregiudizi degli altri. Possono incoraggiarlo a non cedere: se mantiene la sua posizione, col tempo forse i compagni cambieranno idea su di lui. Possono cercare un gruppo o un'associazione che offra attività coincidenti coi suoi interessi e farvelo partecipare. Possono discutere il problema con l'insegnante: con una certa abilità, l'insegnante può organizzare in classe una ricerca sulla vita di un uomo famoso che ha portato grandi contributi proprio nel campo d'interessi del ragazzo.

La regola da seguire per i genitori è semplice: non applicare stereotipi di ruolo sessuale al comportamento, alle attività e agli interessi dei figli. Questo enunciato può suonare ovvio. Ma, come si è visto nei casi appena citati, gli stereotipi possono assumere molte forme diverse ed essere tutt'altro che evidenti. I genitori comunque possono sempre rettificare il proprio atteggiamento, non appena si scoprono a far pressioni sulla figlia o sul figlio perché siano più «femminile» o più «virile».

XI
Il bambino va a scuola

Nella nostra società tecnologicamente avanzata, una solida educazione è diventata un requisito indispensabile per qualunque giovane che voglia sperare in una vita decente. Può non bastare, ma senza di essa il bambino che non ha la fortuna di entrare per nascita nei ranghi ristretti del privilegio, è spesso condannato a un'esistenza squallida di assistito o di lavoratore non qualificato. E le mansioni di operaio non specializzato continuano a diminuire – insieme con tanti posti di lavoro d'ufficio – assorbite dall'automazione. I tempi in cui l'immigrato ambizioso e deciso, o il ragazzo di campagna privo d'istruzione, potevano arrivare nella metropoli con una valigia e pochi soldi in tasca e cominciare la scalata al successo, sembrano finiti per sempre.

Non meno importante, senza una buona istruzione il bambino perde l'opportunità di apprezzare il retaggio che le generazioni precedenti gli trasmettono nelle lettere, nelle arti e nelle scienze, e di applicare queste sue conoscenze come cittadino responsabile e custode dell'ambiente: gli è negata la possibilità di una qualità della vita che dovrebbe essere diritto di nascita di ciascun essere umano.

La tragedia è che, proprio mentre esige un'istruzione decente come requisito indispensabile per una buona vita, questa società non si impegna a fornire a tutti i ragazzi l'opportunità di raggiungere questo obiettivo. Così come stanno le cose, solo i privilegiati possono garantire ai figli un'istruzione di prima classe. Possono ricorrere alle costose scuole private, o trasferirsi in quartieri suburbani dove la scuola pubblica è ancora all'altezza dei suoi compiti. Se c'è bisogno di lezioni private, le possono pagare. Possono offrire ai loro ragazzi un ambiente familiare e sociale dove trovano tutto quello che serve, come attività e materiali, a integrare i programmi scolastici. E per gli insegnanti è un piacere lavorare in queste situazioni e con famiglie del genere.

All'estremo opposto, i bambini più svantaggiati economicamente hanno davanti a sé una prospettiva totalmente diversa. Il sistema scolastico pubblico si va deteriorando, gli investimenti vengono tagliati, molte classi sono sovraffollate e pochissime scuole hanno il personale specializzato per individuare i bambini con particolari problemi di apprendimento, non parliamo poi delle risorse per un trattamento di recupero. Gli insegnanti spesso devono lavorare con materiali insufficienti e talvolta i loro stipendi sono troppo bassi; come se non bastasse, un carico eccessivo di adempimenti burocratici porta via tempo all'insegnamento. In condizioni del genere, l'insegnante che mantiene negli anni un morale alto e l'entusiasmo per il suo lavoro è un'eccezione. Demoralizzazione e apatia sono i risultati più comuni, e ancora una volta sono i bambini quelli che ne fanno le spese.

Le famiglie della piccola borghesia e della classe operaia più qualificata si trovano in mezzo a questi due estremi. Non possono permettersi le scuole private, né dovrebbero esservi costretti. Le scuole di zona sono raramente a quel livello ottimale che i loro ragazzi meriterebbero. Possono solo sperare che i figli non presentino particolari problemi di apprendimento e siano sufficientemente ambiziosi e motivati da trascendere i limiti della scuola e arrivare ad essere persone colte. D'altro canto è dimostrato che, a prescindere dalle risorse materiali disponibili in una scuola, una guida intelligente da parte del direttore d'istituto e aspettative elevate da parte degli insegnanti sono fattori che hanno una forte correlazione con la buona riuscita degli alunni (Rutter, 1980; Lightfoot, 1983). Fortunatamente si sono avuti di recente segnali di un miglioramento del livello di lettura, segnali diffusi a tutto il paese che speriamo non rappresentino solo un fenomeno passeggero.

Allo stato attuale, dunque, il sistema scolastico presenta ancora notevoli problemi. Invece di pari opportunità per tutti, abbiamo enormi dislivelli fra le opportunità offerte ai bambini di famiglia ricca e le deprivazioni inflitte ai loro coetanei poveri. E le conseguenze di queste differenze nelle possibilità di istruzione durano per tutta la vita.

Paradossalmente, la nostra eredità biologica è più democratica della nostra struttura sociale. Come abbiamo documentato nei capitoli precedenti, tutti i bambini fisicamente sani e non minorati nascono con l'equipaggiamento biologico necessario per imparare rapidamente e su larga scala. Inoltre, lo sviluppo cognitivo procede di pari passo con la maturazione cerebrale e con l'attiva interazione con gli stimoli ed esperienze della vita quotidiana. La biologia di fatto pone dei limiti: non tutti, per quanto educati e stimolati, possono diventare uno Shakespeare, un Picasso o uno Einstein. Lo sviluppo intellettuale di alcuni bambini rimarrà nei limiti della norma, altri arriveranno a livelli superiori, anche a parità di condizioni e opportunità. Ma entro questi limiti il cervello non fa discriminazioni di classe, come fa invece la società.

In questa prospettiva, possiamo porre una serie di domande alle quali varie ricerche hanno cominciato a fornire almeno un inizio di risposta. Quali sono i fattori specifici che distinguono una buona scuola da una inadeguata? Che parte ha il temperamento del bambino ai fini dell'adattamento scolastico? Che cosa possiamo aspettarci dai programmi di «stimolazione cognitiva»? Quali sono i problemi specifici che i bambini possono presentare nella situazione scolastica? Che tipo di programmi può servire a migliorare il livello d'istruzione dei bambini meno privilegiati? Qual è il ruolo che possono svolgere i genitori?

Scuola materna

La scuola materna fornisce opportunità di gioco di gruppo e di attività finalizzate, come dipingere, fare costruzioni, ecc. Il bambino impara inoltre ad aspettare il suo turno, a partecipare ad attività ludiche collaborative, a seguire norme che hanno un significato sociale, come l'abitudine di rimettere in ordine il materiale e fare pulizia.

Queste prime esperienze scolastiche possono essere validissime per introdurre il bambino di qualunque ambiente sociale alle aspettative proprie del mondo esterno alla famiglia. La padronanza dei compiti che si trova ad affrontare per adattarsi alla scuola materna può essere importante ai fini dell'autostima, rassicurandolo circa la sua capacità di adattarsi felicemente alla successiva esperienza nella scuola elementare.

Una questione fondamentale rimane ancora oggi irrisolta: l'istruzione prescolastica deve puntare soprattutto sullo sviluppo delle competenze sociali – cosa chiaramente fattibile – ovvero deve insistere anche sugli apprendimenti intellettuali, operazione la cui validità, per i bambini di classe media, è ancora tutta da dimostrare (Fiske, 1986)?

Un tipo speciale di scuola materna, che tra l'altro attrae molti genitori, è la scuola Montessori.

Maria Montessori è stata la prima donna in Italia a laurearsi in medicina, nel 1894 all'Università di Roma. Dopo la laurea cominciò ad occuparsi dell'educazione degli insufficienti mentali, usando un materiale didattico espressamente preparato per stimolare le loro capacità percettive e motorie. Quando vide che il suo metodo otteneva grandi risultati con questi soggetti, rivolse l'attenzione, fra i suoi pazienti, ai bambini d'intelligenza normale provenienti da famiglie povere. Notò che spesso questi bambini presentavano un ritardo percettivo, cognitivo e motorio in confronto ai bambini di famiglie ricche. La Montessori ne concluse che questo relativo ritardo era l'effetto dell'ambiente poco stimolante in cui vivevano e che i metodi che aveva usato per stimolare lo sviluppo degli insufficienti mentali sarebbero stati utili anche per questi soggetti. Fondò quindi una scuola materna per bambini di famiglie povere, trovando che realmente rispondevano in maniera positiva a questo tipo d'intervento.

Il suo metodo – tecniche strutturate per fornire esperienze attive con forme, superfici, densità, strutture e usi, collegando queste esperienze alla vita quotidiana – era semplice e facile da applicare. Il successo ottenuto portò alla fondazione di scuole simili in altri paesi europei e negli Stati Uniti (in Italia, le sue scuole furono chiuse nel 1934 da Mussolini, per la sua opposizione al regime fascista).

Scuole Montessori si trovano oggi in molte città americane. Hanno un programma più strutturato (benché flessibile) della maggior parte delle altre scuole materne. Paradossalmente, trattandosi di scuole private, sono utilizzate prevalentemente da bambini della borghesia, anziché dai meno privilegiati com'era nelle intenzioni della Montessori. Sono in generale ottime scuole, ma quanto al fatto che assicurino particolari vantaggi in prospettiva a bambini che provengono da un ambiente familiare privilegiato, non abbiamo nessuna prova attendibile.

Maria Montessori è di per sé una figura storica degna di grande ammirazione: all'avanguardia nello sviluppo di idee pedagogiche e metodi pratici per l'educazione dei bambini svantaggiati, si può considerare in un certo senso la madre spirituale di programmi, oggi famosi, come lo *Head Start* e altri di cui parleremo più avanti. La dedizione ai bisogni dei bambini handicappati e meno fortunati è stata l'impegno senza riserve di tutta la sua vita. Né dobbiamo scordare il coraggio che ha dimostrato nello sfidare il regime fascista negli anni del suo massimo vigore.

Scuola elementare e media

Potrebbe sembrare puramente tautologico dire che le risorse di una scuola e il livello dei suoi insegnanti debbano fare differenza ai fini del tipo d'istruzione che ricevono gli alunni: le scuole migliori, si pensa, devono licenziare studenti con un livello più alto di preparazione. Ma a volte è difficile dimostrare quello che è ovvio, e a volte quello che sembra ovvio può non essere proprio vero.

E così fino a pochi anni fa i dati della ricerca pedagogica sono stati generalmente interpretati come la dimostrazione del fatto che le qualità delle scuole di per sé facessero pochissima differenza. Questa idea si basava in gran parte su uno studio estensivo condotto negli anni '60 su qualcosa come 645.000 alunni di 4.000 scuole elementari e medie americane. Gli autori, James Coleman dell'Università di Chicago e i suoi collaboratori (1966), concludevano che il livello di preparazione scolastica raggiunto era in larga misura indipendente dal tipo di scuola frequentata. L'assunto di partenza era che non fosse la scuola ma la famiglia il fattore decisivo ai fini del successo negli studi.

Il rapporto Coleman, con le dimensioni monumentali del campione e uno spiegamento impressionante di dati statistici, ha avuto un largo impatto nei circoli pedagogici e politici. Insegnanti e direttori delle scuole i cui alunni facevano una cattiva riuscita potevano scaricarsi di ogni responsabilità citando le conclusioni di Coleman. I politici contrari alle spese sociali potevano usarle per giustificare la loro opposizione a progetti scolastici speciali per gli alunni meno favoriti. Personalmente Coleman non aveva alcuna intenzione di scagionare le autorità scolastiche incompetenti o indifferenti – dire che la famiglia era più importante non significava affatto che la scuola non contasse *nulla* – ma era fin troppo facile servirsi delle sue conclusioni per scaricare tutta la responsabilità degli insuccessi scolastici sulle famiglie anziché sulla scuola.

Inoltre, i risultati di Coleman si basavano su metodi di discutibile validità. I dati soffrivano di una grande eterogeneità, affidandosi soprattutto a questionari compilati da amministratori scolastici, insegnanti e altri la cui competenza pedagogica e conoscenza del funzionamento della scuola erano molto varie. La percentuale di questionari restituiti compilati era non uniforme, e in molte categorie inferiore al 50% (come sapere se i risultati sarebbero stati gli stessi, se avesse risposto anche l'altro 50%?). Quanto alle interviste, Coleman si è affidato talvolta ad operatori non preparati che avevano una conoscenza molto limitata dei problemi sui quali dovevano raccogliere informazioni (Deutsch, 1969).

Il rapporto Coleman è stato seguito nel 1972 da un altro studio sulla stessa falsariga, ad opera di Christopher Jencks, di Harvard, e dei suoi collaboratori. Usando una massa di dati statistici tratti da Coleman e da altri autori, Jencks concludeva che parificando il livello qualitativo delle scuole secondarie si otterrebbe un effetto insignificante ai fini della perequazione delle differenze sul piano cognitivo: «Investimenti aggiuntivi nella scuola hanno scarse probabilità di aumentare il livello di preparazione e una ridistribuzione delle risorse non ridurrà le diseguaglianze nei punteggi dei test» (1972).

Questa conclusione pessimistica è servita a corroborare molte posizioni di disimpegno. Ma ancora una volta c'è da dire che la ricerca di Jencks presentava gravi difetti metodologici, rilevati puntualmente ed elencati da Michael Rutter e dai suoi collaboratori dell'Università di Londra (1979). Riassumeremo qui brevemente le loro critiche. (1) Gli studi citati da Jencks si basano principalmente su un singolo indice di intelligenza verbale, un dato che non ha molto a che vedere con le materie che si insegnano a scuola. (2) Le ricerche prendevano in considerazione un ventaglio molto limitato di variabili nel definire il livello qualitativo delle diverse scuole, più che altro le risorse materiali e di personale a disposizione, senza tener conto dell'impostazione pedagogica, né dell'organizzazione interna della scuola. (3) Le analisi di Jencks prendevano in esame soprattutto un aspetto: fino a che punto una maggiore uniformità dei servizi scolastici ridurrebbe le ineguaglianze nel livello d'istruzione raggiunto. Ma non è questo il problema. I singoli alunni presentano ampie differenze nel potenziale di apprendimento, per cui non si può pensare che migliorare la qualità dell'istruzione possa farli diventare tutti eguali. La questione è un'altra: se una qualità migliore dei servizi scolastici possa influire sul livello generale del gruppo, pur restando le differenze individuali.

Oggi abbiamo finalmente uno studio sulla scuola che ha evitato i difetti e gli errori metodologici dei lavori di Coleman e di Jencks. È una ricerca esauriente e meticolosa sulle scuole secondarie del centro di Londra, condotta da Michael Rutter e dai suoi collaboratori. Il rapporto, pubblicato nel 1979, si intitola *Fifteen Thousand Hours*, con riferimento al tempo medio (per l'appunto, 15.000 ore) che un ragazzo trascorre a scuola dalle elementari alle medie. Rutter gode di una solida reputazione internazionale come autore di ricerche impostate con attenzione, eseguite con cura meticolosa e concluse da un'analisi approfondita e sofisticata dei dati raccolti. Tutte queste qualità sono in grande evidenza in questo suo studio, salutato regolarmente sulla stampa specializzata come un rapporto autorevole e definitivo, destinato a diventare un classico, giudizio che sottoscriviamo in pieno.

La ricerca ha interessato 1.500 ragazzi di un distretto metropolitano di Londra, che frequentavano dodici scuole secondarie diverse. Gli accertamenti sono stati eseguiti a dieci anni, subito prima dell'ingresso nella scuola secondaria, a quattordi e a sedici anni, mediante test di lettura e d'intelligenza e valutazioni degli insegnanti sul comportamento degli alunni; gli accertamenti a livello dei sedici anni comprendevano inoltre i risultati di un test che viene somministrato all'intera popolazione scolastica su scala nazionale. Le dodici scuole interessate sono state oggetto di un'analisi dettagliata che teneva conto di numerosi aspetti dell'andamento didattico, dell'organizzazione e del funzionamento generale. Oltre 200 insegnanti sono stati intervistati in maniera approfondita e dettagliata, più di 2.700 alunni hanno risposto a un questionario sulle loro esperienze scolastiche, qualcosa come 500 ore di lezione sono state osservate e valutate sistematicamente, oltre alle osservazioni condotte nei corridoi e nei cortili delle scuole e alla valutazione sistematica delle condizioni fisiche degli edifici e delle aule.

I dati sono stati codificati in una forma che permetteva particolareggiate analisi quantitative, in cui si mettevano a confronto le caratteristiche delle varie scuole con il comportamento e il profitto degli allievi. Queste analisi hanno messo in luce differenze grandi e significative fra le dodici scuole prese in esame, relativamente a tutti gli indici di comportamento e profitto degli alunni. Per fare un solo esempio, i risultati medi delle vari scuole nel test conclusivo su scala nazionale andavano da un 70% abbondante sopra la media nazionale ad oltre il 50% sotto. Queste differenze si mantenevano anche dopo aver apportato tutte le correzioni per tener conto dei vari bacini di utenza e della percentuale di alunni con difficoltà comportamentali, condizioni sociali sfavorevoli o scarso rendimento nella scuola elementare. Pertanto, queste differenze vistose si dovevano attribuire a differenze fra le scuole in sé e per sé. I dati relativi alle scuole si possono riassumere in questi termini:

1. Le differenze non erano dovute a sperequazioni di risorse finanziarie, numero di alunni per classe o rapporto complessivo alunni/docenti.
   Questi risultati sono simili a quelli di Coleman e di Jencks. Rutter fa notare però che queste dodici scuole godevano di condizioni economiche relativamente buone e che probabilmente c'è una soglia di bilancio al di sotto della quale si cominciano a sentire conseguenze negative, sia per la scuola che per gli allievi. In linea con questi dati, Rutter avanza l'ipotesi che, al di sopra di questa soglia vitale, una maggiore disponibilità economica tale da permettere di ridurre ancora un poco il numero di alunni per classe non debba servire a molto. I finanziamenti si potrebbero molto più utilmente impiegare, a suo avviso, per ampliare programmi speciali come gli interventi di sostegno.

2. Lo smistamento degli alunni in base al livello di capacità non dava luogo ad alcuna differenza nei risultati finali.

3. La buona disciplina aveva un effetto decisivo. Ma disciplina non significava punizioni. Le punizioni erano inefficaci e frequenti interventi disciplinari, un controllo continuo da parte dell'insegnante o l'uso di punizioni fisiche non facevano che peggiorare la condotta degli alunni. Viceversa, lodi e riconoscimenti per il lavoro fatto bene facevano differenza: gli alunni si comportavano meglio e rendevano di più quando gli insegnanti sottolineavano i loro successi e possibilità, anziché gli insuccessi e i difetti.

4. Gli alunni ottenevano migliori risultati nelle scuole che offrivano un ambiente piacevole e confortevole e dove la manutenzione e decorazione degli ambienti erano ben curate. Rutter cita altri studi da cui risulta che le persone si comportano meglio quando si rendono conto che le autorità responsabili si preoccupano dei loro bisogni personali.

5. La composizione etnica e sociale delle classi non aveva importanza, mentre contava un certo equilibrio fra alunni più e meno dotati intellettualmente. Questa conclusione, come nota lo stesso Rutter, vale per le scuole londinesi prese in esame, che non hanno come bacino d'utenza un ghetto come quelli che si incontrano in varie città americane. In queste ultime, il problema della composizione etnica e sociale può essere più importante.

6. Il rendimento era migliore nelle scuole che davano la dovuta importanza alle materie di studio e ai compiti per casa e in quelle che davano agli alunni la possibilità di partecipare alla conduzione del lavoro, come capoclasse, responsabili di lavori di gruppo, ecc.

7. I modelli forniti dagli insegnanti avevano la loro importanza. Per esempio, la condotta, la frequenza e il profitto erano

peggiori nelle scuole dove gli insegnanti spesso non rispettavano l'orario. Analogamente, i risultati erano migliori là dove gli insegnanti preparavano in anticipo le lezioni. Infine, la condotta era più soddisfacente in quelle classi dove gli insegnanti si occupavano più del gruppo intero che di singoli alunni.

8. In generale, si aveva un rendimento migliore in quelle scuole dove i programmi e gli atteggiamenti disciplinari erano decisi di comune accordo dal corpo insegnante, anziché lasciare che ognuno si organizzasse a suo modo.

Riassumendo in una lezione i risultati del suo studio, Rutter osservava:

> Non fa meraviglia che i ragazzi traggano giovamento dalla frequenza di scuole che istituiscono buoni modelli, dove gli insegnanti danno un esempio di buona condotta, dove sono lodati e si vedono attribuire responsabilità, dove le condizioni generali sono buone e le lezioni ben condotte. In effetti, tutto questo è ovvio, ma avrebbe potuto essere altrettanto ovvio che trovassimo come fattori più importanti la frequenza di una piccola scuola in un edificio moderno progettato allo scopo, senza succursali e sezioni staccate, con un rapporto numerico insegnanti : allievi particolarmente favorevole, assistenza religiosa su base annuale, continuità didattica e una disciplina ferma con severe punizioni dei comportamenti inaccettabili. In realtà, nessuna di queste voci era significativamente correlata ai risultati, comunque si misurassero (1980, p. 218).

Le differenze nettissime fra il lavoro di Rutter e quelli di Coleman e di Jencks sono una lezione istruttiva per tutti i ricercatori, ma in particolare per quelli che si occupano di temi di rilevanza politica generale, a proposito della tendenza a ricavare conclusioni che vanno oltre i dati di fatto. Tutti e tre questi ricercatori concordavano nel giudicare relativamente poco importanti le risorse materiali della scuola ai fini dei risultati conseguiti dagli allievi. Coleman e Jencks, però, da questo saltavano alla conclusione che non abbia quasi nessuna importanza il tipo di scuola frequentato, mentre Rutter si rendeva conto che gli altri due avevano considerato *un solo* aspetto nella valutazione del livello delle varie scuole, generalizzando in base a questa visione limitata. Rutter ha capito che ci sono molti altri modi in cui la scuola, come istituzione sociale, può influire sul comportamento e rendimento dei suoi allievi, e di questi altri fattori, molto più complessi e difficili da studiare, ha tenuto conto nella sua ricerca. Così facendo, ha potuto identificare in maniera chiara e definitiva un certo numero di influssi determinanti che la scuola, con le sue caratteristiche, può esercitare sul modo di comportarsi e sul profitto degli alunni.

Abbiamo presentato in dettaglio il lavoro di Rutter per diverse ragioni. È un modello di come si deve condurre la ricerca in un settore psicosociale complesso, se si vuole che abbia un senso. Ci ricorda che una buona ricerca esige una chiara definizione dei problemi, che le procedure devono essere adeguate agli interrogativi sollevati, che i dati devono essere analizzati con tutta la meticolosità indispensabile e che le conclusioni devono poggiare su un solido fondamento empirico, evitando giudizi non autorizzati di dati raccolti. Oltre a tutto ciò, lo studio di Rutter è un importante documento sociale e una confutazione decisiva di ogni forma di disimpegno.

TEMPERAMENTO E SCUOLA: PROBLEMI DI COMPATIBILITÀ

La scuola pone al bambino un buon numero di richieste nuove. Non si tratta solo di padroneggiare attività cognitive sempre più complesse, ma nello stesso tempo di adattarsi a un nuovo ambiente fisico, a figure adulte che rivestono ruoli insoliti, a innumerevoli norme e regolamenti nuovi. Le attività nel gruppo dei coetanei diventano più elaborate e impegnative, anche per il bambino che abbia già avuto l'esperienza della scuola materna. L'adattamento alla scuola, come del resto alle precedenti situazioni di vita, è determinato dalla minore o maggiore compatibilità, in questo caso specifico fra le caratteristiche personali del bambino e le richieste e aspettative della scuola.

C'è una variazione enorme nella facilità o difficoltà d'inserimento nella vita scolastica. Alcuni bambini prendono felicemente il largo fin dall'inizio, senza fare una piega, altri devono superare tensioni e disagio prima di ricavarne un senso di riuscita. Infine, una percentuale relativamente piccola non regge alle richieste della scuola, sul piano cognitivo, sociale o su entrambi: sono questi i bambini che diventano alunni-problema, a volte in maniera transitoria, a volte per sempre.

Nei capitoli precedenti abbiamo parlato di temperamento e compatibilità con le richieste, della capacità di padroneggiare i compiti e di sviluppare competenza sociale, del senso di autostima e delle sequenze dello sviluppo cognitivo. Tutti questi fattori ora vengono alla ribalta, separatamente e insieme, interagendo con le caratteristiche significative della scuola nel determinare l'andamento scolastico del bambino, sia per quanto riguarda il profitto che la socializzazione.

Alcuni temi specifici attinenti a questo problema generale del temperamento nel contesto della scuola meritano un approfondimento. A volte succede infatti che gli insegnanti sottovalutino l'intelligenza di bambini dal temperamento lento a scaldarsi, proprio a causa della loro lentezza nell'adattarsi alle situazioni (la cosa non succede in genere coi bambini dal temperamento difficile, probabilmente perché in quel caso l'intensità delle manifestazioni compensa l'impressione generata dall'adattamento rallentato).

Queste particolari reazioni degli insegnanti ci hanno dato da pensare e così abbiamo deciso un'apposita ricerca, condotta in una scuola materna suburbana insieme con lo psicologo della scuola, Edward Gordon (Gordon e Thomas, 1967). Per rendere le cose più chiare alle insegnanti, in luogo della nostra terminologia consueta (temperamento rapido o lento a scaldarsi), definimmo quattro gruppi di bambini: (1) «quelli che si buttano», bambini che si lanciano immediatamente in un'attività nuova, senza esitazioni e con entusiasmo; (2) «quelli che vengono dietro», bambini che seguono positivamente le proposte, ma senza tuffarsi dentro subito; (3) «quelli che stanno un po' a guardare», bambini che rimangono in attesa tenendosi in disparte, poi gradualmente e lentamente si fanno coinvolgere dalla nuova attività; (4) «quelli che non partecipano», bambini che rifiutano una situazione nuova per settimane o mesi. Il primo gruppo corrisponde al nostro temperamento rapido a scaldarsi, il terzo al temperamento lento, mentre «quelli che vengono dietro» hanno un temperamento intermedio, né troppo rapido né troppo lento. Quanto al quarto gruppo, i bambini che rifiutano assolutamente di partecipare ad attività nuove presentano probabilmente qualche problema comportamentale.

Abbiamo chiesto a due insegnanti esperte di valutare in base a questa scala i loro 93 alunni dell'ultimo anno di scuola materna. Inoltre, dovevano darci una valutazione del livello d'intelligenza generale, in base a una scala in cinque punti (da «molto inferiore alla media» a «molto superiore»). Non essendo i bambini stati sottoposti ancora a test d'intelligenza, le insegnanti non potevano basarsi che sulle loro impressioni soggettive.

I test venivano somministrati l'anno dopo, all'ingresso nella scuola elementare, e così abbiamo potuto confrontare i QI con i precedenti giudizi delle insegnanti sul comportamento e l'intelligenza dei bambini. Abbiamo trovato una tendenza significativa a *sopravvalutare* l'intelligenza dei bambini che si tuffavano subito nelle attività nuove e a *sottovalutare* quelli che si tenevano più in disparte. (Nel gruppo iniziale c'era un solo bambino che era stato giudicato assolutamente non partecipante, ma si era trasferito in un'altra scuola prima della somministrazione del test.)

La sottovalutazione dell'intelligenza di un bambino da parte dell'insegnante può non essere un problema irrilevante: i giudizi degli insegnanti si comunicano facilmente all'interessato, sia in maniera esplicita che per vie più indirette e sottili (Rosenthal e Jacobson, 1969). Un ragazzo che senta di esser considerato poco intelligente dall'insegnante rischia di lasciarsene convincere, specialmente se ha già in partenza un'immagine di sé non troppo solida. Una volta che si sia fatto questa idea di se stesso, le sue capacità di apprendimento ne risentono facilmente, e a quel punto il giudizio dell'insegnante è diventato una profezia che si realizza per forza propria.

Un'altra caratteristica temperamentale che può indurre l'insegnante a sottovalutare l'intelligenza di un alunno è un basso livello di attività. La lentezza di movimenti, spesso anche di parola, può apparire come il segno di una torpidità mentale. Avevamo diversi bambini del genere nel nostro studio longitudinale e spesso abbiamo dovuto metterci in contatto con gli insegnanti per correggere questo errore di giudizio. Un bambino con queste caratteristiche può anche diventare lo zimbello della classe, preso in giro dai compagni come «tonto» e «tardivo»: l'intervento dell'insegnante, in collaborazione coi genitori, può essere indispensabile per evitare questa evoluzione sfavorevole. È anche importante che genitori e insegnanti non si stanchino di ribadire al bambino stesso che la sua lentezza di movimenti o di parola non è sintomo di qualcosa che non va, che è perfettamente normale e che è in grado di tenere il passo coi suoi coetanei, sia pure più lentamente.

Il bambino che al contrario ha un temperamento molto attivo può avere difficoltà in classe per la sua irrequietezza e per la tensione che gli crea l'obbligo di restare per ore seduto in silenzio nel suo banco. Gli insegnanti esperti e attenti non hanno in genere difficoltà a riconoscere questo tipo di bambino e a dargli di tanto in tanto un po' di sollievo mandandolo a fare qualche commissione o chiedendogli di ripulire la lavagna o di distribuire libri e fogli alla classe. In caso contrario c'è il rischio che diventi l'elemento disturbatore della classe, non tanto per i compagni quanto per l'insegnante.

Infine, i tratti temperamentali della distraibilità e della perseveranza possono influire in misura notevole sull'inserimento scolastico del bambino. Gli insegnanti forse pretendono una concentrazione e una perseveranza maggiori, in confronto a quelle che erano le richieste e aspettative dei genitori. Soddisfare queste nuove richieste è facile per il bambino molto tenace, che non si lascia distrarre quando è impegnato in un'attività, ma risulta difficile al bambino che presenta la costellazione temperamentale opposta: scarsa perseveranza e alta distraibilità. Ciò non significa che quest'ultimo debba necessariamente ottenere risultati peggiori negli apprendimenti scolastici. Magari dovrà studiare e fare i compiti a piccole rate con interruzioni frequenti, ma se il problema è riconosciuto e valutato esattamente da genitori e insegnanti, i suoi progressi nello studio possono essere del tutto paragonabili a quelli dei coetanei più stabili e tenaci. Conseguenze disastrose si possono avere, invece, quando si pretende da uno di questi bambini un livello di concentrazione e di perseveranza per lui impossibile.

Abbiamo avuto un caso del genere nel nostro studio longitudinale. Il ragazzo era molto intelligente e motivato allo studio. Suo padre era un uomo capace di un'estrema concentrazione, molto tenace nel lavoro. Il figlio aveva un carattere diametralmente opposto rispetto a questi due tratti comportamentali, un carattere che il padre rifiutava di accettare come normale, malgrado i numerosi colloqui che abbiamo avuto con lui: insisteva a dire che si trattava di «autodisciplina» e «forza di volontà» e che suo figlio era un debole, senza spina dorsale. Il ragazzo si sforzava di adeguarsi a questi modelli paterni, ma l'impresa era impossibile. Di fronte al fuoco di fila di critiche da parte del padre, il rendimento scolastico – che all'inizio era buono – e la stima di sé peggiorarono progressivamente. A diciassette anni aveva interrotto gli studi ed era abbattuto e ferocemente autocritico: «Guardiamo le cose in faccia», ci disse. «Mio padre non ha nessuna stima di me, e perché dovrebbe averne?».

Quanto a suo padre, ci aggredì con queste parole: «Me l'avete detto voi di lasciarlo perdere» (una versione assai distorta dei nostri consigli nel corso degli anni), «e ora guardate i risultati». Vari tentativi di psicoterapia non sono valsi a modificare l'immagine negativa che aveva di sé il ragazzo, il quale ormai adulto faceva una vita dissipata, completamente a carico del padre.

A volte la perseveranza, che di solito è una dote preziosa nella situazione scolastica, può creare dei problemi se c'è incompatibilità con le aspettative della scuola. Il caso tipico è quando l'insegnante pretende che il ragazzo interrompa immediatamente un'attività in cui è assorto. Certi bambini, sia pure a malincuore, reggono a una richiesta che urta in questo modo il loro temperamento tenace e perseverante, ma altri, con una scarsa tolleranza alle frustrazioni, possono esplodere violentemente, con conseguenze tutt'altro che piacevoli per loro. Questa è una sequenza che si è ripetuta spesso per uno dei nostri soggetti (Richard, di cui abbiamo riferito la storia nel Cap. IX). Alla fine il problema è stato superato e oggi Richard, prossimo ai trent'anni, se la cava benissimo, ma l'esito avrebbe potuto facilmente essere del tutto diverso. E comunque gli sarebbero stati risparmiati tanti dispiaceri se gli insegnanti avessero tenuto conto di questo suo temperamento, preoccupandosi di avvertirlo sempre con un certo anticipo quando si avvicinava l'ora di passare a un'altra attività, invece di pretendere un'obbedienza immediata.

A volte succede che insegnanti e genitori comincino a preoccuparsi dei risultati scolastici eccezionali che un bambino ottiene con una grande perseveranza e un'estrema motivazione allo studio. Si parla in questi casi di un «sovrarendimento», definizione che presumibilmente lascia intendere che il bambino ha un rendimento scolastico migliore di quanto previsto dal suo QI: non si comporta in armonia con le norme statistiche, sicché dev'esserci qualcosa che non va, in lui, certo, non nelle statistiche. Ma il QI è solo uno degli indici predittivi del successo scolastico, e non sempre preciso. Tratti temperamentali come la perseveranza e altri fattori come la motivazione possono essere altrettanto importanti. Proponiamo di lasciar cadere definitivamente un termine come «sovrarendimento», limitandosi a parlare di un alto rendimento, quando c'è.

ALTRI STUDI SUI FATTORI TEMPERAMENTALI NELLA SCUOLA

Barbara Keogh e i suoi collaboratori dell'Università della California a Los Angeles hanno condotto varie ricerche sulle caratteristiche temperamentali degli allievi (Keogh, 1982; Pullis e Cadwell, 1982) usando una forma ridotta del questionario che avevamo elaborato per gli insegnanti. Dalle valutazioni ottenute da 35 insegnanti, hanno identificato tre schemi temperamentali primari che sembrano significativi nella situazione scolastica. Il primo, che hanno chiamato «orientamento rispetto al compito», consiste in una combinazione di perseveranza, distraibilità e livello di attività. Il secondo, «flessibilità sociale personale», raccoglie i tratti approccio-ritirata, qualità dell'umore e adattabilità. Il terzo, definito «reattività», è formato da soglia sensoriale, qualità dell'umore e intensità delle risposte. È emersa una correlazione alta e costante fra queste configurazioni temperamentali, così ridefinite in funzione della vita scolastica (specialmente per quanto attiene all'orientamento verso il compito), e varie decisioni degli insegnanti nella gestione della classe, nell'assegnazione dei compiti e nei consigli di orientamento. Inoltre, c'era una correlazione significativa fra i giudizi sul livello intellettivo e le valutazioni relative alla flessibilità sociale e all'orientamento finalizzato all'esecuzione del compito.

La Keogh, riassumendo le sue ricerche, scrive che questi dati dimostrano che «tali variazioni degli schemi [temperamentali] contribuiscono chiaramente a formare le opinioni degli insegnanti circa l'educabilità degli alunni, i giudizi sulle loro capacità e le aspettative circa le loro prestazioni scolastiche» (1982 p. 278). C'è il pericolo che queste valutazioni divengano profezie autorealizzanti: il giudizio dell'insegnante, fondato sul temperamento dell'alunno anziché sulle sue effettive capacità e disposizioni allo studio, può facilmente influire sia sul metodo d'insegnamento che sul rendimento del ragazzo.

Anche Roy Martin e i suoi collaboratori dell'Università della Georgia, usando una forma riveduta del nostro questionario temperamentale ad uso degli insegnanti, hanno trovato una correlazione significativa fra caratteristiche temperamentali degli alunni e atteggiamenti degli insegnanti (Martin, Nagle e Paget, 1983).

Tutti questi lavori illustrano quanto sia importante per gli insegnanti rendersi conto del fatto che gli alunni presentano differenze individuali di temperamento che hanno una rilevanza nel contesto della classe. Nota Barbara Keogh: «Gli insegnanti che hanno partecipato alla nostra ricerca ci hanno detto che tener conto del temperamento degli alunni li ha sensibilizzati alle proprie percezioni dei singoli ragazzi» (1982 p. 277). Questa è stata anche la nostra esperienza. Nel corso degli anni abbiamo discusso le nostre ricerche con insegnanti di molte scuole diverse. Ci hanno detto sempre che imparare a impostare il lavoro in base ai bisogni di alunni con temperamenti diversi, e a non confondere il temperamento con le capacità, rende l'attività didattica più facile oltre che più efficace.

La «stimolazione cognitiva»

Di questi tempi i genitori, specialmente quelli della classe media, sono assillati dai propugnatori di questo o quel programma che pretende di aumentare il QI dei bambini in età prescolastica, assicurando loro un margine di vantaggio rispetto ai compagni di classe, al momento di cominciare la scuola. Questi metodi cosiddetti di «stimolazione cognitiva» sono davvero necessari o anche solo consigliabili? Come abbiamo già notato, nelle famiglie della borghesia, ma anche nelle famiglie operaie che godono di una certa stabilità, il bambino nella prima infanzia e in età prescolastica è esposto a una moltitudine di oggetti e attività che gli forniscono una stimolazione sufficiente a garantire un adeguato sviluppo cognitivo. La manipolazione degli oggetti normalmente presenti in una casa, l'imitazione delle attività dei genitori e dei fratelli e sorelle maggiori, la comunicazione verbale e non verbale coi familiari e gli amici (da distinguersi dai semplici ordini e istruzioni), la spesa al supermercato e ai magazzini, che dispiegano una quantità di oggetti nuovi e affascinanti, le visite in altre case, con la possibilità di osservare stili di vita diversi e magari anche di parteciparvi, le esperienze di gioco con i coetanei, con l'apprendimento graduale di regole nuove d'ogni genere circa i rapporti sociali, tutte queste e molte altre esperienze naturali della vita quotidiana offrono una stimolazione costante agli apprendimenti e all'arricchimento cognitivo.

L'uso di giochi didattici, la lettura di libri da parte dei genitori, la visione di programmi educativi in TV sono tutte utili aggiunte allo sviluppo intellettuale del bambino, ma non c'è nessuna prova che comportino differenze sostanziali per un bambino che sia continuamente stimolato nelle comuni attività della vita quotidiana. I programmi speciali di «stimolazione cognitiva» possono riuscire ad aumentare temporaneamente il QI, ma non perché accrescano davvero il potenziale intellettivo: si tratta invece di un effetto dell'esercizio, dato che il bambino impara a rispondere a quel tipo di domande che costituiscono i test d'intelligenza. La ricerca non dimostra assolutamente che questi interventi abbiano alcun effetto durevole sullo sviluppo cognitivo di bambini che non soffrano di carenze socioeconomiche. Si può fare un'analogia con il fabbisogno alimentare del bambino: se la sua dieta abituale è adeguata, l'integrazione con vitamine, sali minerali o altri supplementi sarà superflua e non avrà nessuna utilità per migliorare la sua salute fisica. Solo se l'alimentazione è carente di qualche fattore nutritivo essenziale c'è bisogno di simili integrazioni.

D'altro canto, è opportuno incoraggiare e sostenere il bambino che prima di andare a scuola mostra il desiderio di imparare a leggere e a fare semplici conti. Nella passata generazione alcuni specialisti pensavano che questi apprendimenti anticipati potessero essere prematuri e dannosi, idea condivisa all'epoca da varie scuole private, che infatti rifiutavano di cominciare l'insegnamento della lettura prima della seconda, quando i bambini sarebbero stati biologicamente «pronti». Anche in questo caso la tesi non è suffragata da nessuna prova e oggi queste idee sono passate di moda. Quello che è vero è che i bambini maturano con tempi diversi: uno può essere pronto per imparare a leggere a quattro anni, un altro a sei. Ma questo non significa affatto che chi parte più tardi debba essere meno intelligente di quello che impara presto a leggere, proprio come la precocità nel cammino e nella parola non correlano con il livello successivo di capacità intellettuali.

La stimolazione cognitiva può talvolta diventare un problema per un bambino davvero dotato: imparando molto rapidamente, può succedere che si annoi, diventando irrequieto e insoddisfatto, quando si trova obbligato alle pastoie del normale programma scolastico. C'è addirittura il rischio che perda la voglia d'imparare, distogliendosi da quella che dovrebbe essere un'avventura entusiasmante soprattutto per un ragazzo così dotato. Il rimedio in questi casi è ovvio. Può darsi che la scuola riesca a fornire quegli stimoli avanzati di cui ha bisogno, ma se non lo fa tocca ai genitori prendere l'iniziativa, organizzando attività extrascolastiche tali da soddisfare le particolari esigenze cognitive di questo ragazzo.

Le recentissime ricerche nel campo dei processi metacognitivi, che abbiamo descritto nel Cap. VIII, per la prima volta offrono lo spunto per autentici programmi di stimolazione cognitiva che siano adeguati ai bambini che partono in condizioni di privilegio. La scoperta che i bambini possono cominciare molto presto a capire come pensano e come apprendono apre infatti possibilità entusiasmanti: se davvero si riuscisse a insegnare ai bambini questa abilità metacognitiva, potrebbe forse essere possibile una crescita delle capacità di apprendimento. Gli studi in questo campo sono ancora troppo recenti perché si possano trarre conclusioni definitive in proposito. Se poi i risultati continuassero a rivelarsi promettenti, possiamo solo sperare che la «stimolazione metacognitiva» non divenga terreno di caccia per intraprendenti personaggi che la sfruttino ai propri fini, screditandola immediatamente.

«HEAD START» E ALTRI PROGRAMMI PER I BAMBINI SVANTAGGIATI

È per i bambini che partono da situazioni economiche e sociali svantaggiate che i programmi di stimolazione cognitiva, nella loro forma attuale, sono importanti e forse addirittura vitali. Questi bambini troppo spesso, oltre a soffrire le conseguenze di un ambiente familiare stressante e povero di stimoli intellettuali, frequentano scuole molto carenti, sia come disciplina che per locali e attrezzature, per non parlare del morale degli insegnanti. Il risultato, come dimostrano varie ricerche, è uno svantaggio che si accumula nel corso degli anni nei risultati dei test di profitto scolastico (Eisenberg e Earls, 1975). Le conseguenze tragiche di questa carenza sono enormi, in termini di insuccesso scolastico, problemi di occupazione e comportamenti antisociali.

Come abbiamo visto, le grandi promesse di un intervento precoce di stimolazione cognitiva sui bambini che partono da condizioni sfavorevoli sono state messe in evidenza per la prima volta in Italia da Maria Montessori. Negli Stati Uniti, un lavoro pionieristico in questa direzione è stato quello di Martin Deutsch e dei suoi collaboratori dell'Istituto per gli studi evolutivi dell'Università di New York, negli anni '50 e '60 (Deutsch e coll., 1967). In una serie di ricerche ben impostate e condotte, che prevedevano il confronto sistematico con gruppi di controllo, si è dimostrato come un intervento continuativo a livello di scuola materna desse considerevoli risultati nel rendimento scolastico dei bambini meno privilegiati, evitando quell'accumulo di insuccessi che altrimenti era frequentissimo. Il programma d'intervento consisteva in tutta una serie di tecniche di educazione percettiva e linguistica, e gli effetti positivi erano misurabili sia nella scuola materna che a livello di classe preparatoria alla I elementare.

L'opera di Deutsch e di vari altri autori ha dato una grossa spinta allo sviluppo del progetto *Head Start*, nell'ambito del programma di «guerra alla povertà» messo in atto negli Stati Uniti dall'amministrazione Johnson. Altri aspetti di quel programma sono andati a scomparire, anche per i dubbi crescenti sulla loro utilità, ma *Head Start* rimane ancora oggi un programma valido e importante su scala nazionale, per assicurare appunto una «partenza nelle posizioni di testa» ai bambini meno privilegiati in età di scuola materna.

Un bilancio di venti anni del programma *Head Start* è stato tracciato di recente da Edward Zigler (1985), dell'Università di Yale, membro della commissione incaricata inizialmente del progetto ed ex-direttore del programma stesso. Zigler sottolinea che una delle decisioni fondamentali che si posero alla commissione fu la scelta fra un programma uniforme, centralizzato e gestito da tecnici, e un insieme di progetti decentrati sul territorio, affidati a una gestione paritaria fra tecnici e genitori. Si scelse la seconda alternativa e a questa ci si è mantenuti fedeli nel corso degli anni – con buone ragioni, secondo Zigler –. In tal modo si sono evitate l'inerzia e la rigidezza che sono sempre in agguato in una gestione burocratica centralizzata, si sono permesse innovazioni e flessibilità e si sono coinvolti attivamente i genitori, come rappresentanti dei legittimi interessi dei bambini. Attraverso la partecipazione al programma, innumerevoli genitori hanno avuto modo di ricevere un'informazione sui problemi dello sviluppo normale e consigli per applicarla nell'educazione dei figli. Questa impostazione decentrata aveva tuttavia anche i suoi svantaggi. La qualità degli interventi variava molto da un luogo all'altro, né c'era la possibilità di applicare metodi uniformi di controllo e raccolta dei dati. In molte zone si sono accese lotte di potere tra fazioni contrapposte che volevano assicurarsi la gestione del programma in sede locale. Ma nel complesso, conclude Zigler, «*Head Start* è stata la sede in cui membri di gruppi etnici e socioeconomici diversi hanno imparato a collaborare in vista di obiettivi comuni. Benché tuttora imperfetto quanto a composizione razziale, il programma continua a rappresentare quanto di meglio il nostro paese sia riuscito a fare» (1985, pp. 605-606).

Molte delle critiche sollevate contro il progetto *Head Start* (Jensen, 1969) sono il risultato di quelle che Zigler giustamente definisce «le aspettative grandiose e irrealistiche nutrite inizialmente per questo programma. L'errore di pensare che saremmo riusciti a risolvere il problema della povertà in America con un intervento di otto settimane sui bambini in età prescolastica... oggi è evidente» (Zigler, 1985, p. 606). Sarebbe come prendere un bambino denutrito di tre anni, fornirgli un'alimentazione adeguata per un paio di mesi e poi rimandarlo nell'ambiente malsano di provenienza, aspettandosi poi che mantenga intatti i progressi ottenuti. Ogni anno *Head Start* continua a interessare oltre 100.000 bambini, che ricevono preziosi servizi sanitari e dietetici, oltre agli interventi di stimolazione pedagogica. Si spera che tali prestazioni possano offrire a molti di questi bambini un vantaggio iniziale che non vada perduto in seguito. Il programma ha fornito inoltre il modello a una miriade di iniziative sanitarie e sociali a favore dei bambini meno favoriti. Zigler è preoccupato dagli indizi di un calo qualitativo che si segnala in varie zone, oltre a denunciare il fatto che l'insieme degli interventi raggiunge appena il 20% circa dei possibili destinatati, mentre non si è riusciti a impostare un programma analogo a livello degli asili nido. Dato il clima politico attuale, la nostra speranza di estendere l'intervento a un anno intero di lavoro intensivo e qualificato, che copra tutta la popolazione socialmente e culturalmente svantaggiata in età di scuola materna, rimane un sogno, ma un sogno per cui vale la pena di combattere, non importa quanto tempo ci vorrà per realizzarlo.

ALTRI PROGRAMMI D'INTERVENTO PRECOCE

Head Start, data la grande variabilità anche qualitativa dei suoi programmi decentrati, mal si presta a fornire solide prove dell'efficacia di un intervento precoce di stimolazione per i bambini meno privilegiati. Ma numerosi altri programmi analoghi, impostati e gestiti con molta cura e circoscritti a un'unica zona e a gruppi limitati, sono stati realizzati in varie parti del paese. In ciascuno di questi programmi si è potuta garantire l'uniformità delle procedure per la raccolta e analisi dei dati, con informazioni precise sugli effetti ottenuti anche a lungo termine. Tre di questi lavori sono citati nel Cap. VII: l'esperienza con l'adozione dei bambini coreani, la sperimentazione condotta in collaborazione in dodici sedi diverse e il progetto di Ypsilanti, nel Michigan.

Questi e vari altri programmi d'intervento precoce, fra cui gli *Yale Child Welfare Programs*, sono passati in rassegna da un articolo recente di Sally Provence (1985), del Centro per lo studio del bambino alla Yale University. Nel complesso i dati sono uniformi e convincenti. I programmi d'intervento precoce che combinino servizi scolastici, sociali e sanitari, coinvolgendo anche i genitori, producono miglioramenti sostanziali, e talvolta nettissimi, sul piano dell'inserimento scolastico e dell'integrazione sociale. Il progetto di Yale prevedeva un insieme coordinato di interventi pediatrici, pedagogici e sociali su un gruppo di bambini dalla nascita ai 30 mesi d'età, integrati da varie forme di appoggio ai genitori. Al controllo eseguito cinque anni dopo, i bambini che avevano partecipato al programma presentavano punteggi più alti nei test d'intelligenza, una maggiore maturità sociale e una frequenza scolastica molto più soddisfacente rispetto a un gruppo di controllo che non aveva ricevuto questi particolari servizi. Gli effetti positivi erano ancora avvertibili a un successivo controllo a distanza di dieci anni. La Provence conclude che i dati dimostrano che «i benefici a lungo termine dei programmi d'intervento precoce sembrano strettamente legati al coinvolgimento attivo dei genitori nello sforzo per realizzare un cambiamento e favorire lo sviluppo dei bambini» (1985, p. 366).

Le prove sono chiare. È ampiamente dimostrato che gli interventi precoci sono in grado di realizzare importanti risultati con i bambini che provengono da situazioni socioeconomiche svantaggiate. Ma a livello pratico la questione è tutt'altro che risolta. Da parte del governo non c'è alcun impegno ad assicurare i finanziamenti necessari per mantenere il livello qualitativo dei programmi esistenti e per estenderli a tutti i bambini che ne avrebbero bisogno. Il problema di coinvolgere tutti i genitori è formidabile, data la situazione in cui si trovano molti di loro, continuamente alle prese con la lotta per la sopravvivenza quotidiana. E anche se è vero che interventi ben condotti hanno effetti non passeggeri, questi effetti non potranno mai neppure avvicinarsi al livello dei bambini delle classi medie, a meno che le scuole che servono i quartieri più degradati non siano opportunamente riqualificate. Infine, la motivazione allo studio è strettamente correlata alle ricompense concrete che l'istruzione può offrire. Se non ci sono posti di lavoro, queste scuole finiranno per apparire dei binari morti ai ragazzi che le frequentano.

BAMBINI CON PROBLEMI SCOLASTICI

Molti bambini presentano difficoltà nel rendimento scolastico o nell'integrazione sociale. I problemi possono derivare da molte cause: incompatibilità fra il temperamento del bambino e le richieste della scuola, turbe del comportamento di altra origine (cerebropatia, malattia mentale), un ritardo nello sviluppo del linguaggio o nell'apprendimento della lettura e dell'aritmetica. Quest'ultimo tipo di problema, sotto la rubrica generale delle «disabilità di apprendimento», è stato oggetto di particolare attenzione in varie ricerche degli ultimi anni. In passato, queste difficoltà di apprendimento erano imputate, dalla maggior parte degli specialisti, a disturbi di ordine emotivo, con l'indicazione sistematica di psicoterapia per il bambino o per la famiglia. Oggi sappiamo che molti di questi casi hanno una base biologica in ritardi o altri disturbi della maturazione delle strutture neurofisiologiche necessarie all'apprendimento della lettura o dell'aritmetica. Stando così le cose, un qualche tipo di trattamento rieducativo diventa la terapia d'elezione.

Un discorso a parte merita il quadro che va sotto il nome di *iperattività*, a causa degli abusi di questa diagnosi, specialmente nell'ambiente scolastico. Il bambino iperattivo presenta una condizione patologica, a differenza di quello che ha per temperamento un alto livello di attività, il quale si colloca semplicemente ad uno degli estremi nella gamma di variazione di un tratto temperamentale. È importante quindi distinguere fra le due situazioni, che possono apparire simili per molti aspetti: sia l'iperattivo propriamente detto che l'altro presentano un'attività motoria vivace e abbondante, entrambi possono diventare nervosi e irrequieti se costretti all'immobilità, per esempio, se a scuola devono restare fermi nel banco per ore intere. Ma ci sono alcune differenze cruciali: il bambino iperattivo passa continuamente da un'attività all'altra, senza portarne a termine nessuna, ha difficoltà a mantenere a lungo l'attenzione e si lascia facilmente distrarre, mentre un normale temperamento con alto livello di attività non comporta questi problemi di disorganizzazione e instabilità. Dati questi sintomi del bambino iperattivo, il manuale diagnostico ufficiale suggerisce la definizione di «turbe dell'attenzione», partendo dall'ipotesi che l'attività disorganizzata dipenda dall'incapacità di mantenere a lungo l'attenzione. La causa del disturbo è comunque ignota, anche se è probabile che abbia una base biologica.

Paradossalmente, i sintomi dell'iperattività spesso rispondono bene al trattamento farmacologico con anfetamine, che sono di norma stimolanti dell'attività cerebrale, non certo inibitori. Le ragioni dell'efficacia di questa terapia non sono chiare. Si tratta comunque di farmaci da usare con cautela e sotto stretto controllo medico, dato il rischio di effetti collaterali spiacevoli.

Quello che purtroppo è successo in molte scuole è che l'etichetta di «iperattività» è stata applicata indiscriminatamente a tutti i bambini irrequieti e agitati in classe. Un bambino può essere irrequieto per le ragioni più varie: può annoiarsi con un insegnante che non riesce a interessarlo e stimolarlo a sufficienza; può stare in ansia per altri motivi; può semplicemente avere per temperamento un alto livello di attività. Troppi bambini sono definiti «iperattivi» dall'insegnante solo perché danno noia in classe. A questo punto i genitori vengono invitati a portarlo dal pediatra per fargli prescrivere una medicina. E il pediatra, di fronte a una descrizione esagerata dei sintomi da parte dei genitori e dell'insegnante, può darsi che dia seguito alla richiesta. In questi casi la terapia farmacologica è inutile o addirittura dannosa, mentre le vere cause del problema rimangono del tutto trascurate.

Un bambino che presenti un serio problema scolastico merita di esser portato immediatamente all'attenzione di uno specialista, in modo da poter avviare senza indugi gli eventuali interventi o trattamenti che si rivelino necessari. Un trattamento precoce può prevenire le molte conseguenze disastrose che possono nascere nel corso degli anni dall'effetto cumulato delle difficoltà scolastiche. Genitori e insegnanti devono collaborare per assicurare un adeguato intervento diagnostico e terapeutico. È bene però che i genitori stiano in guardia di fronte a qualunque consiglio specialistico impartito senza una valutazione completa delle possibili cause, non necessariamente emotive, ma spesso legate a questioni di temperamento o di funzionalità cerebrale.

XII
Età scolastica e adolescenza

Per età scolastica si intende comunemente il periodo che va dai sei ai dodici anni circa. È interessante il fatto che molte culture diverse abbiano individuato i sei-sette anni come l'età in cui il bambino ha la competenza necessaria per un nuovo livello di funzionamento sociale (Shapiro e Perry, 1976). Nel Medioevo i bambini diventavano paggi a questa età e in un'epoca molto più recente venivano mandati fuori casa a fare gli apprendisti. E nella società moderna la scolarizzazione comincia formalmente a sei o sette anni.

Per il bambino medio, specialmente in ambiente borghese, questa età presenta richieste e aspettative nuove in misura ridotta, rispetto alla prima infanzia e agli anni corrispondenti all'età della scuola materna, mentre anche la maturazione fisica e neurobiologica rallenta. Certe acquisizioni fondamentali sul piano delle abitudini di vita e del processo di socializzazione – ritmi di sonno, orari dei pasti, controllo dei bisogni fisiologici adattamento alle regole familiari e ai rapporti con i coetanei, saper mangiare e vestirsi da soli – sono venute in età precedenti e sono ormai padroneggiate dalla maggior parte dei bambini. Quasi tutti hanno frequentato almeno un anno di scuola materna, cosicché la necessità di adattarsi a un ambiente nuovo e diverso fuori di casa, a un nuovo orario organizzato di attività, a situazioni di gioco più strutturato e ad un vero e proprio lavoro scolastico (sia pure in senso lato) è già stata affrontata e superata a sei anni. Con queste premesse l'inizio dell'istruzione scolastica elementare non presenta grossi problemi alla maggioranza dei bambini.

IL PASSAGGIO ALL'ETÀ SCOLASTICA

Per gli psicoanalisti l'età scolastica coincide con la «risoluzione del complesso edipico» (si veda Cap. IX). Secondo questa formulazione, a cinque o sei anni il bambino riesce a rimuovere nel cosiddetto «inconscio» l'attrazione sessuale per il genitore dell'altro sesso, sostituendola con un nuovo interesse per la scuola e le attività con i coetanei. La teoria si basa sull'ipotetico sistema dello sviluppo istintuale infantile. Non c'è bisogno di dire che questa concezione non è suffragata da nessuna seria prova oggettiva, mentre la sua utilità e validità è stata messa in dubbio anche da vari autorevoli esponenti della stessa scuola psicoanalitica (Marmor, 1974; Stern, 1985).

Tradotto in termini non analitici, il complesso edipico sembra un'etichetta generale per indicare tutti i conflitti che possono capitare in età prescolastica fra i genitori e il bambino. Sono gli anni in cui il bambino impara le regole della prudenza e del vivere civile, gli obblighi e i divieti dell'esistenza quotidiana. Prescrizioni e proibizioni d'ogni genere gli vengono da parte dei genitori: «Non toccare le prese di corrente»; «Non venire a tavola senza esserti lavato le mani»; «Sto cercando di leggere e tu fai troppo rumore. Va' a giocare in camera tua»; «Dì "grazie" quando ti danno una cosa». Verso i sei anni quasi tutti i bambini hanno imparato che le pretese e aspettative dei genitori non sono prive di senso. E anche se qualcuna può continuare a sembrarlo, non è più così importante, ora che il bambino è sempre più coinvolto in attività e rapporti all'esterno della famiglia. Ci sono casi estremi – richieste assurde da parte dei genitori, un attaccamento eccessivo da parte del bambino – nei quali a sei anni non si è ancora realizzata questa armonia di rapporti fra genitori e figlio. In termini psicoanalitici, ciò rappresenterebbe una «mancata risoluzione del complesso edipico». Fuori da questo gergo, possiamo parlare di un problema di sviluppo psicologico che può portare a disturbi del comportamento.

In altre parole, per chi non fa propria la concezione psicoanalitica delle pulsioni istintuali e del valore speciale che rivestono nei diversi periodi dell'infanzia, non c'è bisogno di nessuna teoria speciale per la transizione all'età scolastica. In luogo delle formule psicoanalitiche, che vedono l'infanzia come una serie di passaggi, dallo «stadio orale» allo «stadio anale», quindi allo «stadio genitale» col suo «complesso edipico» e infine allo «stadio post-edipico», possiamo sostituire la descrizione oggettiva delle fasi e passaggi evolutivi: prima infanzia, età prescolastica, età scolastica.

Stabilità e sviluppo nell'età scolastica

Per la maggior parte dei bambini l'età scolastica rappresenta dunque un periodo di relativa stabilità, che pone meno esigenze di adattamenti nuovi. Questa stabilità si rispecchia anche nelle tavole relative all'età d'insorgenza dei disturbi di comportamento, che abbiamo ricavato dal nostro New York Longitudinal Study. I disturbi erano causati, con pochissime eccezioni, da variazioni ambientali e da richieste che certi bambini non riuscivano a affrontare felicemente date le loro caratteristiche – in altre parole, da un'insufficiente compatibilità –. Su 45 casi di disturbi del comportamento (oltre la metà, comunque, erano disturbi lievi), ben 32, cioè il 71%, si erano presentati verso i cinque anni, 12 (27%) fra i sei e gli otto e uno solo dai nove ai dodici anni.

Stabilità però non significa mancanza di cambiamento o di sviluppo. Durante questa età avvengono cambiamenti importantissimi nelle abilità cognitive e nelle caratteristiche psicologiche. Piaget (1936) collocava in questo periodo lo sviluppo dei concetti concreti, come le nozioni di conservazione e invarianza, che porteranno poi all'acquisizione di ragionamenti complessi.

Sul versante psicologico, Erik Erikson (1950) chiama questo periodo «età dell'operosità» e lo considera «uno stadio quanto mai decisivo sul piano sociale». Theodore Lidz (1968), di Yale, parla dell'inizio di «un senso di appartenenza» e di «un senso di responsabilità» in questa fase della vita.

Queste descrizioni di Erikson e di Lidz riflettono l'opinione condivisa un po' da tutti gli psicologi e psichiatri, che per la maggior parte dei bambini delle nostre classi medie l'età scolastica sia un periodo di stabilità e sano sviluppo. Le lotte e le prove degli anni precedenti sono state superate. Il senso di sé si è cristallizzato, le esperienze di vita hanno creato una certa fiducia nelle proprie capacità strumentali e competenze sociali, il linguaggio e le funzioni cognitive sono maturate in modo da poter affrontare con tranquillità le richieste di apprendimento poste dalla scuola. Purché il suo ambiente abbia un minimo di stabilità, a sei anni il bambino comincia a usare le proprie risorse psicologiche in un orizzonte sempre più ampio di attività e interessi. Studia e impara, acquista una maggiore competenza sociale, progredisce nello sviluppo cognitivo, comincia a nutrire un senso di responsabilità verso se stesso e gli altri, mentre vanno prendendo forma tratti specifici della sua personalità e possono cominciare ad emergere interessi, obiettivi e aspirazioni definite.

L'età scolastica è quindi una fase evolutiva di grande attività, un passaggio che porta il bambino alle soglie dell'adolescenza. Non presenterà quei cambiamenti repentini che sono evidenti nel bambino piccolo e nell'adolescente, ma non per questo è meno importante come stadio evolutivo. Ha ragione Zigler (1975) quando dice: «Mi piacerebbe soprattutto che smettessimo una buona volta questa ricerca inconcludente di periodi magici, accettando invece l'idea che il processo evolutivo è un processo continuo, nel quale ogni segmento del ciclo vitale, dal concepimento alla maturità, ha un'importanza cruciale e richiede certi alimenti dall'ambiente».

Non intendiamo dipingere un quadro idilliaco di questo periodo della vita. Se è vero che la maggior parte dei ragazzi l'attraversa senza scosse, questo certamente non vale per tutti. Come abbiamo visto nel capitolo precedente, varie difficoltà scolastiche possono renderlo molto stressante per alcuni ragazzi. Turbe del comportamento o malattie mentali, sia che risalgano ad anni precedenti o insorgano in questi anni, possono creare grossi problemi anche a questa età, magari provocando un deterioramento comportamentale. Eventi tragici o catastrofici, come l'incesto, la morte di un genitore, la disgregazione del nucleo familiare, una grave malattia o incidente, sono altrettanti fatti capaci di creare gravissime tensioni, talvolta con danni psicologici permanenti. Michael Rutter (1966) ha pubblicato una ricerca sulla reazione dei bambini alla morte di un genitore. Benché la risposta immediata di lutto fosse meno prolungata nei più piccoli, le conseguenze differite, in termini di problemi psichici, erano talvolta più gravi. Questi effetti a lungo termine erano probabilmente da attribuire a tutti i cambiamenti provocati dalla morte: disgregazione familiare, difficoltà economiche, effetti della vedovanza sul genitore superstite.

Leonore Terr (1983), dell'Università della California, ha studiato gli effetti psicologici a lungo termine di un'esperienza traumatica. Si trattava di un clamoroso caso di cronaca nera: nel luglio del 1976 tre giovani malviventi, che non hanno mai spiegato le motivazioni del loro gesto, avevano sequestrato a Chowchilla, una cittadina della California, un intero scuolabus con 26 bambini a bordo, li avevano trasferiti a forza su due furgoni chiusi con i quali avevano viaggiato per undici ore, e infine sepolti vivi dentro un rimorchio di camion. Qui erano rimasti sedici ore, finché due di loro non erano riusciti a liberarsi. Leonore Terr ha potuto seguirli tutti (meno uno che non è stato possibile rintracciare) con accurati controlli psichiatrici nell'arco di quattro anni. È risultato che a quattro anni di distanza dall'evento traumatico non ce n'era uno che non presentasse dei sintomi: pessimismo sul futuro, credenze superstiziose, vergogna, angoscia, paure varie, incubi ripetuti, sogni della propria morte. I sintomi erano straordinariamente simili, malgrado il fatto che l'età andasse dai sei anni all'adolescenza. Alcuni dei bambini avevano ricevuto brevi trattamenti psichiatrici nel primo anno dopo il sequestro, ma ciò non era valso a prevenire la comparsa dei sintomi. C'era una chiara correlazione fra la gravità dei sintomi e la presenza di problemi familiari o di elementi che segnalassero comunque una preesistente vulnerabilità psicologica dei ragazzi, ma in ogni caso risulta evidente come un singolo fatto estremamente traumatico, sia pur breve, possa aver effetti di lunga durata.

Simili danni psicologici a lungo termine sono stati notati in quasi tutti i superstiti, bambini e adulti, di una terribile inondazione che nel 1972 ha spazzato diversi villaggi di minatori sui monti Appalachi. Il sociologo Kai Erikson, che ha diretto la ricerca, fa un'osservazione molto pertinente, che vale anche per i bambini di Chowchilla, notando che «è un dogma psichiatrico che i sintomi traumatici debbano scomparire in capo a un certo tempo»: in caso contrario, ci dice la teoria, «se ne deduce che i sintomi stessi devono essere il risultato di un disturbo mentale precedente all'evento» (1976, p. 184). Ma questo ragionamento esige la supposizione che tutte le vittime dell'alluvione o tutti quanti i ragazzi sequestrati a Chowchilla soffrissero in partenza di turbe psichiche più o meno gravi. Erikson inoltre avanza l'ipotesi che la dinamica responsabile della produzione di sintomi permanenti possa valere anche per gli individui che vivono in condizioni di «disastro cronico», come povertà e disoccupazione senza alcuna prospettiva di miglioramenti futuri. Questi due lavori di Leonore Terre e di Kai Erikson ci fanno capire che il decorso tranquillo dell'età scolastica nella maggior parte dei bambini delle nostre classi medie rispecchia l'ambiente favorevole in cui si trovano a vivere. Per i loro coetanei che vivono in aree depresse le cose possono essere ben diverse: già prima dell'adolescenza molti di loro sono presi in una spirale di emarginazione, droga e delinquenza, manifestazioni di quella che Erikson chiama una vita in condizioni di «disastro cronico».

VARIAZIONI CULTURALI

Anche fattori socioculturali possono avere la loro parte nel disegnare il corso evolutivo di questa età. Non tutti i gruppi culturali attraversano la sequenza che abbiamo indicato per i bambini di ambiente borghese, con un calo di pressioni e di richieste ambientali al sopravvenire dell'età scolastica. Per esempio, nei nostri studi longitudinali abbiamo visto che l'incidenza dei disturbi del comportamento in età prescolastica era più bassa fra i bambini di famiglie povere portoricane che in quelli della classe media, mentre il rapporto si rovesciava negli anni seguenti (Thomas e coll., 1974). Questa differenza sembrava chiaramente legata all'estrema permissività dei genitori portoricani coi bambini più piccoli. Non cercavano di costringerli a cambiare orari e abitudini, né si preoccupavano di piccole irregolarità nei ritmi del sonno o nell'alimentazione. Il loro atteggiamento tipico era: «È piccino, quando sarà cresciuto passerà». Fra l'altro, pochi di questi bambini frequentavano la scuola materna. In sostanza, fino all'età scolastica erano sottoposti a pressioni e richieste molto meno impegnative, in confronto ai loro coetanei della borghesia anglosassone, cosa che si rifletteva nella minor incidenza dei disturbi del comportamento.

Ma a sei anni, con l'inizio della scuola, le richieste nuove per loro crescevano all'improvviso. Arrivare a scuola in orario voleva dire abituarsi ad andare a letto più presto la sera, e tutti quei problemi che i loro coetanei delle classi medie avevano già affrontato e superato da tempo (disciplina, apprendimento, rispetto di norme di sicurezza) se li trovavano davanti ora per la prima volta. E così nel loro gruppo i problemi di comportamento dei bambini incapaci di far fronte a tali richieste si manifestavano proprio in età scolastica, con qualche anno di ritardo.

Irving Berlin (1982), dell'Università del Nuovo Messico, ha condotto uno studio sui problemi emotivi dei bambini fra gli indiani d'America. Nell'ambito di questa ricerca, ha visitato vari collegi frequentati dai ragazzi indiani in età scolastica. In quasi tutte queste istituzioni ha trovato che i ragazzi erano depressi e ansiosi, oltre ad avere un pessimo rendimento scolastico. Le cause erano evidenti: si trattava di ambienti del tutto estranei alle loro tribù di appartenenza, e i bambini si sentivano soli e abbandonati, senza che il personale della scuola cercasse in alcun modo di affrontare questo loro problema (anzi, l'atteggiamento era molto duro e punitivo). Berlin ha trovato una sola eccezione a questo quadro desolante: un istituto dove gli educatori erano giovani molto disponibili, accuratamente selezionati per rappresentare tutte le tribù indiane presenti. Insegnanti e assistenti erano attenti a cogliere qualunque segno di difficoltà nella vita d'istituto e nell'apprendimento scolastico, creando un'atmosfera dove i bambini crescevano sereni. Ma nella quasi totalità di queste istituzioni l'età scolastica era un periodo tutt'altro che facile, per l'isolamento in cui si trovavano i ragazzi, in un ambiente del tutto estraneo alla loro cultura di origine.

Citeremo un altro contesto culturale in cui l'età scolastica rappresenta un periodo difficile, ma per ragioni diverse. In occasione di un viaggio in Giappone qualche anno fa abbiamo incontrato un buon numero di neuropsichiatri infantili, a Tokyo e in altre città. Fra le varie domande, abbiamo chiesto: «Qual è il problema di comportamento più comune fra i bambini giapponesi?». Restammo sorpresi dalla risposta, che era ogni volta: «Il rifiuto della scuola, nei maschi». Da noi si dice «fobia scolare», ma è la stessa cosa: il bambino presenta tutte le mattine sintomi ansiosi e cerca con ogni mezzo di non andare a scuola. Negli Stati Uniti non è una forma rara, ma è ben lontana dal costituire quel problema così diffuso che è in Giappone. Le ragioni per cui un bambino americano può rifiutare la scuola sono molte, ma in Giappone sembra che la causa sia sempre la stessa. Il sistema scolastico giapponese è strutturato in maniera tale che ogni fase determina la successiva. Le pagelle delle elementari decidono in che tipo di scuola secondaria il bambino verrà ammesso, cosa che a sua volta determina se potrà iscriversi a un'università più o meno prestigiosa. Infine, da questo dipende il tipo di impiego o di professione cui si potrà avviare. E un sistema a scaletta, dove ogni gradino determina il successivo. E tutta l'attenzione, per quanto riguarda la carriera, è puntata sui figli maschi. Quando entra a scuola, quindi, il maschio è sottoposto a una forte pressione da parte della famiglia – e anche dentro di sé – per ottenere il massimo dalla prima classe in avanti. La maggioranza regge a queste pressioni, ma una percentuale considerevole non ce la fa e comincia a rifiutare la scuola. Certi bambini sviluppano una tale ansia da richiedere l'ospedalizzazione: ne abbiamo visti diversi visitando gli ospedali psichiatrici giapponesi, fatto quasi inconcepibile negli Stati Uniti.

IL «PERIODO DI LATENZA»

Un'abitudine diffusa fra gli psichiatri è quella di chiamare l'età scolastica «periodo di latenza». Questo concetto deriva dalla teoria psicoanalitica, che considerava questi anni una fase di latenza sessuale fra il superamento dello «stadio edipico» e l'inizio dell'adolescenza. Durante questo periodo – questo è il ragionamento – l'energia dell'ipotetica sessualità infantile viene distolta dai suoi fini sessuali e indirizzata ad altri scopi. Per citare le parole di Erik Erikson (1968), questo termine implica una sorta di «moratoria sessuale nello sviluppo umano». Con la pubertà e l'adolescenza la sessualità si risveglia e il periodo di latenza si conclude.

Il concetto di periodo di latenza è dubbio sotto vari profili. Anzitutto riposa sull'idea di una sequenza di pulsioni e finalità psicosessuali innate come forza primaria nello sviluppo infantile, di per sé una teoria semplicistica, priva del conforto di qualunque riscontro scientifico e contestata da molti autorevoli psichiatri contemporanei (Lidz, 1968; Marmor, 1983). Inoltre, l'idea che gli interessi e le attività sessuali scompaiano in età scolastica è un mito, almeno nella società attuale. Come ha detto un autorevole studioso dello sviluppo infantile alla Columbia University, Arthur Jersild

(1968), «alla luce degli studi empirici sugli interessi e le azioni dei bambini durante questo periodo, il termine "latenza" non si può prendere alla lettera. Per molti bambini l'interesse per il sesso non è affatto latente o inattivo o tenuto in scacco, ma è decisamente attivo e manifesto. Nello sviluppo normale, la sessualità non prende mai vacanze». Ciò è confermato da quanto ci hanno detto i genitori del nostro studio longitudinale: a questa età i bambini mostravano un'attiva curiosità sessuale, la maggior parte si masturbava almeno occasionalmente e molti «giocavano ai dottori», con tutte le variazioni sessuali del caso.

Il concetto di latenza si presta anche ad equivoci. Mentre Freud usava il termine specificamente per lo sviluppo psicosessuale (e già così era abbastanza dubbio), la parola di per sé può dare l'idea che nulla cambi davvero in questo periodo. Come è messo in rilievo in un buon manuale di psichiatria, latenza è «un termine infelice perché suggerisce che non succeda niente d'importante e che il bambino aspetti solo che cominci la pubertà» (Shaw, 1966). Di fatto, l'età scolastica è un periodo di continua crescita psicologica, sul piano cognitivo ed emotivo, anche se relativamente poco stressante per la maggior parte dei nostri ragazzi. È anche un nuovo stadio evolutivo, nel quale cominciano a cristallizzarsi definitivamente specifici tratti di personalità e il ragazzo impara ad assumersi nuove responsabilità e a proporsi degli obiettivi.

Chiamare «latente» un periodo del genere è del tutto improprio. D'accordo in questo con un numero crescente di colleghi, preferiamo parlare di «età scolastica», o comunque usare altri termini neutri e puramente descrittivi, che non implichino congetture non dimostrate intorno ai caratteri e al decorso di questo periodo.

La transizione all'adolescenza

Se l'età scolastica è considerata da genitori e specialisti un periodo relativamente tranquillo e privo di conflitti, altrettanto non si può proprio dire dell'adolescenza. Tradizionalmente è vista come un'età di crisi, conflitti sessuali e ribellioni verso la famiglia e la società, nella quale si apre un difficile «abisso generazionale» fra l'adolescente e i genitori. Molti genitori addirittura aspettano con trepidazione l'arrivo dell'adolescenza dei figli, temendo il peggio. Sono giustificate queste paure? Davvero il ragazzino educato e obbediente di dieci anni si trasforma all'improvviso con la pubertà in un mostro egocentrico ed egoista, che rende la vita impossibile a sé e agli altri?

Come la prima infanzia, l'adolescenza è un periodo di rapide trasformazioni biologiche, combinate a nuove richieste e aspettative ambientali. Per quei ragazzi che già presentano disturbi del comportamento, le nuove richieste dell'adolescenza possono aggravare le tensioni in cui si dibattono, esacerbando le difficoltà. Anche altri, che da bambini avevano raggiunto un adattamento fragile e precario, possono essere sopraffatti dai grossi cambiamenti che sopravvengono con l'adolescenza e sviluppare allora turbe del comportamento. Ma ci sono anche quelli che hanno avuto un'infanzia sana e hanno maturato un saldo senso di autostima e di fiducia in se stessi: per questi ragazzi l'adolescenza può essere un periodo stimolante di arricchimento e di crescita psicologica.

Che dati abbiamo con precisione? Quanti adolescenti rientrano in queste diverse categorie psicologiche? Per quanti l'adolescenza è un periodo difficile e stressante, e per quanti invece un'età positiva, felice e distesa?

Abbiamo oggi a disposizione un patrimonio sostanzioso di ricerche accurate e oggettive, che ci permettono di dare risposte soddisfacenti a queste domande. Lo studio epidemiologico più esteso e attento sull'incidenza dei disturbi mentali fra gli adolescenti è un lavoro recentissimo di Daniel Offer e dei suoi collaboratori del Michael Reese Medical Center di Chicago (Offer, Ostrov e Howard, 1987). Offer è da anni uno dei più autorevoli studiosi americani dei problemi di salute mentale nell'adolescenza. Servendosi dei metodi più opportuni per ottenere un campione casuale rappresentativo della comunità nel suo complesso, questi ricercatori hanno scelto 260 studenti in una municipalità suburbana di Chicago, cui si aggiungeva un gruppo tratto da due scuole cattoliche della stessa Chicago, per ottenere una maggiore varietà nella composizione razziale, socieconomica e confessionale.

Ogni soggetto è stato sottoposto al questionario di Offer (uno strumento standardizzato su un campione di migliaia di adolescenti), a una scheda di rilevamento dei comportamenti antisociali e al colloquio con un intervistatore.

L'informazione ottenuta è stata quindi elaborata con una valutazione quantitativa e un'analisi statistica. I risultati indicano che circa il 20% degli adolescenti studiati presentava disturbi emotivi in misura significativa. Gli adolescenti disturbati sono stati suddivisi in due gruppi: «disturbi silenti», tutti quei ragazzi che non avevano ricevuto trattamenti psichiatrici, non avevano avuto guai con la legge e non avevano mai commesso fughe, né abusi di alcol o droghe, e «disturbi attivi», in pratica, quelli che non soddisfacevano a tali criteri. La distribuzione sessuale dei due gruppi era piuttosto impressionante: nei maschi il 35% dei casi disturbati rientrava nel gruppo silente, il 65% era di tipo attivo, mentre nelle femmine le percentuali erano quasi esattamente rovesciate (rispettivamente, 62% e 38%).

Le cifre di Offer corrispondono a quelle di altri autori. Una serie di studi condotti da Philip Graham e Michael Rutter (1973) nell'isola di Wight, al largo della costa britannica, ha rilevato un'incidenza dei disturbi psichiatrici a quattordici-quindici anni esattamente del 21%. Nel nostro studio longitudinale, abbiamo avuto 20 casi di turbe psichiatriche infantili perduranti nell'adolescenza, cui si aggiungevano 12 casi nuovi insorti dopo la pubertà, per un totale di 32 adolescenti con problemi psichiatrici, corrispondenti al 25% del campione totale. (Abbiamo messo nel conto anche due casi con disturbi cerebrali organici, spesso esclusi dalle altre ricerche: non conteggiandoli, la nostra percentuale scende al 22%.) Sta di fatto, comunque si voglia calcolare la percentuale, che i nostri dati sono molto vicini a quelli di Offer e di Rutter.

Sulla base dei loro risultati, Offer e i suoi collaboratori concludono: «Come sempre è successo quando la ricerca è stata condotta su campioni rappresentativi, i risultati dimostrano che la grande maggioranza degli adolescenti da noi studiati è serena e ben adattata». Una conclusione perfettamente allineata con le nostre.

Tuttavia, quel 20% di adolescenti disturbati non si può ignorare: su scala nazionale rappresenta circa 3.5 milioni di persone. Inoltre, lo studio di Offer indica che una metà di loro non ha mai ricevuto alcun trattamento psichiatrico, e questo è un problema sanitario di primaria importanza.

La crisi dell'adolescenza: qualche dato di fatto

Tradizionalmente, nella letteratura scientifica e non, l'adolescenza è vista come un periodo di grande agitazione e tumulto emotivo, suscitati dai rapidi cambiamenti fisici, dall'insorgere della sessualità, da richieste di una maggiore responsabilità nell'ambito familiare, combinate con una più accentuata identificazione con i coetanei nel mondo esterno. Questa visione dell'adolescenza è stata espressa vivacemente ai primi del secolo da G. Stanley Hall, all'epoca un'autorità scientifica in materia: «Gli anni dell'adolescenza sono emotivamente instabili e patetici. C'è un impulso naturale a vivere stati ardenti ed entusiastici, e tutto il periodo è caratterizzato da emotività» (1904, p. 74).

Questa concezione dell'adolescenza è stata ulteriormente sviluppata dalla psicoanalisi. Esponenti di spicco di quel movimento hanno considerato l'adolescenza un periodo di instabilità emotiva, nel quale sarebbe anzi anormale mantenere uno stabile equilibrio psicologico (Blos, 1979; Eissler, 1958; A. Freud, 1958). Questa tesi psicoanalitica è riassunta in maniera precisa e succinta da Daniel e Judith Offer:

> La teoria psicoanalitica descrive l'adolescenza come un periodo di squilibrio psicologico, in cui il funzionamento dell'Io e del Super-Io è sottoposto a gravi tensioni. Gli impulsi istintuali sconvolgono l'equilibrio omeostatico raggiunto durante la latenza e ne risulta un tumulto interiore, che si manifesta in comportamenti ribelli e devianti, sbalzi d'umore o labilità affettiva. I conflitti pre-edipici ed edipici irrisolti si riattivano; la rimozione caratteristica della latenza non è più sufficiente a ristabilire un equilibrio psicologico (1975, p. 161).

Il gergo psicoanalitico può lasciare perplessi, ma il senso è chiaro. Un'altra idea preoccupante per gli adolescenti e i loro genitori si aggiunge a tutto questo con la formula autorevole di Erikson (1959), che vede nell'adolescenza un periodo di «crisi di identità».

Per fortuna, questa immagine sinistra dell'adolescente normale è oggi contraddetta da una serie di studi di vari autori. Tutti concordano nel sostenere che il quadro corrente dei turbamenti adolescenziali è grossolanamente esagerato. Daniel e Judith Offer (1975), in uno studio longitudinale su un gruppo di adolescenti maschi – in totale, 73 soggetti, tutti di classe media, residenti nel Midwest –, hanno riscontrato nel 23% dei casi un progresso regolare e continuo, nel 35% un'alternanza di accelerazioni e rallentamenti dello sviluppo, senza che emergessero però in nessuno dei due gruppi sintomi patologici. Solo un 21% del campione presentava una situazione emotiva tale da interferire seriamente nell'adattamento. Il restante 21% dei casi sfuggiva alla classificazione, dati i risultati misti e contraddittori. (La percentuale del 21% di casi difficili si avvicina moltissimo al dato emerso dalla recentissima ricerca che abbiamo citato poco fa, secondo cui il 20% degli adolescenti presenta disturbi psicologici significativi.)

Le risultanze del nostro New York Longitudinal Study confermano quanto notato dagli Offer circa i due tipi diversi di andamento dello sviluppo in adolescenza, entrambi normali: un decorso privo di scosse e uno più turbolento, che non compromette tuttavia il buon funzionamento psicologico. I due gruppi insieme costituiscono circa il 75% del nostro campione, mentre il restante 25% manifesta significativi problemi, dovuti a varie cause (Chess e Thomas, 1984). Non abbiamo ancora ricalcolato le percentuali dei due sottogruppi, anche se la nostra impressione è che sia più numeroso quello che presenta uno sviluppo regolare e senza sbalzi.

Vale la pena di citare anche due articoli che fanno il punto sull'estesa letteratura psicologica sull'adolescenza. John Coleman, dell'Università di Londra, conclude la sua rassegna delle ricerche empiriche su larga scala affermando che «gli anni dell'adolescenza sono molto più stabili e tranquilli di quanto si ritenesse in passato» (1978, p. 2). A un giudizio simile giunge Rutter nel suo panorama esauriente e sistematico della letteratura scientifica sull'argomento:

> È anche evidente che l'adolescenza normale non è caratterizzata da crisi, tensione e disturbi. La maggior parte dei ragazzi attraversa questi anni senza problemi emotivi o comportamentali rilevanti. E vero che ci sono prove da superare, adattamenti da compiere e tensioni da affrontare, ma non tutti questi problemi si presentano insieme e la maggioranza degli adolescenti vi fa fronte senza eccessiva difficoltà (1979, p. 86).

Data l'unanimità di giudizio intorno all'adolescente normale, che emerge dalla grande massa di studi empirici più recenti, come si spiega l'immagine distorta e patologica tracciata da tanti psicoanalisti autorevoli? La spiegazione più plausibile è che abbiano preso i loro dati relativi ad adolescenti e giovani con disturbi psicologici, generalizzandoli agli adolescenti normali, senza verificare la validità di questa conclusione attraverso lo studio di gruppi normali. Gli analisti in pratica partono dal presupposto che le caratteristiche patologiche di una popolazione di malati debbano valere anche per individui sani e normali. Questa tendenza affligge molte teorie psichiatriche. Lawrence Kolb (1978), che ha una grande esperienza clinica e d'insegnamento in questo campo, sottolinea che la formazione professionale degli psichiatri tende a mettere l'accento sulle carenze e sugli aspetti patologici nella struttura psicologica individuale, anziché sulle risorse sane e positive. È un punto sollevato in maniera molto stringente da Daniel e Judith Offer nella loro critica alla concezione dell'adolescenza in Erikson:

> Erikson non presenta esempi di un'adolescenza sana e adattiva. Quello che è certo è che gli esempi di autentiche crisi «normative» dovrebbero venire da altre fonti, diverse da pazienti psichiatrici, individui eccezionali e profili romanzeschi o biografici. Sono queste le figure di adolescenti con cui Erikson ha avuto a che fare, e non possono che suffragare circolarmente la teoria che egli ha imbastito sulle esperienze avute con essi soli (1975, p. 163).

Il mito dell'abisso generazionale

La letteratura scientifica e non ha fatto un gran parlare di «abisso generazionale»: l'idea che gli adolescenti sviluppino valori, scopi e stili di vita così diversi da quelli dei genitori che la comunicazione fra le generazioni entra in crisi, producendo un abisso incolmabile.

Seguendo i nostri ragazzi del New York Longitudinal Study dalla prima infanzia alle soglie dell'età adulta, non ci ha per niente colpito la frequenza o gravità di questo fenomeno. È vero che nelle famiglie dove le richieste e aspettative dei genitori erano eccessivamente stressanti (è quella che abbiamo chiamato incompatibilità), con i risultanti problemi di comportamento dei figli, i rapporti coi genitori erano di solito freddi e distaccati o apertamente antagonistici. Ma questo allontanamento quasi sempre era cominciato prima dell'adolescenza, talvolta già in età prescolastica.

Al di fuori di questi casi con problemi, i soggetti che avevano avuto un forte legame positivo coi genitori da bambini – in effetti, una buona maggioranza del campione – li hanno mantenuti anche quando, nell'adolescenza, si sforzavano di affermare la propria autonomia e indipendenza. In qualche caso, conflitto e ribellione erano evidenti. C'è stato un ragazzo che se n'è andato da casa perché non sopportava più il rigido moralismo del padre. In altri casi, i ragazzi avvertivano un atteggiamento distaccato da parte dei genitori e dichiaravano esplicitamente di sentire la mancanza di un maggiore dialogo e sostegno emotivo. Una giovane donna di ventisei anni, per esempio, scoppiò a piangere nel colloquio con noi, parlando dell'impossibilità di contatto con la madre, una donna emotivamente distaccata che beveva molto (il padre non beveva, ma sul piano emotivo era altrettanto freddo verso di lei). In pochi altri casi, adolescenti e giovani adulti lamentavano l'assenza di una reale intimità coi genitori, anche se avevano «fatto la pace» instaurando rapporti corretti e superficiali.

Questi casi di autentica barriera fra le generazioni erano decisamente una minoranza nel nostro studio longitudinale. La stessa conclusione ricavano Rutter e gli Offer dai loro studi con gruppi di adolescenti di estrazione socioculturale diversa dai nostri. Scrive Rutter, sulla base delle sue ricerche nell'isola di Wight: «I dati indicano che *non* c'è stato un allargamento dell'"abisso generazionale"» (1979, p. 143). E gli Offer dal canto loro affermano: «Nell'ambito sociale come in quello psicologico, abbiamo visto la continuità fra le generazioni... La maggior parte [degli adolescenti] nutriva gli stessi valori dei genitori» (1975, p. 197).

GLI ADOLESCENTI E LA SESSUALITÀ

Gli ultimi decenni hanno assistito a un cambiamento radicale nel modo di trattare pubblicamente i fatti sessuali. Certi comportamenti che avrebbero creato scandalo in passato, come la convivenza fra persone non sposate, sono oggi accettabili e comuni quasi dovunque. Questa «rivoluzione sessuale» si rispecchia chiaramente nelle interviste dei nostri soggetti in adolescenza e in età adulta. Con pochissime eccezioni, parlavano delle loro attività sessuali con atteggiamento aperto, senza conflitti o sensi di colpa. Si notava inoltre l'assenza delle preoccupazioni che avevano afflitto le generazioni precedenti, a proposito della masturbazione o del rischio di gravidanze indesiderate o di malattie veneree. Questo valeva anche per il gruppo che abbiamo seguito più da vicino a causa di problemi psicologici particolari.

A diciotto anni, il 61% dei maschi e il 64% delle ragazze aveva avuto rapporti sessuali completi almeno una volta; ad essi si aggiungeva un altro 14% dei maschi e un 12% delle femmine fra i diciannove e i vent'anni. Al colloquio effettuato in età adulta, circa il 9% dei soggetti di entrambi i sessi che non avevano ancora avuto rapporti sessuali era da considerare sessualmente inibito, mentre un altro 16% esprimeva precisi scrupoli religiosi o morali verso le esperienze sessuali prematrimoniali. La maggioranza di questi giovani sessualmente inibiti aveva presentato (o presentava ancora) qualche problema di comportamento.

Quindi, prendendo nel suo insieme questo nostro campione, la maggior parte dei soggetti ha cominciato un'attiva vita sessuale nell'adolescenza. Problemi sessuali sembravano interessare solo una minoranza relativamente piccola. Il sesso come tale non costituiva un problema per la maggior parte di questi ragazzi. Quello che li preoccupava di più, alle soglie dell'età adulta, era l'esigenza non facile di combinare in un rapporto di coppia l'attrazione sessuale e l'intesa emotiva. Il sesso non era guardato con ansia e conflitti, ma (salvo poche eccezioni) non era neppure praticato disinvoltamente come un piacere fine a se stesso.

È interessante notare che la sessualità non era un campo dove ci fosse un dialogo aperto fra i genitori e i figli adolescenti, maschi o femmine egualmente. La maggior parte dei genitori aveva un'idea abbastanza precisa delle attività sessuali dei figli, ma era un'idea ricavata indirettamente da indizi e congetture e non da un'informazione diretta. Inoltre, si parlava poco anche di temi come il controllo delle nascite, la gravidanza, l'aborto e le malattie veneree. Questo valeva anche per quelle famiglie dove c'era un colloquio franco e vivace fra genitori e figli su altri argomenti. Gli adolescenti chiaramente preferivano ricavare le informazioni sui fatti sessuali da altre fonti: la scuola, i libri, gli amici. La nostra impressione è che verso i sedici anni, nella maggior parte dei casi, il sesso rappresenta un argomento tabù fra genitori e figli. I ragazzi del nostro campione sembravano tenere molto alla riservatezza per questo aspetto della loro vita privata, e i genitori in genere rispettavano questo loro riserbo. La sessualità era l'unico campo nel quale sembrava esserci davvero un abisso fra le generazioni, anche se questo non provocava antagonismo e conflitti.

La mancanza di dialogo fra generazioni diverse sui temi sessuali, a quanto pare, riguardava solo l'ambito della famiglia. Nei colloqui che abbiamo avuto, a sedici anni la maggior parte dei ragazzi parlava apertamente e con disinvoltura di questi argomenti con gli intervistatori, tutte persone di mezz'età. La nostra impressione è che il non parlare di sesso coi genitori esprimesse più che altro il desiderio dell'adolescente di acquistare autonomia. In qualche caso era anche un modo per evitare le tensioni e i conflitti che tali discussioni avrebbero potuto suscitare in famiglia.

Droga e alcolismo

Come gruppo, i soggetti del New York Longitudinal Study si sono affacciati all'adolescenza quando il periodo di massima sperimentazione con la droga fra gli adolescenti della classe media, culminato nei tardi anni '60, era ormai passato. Sia che i nostri dati rispecchiassero un declino generale nell'uso delle droghe, oppure intervenissero anche altri fattori, nel complesso questi adolescenti ci hanno parlato di consumi modesti di alcol, la maggioranza non fumava e solo una minoranza aveva provato cocaina, LSD, stimolanti o altre sostanze. Tutti negavano l'uso di eroina. La maggioranza del gruppo aveva provato la *marijuana* e molti la usavano regolarmente (quasi nessuno più di un paio di volte la settimana). Al momento dei nostri attuali controlli, nell'ambito dei quali abbiamo già intervistato oltre la metà del gruppo, in età dai 25 ai 30 anni, non risulta alcuna forma di dipendenza da quella forma potente di cocaina grezza che va sotto il nome di «*crack*». A quanto sembra, la recente esplosione di questa droga nella popolazione americana non ha interessato questo gruppo ormai adulto.

Circa il 25% del gruppo porrebbe essere considerato come costituito di consumatori di alcol e/o *marijuana* in quantità medio /alte, ma non risulta alcun caso di alcolismo o tossicodipendenza. Non si è registrata nessuna reazione psicotica allo LSD o alle anfetamine, benché vari soggetti riferissero di aver avuto in adolescenza «brutti viaggi» con lo LSD. Diversi di loro avevano provato una volta o due la cocaina, ma poi l'avevano lasciata perdere: «Troppo cara e non ne vale la pena», era il commento più diffuso. Le nostre cifre sull'uso di cocaina corrispondono ai dati di uno studio condotto su 16.000 alunni delle scuole secondarie superiori, condotto nel 1985 dall'Università del Michigan. In quel campione, il 17.3% riferiva di aver usato cocaina almeno una volta, percentuale superiore dell'1.2% a quella rilevata in un sondaggio analogo nel 1984. Il maggior aumento nel consumo di cocaina, però, è avvenuto nella popolazione adulta ad alto reddito piuttosto che fra gli adolescenti (William Frosch, comunicazione personale, 1986).

Alle interviste condotte coi nostri soggetti dello studio longitudinale in adolescenza emergeva una chiara tendenza da parte di alcuni a negare l'effettiva entità del consumo di alcol e droghe, cosa prevedibile in un campo così esposto a giudizi di valore. Nei colloqui successivi, infatti, numerosi soggetti, ormai adulti, riferivano di averne fatto da ragazzi un uso più massiccio di quanto non avessero ammesso al momento. Il messaggio era questo, in sostanza: «Ora che non lo faccio più, posso dire la verità sul passato». Un 10% circa ammetteva in età adulta un consumo piuttosto abbondante di alcol o *marijuana*, ma non abbiamo trovato (né dal colloquio coi soggetti, né dai genitori) alcun indizio di vera e propria dipendenza. L'uso saltuario di *marijuana* continuava a essere ammesso da una metà circa del gruppo a questo livello d'età.

La tendenza a minimizzare l'effettivo consumo di alcol e droghe in adolescenza si manifestava anche nel colloquio con noi, dopo che una lunga consuetudine avrebbe dovuto rassicurare i soggetti circa la riservatezza di qualunque informazione che ci avessero fornito. Questo dato sottolinea quanto sia difficile ottenere dagli adolescenti dati attendibili sull'uso di droghe, specialmente attraverso questionari e intervistatori sconosciuti.

Va messo l'accento sul fatto che questi nostri risultati circa l'assunzione di alcol e droghe riguardano un gruppo di adolescenti cresciuti in famiglie benestanti, che potevano guardare con fiducia alle prospettive di integrazione nella società. Come sappiamo, le cifre di questo fenomeno sono molto più alte fra i ragazzi economicamente svantaggiati e con basso livello d'istruzione, che vivono in una realtà squallida e non possono aspettarsi molto di meglio dal futuro: per loro, l'evasione da questa realtà nella droga e nell'alcol può essere una forte tentazione.

Comportamenti suicidi in adolescenza

Quello del suicidio degli adolescenti è diventato un tema molto preoccupante. Benché il fenomeno fosse raro nelle generazioni precedenti, il tasso di suicidi sembra almeno raddoppiato negli ultimi trent'anni (Holinger, 1979) e attualmente il suicido è al terzo posto nella graduatoria delle cause di morte in adolescenza (Robbins, 1985). I tentativi di suicido sono molto più frequenti fra le ragazze, ma gli esiti mortali sono più numerosi nei maschi (Chess e Hassibi, 1978, p. 143). Questi comportamenti sono rarissimi sotto i dieci anni, moltiplicandosi poi per diverse centinaia di volte in rapida progressione dai dieci ai vent'anni (Rutter e Sandberg, 1985).

Numerose ricerche sono state condotte sul suicidio e tentato suicidio negli adolescenti ed è chiaro che non esiste affatto una causa singola del fenomeno. La presenza di turbe depressive, di probabile origine biologica, è certamente determinante per alcuni adolescenti, come lo è per gli adulti (Robbins, 1985). Varie altre cause sono state suggerite per spiegare casi specifici, come un ambiente familiare disturbato, qualche evento scatenante, legato a vergogna e umiliazione (per esempio, uno stupro), un grave litigio con i genitori o con la persona amata, un atto impulsivo sotto l'azione dell'alcol o di altre droghe (Brooksbank, 1985). In casi rari, morti accidentali per soffocamento possono avvenire in conseguenza di pratiche autoerotiche particolari. A volte succede che un ragazzo apparentemente sano e sereno commetta suicidio senza che si possa identificare alcun evento precipitante: in questi casi la spiegazione più probabile è che sia insorta una malattia depressiva, senza che se ne accorgessero né familiari né amici.

Da tutte queste ricerche, è evidente che i segni di depressione in un adolescente devono essere presi sul serio. In questi sintomi possono rientrare le espressioni di infelicità, inutilità e disperazione, sentimenti irragionevoli di colpa o di vergogna, la comparsa di disturbi del sonno, la perdita d'interesse per attività che prima erano svolte con piacere. Neppure le minacce di suicidio vanno prese alla leggera, anche se possono sembrare affermazioni impulsive fatte durante un litigio. Anche l'adolescente che ha subito un'esperienza traumatica e umiliante, come una violenza sessuale, dev'essere considerato un caso a rischio. In tutte queste situazioni è bene che i genitori si rivolgano a uno specialista competente senza indugio.

L'ADOLESCENTE E LA SOCIETÀ

Anche alcuni di quelli che ammettono che «la vecchia immagine dell'adolescenza metteva troppo l'accento su crisi e disadattamento» continuano a vederla come un periodo «difficile» in quanto «periodo di straordinario cambiamento, conflitti molteplici e forti richieste della società verso l'individuo» (Fishman, 1982, p. 39). Eppure la prima infanzia è un'età di cambiamento ancora maggiore e di più impegnative richieste, ma non è mai definita un periodo difficile, se non forse per la piccola minoranza dei bambini con un difficile temperamento. Gli anni della scuola materna, con le nuove richieste poste dal gruppo dei coetanei, e i primi anni di scuola, con le esigenze di apprendimenti strutturati, sono anch'essi periodi di grande cambiamento e di aspettative nuove. Eppure ci attendiamo che si svolgano senza grandi scosse per la maggioranza dei bambini. L'età scolastica può essere particolarmente stressante per certi soggetti, come quelli con temperamento difficile o con problemi di apprendimento, ma non generalizziamo da questi casi particolari definendo quegli anni un periodo «stressante» per tutti.

Quello che c'è di diverso nell'adolescenza non è l'ampiezza o intensità del cambiamento, ma la sua qualità e quello che implica in questa nostra cultura. I genitori provano un piacere senza riserve ad ogni nuovo passo nello sviluppo fisico e psicologico del figlio, ma le loro reazioni a questo processo facilmente diventano meno univoche in adolescenza. Può darsi che si compiacciano della maturazione sessuale della figlia, ma nello stesso tempo abbiano timore che non ne faccia buon uso. Oppure, lo sviluppo muscolare del figlio adolescente può anche far piacere, ma insieme preoccupare, all'idea dei guai che può combinare quando si arrabbia. Contemporaneamente, l'assunzione di responsabilità più mature e di un ruolo più autonomo, per quanto positiva, si accompagna alla perdita di controllo da parte dei genitori. L'adolescente ora mutua dal gruppo dei coetanei un nuovo insieme di valori e modelli che possono anche essere in conflitto col sistema di valori dei genitori. E anche se non c'è conflitto, il modo di esprimere quei valori da parte dell'adolescente può essere ben diverso da quello dei genitori. Anche in quei campi dove hanno adottato un atteggiamento permissivo e disponibile, incoraggiando in tutti i modi il dialogo, per esempio sui problemi sessuali, i genitori possono essere sconcertati quando si accorgono che il figlio adolescente preferisce cercare informazioni e consigli fuori dell'ambiente domestico.

Quando comincia a muoversi in proprio nel mondo esterno, l'adolescente ne incontra i mali e i problemi, oltre alle stimolanti occasioni, e li vede con occhi nuovi. Le sue reazioni critiche e pungenti, quando ci sono, forse non riflettono una qualche crisi interna d'identità, ma piuttosto i difetti di questo mondo, difetti cui gli adulti spesso hanno fatto il callo. Forse, come ha scritto saggiamente uno psichiatra, ogni «società ha il tipo di adolescenti che si aspetta e si merita» (Anthony, 1969b).

Implicazioni per i genitori

Se una buona compatibilità fra le aspettative dei genitori e le caratteristiche del bambino si è realizzata nella prima infanzia e in età prescolastica, e se il bambino si è adattato positivamente alla scuola, i genitori possono aspettarsi che l'età scolastica trascorra senza particolari difficoltà. Un evento particolare, come la morte di un familiare, il trasferimento in un ambiente nuovo e insolito, problemi con un insegnante o un compagno di scuola, può creare delle tensioni, ma in generale, col sostegno e il consiglio dei genitori, il ragazzo sarà in grado di superarlo (in caso contrario, sarà opportuno consultare uno specialista).

Con la maturazione intellettuale ed emotiva, in quegli anni il ragazzo può cominciare a manifestare interessi e talenti particolari. Se questi hanno un rango elevato nel sistema di valori dei genitori, non c'è dubbio che il figlio riceva tutto l'incoraggiamento e gli appoggi necessari. Talora invece i genitori si preoccupano se il bambino si lascia assorbire troppo da un interesse particolare. Nella nostra pratica professionale abbiamo conosciuto molti di questi genitori, in particolare quando gli interessi del bambino, per esempio certe letture, lo portavano a passare molto tempo da solo: a questo punto i genitori cominciavano a preoccuparsi, pensando che il figlio rischiasse l'«isolamento sociale» e che questo suo interesse così esclusivo fosse un modo per evitare di fare i conti con certi problemi nei rapporti con i coetanei. In qualche caso era vero, ma molto più spesso un'anamnesi dettagliata indicava chiaramente che il bambino aveva amici e non presentava nessun problema di socializzazione. L'unico problema erano le preoccupazioni eccessive dei genitori.

In altri casi, succede che gli interessi del figlio non coincidano col sistema di valori dei genitori. Può darsi che si dedichi allo sport, mentre a loro piacerebbe che si dedicasse ad attività intellettuali, o viceversa. Per loro può essere una delusione, ma devono rispettare le sue scelte, purché vi si impegni in maniera seria e costruttiva e non trascuri gli altri suoi doveri.

Conoscere il temperamento o altre caratteristiche del figlio può essere molto utile ai genitori in ordine a certi suoi particolari interessi. Per esempio, uno dei soggetti del nostro studio longitudinale era un bambino dal temperamento difficilissimo. Da piccolo, la sua prima reazione a qualunque situazione nuova era un rifiuto violento, seguito da un adattamento lento e graduale. I genitori avevano saputo affrontare queste situazioni con calma e comprensione, ma senza cedimenti. Data questa ottima rispondenza, il ragazzo si era sviluppato in maniera molto positiva. Durante l'età scolastica, data l'assenza di novità sostanziali, quel suo tipo di risposta alle situazioni nuove non aveva più avuto ragione di manifestarsi: il bambino non si rendeva nemmeno conto di questo suo schema fisso di temperamento, ma la madre se ne ricordava bene. Verso i dieci anni, cominciò ad avere interesse per la musica e chiese di andare a lezione di pianoforte. La madre acconsentì, ma ad una condizione: comunque ci si trovasse, doveva continuare a prendere lezioni per sei mesi, poi, se voleva, poteva smettere. Il ragazzo accettò questo patto, cominciò le lezioni e all'inizio le trovò insopportabili. Ma si attenne ai patti. Sei mesi dopo, quando la mamma gli chiese se voleva smettere, rispose: «Sei matta? Mi piace moltissimo». E ha continuato a studiare pianoforte fino da grande.

Gli anni dell'adolescenza possono anche filare lisci per molti ragazzi, come dimostrano gli studi che abbiamo citato in questo capitolo. Spesso i genitori possono restare sorpresi quando si accorgono che il figlio, fino ad allora un modello di conformismo, adotta all'improvviso in adolescenza maniere bizzarre nell'abbigliamento, nella pettinatura, nel linguaggio. Prima di trarre conclusioni affrettate intorno al «conflitto adolescenziale» o alla «crisi d'identità», sarà bene che si informino da amici o insegnanti che sono al corrente delle mode giovanili. Può darsi che scoprano che quella che a loro sembra una follia altro non è che un'innocua moda del momento. Potrà non piacere, ma non deve diventare causa di attriti e contrasti. Se riescono a praticare questa tolleranza, i genitori in genere scopriranno che sotto le nuove fogge c'è sempre la stessa persona che erano abituati ad amare e stimare.

Se l'adolescente comincia a contestare i valori e lo stile di vita dei genitori, questi faranno bene ad ascoltarlo seriamente. Può darsi che i suoi argomenti, basati su un'ottica non viziata dalle abitudini, siano validi. E se poi non sono d'accordo, possono arrivare a un amichevole dissenso. Nella vecchia storiella del ventenne che si meraviglia di quanto hanno «imparato» i suoi genitori negli ultimi cinque anni c'è molto di vero. Una paziente tolleranza da parte dei genitori si rivela di solito alla fine una strategia vincente.

Ma ci sono i momenti in cui i genitori devono prendere una posizione ferma se sono convinti che il figlio adolescente si sia messo su una strada moralmente inaccettabile o pericolosa. Nello stesso tempo, devono rendersi conto del fatto di non avere più gli strumenti per far leva sul suo comportamento, come quando aveva tre anni o dieci. A volte possono ancora agire con efficacia – rifiutando per esempio il permesso di usare l'automobile, dato il suo modo imprudente di guidare –, ma in altri casi le loro prese di posizione lasciano il tempo che trovano. Se pretendono che rientri a casa entro una certa ora la sera e l'adolescente non rispetta questo orario, forse i genitori non hanno molte armi per imporre le loro regole: la punizione può anche servire, ma più spesso non fa altro che innescare una spirale di conflitti.

Il fatto è che i genitori devono accettare la realtà: il loro bambino si sta trasformando in un adulto. Il processo può svolgersi senza scosse, come può essere costellato di periodi agitati. Ma tranquillo o turbolento che sia, richiede un cambiamento significativo nell'atteggiamento e nel rapporto dei genitori verso il ragazzo. Se però i rapporti sono stati buoni e solidi negli anni precedenti, questo cambiamento di ottica non solo è possibile, ma costituisce il primo passo verso un rapporto paritario di reciproca stima e affetto fra persone adulte.

XIII
A che punto siamo

> «Non c'è nessuna conoscenza assoluta. E quelli che pretendono di averla, siano essi scienziati o dogmatici, aprono le porte alla tragedia. Tutta l'informazione è imperfetta. Dobbiamo fidarcene con umiltà. Questa è la condizione umana».
>
> Jacob Bronowski
> *The Ascent of Man*

Nostra nipote Sarah ha ora un anno, ed è il nostro nipotino più piccolo, Andy, di appena due settimane, quello che teniamo in braccio. Come abbiamo visto, un neonato come Andy è un individuo dotato di un'alta competenza al suo livello evolutivo. Non è né un *homunculus*, un adulto in miniatura, né una *tabula rasa*, uno schermo bianco dove l'ambiente esterno può scrivere a piacere la storia della sua vita. È venuto al mondo biologicamente equipaggiato per entrare subito in un'attiva relazione sociale con gli adulti che lo accudiscono, un essere umano di pieno diritto, per quanto dipendente possa essere dagli altri per le sue cure. È già occupatissimo a imparare, su di sé e sul mondo che gli sta intorno, mediante il condizionamento, l'imitazione e la capacità di organizzare le sensazioni visive, uditive e tattili in definite percezioni a livello cerebrale.

INDIVIDUALITÀ NELLO SVILUPPO

Sappiamo anche che ogni bambino svilupperà il suo specifico stile di comportamento, la sua modalità temperamentale. E i genitori dal canto loro sono anch'essi individui e possono esserci molti modi diversi di far bene il genitore. Lo sviluppo del bambino sarà plasmato non dal suo temperamento da solo, o dai soli genitori, ma dalla buona o cattiva corrispondenza fra questi e quello. Anche altri intervengono ad influenzare il corso del suo sviluppo: familiari, coetanei, amici, insegnanti, modelli socioculturali esterni, opportunità o carenze, speciali attitudini e talenti. La fortuna e il caso possono anch'esse avere la loro parte. Con tutti questi fattori che modellano e rimodellano la mente e il corpo del bambino, via via che cresce dall'infanzia all'adolescenza e fino nell'età adulta, come meravigliarsi che siamo tutti così diversi nei nostri ideali, valori, ambizioni, scopi e comportamenti nella vita quotidiana? Sir Thomas Browne, medico e filosofo inglese del XVII secolo, diceva: «È comune meraviglia di tutti gli uomini, come fra tanti milioni di facce non ve ne sia alcuna eguale; ora al contrario io sarei meravigliato altrettanto se ve ne fossero. Chi consideri quante migliaia di parole diverse sono state senza studio né cura composte con 24 lettere, e inoltre quante mai centinaia di fili si intrecciano nel Tessuto di un solo uomo, troverà certo che questa varietà è necessaria» (citato in Clarke, 1975, p. 60).

Questo è stato un tema guida di tutto il nostro libro. Qualunque teoria dello sviluppo umano deve tener conto delle sottigliezze, complessità e ricchezza delle differenze psicologiche individuali. Tante persone e situazioni influiscono nel processo evolutivo, tanti esiti diversi sono possibili, tanti tratti diversi possono essere quelli significativi per individui diversi, e diversamente da una persona all'altra, che la ricerca di concetti semplici per spiegare lo sviluppo di tutti gli individui in base a una stessa formula è condannata al fallimento.

Ma ciò non significa che il lavoro per individuare le forze che determinano l'individualità nello sviluppo psicologico sia un'impresa impossibile. Al contrario. Abbiamo già imparato molto su questi fattori e il nostro libro cerca di illustrare parte di quanto già sappiamo. Ma questo è solo l'inizio, anche se un inizio folgorante se ripensiamo a che punto eravamo trent'anni fa. Questa è una delle grandi sfide che stanno di fronte alla ricerca evolutiva. Possiamo prevedere che col progredire degli studi la varietà dello sviluppo psicologico individuale sia ricondotta a fattori di una complessità che trascende la nostra attuale comprensione. La conoscenza che abbiamo dei fattori biologici, temperamentali, emotivi, motivazionali, cognitivi e ambientali, oltre che dell'interazione reciproca fra tutti questi, sta muovendo appena i primi passi. Via via che sarà più chiara la visione della loro complessità, crescerà anche il rispetto per la flessibilità della mente, la varietà delle strategie umane di fronte allo stress e alle avversità, gli innumerevoli modi di mettere a frutto i talenti e le opportunità.

La complessità dello sviluppo umano renderà improponibile la ricerca di risposte semplici, ma aprirà anche la strada alla formulazione di regole generali dello sviluppo, regole che abbraccino tale diversità. Lo stesso succederà per quanto riguarda il rapporto genitore-figlio. Sappiamo già che ci sono molti modi di essere un buon genitore e molti modi di realizzare una buona compatibilità fra genitore e bambino. Confidiamo che col crescere delle conoscenze venga anche una migliore comprensione dei rapporti fra genitori e figli. Nello stesso tempo, saremo in grado di formulare più specificamente i metodi per assicurare una felice corrispondenza fra il bambino e l'ambiente, che è la chiave di un sano sviluppo psicologico.

La virtù della diversità

Dobbiamo far tesoro del fatto che bambini diversi (e adulti diversi) sentano, pensino e si comportino diversamente. Grazie a questa diversità, individui diversi vedono diversamente il mondo e solo così possono fiorire nuove idee creative nelle arti e nelle scienze. Anche nella vita quotidiana sono le differenze, altrettanto e forse più delle somiglianze, ad attirarci verso gli altri. Ci ritiriamo inorriditi di fronte a quelle società in cui l'uniformità di comportamento e di pensiero è rigidamente prescritta a tutti i bambini e qualunque dissidenza dai dogmi costituiti è severamente punita negli adulti. Eppure anche nella nostra società, con le sue tradizioni democratiche, il significato e valore positivo della diversità umana è stato troppo spesso negato da giudizi impostati secondo una scala gerarchica, in cui le differenze in qualunque caratteristica vengono ordinate secondo uno spettro, dall'ottimo al buono al cattivo al pessimo. Si tratti del colore della pelle, del sesso, delle origini etniche, della religione, dello stile di vita, del sistema di valori o delle ricchezze materiali, è necessaria una lotta costante per garantire che tutte queste differenze siano rispettate come variazioni tutte egualmente normali. Questo è uno dei contributi più importanti che la scienza dello sviluppo umano può portare al benessere della società. A meno che non emergano chiare e definite prove di comportamento antisociale o patologico, la diversità nello sviluppo e nei suoi esiti in età adulta è non solo desiderabile ma inevitabile e dev'essere salutata con gioia. Ci sono molti modi diversi di essere un bambino o un adulto sano.

I dati più recenti del NYLS

Stiamo portando a termine un nuovo controllo dei nostri soggetti del NYLS, attualmente ultraventicinquenni. Quasi tutti si stanno assestando in una situazione di piena indipendenza adulta, a livello personale, sociale e lavorativo. Li conosciamo da quando erano bambini di due o tre mesi. Quello che più di tutto ci ha colpiti sono i tanti percorsi diversi che li hanno condotti in età evolutiva fino a raggiungere da adulti un livello maturo e produttivo di funzionamento psicologico.

Alcuni hanno avuto fortuna dal principio alla fine: una famiglia unita, un temperamento facile, buona intelligenza, nessuna particolare tragedia o esperienza stressante nel corso degli anni, talenti ed interessi ben definiti. Per questo gruppo il passaggio dall'infanzia e adolescenza alla vita adulta si è realizzato senza scosse né turbamenti speciali.

Altri hanno dovuto fare i conti con qualche problema particolare, gravi conflitti fra i genitori, dissoluzione del nucleo familiare per divorzio o morte di un genitore, frequenti trasferimenti e perdita di un ambiente stabile, incidenti o malattie. Qualcuno ha dovuto vedersela con un genitore che interferiva distruttivamente nella sua vita, oppure gli offriva modelli sociali inadeguati o gli poneva rigidamente aspettative irrealizzabili. Eppure la maggior parte di questi giovani aveva affrontato e superato felicemente le difficoltà. Alcuni hanno sviluppato speciali talenti che hanno cambiato la loro vita, altri hanno trovato una figura adulta – insegnante, amico, collega di lavoro – che ha saputo offrir loro il sostegno e l'incoraggiamento che non avevano trovato in famiglia. Altri ancora hanno preso le distanze durante l'adolescenza da una figura genitoriale disturbante (intrusiva, troppo esigente o francamente patologica), imperniando produttivamente la loro vita su interessi, rapporti e attività esterne alla famiglia.

Relativamente pochi sono quelli tuttora alle prese, nella vita adulta, con problemi psichiatrici. In qualche caso i disturbi risalgono all'infanzia, in altri all'adolescenza o all'ingresso nell'età adulta. Per alcuni si tratta di un problema che sembra avere carattere esclusivamente psicologico, come una crescente incompatibilità con le richieste genitoriali, per altri è chiaro che l'elemento determinante è di ordine biologico: danni neurologici alla nascita, una depressione primaria, una sindrome ansiosa con attacchi di panico. (In passato queste depressioni e gli attacchi di panico erano considerati di origine psicologica, ma oggi la maggior parte degli psichiatri, noi compresi, è convinta che abbiano un fondamento biologico.) Anche per quanto riguarda questi ultimi casi, ci ha impressionato molto la tenacia con la quale i nostri ragazzi si sono sforzati di condurre una vita normale malgrado i loro disturbi.

Potevamo prevedere la riuscita che avrebbero fatto da adulti i nostri 133 soggetti, basandoci sulla conoscenza approfondita della loro vita negli anni dell'infanzia? Assolutamente no. Tutto quello che avremmo potuto dire era che, se il rapporto coi genitori restava positivo, se l'interesse e il rendimento a scuola si mantenevano all'altezza delle capacità reali del ragazzo, se faceva buone amicizie, allora le prospettive in ordine alla sua vita adulta erano buone. Ma anche questa formulazione contiene molti «se», che esperienze particolari o incidenti biologici avrebbero potuto volgere a un esito meno favorevole.

Ma non dimentichiamo che i nostri soggetti provenivano tutti da famiglie borghesi, che avevano le risorse e la disponibilità necessarie per sostenere e incoraggiare i figli a proseguire gli studi fino al diploma o alla laurea. Anche in quei casi in cui il ragazzo interrompe gli studi prima del diploma e poi decide di tornare a scuola per terminarli, i genitori di solito sono felici di aiutarlo. Solo dopo i venticinque anni, in genere, ci si aspetta che questi giovani diventino autosufficienti, sul piano economico e psicologico. Questo è il quadro che abbiamo ricavato dall'ultimo controllo condotto sul nostro gruppo.

La situazione è ben diversa nelle famiglie operaie. Qui i genitori hanno a disposizione risorse molto più limitate, e anche se desiderano vedere i figli progredire nelle condizioni socioeconomiche, non possono permettere loro certi lussi, per esempio di troncare gli studi e poi ricominciarli con nuovi e più ambiziosi obiettivi. I giovani più intraprendenti, in questo gruppo sociale, hanno davanti a sé scelte più limitate quanto al tipo di studi, non possono permettersi il lusso di interruzioni e spesso devono trovarsi un lavoro, dopo l'orario scolastico e nelle vacanze estive, per contribuire alle spese per la propria istruzione.

Nelle famiglie più svantaggiate, le prospettive sono molto più tetre. I bambini di solito frequentano scuole mediocri, nella migliore delle ipotesi, e progredire attraverso l'istruzione non sembra davvero una meta realistica. Gli studi superiori e spesso anche il completamento della scuola media sono fuori portata. E quando i ragazzi si affacciano sul mercato del lavoro, la mancanza di specializzazione e il basso livello d'istruzione non lasciano altra possibilità che mansioni dequalificate e poco retribuite. Non meraviglia che i tassi di disoccupazione, tossicodipendenza e delinquenza siano così allarmanti in questi gruppi. Ma va sottolineato che questo è un problema sociale, non certo il risultato di una qualche intrinseca inferiorità etnica. Il numero di quelli che riescono a inserirsi positivamente, grazie a speciali talenti o a un'indomita determinazione, è pur sempre sufficiente a dimostrare che la cosa è possibile (Gordon e Braithwaite, 1986). Ci ricordiamo ancora un ragazzo di una famiglia di neri poveri che era assolutamente deciso ad andare all'università. Dovette battagliare fino alla fine con i familiari, che continuavano a dirgli che l'università era una follia per uno che veniva da quell'ambiente e che avrebbe dovuto piuttosto cercarsi un lavoro, ma alla fine ce l'ha fatta e ha terminato felicemente gli studi. Un altro ragazzo nero di Harlem sgattaiolava in biblioteca e leggeva avidamente, sempre con la paura che gli amici lo scoprissero e lo prendessero in giro per questa sua passione. È chiaro quindi che una scuola decente, con particolari servizi di sostegno, potrebbe cambiare radicalmente le tristi prospettive che oggi stanno di fronte a questo gruppo di giovani alle soglie dell'età adulta.

Quello che ancora non sappiamo

Per quanto abbiamo imparato negli ultimi trent'anni, molte domande rimangono senza risposta. Perché un evento particolarmente stressante, come la morte di un genitore o il divorzio, un cambiamento drastico nelle condizioni di vita, una malattia che lascia una minorazione fisica – per nominare solo qualche possibilità – spinge un bambino a mobilitare tutte le sue risorse per superare il problema, mentre un altro lo lascia scosso, confuso e timoroso del futuro? Perché due bambini cresciuti in ambienti simili, o addirittura nella stessa famiglia, finiscono per diventare così diversi nella personalità, gli scopi, lo stile di vita, i sentimenti verso gli altri? Perché certi bambini, esposti a gravi fattori di rischio, come povertà, scarso livello d'istruzione, instabilità della famiglia, magari anche gravi problemi mentali dei genitori, non cadono a loro volta in preda a problemi psicologici, ma diventano da adulti persone competenti e mature? Abbiamo potuto vedere questo esito positivo in certi bambini a rischio nel nostro studio longitudinale, e lo stesso è capitato ad altri che hanno seguito gruppi di bambini fino all'età adulta. Emmy Werner, dell'Università della California, che insieme a Ruth Smith, dello Wilcox Memorial Hospital delle Hawaii, ha condotto una ricerca su larga scala su un gruppo di bambini di Kauai (Hawaii), definisce questi ragazzi «vulnerabili ma invincibili» (Werner e Smith, 1982). Edmund Gordon, della Yale University, ha usato per designarli la calzante espressione «smentitori delle predizioni negative» (Gordon e Braithwaite, 1986).

Questa è una domanda fondamentale, la risposta differenziale dei bambini allo stesso ambiente sfavorevole. A volte sappiamo trovare una risposta: buona o cattiva compatibilità coi genitori, opportunità o talenti speciali, l'intervento di una nuova figura importante nella vita del ragazzo. Ma spesso non sappiamo rispondere. E le risposte che si avanzano devono essere giudicate in base a quello che Stephen Jay Gould chiama «il principio cardinale di ogni scienza – che la professione, come un'arte, si consacri soprattutto ad un fattivo operare, non a pensare con eleganza; ad affermazioni verificabili con concrete ricerche, non a produrre idee suggestive che non ispirano alcuna attività» (1986).

Noi, come altri, abbiamo molti aneddoti per illustrare la nostra capacità ancora limitata di capire la storia della vita di tante persone che abbiamo conosciuto. Citeremo due casi del genere, una storia a lieto fine e una meno felice.

DUE STORIE

Diversi anni fa, un'auto si ferma davanti alla nostra casa di campagna, ne scende una giovane coppia e suona il campanello. Lui, un uomo sulla trentina, alto e magro, con una barbetta curata, si presenta con un bel sorriso: «Non mi riconoscete, sono Kevin Harris e questa è mia moglie Laura». Felicemente sorpresi, li facciamo accomodare in casa. Lui ci spiega che voleva mostrare alla moglie il posto dove aveva passato tante belle estati da ragazzo, e anche riallacciare i contatti con la nostra famiglia.

Erano quindici anni che non avevamo notizie di lui. Le circostanze avevano fatto nascere un'amicizia fra lui e il più piccolo dei nostri figli maschi durante l'adolescenza, ma dopo qualche anno i due ragazzi avevano preso strade così diverse da perdere qualunque contatto fra loro.

Avevamo conosciuto bene anche i genitori di Kevin, persone simpatiche e intelligenti, due professionisti molto rispettabili che però avevano combinato un disastro nel loro matrimonio e nei rapporti coi figli. Litigavano e bisticciavano continuamente fra loro davanti a tutti, senza riuscire mai a mettersi d'accordo neppure sulle faccende più elementari della vita quotidiana, e alla fine avevano divorziato. Kevin era il secondo di due maschi e il padre lo perseguitava senza pietà per i suoi innumerevoli presunti difetti, mentre il fratello maggiore Tom, il preferito del padre, gli era continuamente proposto a modello: «Perché non puoi essere come lui?», era il ritornello paterno. Come spesso succede, Tom era un ragazzo «modello», beneducato, studioso, socievole e dotato per la musica. Kevin al contrario si comportava a volte da irresponsabile (mai in maniera grave), a scuola faceva il minimo e spesso opponeva resistenza alle richieste dei genitori. Suo padre era convinto che fosse un ragazzo molto disturbato e faceva previsioni molto nere per il suo futuro. La madre condivideva questo suo giudizio, ma dava la colpa al marito per i problemi di Kevin: pensava che questi non si sarebbero mai risolti a meno che non cambiasse atteggiamento il marito, cosa che certamente non sarebbe avvenuta mai.

Il nostro giudizio su Kevin era del tutto diverso: come lo vedevamo noi, nelle frequenti visite a casa nostra, ci appariva un ragazzo sostanzialmente normale, con molti talenti. Ma questo valeva in un ambiente disteso e accogliente, dove la sua compagnia era apprezzata da tutti. Non ci è riuscito in nessun modo di convincere né suo padre né sua madre della nostra opinione positiva del figlio, e sapendo in quale atmosfera distruttiva Kevin vivesse in famiglia, eravamo assai preoccupati per il suo futuro.

Ed ora ecco qui Kevin, quindici anni dopo, avendo smentito tutte queste nere previsioni: posato, sicuro di sé, molto cordiale, laureato in un'università prestigiosa, ha già all'attivo importanti lavori in un campo difficile della ricerca medica. Entrato da poco in un prestigioso centro medico, è lanciato in una brillante carriera che gli promette molte soddisfazioni. La moglie studia medicina e chiacchierando con loro ci siamo fatti l'idea di una coppia unita e affiatata, con tanti interessi in comune.

Kevin è molto chiaro sulla sua storia personale: per tutta l'infanzia e l'adolescenza è stato perseguitato dal padre e disprezzato dalla madre, senza ricevere nessuna solidarietà da parte del fratello maggiore, che si teneva in disparte. Gli chiediamo come ha fatto a venirne fuori senza danni psicologici e senza alcun trattamento psichiatrico. Risponde senza esitazione: «Sapevo che dovevo mantenere integro il mio Io e tenere le distanze, altrimenti sarei impazzito». In un modo o nell'altro, è riuscito ad investire le sue attività e i suoi sentimenti nelle poche amicizie e nei molti interessi che aveva, senza lasciarsi mai scalfire dagli attacchi del padre. Quando se n'è andato al *college*, ha provato un gran senso di sollievo e di liberazione. Al suo ritorno a casa dopo il primo anno, il padre ha ricominciato a tartassarlo, ma Kevin gli ha detto chiaramente che questa cosa doveva finire: «Gli dissi: "Hai due scelte. Possiamo discutere le questioni che ci dividono, arrivare a un accordo ed essere veri amici. Altrimenti, se non ti riesce, dovremo tenere le distanze"». Una lucidità straordinaria da parte di un ragazzo di diciannove anni, di fronte a un padre così autoritario e tutt'altro che sprovveduto. E ci era arrivato assolutamente da solo, senza aiuti o consigli altrui. Il padre scelse la seconda alternativa e da allora hanno avuto solo contatti sporadici, formalmente corretti, senza vedersi anche per lunghi periodi.

Quella volta siamo rimasti diverse ore con Kevin e sua moglie, parlando della sua vita passata e presente: Kevin era molto franco ed esplicito (chiaramente, era un modo per mettere al corrente la moglie su tante cose che lo riguardavano) e in tutta la nostra conversazione non abbiamo notato nessun segno di disturbi psicologici nei suoi modi, nei suoi discorsi, nell'espressione emotiva o nel tipo di pensiero.

Abbiamo incontrato di nuovo Kevin di recente in casa di amici: sempre disteso, sicuro di sé, capace di esprimersi con grande acutezza, continuava felicemente la sua vita privata e professionale. Ancora una volta, nessun segno di problemi psicologici: al contrario, sembrava avere tutti i numeri per farsi valere nella carriera e nella vita personale.

Come si spiega la straordinaria capacità di Kevin di venire a capo di esperienze familiari così negative che ha vissuto per tanti anni? Perché ne è emerso così bene, mentre tanti altri sarebbero andati a fondo? Qualche psichiatra potrebbe avanzare la spiegazione che fra lui e il padre dovesse esserci un qualche sottile ma potente legame positivo che compensava le critiche e gli attacchi. Questo è un bell'esempio di ragionamento circolare. Se chiediamo: «Ma qual è la prova di questo legame?», la risposta di certo sarà: «Guardate i risultati; quella è la prova». E così si invoca una causa per spiegare lo sviluppo di un ragazzo, e la «prova» di quella causa è per l'appunto quell'andamento evolutivo che si stava cercando di spiegare. Purtroppo, gran parte delle teorie psichiatriche si riduce a questo tipo di ragionamento circolare. Meglio dire, onestamente, che non conosciamo proprio la risposta.

In netto contrasto con la storia di Kevin è quella di Martin Williams. Avvocato quarantenne, si è rivolto alcuni anni fa ad uno di noi (Alexander Thomas). La storia era sempre la stessa. Aveva lavorato in molte grandi aziende e ogni volta gli inizi erano stati promettenti: si gettava nel nuovo lavoro con impegno, energia e grandi capacità, i datori di lavoro avevano di lui un'ottima impressione e lasciavano intravedere una promozione imminente. Ma poi Martin cominciava a girare a vuoto: in pochi mesi perdeva ogni interesse e il suo impegno cominciava a vacillare. Ben presto si accorgeva che il suo lavoro era poco gratificante, si annoiava e cominciava a trovare scappatoie e pretesti per evitare i compiti più impegnativi. Questa trasformazione riusciva a tenerla nascosta al massimo per qualche mese, ma poi veniva alla luce: alla fine lo licenziavano, oppure lo adibivano a mansioni di *routine*.

Da principio Martin trovava scuse di ogni genere per i suoi insuccessi: il principale ce l'aveva con lui, quel posto in realtà non gli interessava affatto, avrebbe potuto fare molto di più se solo gliene avessero dato la possibilità, ecc. Ma verso i quarant'anni queste scuse cominciarono a mostrare la corda e fu costretto ad affrontare la realtà: il problema doveva essere dentro di lui. Fu a questo punto che decise di venire in trattamento.

Rivedendo la storia della sua vita, risultò che era cresciuto in una famiglia piccolo borghese, stabile e modesta. Via via che diventava più grande, le sue qualità intellettuali e la disinvoltura nelle situazioni sociali ne fecero un ragazzo molto particolare: a scuola andava benissimo, faceva amicizia con tutti ed era il beniamino della famiglia per queste sue doti. Si accorse ben presto che poteva cavarsela a scuola con uno sforzo minimo, e ottenere per di più ottimi voti. In quel periodo avemmo occasione di conoscere sua sorella, che si trovò a collaborare marginalmente alla nostra ricerca. Era quanto di più diverso si può immaginare dal fratello: seria, silenziosa, intelligente senza brillare in modo particolare, costante nel lavoro, dove la sua carriera procedeva lenta ma sicura. Confermò quanto aveva detto Martin circa la vita in famiglia, le straordinarie attitudini del fratello negli studi e il suo talento nel conquistare l'amicizia di tutti. Aveva terminato gli studi a vele spiegate, impressionando la famiglia e gli amici con i suoi apparenti successi. La sorella ricordava ancora come se fosse stato ieri un corso che aveva seguito insieme al fratello nella scuola secondaria. Lei prendeva come sempre tutto molto sul serio e alla fine del semestre aveva un quaderno di appunti completo. Martin, come al solito, aveva bordeggiato tutto il tempo facendo il minimo indispensabile. Il giorno prima dell'esame si era fatto prestare i suoi appunti, li aveva letti una volta e alla fine aveva preso un voto più alto di lei.

In una lunga serie di colloqui terapeutici, il problema psicologico di Martin venne fuori chiaramente. Le sue abitudini di lavoro, o meglio la sua mancanza di abitudine al lavoro, si erano ormai radicate in lui quando si era affacciato alla vita adulta. Quando entrava in un impiego nuovo, il suo interesse dapprima era stimolato e così dava il meglio di sé, ma poi cominciava a riposare sugli allori, come aveva sempre fatto a scuola. I risultati erano inevitabili: malgrado l'entusiasmo iniziale, Martin non reggeva il prolungato impegno di energie richiesto dagli aspetti più triti e quotidiani inevitabili in qualunque lavoro. Nessun altro meccanismo subconscio veniva alla luce: non aveva paura del successo o della competizione, né nutriva una qualche immagine negativa di sé che lo rendesse timoroso dell'insuccesso.

Ma molti altri giovani, favoriti da talenti eccezionali come i suoi, li avrebbero utilizzati per andare avanti a tutta forza sulla via tracciata dai loro specifici interessi, realizzando una buona carriera e forse anche grandi successi. Perché Martin ha scelto la strada opposta, di usare i suoi talenti per cavarsela col minimo sforzo possibile? Ancora una volta, come nel caso di Kevin, dobbiamo dire di non conoscere la risposta.

Dire che non sappiamo perché Kevin e Martin abbiano avuto lo sviluppo che hanno avuto non significa che vogliamo eludere il problema. Nella scienza, ammettere l'ignoranza è il primo passo della conoscenza: è una sfida a trovare il modo di rispondere alla domanda. Come si legge nella citazione dal grande matematico Jacob Bronowski che abbiamo riportato all'inizio del capitolo, «non c'è nessuna conoscenza assoluta... Tutta l'informazione è imperfetta. Dobbiamo fidarcene con umiltà». Sappiamo molto dei fattori di rischio nel processo evolutivo per quanto riguarda i *gruppi* (Garmezy, 1983), ma ancora sappiamo relativamente poco delle ragioni per cui i *singoli individui* smentiscano queste tendenze di gruppo nel corso della loro vita. Il nostro concetto di compatibilità fra temperamento e richieste ambientali è uno dei modelli per accostarci a questo problema dello sviluppo individuale. Ma è solo l'inizio. Siamo convinti che questo sia un problema fondamentale che sta di fronte alla ricerca sullo sviluppo del bambino negli anni a venire. Non sarà un compito facile, ma sarà quanto mai stimolante. Potremo allora sperare di poter capire perché il corso della vita abbia preso una direzione così divergente in Kevin e in Martin e perché Ricky e Michael, i due bambini che abbiamo presentato nel Cap. I, si comportino in maniera tanto diversa.

Un'ultima parola

Louise Ames, dello Yale Gesell Institute of Development, un'autorità nello studio dello sviluppo, ha scritto: «Dato il fatto che quello di genitori è probabilmente il mestiere più difficile al mondo, penso che sia un miracolo che le madri lo facciano bene come lo fanno. E la maggior parte lo fa davvero molto bene» (1983). L'intenzione della Ames è quella di rassicurare le madri: anche se il loro è un compito difficilissimo, ci dice, le madri vi assolvono «molto bene».

Ma quest'ultima frase rassicurante non cancella l'affermazione che il mestiere di genitori sia difficile e che si debba considerare un miracolo il fatto che le madri ci riescano. Questo punto di vista è totalmente contrario alla tesi esposta nel nostro libro, tesi che abbiamo cercato di confortare con autorevoli dati scientifici. Fare i genitori di un bambino disabile, fisicamente o mentalmente malato, può essere difficile. Ma fare i genitori di un bambino normale non è *difficile.* Una volta che i genitori sanno che il loro bambino è un essere flessibile e adattabile, che possono sperimentare metodi diversi senza danno per lui, che possono facilmente imparare a interpretare i segnali del bambino piccolo e a comunicare con lui – tutti compiti *non* così difficili – ecco che la loro può diventare un'esperienza serena e godibile.

Per concludere, riportiamo una citazione da un nostro articolo recente, un enunciato che si basa sui risultati delle nostre ricerche e di vari altri studi longitudinali:

> Crescendo dall'infanzia alla maturità, tutti noi dobbiamo lasciar cadere molte illusioni infantili. Cresciuto e maturato il campo degli studi evolutivi, dobbiamo ormai rinunciare all'illusione che, una volta nota la storia psicologica del bambino, la personalità e il funzionamento psicologico successivo siano *ipso facto* prevedibili. D'altra parte, oggi abbiamo una visione molto più ottimistica dello sviluppo umano. Il bambino emotivamente traumatizzato non è condannato, gli errori iniziali dei genitori non sono irrimediabili, e il nostro intervento preventivo e terapeutico può essere efficace a tutti i livelli d'età (Chess, 1979).

APPENDICE

Problemi particolari

I

Bambini speciali con bisogni speciali

In questo libro ci siamo occupati dello sviluppo psicologico del bambino fisicamente normale che non presenta gravi turbe psichiatriche. Non è possibile in una sede del genere trattare anche i molti tipi diversi di *handicap* fisico o psichico che possono colpire i bambini, o esaminarne adeguatamente le conseguenze psicologiche e i problemi di trattamento.

Ci sembra però che un breve accenno a certi importanti problemi psicologici che possono sorgere con i bambini disabili possa essere opportuno.

IL BAMBINO DISABILE E LO SVILUPPO NORMALE

Il bambino portatore di *handicap* è normale? La risposta a questa domanda dipende dalla definizione che diamo di normalità. Non è solo un problema teorico o accademico: la definizione ha profonde implicazioni pratiche per il trattamento e l'educazione dei bambini disabili. Se pensiamo che ci sia un unico parametro di normalità – come si comportano e parlano i bambini senza alcuna minorazione fisica o psichica – allora il bambino handicappato è normale solo se può riprodurre non solo il livello, ma anche le modalità di prestazioni di un coetaneo integro in tutte le sue funzioni. Se invece allarghiamo il concetto di normalità, in termini di prestazioni e di modalità funzionali, ecco che non è più necessario che il disabile sia la replica esatta di un bambino sano della sua età per essere considerato normale.

La differenza fra queste due prospettive è illustrata drammaticamente dalla rieducazione dei bambini non udenti. Negli Stati Uniti fino ad anni recenti nella stragrande maggioranza delle scuole per minorati dell'udito si usava, per insegnare a parlare e comunicare, esclusivamente una rieducazione orale: lettura labiale e vocalizzazione. Questo metodo si fondava sulla ferma convinzione che ci fosse un'unica via normale per lo sviluppo del linguaggio e del pensiero, la via seguita dal bambino con udito normale. Il linguaggio dei segni, sviluppato come tecnica efficace di comunicazione per i non udenti, era considerato dagli insegnanti specializzati un metodo inferiore, incapace di stimolare il normale sviluppo intellettivo. Ai genitori si intimava con autorità di eliminare ogni gesto nella comunicazione coi figli sordi, per assicurare il successo della rieducazione verbale.

Le prove raccolte in numerose ricerche nel corso degli ultimi quindici anni hanno però messo radicalmente in discussione questa ottica, rivelando l'insufficienza di una rieducazione puramente orale per i bambini minorati dell'udito, in particolare per quelli con sordità profonda. Hilde Schlesinger, dell'Università della California, e Kathryn Meadow, del Gallaudet College for the Deaf, hanno dimostrato che i bambini sordi figli di sordi, abituati fino dalla prima infanzia al linguaggio dei segni, registravano progressi scolastici e linguistici superiori a quelli dei coetanei sordi con genitori normoudenti, incapaci di comunicare a segni (1972). Una grossa ricerca inglese ha esaminato 468 adolescenti, sordi dalla nascita ma senza altri *handicap*, al termine degli studi in scuole speciali per ipoacusici. In tutte queste scuole si usava solo la rieducazione del linguaggio verbale. È emerso che quanto maggiore era la perdita d'udito, indipendentemente dal livello d'intelligenza, tanto minore era stato lo sviluppo di competenze linguistiche (Conrad, 1979). Nel nostro studio longitudinale con il gruppo di bambini sordi dalla nascita per esiti di rosolia in gravidanza, abbiamo riscontrato che la rieducazione del linguaggio verbale otteneva risultati significativi solo in una piccola percentuale dei casi. In armonia coi risultati di altre ricerche, l'uso di frasi nei bambini così trattati variava in proporzione inversa alla gravità della perdita d'udito: anche a livello dei nove anni, meno del 15% dei sordi profondi usava frasi di qualunque tipo. Questi bambini, se rieducati solo verbalmente, erano nell'impossibilità di comunicare efficacemente o di acquisire apprendimenti normali. Viceversa, una volta introdotto il metodo di comunicazione totale (uso combinato di lettura labiale, linguaggio dei segni, mimica e gesti), i risultati scolastici e l'integrazione sociale miglioravano rapidamente. Vari altri studi riportano le stesse conclusioni: la rieducazione verbale da sola è completamente inadeguata per i sordi profondi, mentre il linguaggio dei segni è un vero linguaggio capace di stimolare lo sviluppo intellettuale, proprio come il linguaggio normale per i bambini normoudenti. Oggi tutte le principali scuole per ipoacusici delle quali siamo a conoscenza hanno accettato questi risultati e si affidano al metodo della comunicazione totale.

Ci siamo soffermati su questo problema della rieducazione della sordità perché illustra in maniera così chiara una tesi di fondo: il cervello è flessibile e non c'è quindi un'unica via che porti allo sviluppo normale. Se una minorazione lo impedisce attraverso la via consueta, ci sono nel cervello percorsi alternativi che possono essere utilizzati per realizzare uno sviluppo emotivo, sociale ed intellettivo altrettanto normale. Con l'uso della comunicazione totale, le abilità visive e motorie del bambino sordo possono essere reclutate per compensare la minorazione dell'udito: può protestare, tentare di ribellarsi a certe regole, capire quando e perché sono necessarie, apprendere le norme indispensabili del vivere sociale, esprimere chiaramente le emozioni, approfondire idee, assimilare astrazione e simbolizzazione.

Lo stesso principio vale per il bambino non vedente o per quello con paralisi cerebrale o altre minorazioni motorie. Quasi tutti conosciamo persone che hanno trovato la via per superare un qualche *handicap*, raggiungendo livelli eccezionali di prestazioni. Noi conosciamo un violinista di talento con una forma non lieve di paralisi cerebrale, che compromette la funzionalità della mano usata per manovrare l'archetto: usando le flessibili vie nervose delle quali ha acquisito la padronanza, riesce a controllare con straordinaria efficacia la sonorità dello strumento.

C'è anche il caso di Jerome Bruner, uno dei più illustri e produttivi psicologi americani. Nel suo libro autobiografico, *In Search of Mind* (1983), racconta che è nato cieco per cateratte congenite che si sono potute operare solo quando aveva due anni. Pur non essendo più cieco, doveva portare lenti molto spesse e aveva un grave restringimento del campo visivo: data l'asportazione chirurgica del cristallino, non aveva nessuna visione periferica e vedeva solo quello che si trovava direttamente davanti agli occhi. In pratica, per tutti gli anni dell'infanzia è come se avesse portato i paraocchi. Come riferisce egli stesso: «Solo quando, ormai adulto, mi sono state applicate le lenti a contatto, mi sono reso conto di quanto avevo perso da bambino in visione periferica» (p. 16). Ma questi *handicap* non hanno ostacolato la sua crescita intellettuale, né gli hanno impedito di diventare un nuotatore e velista provetto, e uomo di grande fascino personale che ha saputo farsi tanti amici fedeli.

Chiarire alla famiglia di un bambino disabile che questi è ancora fondamentalmente un essere umano normale può essere talvolta il fattore cruciale per determinare il corso successivo del suo sviluppo. Ricordiamo benissimo un bambino di otto anni che aveva avuto il braccio amputato a seguito di uno spaventoso incidente. Il bambino era ricoverato presso il servizio di riabilitazione del nostro centro medico, in vista dell'applicazione di un arto artificiale. Fu chiesto l'intervento dello psichiatra del servizio, perché il bambino era depresso e talmente sopraffatto dalla disgrazia da non riuscire a collaborare quasi per niente con gli operatori. Il padre, che fra l'altro era in parte responsabile dell'incidente, era sconvolto non solo dai sensi di colpa ma soprattutto dalla perdita – citiamo le sue parole – «di tutti i miei sogni di insegnargli a giocare a *baseball* e di quanto ci saremmo divertiti insieme quando fosse stato più grande, in tutti gli sport e le escursioni. Ora tutto questo è finito». Con questa sua reazione il padre si stava concretamente allontanando dal figlio, senza potergli dare quel sostegno e quell'incoraggiamento di cui aveva un bisogno così disperato. Il terreno era pronto per una profezia che si sarebbe fin troppo facilmente realizzata: il ragazzo sarebbe diventato un invalido, dipendente dalla sua famiglia, convinto di non poter più fare parte del suo normale gruppo di coetanei, e sempre più lontano dal padre, i cui sentimenti di impotenza non avrebbero fatto altro che accrescerne i sensi di colpa e il distacco difensivo, via via che assisteva a questa involuzione.

Lo psichiatra del servizio chiese la consulenza di uno di noi (Stella Chess) e insieme formulammo una strategia d'intervento. Il collega, persona matura e intelligente, pensava che fosse indispensabile lavorare col padre per modificare il suo modo di vedere, e aveva perfettamente ragione. Riuscì a instaurare un buon rapporto con quest'uomo e parlò a lungo con lui di tutte le iniziative che avrebbe potuto prendere per aiutare il figlio ad acquisire competenze sociali e anche sportive, malgrado la minorazione. Queste idee furono una rivelazione per il padre del ragazzo: cominciò a vederlo non più condannato a un'invalidità irrimediabile, ma come quel bambino normale che era sempre stato, un individuo in grado di condurre una vita normale; uscì dal suo guscio e cominciò a fare progetti col figlio su tutto quello che avrebbero potuto fare insieme per compensare il più possibile la minorazione. Le stesse cose lo psichiatra le spiegò anche al ragazzo, ma decisiva fu la svolta nell'atteggiamento del padre. Uscito dalla depressione, il bambino cominciò a collaborare pienamente nella rieducazione, deciso a imparare a condurre di nuovo una vita normale.

Purtroppo, risultati così positivi non sempre sono possibili. Se ci sono minorazioni multiple, come cerebropatia con danno motorio, sordità o cecità, oppure se le minorazioni sono estreme, come grave insufficienza mentale o gravi malattie muscolari o neurologiche, l'obiettivo di uno sviluppo fondamentalmente normale può essere irraggiungibile. Ma anche in molti di questi casi, un corretto indirizzo e trattamento da parte degli specialisti può fare una grossa differenza nella vita del ragazzo, per quanto limitata possa essere.

IL PESO EMOTIVO PER LA FAMIGLIA

La presenza di un figlio handicappato inevitabilmente accresce le tensioni, i problemi e le preoccupazioni della famiglia. Se il danno è temporaneo, come nel caso di un prematuro senza complicazioni, le difficoltà saranno brevi e relativamente leggere. Se si tratta di un problema correggibile con un intervento chirurgico, come certe forme di cardiopatia congenita, lo stress per i genitori può essere più intenso e prolungato, ma l'esito sarà egualmente positivo. Se la minorazione è cronica ma relativamente lieve, come le forme più sfumate di ritardo mentale o di paralisi cerebrale, il peso emotivo per la famiglia può essere permanente ma contenuto e sostenibile senza troppi scompensi. Quando invece il bambino ha una grave minorazione cronica, come una paralisi cerebrale invalidante, cecità o sordità profonda, i trattamenti speciali e tutto l'impegno richiesto dalle sue cure ed educazione possono mettere una grave ipoteca sul funzionamento della famiglia. Se poi i problemi sono ancora più seri, come insufficienza mentale grave o autismo, i genitori possono trovarsi a dover affrontare la scelta angosciosa dell'istituzionalizzazione, quando si rendono conto di non poter reggere alle richieste poste dal ragazzo in famiglia.

Per finire, ci sono i casi di bambini sani, che si sviluppano normalmente da ogni punto di vista e sono colpiti improvvisamente dal cancro o da una malattia o incidente invalidante. Anche se il trattamento ha successo, in questi casi la vita del bambino e le responsabilità della famiglia nei suoi confronti possono uscirne drasticamente e tragicamente alterate una volta per tutte.

NEGAZIONE E IPERPROTEZIONE

I genitori di un bambino disabile spesso attraversano un periodo iniziale di completo disorientamento quando si trovano davanti al fatto che il figlio non avrà quello sviluppo pienamente normale che avevano sperato e previsto. Abbiamo potuto osservare queste reazioni nel nostro studio sui bambini con esiti di rosolia prenatale, che presentavano minorazioni d'ogni tipo – sordità, cecità, insufficienza mentale, problemi neurologici e cardiopatie –, spesso multiple. Ma ci ha colpito vedere come, nella maggior parte dei casi, una volta capita la natura dell'*handicap* e il tipo di cure che il bambino avrebbe richiesto, i genitori affrontassero realisticamente le proprie responsabilità nei suoi confronti (lo stesso vale per i tanti genitori di disabili che abbiamo visto presso i servizi o nella pratica privata).

Altri genitori invece cercano di far fronte al colpo ricorrendo all'uno o all'altro fra due tipici meccanismi di difesa: chiudere gli occhi per non vedere l'entità del problema e addirittura negare che la minorazione del bambino richieda alcun intervento particolare, oppure spingersi all'estremo opposto e sviluppare una tale ansia da isolarlo da qualunque situazione difficile e stressante. Entrambi gli atteggiamenti – negazione o iperprotezione – possono essere disastrosi per il ragazzo.

Quando i genitori negano il problema, il bambino si trova stretto in un doppio legame senza uscita: si pretende da lui una competenza pari a quella di un bambino sano e allo stesso tempo gli si negano quei servizi e trattamenti rieducativi che potrebbero contenere gli effetti della minorazione. Inoltre, nel caso dei difetti sensoriali c'è il rischio che perda l'occasione di imparare quelle speciali regole di prudenza che gli permetterebbero di orientarsi da solo nel mondo esterno.

Viceversa, al bambino troppo protetto vengono negate molte occasioni di scoprire le proprie risorse e capacità, oltre ai limiti creati dalla minorazione: perde in questo modo le numerose esperienze alla sua portata, che potrebbero dargli fiducia nelle proprie capacità di fare i conti col mondo esterno, oltre a precisare i suoi giudizi su ciò che può o non può fare. L'handicappato iperprotetto spesso cresce nella cornice di una profezia autorealizzata: l'atteggiamento dei genitori, convinti che debba essere protetto da tutti gli stress e le esigenze di una vita normale, ha l'effetto di renderlo indifeso e incompetente, un risultato che non si sarebbe avuto in tale misura con un approccio diverso, più costruttivo. Al bambino disabile si devono dare tutte le occasioni possibili per mettere alla prova le sue capacità positive, manifestandogli autentica gioia per le sue difficili conquiste. E gli insuccessi non devono scatenare una risposta di delusione impotente, ma essere l'occasione per tentare altre vie che possano trasformare il fallimento in successo. A volte le soluzioni sono semplicissime. Un bambino che non controlla i movimenti fini può non riuscire a tenere in mano la matita per scrivere, ma se si fascia la matita con un'impugnatura massiccia (può bastare farla passare attraverso una grossa gomma da cancellare), potrà afferrarla saldamente e usarla con buoni risultati. Strategie come questa aprono al bambino disabile la via maestra verso la conquista dell'autostima e della fiducia nei propri mezzi. Quasi dovunque si trovano specialisti competenti della riabilitazione, che possono collaborare coi genitori nel mettere a punto alternative efficaci, che permettano al bambino di venire a capo dei difficili compiti imposti dalla minorazione.

Possiamo illustrare le tristi conseguenze dell'iperprotezione e della negazione con l'esempio di due casi: una bambina non vedente iperprotetta dai genitori e un bambino con sordità profonda i cui genitori non volevano accettare la realtà del suo *handicap*.

Marie nella prima infanzia era stata colpita da una rara forma tumorale agli occhi, che aveva richiesto l'asportazione di entrambi i globi oculari. Con due occhi di vetro, che le erano stati adattati molto bene, l'aspetto fisico non ne aveva risentito: era una bambina molto graziosa e un osservatore superficiale non si sarebbe accorto nemmeno che era cieca. Iscritta a una scuola pubblica con un insegnante d'appoggio che le aveva insegnato il Braille, aveva fatto, sia pure lentamente, buoni progressi nello studio.

I genitori però rifiutavano di prendere qualunque iniziativa nel senso di quella speciale rieducazione di cui un bambino non vedente ha assoluto bisogno per acquisire l'autonomia funzionale. Invece di iscriverla a un centro dove avrebbe imparato, come gli altri bambini ciechi, a trovare da sola la strada con l'aiuto del bastone, la mamma la portava sempre per la mano. I genitori inoltre erano al suo servizio per qualunque bisogno e capriccio, senza pretendere da lei che facesse niente da sola. A quattordici anni Marie era diventata una ragazzina petulante, dipendente in tutto dai genitori e pronta a scoppiare in bizze violente se impedita in uno qualunque dei suoi desideri. A scuola invece, dove una tale condotta non era tollerata, si comportava in maniera piuttosto ragionevole. Fu allora che la madre ce la portò in trattamento per il suo comportamento difficile in casa. Questo, svolto con Marie e i genitori, puntava allo scopo di renderla più indipendente, senza acconsentire a tutte le sue pretese, cosa che non faceva altro che perpetuare la sua dipendenza e incapacità. Nei colloqui con Marie e con la madre, sia separatamente che insieme, abbiamo spiegato in dettaglio i tanti modi in cui si sarebbe potuto realizzare questo obiettivo, e la differenza enorme che ciò avrebbe comportato per la vita della ragazza. I nostri suggerimenti cadevano assolutamente nel vuoto con Marie. Quanto alla madre, ci dava ragione a parole ma poi aveva sempre qualche pretesto per non mettere in pratica nessuna delle nostre raccomandazioni. Dopo qualche mese di trattamento, senza alcun progresso evidente, la famiglia si trasferì sulla costa del Pacifico e non ne abbiamo avuto più notizie. La nostra prognosi era che Marie fosse condannata a una vita di totale dipendenza e che non avrebbe mai raggiunto quel livello di positiva autonomia funzionale che i non vedenti così spesso riescono a sviluppare.

L'altro caso era Jeremy, un bambino con sordità profonda a seguito di rosolia in gravidanza. I genitori, una coppia molto benestante, non volevano assolutamente che imparasse il linguaggio dei segni, benché fosse chiaro che non avrebbe mai fatto grandi progressi nella lettura labiale e nel linguaggio verbale. Non aveva nessuna delle altre minorazioni spesso associate nei casi di rosolia fetale, cosicché se avesse imparato a usare il linguaggio dei segni avrebbe potuto sviluppare appieno le sue competenze, sia pure nell'ambito della comunità dei non udenti.

Ma i genitori facevano di tutto per mascherare e nascondere la sua minorazione. Non si trattava tanto di ingannare gli altri quanto soprattutto di cercare d'ingannare se stessi. Finché Jeremy si sforzava di fare lettura labiale e di pronunciare qualche parola, per quanto scarsi fossero i risultati, i genitori potevano convincersi che il difetto fosse lieve e che il bambino col tempo avrebbe imparato a nascondere la sua sordità. Ma se cominciava a usare il linguaggio dei segni, non c'era modo di chiudere gli occhi di fronte al fatto che la sua era una minorazione grave e permanente che gli avrebbe impedito di comunicare come i bambini normali. Rifiutarono di iscriverlo a una scuola speciale per non udenti, preferendo invece una scuola privata con un programma di sostegno per ipoacusia. Il programma prevedeva la presenza di un'insegnante specializzata che traduceva per i non udenti le spiegazioni in linguaggio dei segni, ma ancora una volta i genitori non permisero che Jeremy lo imparasse, cosicché l'insegnante d'appoggio gli serviva a ben poco. Il risultato era che il povero bambino se ne stava seduto al suo banco, impossibilitato a partecipare e a seguire il programma scolastico.

I nostri colloqui non valsero a smuovere i genitori dalla loro posizione. Il bambino stesso ci spiegò, con le poche parole appena comprensibili che riusciva ad articolare, che da grande avrebbe voluto gestire un *fast food*. Sospettiamo che in apparenza arriverà a realizzare questo progetto: i genitori gli compreranno la licenza e Jeremy sarà nominalmente il titolare del locale, mentre qualcun altro lo gestirà. E così i genitori avranno la «prova» che il suo *handicap* era una cosa da nulla. Ma il ragazzo avrà perduto per sempre l'opportunità di imparare a comunicare efficacemente nell'ambito della comunità dei non udenti, una conquista che si sarebbe certamente risolta in un vantaggio anche sul piano dei rapporti e delle attività nel più vasto mondo.

EFFETTI DEL BAMBINO DISABILE SU FRATELLI E SORELLE

La nascita di un handicappato crea problemi non solo ai genitori, ma spesso anche ai fratelli, che possono sentirsi trascurati per tutte le attenzioni e risorse che la famiglia riversa sul figlio minorato. Può succedere inoltre che mal sopportino il peso che si devono assumere collaborando alle sue cure e assistenza, o che si vergognino dell'handicappato nei confronti degli amici e compagni che vengono a trovarli a casa.

Ma queste reazioni negative non sono universali. Alcuni fratelli o sorelle assumono un ruolo protettivo e difendono il disabile da eventuali persecuzioni da parte dei coetanei. Alcuni si investono di una funzione educativa, insegnando, al fratello o sorella che ne ha bisogno, ad affrontare almeno certe esigenze sociali del mondo esterno, così come altri fanno la parte dell'allenatore, per consentire al disabile motorio di partecipare almeno a un livello modesto ad attività sportive in gruppo. In un senso più sottile ma non per questo meno importante, un tale attivo coinvolgimento nei compiti assistenziali (certamente, a livello della sua età) può dare al bambino normale un senso d'importanza nella vita della famiglia, accrescendo la sua fiducia nella propria capacità di far fronte a esigenze e difficoltà inconsuete.

In altre parole, non c'è nessuna formula semplice per calcolare l'effetto che il bambino handicappato può avere sui fratelli o sorelle normali. Lo sottolinea anche un consuntivo della letteratura su questo tema, tracciato di recente da Denis Drotar, della Case Western Reserve University di Cleveland, e Peggy Crawford, del Cleveland University Hospital (1985). Numerose ricerche citate da questi autori indicano che gli effetti della malattia cronica di un fratello o sorella sull'adattamento psicologico dei fratelli sani sono selettivi e variano con l'età, il sesso e il tipo d'infermità. Fattori importanti ai fini delle loro reazioni sono anche la maggiore o minore stabilità iniziale della famiglia e le conseguenze che la nascita di un figlio disabile ha prodotto nei genitori. In generale, si può assicurare ai genitori che la malattia cronica di un figlio non necessariamente comporta un rischio psicologico per gli altri figli: possono parlare apertamente con loro delle speciali cure richieste dal fratello o sorella disabile, affidando loro certi ruoli adeguati all'età nell'ambito di questa particolare esigenza familiare. Allo stesso tempo, i figli sani devono essere incoraggiati a condurre una vita il più normale possibile, compatibilmente con le circostanze.

A volte i problemi che un handicappato grave pone alla famiglia rendono molto difficile agli altri figli un'esistenza normale. Non possiamo dimenticare il terribile dilemma di Marian, sorella maggiore di sette anni di un grave autistico, Allen. Questa terribile malattia infantile compromette lo sviluppo di numerosissime funzioni psicologiche (per questo si parla ora di «turba evolutiva generalizzata»): l'autistico non riesce a stabilire alcun contatto sociale che abbia un minimo di significato emotivo, impara meccanicamente ma non sa usare le sue cognizioni in un contesto sociale, come lo scambio comunicativo, tende a sviluppare cerimoniali e idee ossessive e può presentare accessi di collera violentissima.

Uno di noi (per l'esattezza, Stella Chess) visitò Allen quando aveva quattro anni e la diagnosi era già evidente. Nei casi di autismo così gravi le prospettive sono molto nere e di solito si consiglia l'istituzionalizzazione, ma la madre di Allen era incrollabile nella decisione di tenerlo a casa, né si poteva darle torto quando diceva che gli istituti che accolgono questi bambini sono luoghi spaventosi. La madre si dedicò totalmente alla cura di Allen e pian piano anche Marian vi si trovò coinvolta. Quando arrivò all'adolescenza, la ragazza aveva ormai una vita sociale estremamente ristretta a causa dell'assistenza e sorveglianza continue richieste dal fratello. Il padre in tutto questo era una figura marginale, dati i suoi impegni di lavoro. Marian si trovò anche lei un lavoro che la teneva a lungo lontana da casa, ma dovette rinunciarvi a causa dei ripetuti appelli della madre che la richiamava d'urgenza a casa a ogni nuova crisi del figlio. Allen, che ormai è vicino ai trent'anni, ha ottenuto qualche miglioramento con i nuovi farmaci che si trovano oggi sul mercato e si sta pensando al suo inserimento in una casa famiglia per adulti autistici. Se il progetto va in porto, può darsi che Marian più che trentenne, riesca a farsi una vita per conto suo. Ma non sarà facile, dopo tutti gli anni che ha sacrificato al fratello. Avrebbe dovuto fare diversamente? È facile dire che avrebbe dovuto portare avanti le sue esperienze di rapporti sociali in adolescenza e poi la sua carriera da adulta. Ma quando si sentiva dare un consiglio del genere (e ci hanno provato in molti), ogni volta arretrava inorridita chiedendo: «Ma che ne sarà di mia madre e di Allen senza di me?». Fortunatamente dilemmi così tragici non sono frequenti, ma quando si presentano non ci sono risposte semplici.

COMPETENZA E CONTROLLO

Due tipi di esperienze che sono cruciali per lo sviluppo di una sana e realistica autostima e fiducia in se stesso sono quelle in cui il bambino sente di avere il controllo degli eventi che lo riguardano e quelle che gli permettono di esercitare le sue competenze nel far fronte alle prove della vita. Il disabile incontra particolari difficoltà a realizzare esperienze del genere. Che la minorazione sia cecità, sordità, intelligenza subnormale, un difetto motorio o un'altra qualunque anomalia a carico di funzioni importanti del corpo o della mente, non può non interferire nello sviluppo di un positivo senso di competenza personale. Interventi chirurgici o altre misure correttive possono ulteriormente compromettere la sensazione soggettiva di esercitare un controllo sugli eventi della propria vita.

Molti di questi bambini, alle prese con le difficili e interminabili prove che sono risparmiate ai loro coetanei più fortunati, possono tormentarsi con la domanda: «Perché proprio a me, che cosa ho fatto per meritarmelo?». È una domanda che facilmente conduce a sensi di colpa («Dev'essere colpa mia»), di rancore («La vita mi ha trattato male»), d'invidia («Non sono certo peggio di loro, e guarda come stanno bene in confronto a me»), o a una combinazione di queste risposte tutte demoralizzanti. Genitori, familiari, amici e operatori devono rendersi conto del fatto che il bambino handicappato può nutrire sentimenti del genere, che non possono che accrescere la difficoltà di acquisire un senso di valore personale e competenza. Incoraggiamento e sostegno sono antidoti essenziali, ma devono essere somministrati non come vuote formule sempre eguali, bensì in maniera mirata e specifica, al momento di un'autentica conquista o in risposta alla frustrazione e allo scoraggiamento per non avercela fatta di fronte a un compito difficile.

Un programma articolato che preveda sequenze graduate di difficoltà progressiva nel superamento di una prova – sia sul piano sociale, scolastico o sportivo – è di particolare importanza per aiutare il bambino a sperimentare un senso di padronanza e controllo. E l'aperto riconoscimento di questa sua crescita, da parte della famiglia e della cerchia degli amici, può dare al bambino disabile una visione ottimistica delle proprie capacità e prospettive per la vita.

Anche i genitori di un bambino che faccia amicizia col disabile possono essere preziosi, incoraggiando questi rapporti e spiegando al figlio che un bambino può avere una minorazione in un campo specifico ed essere totalmente normale sotto ogni altro profilo. Possono suggerirgli anche di invitare l'amico a casa e in occasione di queste visite trattarlo in maniera normalissima, fatte salve certe precauzioni per evitare situazioni imbarazzanti o pericolose. Per esempio, se è cieco i padroni di casa (genitori e figlio) possono descrivergli la disposizione delle stanze e del mobilio, indicando eventuali pericoli. Con un bambino sordo, dovranno scoprire se è capace di lettura labiale e comportarsi di conseguenza nella comunicazione con lui.

GLI SPECIALI PROBLEMI DELL'ADOLESCENZA

Nel Cap. XII abbiamo visto come la grande maggioranza dei ragazzi superi l'adolescenza senza particolari problemi emotivi o di comportamento. La stessa prognosi favorevole purtroppo non si può fare per molti disabili, se non addirittura per la maggior parte di loro. L'adolescenza normalmente comporta di fatto molti cambiamenti nello stile di vita e nelle attività, cambiamenti che i ragazzi sani eseguono senza scosse. Nei rapporti con i coetanei si passa dal contatto con uno o due amici per volta, che è caratteristico dell'età scolastica, alle attività di gruppo, mentre cominciano a fiorire i contatti fra maschi e femmine, che assumono una coloritura sessuale. La spinta verso l'autonomia crea mode di vestiario, di acconciatura e di gergo, tutte forme attraverso le quali l'adolescente dichiara pubblicamente di non essere più un bambino e di cominciare a farsi una vita a modo suo. Infine, lo sviluppo fisico avviato alla pubertà fa crescere i requisiti di abilità per la partecipazione ai giochi e alle attività sportive.

Queste transizioni, per quanto semplici siano per quasi tutti gli adolescenti normali, possono essere difficili, disorientanti, a volte addirittura impossibili per l'adolescente disabile: il non udente non riuscirà più a seguire i rapidi scambi di battute e il gergo degli amici che si è fatto negli anni passati, il non vedente magari non si rende conto di come dà nell'occhio con un vestiario e un'acconciatura difformi da quelli del gruppo (dettagli banali, ma che possono avere grande importanza fra gli adolescenti). Così può succedere che l'handicappato si accorga che un amico d'infanzia non ha più voglia di portarselo dietro mentre comincia a girare intorno alle ragazze. Oppure, il minorato sensoriale viene preso in contropiede dalla decisione del gruppo di andare, per esempio, al cinema, mentre quello con problemi motori si rende conto che ormai non può più sperare di giocare a palla con gli amici, mentre prima riusciva a partecipare a certi giochi, sia pure a un livello molto modesto.

Genitori, insegnanti e amici nel vero senso della parola possono fare molto per alleviare questi difficili problemi che l'handicappato incontra nell'adolescenza, ma non possono eliminare le crisi né prevedere tutti i problemi che possono presentarsi improvvisamente. Questi ragazzi hanno già faticato molto per far fronte alle richieste della vita scolastica e sociale malgrado la loro minorazione, e la necessità di eseguire gli adattamenti nuovi e spesso complessi di questa età può essere un'impresa semplicemente superiore alle loro forze, anche per quelli che fino ad allora si erano inseriti benissimo nella scuola normale. Abbiamo diversi esempi nei nostri studi longitudinali, che illustrano i problemi speciali che si pongono a questi ragazzi quando arrivano all'adolescenza.

Julie, sorda profonda a seguito di rosolia in gravidanza, era un'avida lettrice, scriveva molto e usava frasi complesse, grammaticalmente corrette e con sottili sfumature lessicali. Aveva molti interessi ed era estremamente costante in tutte le sue attività. Frequentava la scuola normale con buoni risultati, specialmente in certe materie come l'inglese. La situazione familiare era serena e in casa Julie trovava l'aiuto che le serviva in situazioni particolari, come una telefonata. Era sufficientemente integrata nel gruppo normale dei coetanei, anche se la madre la incoraggiava a frequentare un gruppo di giovani con deficit dell'udito.

Ma quando Julie arrivò all'adolescenza, i suoi rapporti con il gruppo normale dei coetanei divennero sempre più difficili e stressanti. A differenza di quanto succedeva prima, si accorse che il rapido scambio verbale era parte essenziale della comunicazione nel gruppo. La lettura labiale, in cui era abilissima, non bastava più allo scopo, né gli altri ragazzi la capivano bene quando parlava. Julie era sempre più isolata, fuori dalla famiglia e dal suo gruppo di non udenti, e alcuni compagni cominciarono anche a prenderla in giro. Come scrisse in un significativo schizzo autobiografico (la storia di una bambina di nome Andrea), «spesso gli altri bambini la deridevano e la tormentavano perché era sorda e parlava diversamente da loro, a volte con una strana voce acuta e stridente». Per quanto addolorate, lei e la madre affrontarono la cosa in maniera molto diretta e realistica, come avevano sempre fatto. Al nostro ultimo incontro, Julie stava imparando il linguaggio dei segni ed era in progetto il passaggio a una scuola secondaria superiore per minorati dell'udito, al termine della media, se la situazione avesse continuato a deteriorarsi.

Billy, un altro sordo profondo del nostro studio sugli esiti della rosolia fetale, aveva avuto anch'egli una buona integrazione nella scuola normale, ma a differenza di Julie il primo contatto con la scuola era stato negativo. Non gli era stato fornito un insegnante d'appoggio né si era predisposto un programma didattico individualizzato, ma soprattutto l'insegnante titolare accettava molto malvolentieri la presenza in classe di un bambino non udente. Billy, che in situazioni di stress manifestava per temperamento reazioni negative molto intense, cominciò ad avere un comportamento oppositivo e aggressivo, con scoppi violenti di bizze, sia a scuola che a casa. I genitori setacciarono le altre scuole della zona finché non trovarono un direttore didattico aperto e comprensivo, disponibile a un serio impegno per garantire a Billy tutte le risorse necessarie. Il bambino fu trasferito in questa scuola, dove si predispose per lui un piano educativo individualizzato, con l'intervento di un insegnante d'appoggio. Il direttore organizzò perfino un gruppo di doposcuola dove i bambini sordi e normoudenti potessero imparare il linguaggio dei segni, sotto la guida di Billy. In questo nuovo ambiente così favorevole (ma più che favorevoli, queste erano condizioni necessarie per la sua educazione), Billy rifiorì: scomparsi i sintomi oppositivi, si inserì felicemente nella classe, collaborando e mostrando un buon profitto scolastico.

L'adattamento sociale di Billy in adolescenza è stato finora meno frustrante di quello di Julie, benché in tutti questi anni sia riuscito a fare amicizia con un solo ragazzo normoudente. Ogni tanto partecipa alle partitelle con i ragazzi del vicinato, una situazione dove la sordità non costituisce un ostacolo insormontabile. Per fortuna ha sviluppato un certo talento per la meccanica, che gli ha fatto da ponte nei rapporti con i coetanei: ripara le biciclette e vari articoli di cancelleria, attività che sono richiestissime dai ragazzi del vicinato. Ma si rende conto molto chiaramente (come del resto i suoi genitori) del fatto che la sordità costituisce una barriera estremamente difficile alla sua piena integrazione in un gruppo normale. Ha in progetto di iscriversi al National Technical Institute for the Deaf, un'ottima istituzione per l'istruzione superiore dei non udenti, a Rochester (New York), che fra l'altro prevede vari corsi in comune con gli alunni normoudenti del vicino National Technical Institute, gestito dalla stessa amministrazione.

Quelle di Julie e di Billy sono storie che testimoniano la riuscita dell'integrazione dei disabili nell'ambito scolastico. Ma quell'integrazione non garantisce affatto la riuscita del passaggio a un'integrazione nella vita sociale degli adolescenti.

Il nostro studio sull'insufficienza mentale comprendeva un gruppo di 52 bambini lievemente ritardati che vivevano in famiglia durante l'infanzia e l'età scolastica. Le famiglie, tutte di classe media, non intendevano istituzionalizzarli e si impegnavano in ogni modo per mettere a loro disposizione tutte le esperienze educative e socializzanti accessibili nel territorio. Ma all'adolescenza 11 di questi ragazzi erano stati internati almeno temporaneamente, e 9 altre famiglie cercavano un'analoga sistemazione in istituti. Quindi, 20 di questi 52 ragazzi erano riusciti a realizzare un adattamento soddisfacente restando in famiglia finché erano bambini, ma non più da adolescenti.

L'analisi delle differenze fra questo gruppo e i restanti 32 che avevano retto in famiglia anche al passaggio dell'adolescenza mostrava che i ragazzi che avevano richiesto l'istituzionalizzazione presentavano un QI più basso, un'incidenza molto maggiore di problemi comportamentali, una percentuale più alta di lesioni cerebrali e una frequenza significativamente maggiore di quello che abbiamo definito «temperamento difficile» (Chess, 1980).

Tutti questi fattori comportano una ridotta capacità di adattarsi alle richieste e aspettative della famiglia, della scuola e dell'ambiente esterno. In età scolastica, col positivo sistema di sostegno garantito dalla famiglia, le difficoltà di questi bambini non bastavano a renderli intrattabili in casa e fuori, ma con le nuove esigenze e tensioni dell'adolescenza la situazione era cambiata. Crescendo d'età e di forza fisica, il comportamento difficile di certi insufficienti mentali diventava sempre meno accettabile, le scenate in pubblico erano sempre più imbarazzanti per i genitori e i fratelli, mentre i vicini di casa, prima comprensivi e disponibili, nel migliore dei casi perdevano la pazienza, quando non cominciavano a preoccuparsi del pericolo che l'insufficiente mentale poteva rappresentare per i loro figli. Trovare attività ricreative adeguate diventava sempre più raro, e spesso i ragazzi stessi le rifiutavano. L'autonomia negli spostamenti era talvolta un problema insolubile, dato lo scarso giudizio e il rischio di perdere la strada. I genitori spesso erano costretti a una scelta angosciosa fra ricoverare in istituto l'adolescente ritardato e difficile o sacrificare gli altri figli continuando a tenerlo in casa.

Se è vero che l'adolescenza è un periodo particolarmente difficile per i ragazzi con *handicap*, le prospettive non devono essere considerate del tutto prive di speranza. Tutti noi conosciamo molte persone con minorazioni anche gravi che riescono a superare positivamente la transizione alla vita adulta. C'è bisogno di altre ricerche per identificare i problemi specifici dei singoli ragazzi e mettere a punto nuove strategie che rendano il passaggio dell'adolescenza meno stressante per i disabili. Soprattutto, abbiamo bisogno di un impegno autentico e non estemporaneo sul piano nazionale che fornisca le risorse necessarie in questo senso.

II
La tirannia del QI

Ai primi del secolo il ministro della pubblica istruzione francese era preoccupato dal fatto che numerosi bambini non avessero un profitto sufficiente nelle classi normali*. Incaricò Alfred Binet, direttore del laboratorio di psicologia della Sorbona, di studiare il problema. L'incarico aveva un preciso scopo pratico: sviluppare un metodo per individuare questi bambini, in modo da fornire loro una qualche forma d'istruzione speciale. Binet era uno scienziato eminente. Si era già occupato della misurazione dell'intelligenza, conducendo studi laboriosi sulle orme di Paul Broca, illustre medico e antropologo francese del XIX secolo. Broca, come altri studiosi dell'epoca, era fermamente convinto che le dimensioni del cervello correlassero con l'intelligenza: quanto più grande il cervello, tanto più alto il livello intellettivo. Un'intelligenza superiore si pensava che dovesse correlare in particolare con la grandezza della parte anteriore del cranio, sede presunta dell'intelligenza. Inoltre, si dava per dimostrato che il cervello delle razze bianche «superiori» fosse di dimensioni decisamente maggiori di quello delle razze «inferiori».

Scienziato di grande integrità, Binet si accorse con dispiacere che i suoi studi non confermavano le affermazioni di Broca: non sembrava esserci nessuna relazione tra la forma e grandezza del cranio e il profitto scolastico degli alunni. Riferiva inoltre un'esperienza che tutti gli scienziati dovrebbero tenere ben presente: «Temevo», scrisse nel 1900, «che misurando le teste con l'intenzione di trovare una differenza di volume fra una testa intelligente e una meno

* Gran parte del materiale storico citato in questo capitolo è ripreso dal suggestivo libro di Stephen Jay Gould, *The Mismeasure of Man* (1981). Gould, professore di geologia e biologia a Harvard, ha portato un contributo di rilievo all'ampliamento ed elaborazione dei concetti darwiniani di evoluzione. *The Mismeasure of Man* traccia con erudizione e chiarezza la triste storia dei tentativi di illustri scienziati nel corso dei secoli di giustificare pregiudizi sfacciatamente razzisti e sessisti.

intelligente, sarei stato indotto ad aumentare, inconsciamente e in buona fede, il volume cefalico delle teste intelligenti e a diminuire quello delle teste non intelligenti». Si rendeva conto che il pericolo è maggiore quando questa distorsione non emerge alla luce e il ricercatore crede nella propria oggettività, e descriveva un esperimento nel quale le sue misurazioni erano state distorte da una simile inclinazione subconscia. «I dettagli che la maggior parte degli autori non pubblica», diceva, «sono quelli che non si vogliono far conoscere» (citato in Gould, 1981, pp. 146-148).

Col suo collaboratore Théodore Simon, Binet preparò una serie di brevi prove di difficoltà graduata, legate alle esperienze della vita quotidiana. Nella soluzione dei problemi intervenivano presumibilmente processi di ragionamento e il livello dei problemi superati si supponeva che corrispondesse all'età e all'intelligenza del bambino, cioè, alla sua «età mentale». Verificando questa ipotesi Binet trovò in effetti che la sua misurazione dell'età mentale corrispondeva al giudizio degli insegnanti sull'intelligenza degli alunni.

Binet ha riveduto ripetutamente la sua scala, fino alla morte sopravvenuta nel 1911, e una revisione successiva è stata messa a punto nel 1916 da Lewis Terman, della Stanford University. Questa versione definitiva prese il nome di scala d'intelligenza Stanford-Binet, affermandosi rapidamente nell'uso. Terman introdusse anche il concetto di «quoziente d'intelligenza», che si calcola dividendo l'età mentale per l'età cronologica (fino a sedici anni) e moltiplicando per 100 il risultato per eliminare i decimali. Tale QI, com'è chiamato correntemente, indicherebbe quindi il livello d'intelligenza di una persona in relazione ai suoi coetanei. Il QI medio è 100, mentre un punteggio di 70 corrisponde all'insufficienza mentale e un punteggio di 130 a un'intelligenza superiore: quanto più basso di 100 è il QI, tanto maggiore è il ritardo, quanto più alto di 100, tanto maggiore la superiorità intellettuale, secondo le nozioni correnti.

La scala Stanford-Binet è stata elaborata in prima istanza per l'uso con i bambini e si è rivelata insoddisfacente per esaminare gli adulti. Nel 1939 David Wechsler, psicologo capo dell'Ospedale psichiatrico «Bellevue» di New York, mise a punto un test d'intelligenza per adulti, la WAIS (*Wechsler Adult Intelligence Scale*), a tutt'oggi lo strumento più diffuso per la misurazione del QI in età adulta. In seguito Wechsler elaborò altre due scale d'intelligenza, una per bambini in età scolastica, l'altra per l'età prescolastica, che presentano certi vantaggi, sul piano della misurazione, rispetto alla Stanford-Binet. Vari test sono stati ideati anche per la prima infanzia, a partite da quello messo a punto da Arnold Gesell, della Yale University. Cosa tutt'altro che sorprendente, queste scale di sviluppo danno una scarsa correlazione con i punteggi dei test d'intelligenza a livello d'età maggiore, poiché vari aspetti dell'«intelligenza» che si misurano nei bambini più grandi o negli adulti, come l'abilità verbale, hanno appena fatto la loro comparsa nella prima infanzia, o sono ancora del tutto assenti.

CHE COSA MISURANO I TEST D'INTELLIGENZA?

Ma che cosa ci dice veramente il QI? È una misurazione infallibile di quella qualità che chiamiamo «intelligenza»? E quali sono i fattori che determinano il QI? Sono domande complesse e le risposte sono tutt'altro che semplici.

I filosofi hanno discusso per epoche intere e gli psicologi hanno disputato negli ultimi cent'anni, o giù di lì, sulla questione di che cosa sia l'intelligenza. Come paragonare l'intelligenza creativa di uno Shakespeare o di un Picasso all'intelligenza altrettanto creativa ma diversamente indirizzata di Newton o di Einstein? Come confrontare le intuizioni e i giudizi di un grande statista con le capacità manageriali e l'istinto per gli affari di un imprenditore di successo? Se diversi ragazzi raggiungono lo stesso QI e poi uno di loro diventa un artista o scienziato creativo, un altro un giornalista brillante, un terzo si rivela un educatore pieno di talento e il quarto si trova una sistemazione molto tradizionale in una professione o nel mondo degli affari, che cosa possiamo concludere a proposito del significato dei loro QI così simili? Lo stesso Binet sapeva benissimo che il cosiddetto test d'intelligenza non è una vera misura di quella complessa e sfuggente qualità umana, dai molti aspetti, che chiamiamo *intelligenza*. Precisava infatti che la sua scala, «propriamente parlando, non permette la misura dell'intelligenza, perché le qualità intellettuali non sono sovrapponibili e quindi non si possono misurare come si misurano le superfici lineari» (Gould, 1981, p. 151). In altre parole, se misuriamo una bacchetta di legno che è lunga 20 cm e un'altra che è lunga 30 cm, possiamo dire che la seconda è più lunga del 50%. Ma se misuriamo il QI di un bambino che risulta pari a 100 e quello di un altro che è 150, non siamo autorizzati a dire che l'intelligenza del secondo bambino è superiore a quella del primo del 50%.

I test d'intelligenza presumono di misurare l'intelligenza attraverso una serie di subtest che valutano la conoscenza, la comprensione del vocabolario, il pensiero astratto (identificazione di somiglianze e differenze), il ragionamento (ricostruzione di una storia coerente da una serie di figure in disordine), e così via. Il punteggio per ogni subtest viene assegnato in base a una scala per cui le prestazioni medie ottengono 100 punti, con i punteggi progressivamente più alti o più bassi di 100 ad indicare presumibilmente livelli superiori o inferiori d'intelligenza. Il QI totale si ottiene facendo la media di tutti i punteggi dei subtest.

Questo sistema di punteggi e valutazione ha diversi difetti. Un bambino può dare buone prestazioni in tutti i subtest meno uno e quest'unico risultato scadente abbasserà il suo QI totale. Eppure possono esserci tante ragioni per questo suo cattivo rendimento in un'unica prova: istruzioni inadeguate da parte dell'esaminatore, equivoci circa il significato del test, minore esperienza dei contenuti di quella prova rispetto alle altre, o una specifica lacuna evolutiva nel settore specifico preso in esame dal subtest in questione. Per esempio, una prova della scala d'intelligenza presenta una serie di simboli senza senso, associati ognuno a una lettera o numero: il bambino riceve quindi un foglio con una lunga lista di questi simboli e deve scrivere sotto a ciascuno la lettera corrispondente. L'insuccesso in questa prova può indicare difficoltà percettive o nella coordinazione fra percezione e scrittura, oppure può voler dire soltanto che il bambino non ha capito la consegna. La differenza fra queste due ipotesi è decisiva e per sapere quale sia quella giusta sono indispensabili altri esami. Tuttavia, molti psicologi trascurano questo approfondimento e si accontentano di definire la risposta del bambino come una dimostrazione di problemi percettivi.

Un'altra difficoltà nasce quando si debbono valutare le relazioni fra i punteggi dei subtest. Questi sono suddivisi in due gruppi, uno verbale e uno non verbale, e il QI totale si ottiene facendo la media dei due parziali. In alcuni subtest verbali si chiede di trovare la somiglianza fra due oggetti, per esempio una mela e un'arancia, oppure la differenza, per esempio fra una mucca e un gatto. I punteggi sono attribuiti secondo la complessità e sottigliezza delle risposte: per esempio, se risponde che la mucca è più grande del gatto, il bambino ottiene meno punti che se spiega che la mucca ha gli zoccoli e il gatto i polpastrelli. In un subtest non verbale, si presenta al bambino una serie di figure incomplete (per esempio, un tavolo con tre gambe o un gatto senza baffi), chiedendogli di trovare la parte mancante.

Una differenza considerevole fra QI verbale e non verbale è interpretata di solito come indicazione di un problema nell'intelligenza globale, nel pensiero astratto o nelle abilità percettive. Ma ci sono molte altre possibilità, fra cui le diverse esperienze che il bambino può avere con questa o quella definizione, con questo o quell'oggetto. Queste spiegazioni alternative andrebbero verificate, magari attraverso altri test, ma molti psicologi accettano semplicemente alla lettera i punteggi del test. Anche un basso QI richiederebbe ulteriori analisi. Per esempio, se il soggetto risponde «Non lo so» a molte domande, può significare che la lingua in cui è somministrato il test non è la sua lingua materna e che fatica a capire alcune delle istruzioni, oppure che per qualche ragione oppone resistenza all'esame. In questi casi, la risposta «Non lo so» può riflettere l'impossibilità di capire il test o il rifiuto di collaborare con l'esaminatore: non ci dice nulla sul livello d'intelligenza del bambino.

La scala d'intelligenza è una procedura relativamente semplice e gli psicologi clinici imparano a somministrarla senza nessuna difficoltà. Ma, per quanto pretenda di seguire un metodo oggettivo, scientifico e immune da distorsioni, molti fattori estranei alla cosiddetta «intelligenza» possono influire sui suoi risultati.

IMPLICAZIONI SOCIALI DEL QI

Lo stesso Binet temeva che gli insegnanti e altri potessero usare il suo test per attribuire ai bambini un'etichetta definitiva e segregarli in base alla loro presunta intelligenza. Era anche preoccupato, e a ragione, dal rischio che gli insegnanti designassero i bambini indisciplinati o svogliati come «stupidi» e incapaci di apprendere, abbandonandoli a se stessi. L'intero scopo del suo lavoro era identificare i bambini che avevano bisogno di una speciale didattica intensiva e Binet protestò energicamente contro quelli che andavano «affermando che l'intelligenza di un individuo è una quantità fissa, una quantità che non si può aumentare. Dobbiamo denunciare e combattere questo brutale pessimismo, dobbiamo sforzarci di dimostrare che è fondato sul nulla» (citato in Gould, 1981, p. 154).

I presentimenti di Binet non erano vane fisime. Si realizzarono quando i test d'intelligenza furono perfezionati negli Stati Uniti e in Inghilterra, ad opera di Terman e altri autori. Il QI venne appiccicato al bambino come parte integrante della sua natura. Le decisioni sull'inserimento scolastico e anche sulle assunzioni e promozioni nel lavoro si basavano sui punteggi dei test. In Virginia e in diversi altri stati si approvarono leggi che autorizzavano la sterilizzazione delle giovani donne con QI nettamente subnormale. Nel 1927 la Corte Suprema convalidò questa legge, con l'agghiacciante motivazione che «tre generazioni di imbecilli sono abbastanza» (citato in Gould, 1981, p. 335). Eppure Carrie Buck, una donna il cui destino era stato segnato da questa decisione, si sposò e condusse una vita più che decente, senza mostrare alcun segno di insufficienza mentale, per scoprire solo in tarda età perché non avesse potuto avere figli: «Io e mio marito volevamo disperatamente un bambino. Andavamo pazzi per i bambini. Io non ho mai saputo che cosa mi avevano fatto» (Gould, 1981, p. 336).

La verità nel caso di Carrie Buck e di tante altre come lei era una storia di tre generazioni di donne cresciute nella miseria, con un'istruzione spaventosamente inadeguata, le cui esperienze di vita non le avevano in alcun modo preparate a rispondere alle domande astratte e remote di un test d'intelligenza. Eppure perfino un progressista come Oliver Wendell Holmes, giudice della Corte Suprema, poteva condannarle come subnormali ereditarie che avrebbero trasmesso la loro patologia ai figli se non si fossero sterilizzate.

Su scala più vasta, i test d'intelligenza somministrari alle reclute nella I guerra mondiale furono utilizzati come pezze d'appoggio dei pregiudizi che hanno portato nel 1924 alla legge che limitava l'immigrazione negli Stati Uniti, un provvedimento che avrebbe avuto conseguenze di vasta portata. La versione modificata della scala Stanford-Binet applicata alle reclute produsse lo sconfortante risultato di attribuire all'americano medio di razza bianca un'età mentale di poco superiore ai tredici anni. La validità del test in sé e per sé e il modo in cui veniva somministrato non furono messi in dubbio, eppure le prove si basavano in misura massiccia sulle nozioni scolastiche e sulle abitudini di vita americane. Tre domande tipiche: *Crisco è: una medicina, un disinfettante, un dentifricio, un prodotto alimentare; Quante gambe ha un Kaffir: 2, 4, 6, 8; Christy Mathewson è un famoso: scrittore, artista, giocatore di baseball, attore.* Quante reclute con una cultura elementare potevano sapere che cosa mai sia un *Kaffir*, o quanti immigrati recenti conoscere il *Crisco* o Christy Mathewson? Nei disegni da completare, fra le parti mancanti delle figure c'erano un ribattino sul manico di un coltello a serramanico, la tromba di un fonografo, la rete in un campo da tennis e la boccia nella mano di un giocatore di *bowling*: quanti americani poveri, in particolare se di recente immigrazione, avranno avuto qualche familiarità con immagini del genere? Come se non bastasse, i test erano somministrati nelle condizioni più disagevoli, in baracche dove non si riusciva nemmeno a sentire le istruzioni o a leggere le domande per l'illuminazione scarsa e la confusione. In un rilevamento condotto su un certo numero di campi di addestramento reclute, il punteggio minimo nel test variava da 20 a 100 (pp. 199-202).

Nonostante tutto questo, i test erano stati elaborati da studiosi illustri che ne proclamavano la validità e oggettività, col risultato che molti professori eminenti cominciarono a lamentare le tristi sorti della democrazia americana, con una popolazione così poco intelligente. Un po' più avanti si spinse uno psicologo dell'Univeristà di Princeton, C. C. Brigham, che dall'analisi dei dati sulle reclute dell'esercito concludeva che c'era stato un deterioramento graduale negli scaglioni di immigranti entrati negli USA per ogni quinquennio successivo a partire dal 1902. Non mancava di sottolineare che questi immigrati recenti provenivano dall'Europa meridionale e orientale, mentre le generazioni precedenti erano di «stirpe nordica». C'erano molte contraddizioni nei suoi stessi dati. Per esempio i neri del Nord, più istruiti, avevano punteggi superiori ai neri del Sud: Brigham si accontentava di affermare che i neri del Nord avevano più sangue bianco nelle vene e che i neri più intelligenti erano migrati a Nord. Dai test dell'esercito gli ebrei (più che altro immigrati recenti) risultavano di scarsa intelligenza. Che dire allora delle straordinarie realizzazioni di tanti studiosi, scrittori e scienziati ebrei? Brigham aveva una risposta pronta: ci accorgiamo di questi ebrei eminenti, spiegava, perché ci sorprendono a confronto con la massa del popolo ebraico. Con questo tipo di «ragionamento» tortuoso, Brigham riusciva a tener ferma la sua tesi di fondo.

La pubblicazione del suo libro, nel 1923, ebbe un profondo effetto politico. Il Congresso a quel tempo era oggetto di pressioni da parte di vari gruppi che volevano per una ragione o per l'altra limitare l'immigrazione negli Stati Uniti. Ed ecco un rapporto «scientifico» imponente che veniva a confortare la loro causa, diventando, come scrive Gould «il più potente ariete in mano a questi gruppi» (1981, p. 231). La legge del 1924 sull'immigrazione fu quindi approvata, fissando come riferimento per decidere le quote di immigranti da ciascun paese la composizione etnica degli Stati Uniti nel 1890. Perché proprio il 1890? La ragione era chiara ed enunciata apertamente: solo dopo il 1890 era cominciato l'afflusso massiccio di emigrati dall'Europa orientale e mediterranea, che minacciava di diluire e degradare il prezioso sangue nordico. Il Presidente Coolidge firmò la legge proclamando: «L'America deve restare americana» (p. 232).

Questa legge ebbe molte infelici conseguenze. La più tragica di tutte fu di rallentare fino alle dimensioni di un rivolo sottile l'immigrazione ebraica. Si è calcolato che abbia impedito a 6 milioni di europei dei paesi orientali e mediterranei di entrare negli USA dal 1924 al 1939 (Chase, 1977). Si può presumere che diversi milioni di questi fossero ebrei che avrebbero potuto sottrarsi allo sterminio: il rapporto «scientifico» di Brigham, col suo razzismo, ha avuto una parte non secondaria in tutto questo.

In seguito Brigham ebbe un profondo ripensamento e disse che il suo lavoro precedente era irrimediabilmente sbagliato. Nel 1930 riconobbe di aver combinato due test diversi che misuravano cose diverse, che i test erano essi stessi internamente incoerenti e, cosa più importante di tutte, quella che misuravano in realtà era la consuetudine con la lingua e la cultura americana e non l'intelligenza innata: «Studi comparativi di vati gruppi nazionali e razziali», scriveva, «non si possono fare con i test esistenti... Uno dei più pretenziosi di questi studi razziali comparativi – quello di chi scrive – era privo di fondamento» (citato in Gould, 1981, p. 233). Ci voleva coraggio per una ritrattazione del genere – cosa rara nel mondo della scienza – ma purtroppo arrivava tardi: ormai il danno, con la legge del 1924, era già fatto.

I DIFETTI DEI TEST D'INTELLIGENZA

Si potrebbe supporre che questi errori madornali fossero un ricordo del passato e che i parametri di rigore scientifico dell'attuale ricerca sui test d'intelligenza ne impediscano il ripetersi. Fosse vero! Si vedono continuamente medici ed educatori accettare il QI indicato in una relazione psicologica e inserire il bambino in una classe speciale senza indagare le condizioni in cui sono stati somministrati i test. Può darsi che il bambino quel giorno si sentisse male, o che fosse ansioso o oppositivo verso il test o l'esaminatore per qualche ragione, oppure possa avere un difetto visivo o uditivo non diagnosticato che interferisce nelle sue prestazioni, così come può trattarsi di un immigrato che ancora ha una conoscenza approssimativa dell'inglese, per non dire di eventuali pregiudizi dell'esaminatore contro i neri o gli ispanici. È raro che le autorità scolastiche indaghino su queste eventualità e chiedano una ripetizione dei test.

Anche fattori più sottili possono intervenire nei risultati dei test d'intelligenza. Nelle famiglie operaie portoricane che partecipavano alla nostra ricerca, abbiamo rilevato il QI di 116 bambini dai 6 ai 16 anni (Thomas e coll., 1971). Si trattava dei fratelli e sorelle maggiori dei soggetti dello studio longitudinale. Le famiglie erano geograficamente stabili, il 92% complete di entrambi i genitori e oltre il 95% con il padre che lavorava regolarmente (nella maggior parte dei casi come operaio generico o manovale). Per garantire la validità e comparabilità dei risultati, ci siamo serviti di due psicologhe esperte, di origine portoricana, che parlavano alla perfezione sia lo spagnolo che l'inglese. Entrambe avevano una lunga pratica della *Wechsler Intelligence Scale for Children*, che abbiamo usato con tutti i soggetti. In poche parole, abbiamo cercato di eliminare tutte le possibili fonti di distorsione che potessero influire sui risultati del test. La differenza principale era che l'esaminatrice B non aveva mai incontrato i bambini prima del test, mentre l'esaminatrice A conosceva da anni le famiglie, avendo partecipato ad altre fasi del nostro studio longitudinale. I soggetti sono stati assegnati arbitrariamente all'una o all'altra delle due psicologhe.

I risultati erano stupefacenti: i 71 soggetti esaminati dalla psicologa A risultavano avere un QI superiore in media di 10 punti rispetto ai 45 esaminati da B; inoltre, fra i primi appena il 5% presentava valori ai limiti della norma o inferiori, contro il 45% dei secondi. Per verificare possibili sperequazioni nell'assegnazione dei soggetti alle due esaminatrici, ne scegliemmo 9 del gruppo A e 10 del gruppo B, con una distribuzione simile dell'età e del QI, e li facemmo esaminare dall'altra psicologa. Ad entrambe spiegammo che il riesame era un controllo «di *routine*», senza lasciar trapelare nessun indizio quanto alla ragione reale della procedura.

Il riesame mostrò la stessa differenza: in ogni singolo caso i QI dei bambini esaminati dalla psicologa A aumentavano rispetto all'esame iniziale con B.

A prima vista questi risultati ci lasciarono perplessi. Avevamo controllato le varie fonti di distorsioni citate da altri autori: differenza di sesso fra esaminatore e soggetto, differenza di razza e ambiente culturale, esperienza del test da parte dell'esaminatore. Tutti gli esami erano stati condotti nello stesso ambiente, in edifici di nuova costruzione adiacenti al quartiere ispanico di Harlem.

Abbiamo quindi ipotizzato che la causa determinante fosse da ricercare in differenze nello stile delle due psicologhe durante la somministrazione del test. Chiedemmo la collaborazione di Paulina Fernandez, psicologa clinica molto competente che parla correntemente inglese e spagnolo. La Dr. Fernandez analizzò le descrizioni che le due esaminatrici avevano fatto dell'atteggiamento dei soggetti durante la seduta di test. Trovò che l'esaminatrice A usava termini positivi («spontaneo», «socievole», «disteso», ecc.) nel 57% dei casi, contro il 45% di B, una differenza statisticamente significativa. Lo stesso per quanto riguarda il comportamento del bambino nei confronti delle prove: A usava termini positivi, come «impegnato», «interessato» o «perseverante con i problemi difficili», nel 97% dei casi, contro il 67% soltanto di B.

Le due esaminatrici furono quindi intervistate sul modo in cui conducevano la seduta del test. Entrambe si erano attenute alle regole standardizzate del manuale di somministrazione, ma differivano nettamente nella maniera di stabilire il contatto con i bambini e di tenerne vivo l'interesse. L'esaminatrice A passava molto tempo col bambino prima di cominciare il test, chiacchierando del più e del meno, incoraggiando le sue domande circa l'esame e facendogli vedere l'appartamento. Quando la prima risposta era «Non lo so», incoraggiava sempre un secondo tentativo. L'esaminatrice B invece si descriveva come una persona riservata e poco loquace. Tendeva a seguire una *routine* fissa e impersonale che variava pochissimo da un bambino all'altro, non incoraggiava le chiacchiere e accettava generalmente un primo «Non lo so» come risposta definitiva. Anche l'esame dei protocolli del test mostrava che i soggetti esaminati da A fornivano risposte più lunghe e complesse di quelli esaminati da B.

È interessante il fatto che non abbiamo trovato queste differenze nei punteggi dei bambini di famiglia borghese, americani da più generazioni, nel nostro New York Longitudinal Study. Il QI medio ottenuto da tre esaminatori diversi era identico, malgrado che il loro modo di condurre il test e di entrare in contatto coi soggetti variasse molto. La nostra ipotesi è che questa differenza di risultati dipenda dalle diverse esperienze di vita dei due gruppi di bambini. Quelli di famiglia borghese erano cresciuti in mezzo a ogni genere di giocattolo educativo, e nei giochi coi genitori entrava spesso la soluzione di un problema o di un indovinello: per loro il test non era che un altro gioco del genere e la loro attenzione era concentrata sul contenuto e non sullo stile personale dell'esaminatore. I genitori portoricani, come gruppo, non avevano questi obiettivi didattici coi loro bambini, un orientamento finalizzato alla riuscita e alla padronanza dei compiti, e per i loro figli il test presentava un insieme di richieste insolite e sconcertanti: con una reazione del genere, il modo di presentarsi dell'esaminatrice – cordiale e incoraggiante o invece rigido e formale – poteva fare una grande differenza ai fini dei loro risultati.

I nostri dati sono simili a quelli citati in uno studio sui bambini svantaggiati, condotto da Edward Zigler ed Earl Butterfield, della Yale University (1968). Questi due ricercatori hanno confrontato i QI ottenuti usando procedure di somministrazione dei test rispettivamente «ottimizzata» e «standardizzata». Nella procedura ottimizzata l'ordine di presentazione dei problemi era alterato per assicurare un certo grado di successo iniziale e per aumentare il più possibile il numero delle prove superate nella prima fase dell'esame. Si usava inoltre un cordiale incoraggiamento. Nella situazione standardizzata i problemi erano presentati nell'ordine consueto e l'esaminatore aveva un atteggiamento amichevole ma neutro. In sostanza, le tecniche usate da Zigler e Butterfield per ottimizzare il rendimento nel test erano molto simili a quelle usate dalla nostra esaminatrice A, mentre la loro procedura standardizzata si avvicinava al comportamento della nostra B. Anche nella loro ricerca, come nella nostra, si aveva un QI medio significativamente superiore con la procedura ottimizzata.

Abbiamo fatto anche un altro passo nel nostro studio, ottenendo dalla scuola i punteggi nei test di profitto somministrati in gruppo. Le procedure dei test scolastici erano ancora più impersonali della scala d'intelligenza somministrata dalla nostra esaminatrice B. Non ci ha quindi sorpreso scoprire che i punteggi nei test di profitto scolastico correlavano significativamente con il QI rilevato da B, ma *non* con quello ottenuto con l'altra esaminatrice.

Possiamo soltanto immaginare quanti bambini svantaggiati si vedano attribuire un livello intellettivo subnormale o ai limiti della norma in base ad anonimi test, per essere quindi avviati a classi speciali che li emarginano dalle normali possibilità di apprendimento. Numerose inchieste e la nostra stessa esperienza personale con singoli casi affluiti ai servizi di salute mentale indicano che il numero è scandalosamente alto. I costi, per i bambini, le loro famiglie e la comunità nel suo complesso, devono essere enormi.

Le implicazioni che discendono da ricerche come la nostra o quella di Zigler e Butterfield sono numerose. Un metodo standardizzato di somministrazione dei test non significa che i bambini rispondano tutti nello stesso modo: la procedura corrente può forse tirar fuori le prestazioni ottimali in un gruppo di bambini (o di adulti), ma mancare nettamente questo obiettivo in un altro gruppo di diversa estrazione socioculturale. Prima di definire subnormale un bambino e assegnarlo a una classe speciale è indispensabile quindi valutare attentamente le procedure d'esame ed eventualmente ripetere i test in condizioni più favorevoli.

IL QI PUÒ CAMBIARE?

Lo stesso Binet, come abbiamo visto, rifiutava decisamente l'idea che l'intelligenza sia una quantità fissata una volta per tutte. Ma con la diffusione dei test d'intelligenza negli Stati Uniti e in Inghilterra, la tesi che l'intelligenza fosse un dato immutabile cominciò a dominare il campo della psicologia clinica. Questo concetto si collegava al movimento eugenetico, che vedeva nei test la via per giungere a migliorare il livello della società americana. Terman, che di questo movimento era un capofila, scriveva: «Nel prossimo futuro i test d'intelligenza porteranno decine di migliaia di questi insufficienti di grado grave sotto la sorveglianza e protezione della società. Ciò risulterà in ultima analisi nel taglio della riproduzione della debolezza mentale e nell'eliminazione di una quantità enorme di delinquenza, pauperismo ed inefficienza industriale» (citato in Gould, 1981, p. 179). Binet voleva individuare questi «insufficienti di grado grave» perché potessero ricevere un'educazione speciale e diventare membri produttivi della società, Terman per metterli sotto «sorveglianza» e impedirne la riproduzione.

La ricerca tuttavia ha dimostrato, uno studio dopo l'altro, che il QI di un bambino non è un dato fisso e immutabile. In un lavoro inglese su 109 soggetti di ambiente sociale diverso, è risultato che nel 50% del campione il QI variava di almeno 10 punti dai 3 ai 17 anni, e nel 25% dei casi di 22 punti o più. Fra gli 8 e i 17 anni la dispersione dei punteggi era quasi altrettanto ampia, e a partire dalla prima infanzia anche maggiore (Hindley e Owen, 1978). Questi dati sono simili a quelli di un precedente studio californiano (Pinneau, 1961). Nel nostro studio longitudinale, anche se non abbiamo ancora analizzato sistematicamente questo aspetto, ci sono vari casi di cambiamento significativo del QI dai 3 ai 6 anni e dai 6 ai 9.

Il cumulo di prove del fatto che il QI, come ogni altro attributo psicologico, può essere modificato da fattori ambientali divenne talmente convincente che lo stesso Terman dovette rivedere le sue posizioni. In *Measuring Intelligence* (Terman e Merrill, 1937) parlava pochissimo di QI ed eredità. Tutte le potenziali ragioni delle differenze di QI fra i vari gruppi erano stavolta espresse in termini ambientali. Terman prendeva nota della scoperta che il QI dei bambini di campagna diminuiva dopo l'ingresso nella scuola elementare, mentre nei quartieri operai delle città avveniva l'inverso, e attribuiva tale differenza alla migliore scolarizzazione in ambiente urbano.

Verso la fine degli anni '30 l'idea che il QI fosse un dato definitivo e che si dovessero prendere misure eugenetiche per limitare l'attività riproduttiva degli «insufficienti mentali» sembrava morta e sepolta. Ma queste idee hanno sette vite come i gatti e la tesi è risorta dalle sue ceneri in anni recenti, in una forma più sofisticata.

L'INTELLIGENZA È EREDITARIA? I CASI DI ARTHUR JENSEN E CYRIL BURT

È ormai generalmente accettato in campo psicologico che l'intelligenza sia il prodotto di fattori sia biologico-ereditari che ambientali. È evidente che un gruppo di bambini di famiglie con alto livello d'istruzione ha un QI superiore a quello di bambini provenienti da famiglie con un'istruzione scadente. Questa differenza era chiarissima nei soggetti del nostro campione di classe media del New York Longitudinal Study, in confronto ai portoricani. (Con tutte le nostre riserve circa gli abusi e le interpretazioni improprie del QI, esso rimane pur sempre in molti tipi di ricerca la migliore misura che abbiamo a disposizione per il confronto delle abilità intellettuali, purché si tengano presenti i suoi limiti.) Ma quanto vi sia di ambientale e quanto di genetico è difficile saperlo. Che l'ambiente abbia importanza risulta chiaro dagli studi che abbiamo citato prima e dall'abbondante documentazione di un aumento del QI dopo l'adozione da parte di famiglie che offrano ai bambini occasioni educative più ricche e stimolanti. Ma una stima del fattore genetico è più difficile. I figli degli stessi genitori hanno in comune il 50% dei geni: la questione è *quale* 50%. E anche bambini cresciuti nella stessa famiglia possono essere esposti a influenze ambientali diverse relativamente ad atteggiamenti dei genitori, rapporti con i coetanei, esperienze scolastiche e d'altro genere. Tali differenze di ordine ambientale accrescono ulteriormente la difficoltà di determinare il fattore genetico che interviene a determinare il livello intellettivo dei figli di una stessa coppia. Neppure la grande somiglianza fra gemelli monozigoti – nati dalla scissione dello stesso uovo fecondato, che hanno in comune il 100% dei geni – si può considerare totalmente genetica: almeno in alcuni casi, può darsi benissimo che la grande somiglianza fisica, oltre all'età identica, li esponga ad esperienze ambientali molto simili.

Ma la maggior parte degli psicologi e degli educatori riusciva a sopravvivere anche in questa incertezza sulla quota da attribuire alle influenze genetiche o ambientali, accettando la necessità di fornire a tutti i bambini la migliore istruzione possibile, qualunque fosse il loro livello d'intelligenza e quali che ne fossero le cause determinanti. La posizione generalmente condivisa dagli specialisti è espressa da queste conclusioni di Florence Goodenough, una psicologa di primo piano che pure aveva cercato di sviluppare un test libero da influenze culturali, col suo test di disegno della figura umana:

> La ricerca di un test libero da cultura, sia esso un test d'intelligenza, di attitudine artistica, di caratteristiche personali-sociali o di qualunque altro tratto misurabile, è illusoria e... la supposizione ingenua che la pura e semplice libertà da requisiti ver-

bali [cioè, problemi che non richiedono abilità verbali] renda un test altrettanto adatto a tutti i gruppi non è più sostenibile (Goodenough e Harris, 1950).

Poi, nel 1969, Arthur Jensen, uno psicologo della Stanford University, sbalordì un po' tutti gli addetti ai lavori nel mondo della scuola e della salute mentale con un articolo nel quale proponeva diverse affermazioni a suo dire scientificamente provate. (1) L'intelligenza è un tratto fondamentalmente genetico e l'eredità rende ragione di un 80% dell'intelligenza di un individuo. (2) I neri sono geneticamente inferiori ai bianchi nell'intelligenza. (3) Ci sono due tipi di apprendimento, il I livello, che è un apprendimento associativo o meccanico, e il II livello, che è concettuale. I neri apprendono soprattutto al I livello, i bianchi al II livello. L'istruzione dei neri deve quindi concentrarsi sull'apprendimento mnemonico e non concettuale. (4) Con questa inferiorità genetica dell'intelligenza, i programmi didattici compensatori, come lo *Head Start*, sono condannati all'insuccesso.

I mezzi di comunicazione di massa, con poche eccezioni, accettarono acriticamente le conclusioni di Jensen, con tutte le loro implicazioni razziste. Fra gli studiosi di scienze sociali la reazione fu principalmente, anche se non del tutto, di sorpresa e di condanna. Le critiche arrivarono a valanga, prendendo di mira soprattutto i molti difetti nei dati di Jensen e l'insufficiente base scientifica delle sue conclusioni. Martin Deutsch, dell'Università di New York, pioniere riconosciuto nel campo degli studi psicologici e pedagogici sui problemi dei bambini svantaggiati, ha elaborato una critica puntuale dell'articolo di Jensen, critica corroborata dalle opinioni di numerosi psicologi e cultori di scienze sociali da lui consultati in proposito (1969). Osserva Deutsch sull'articolo di Jensen:

> Ho trovato molte affermazioni sbagliate, interpretazioni erronee, equivoci sulla natura dell'intelligenza, dei test d'intelligenza, della determinazione genetica dei tratti, dell'istruzione in generale e dell'istruzione compensatoria in particolare... Tutti gli errori solo nella stessa direzione: esagerare le differenze fra neri e bianchi, esagerare la possibilità che tali differenze siano attribuibili a fattori ereditari (1969, p. 524).

Deutsch rileva inoltre che la condanna dell'istruzione integrativa e compensatoria da parte di Jensen si basa principalmente su studi relativi a programmi estivi del progetto *Head Start*, che erano brevi, spesso gestiti da personale insegnante privo di esperienza e non seguiti da esperienze nella sessione scolastica regolare. Cita invece un buon numero di interventi analoghi estesi nel tempo e affidati a insegnanti qualificati, nei quali i risultati, in termini di rendimento scolastico, sono stati regolarmente positivi.

C'è un errore di fondo nel modo di ragionare di Jensen che vale la pena di sottolineare. Supponiamo che ci sia una grossa componente genetica dell'intelligenza *entro* i gruppi, cioè, fra i neri, fra i bianchi, fra i cinesi, ecc. Un dato del genere, anche se si riuscisse a dimostrarne la validità, non avrebbe alcun significato ai fini dell'ipotesi che anche le differenze *fra* gruppi (bianchi e neri, neri e cinesi, ecc.) siano geneticamente determinate. Allo stesso modo, può ben essere vero che la statura dei singoli adulti americani di razza bianca e dei singoli giapponesi adulti sia ampiamente influenzata da fattori genetici, ma questo fatto di per sé non dimostra che la differenza di altezza fra americani e giapponesi come gruppo abbia origine genetica: può darsi che sia dovuta a differenze di alimentazione o ad altri fattori ambientali.

Finché i neri americani partono in condizioni di svantaggio ambientale, non c'è assolutamente modo di dire che siano fattori genetici a determinare le loro prestazioni più basse dei bianchi, o anche di altre minoranze etniche, nei test d'intelligenza. È perfino dubbio che cosa si debba intendere per «razza», termine d'uso corrente che ha scarso fondamento dal punto di vista genetico. Certe nazionalità possono avere una composizione genetica abbastanza simile, ma i neri d'America, con le loro ascendenze diverse e la loro storia di matrimoni misti, si può supporre che abbiano un patrimonio ereditario molto differenziato.

Col passare degli anni, il giudizio critico di Deutsch e di altri autori sul lavoro di Jensen si è consolidato in una posizione condivisa fermamente da quasi tutti i più autorevoli cultori di scienze sociali. Un colpo decisivo alle posizioni di Jensen è stato la scoperta che una delle fonti principali dei suoi «dati scientifici», Sir Cyril Burt, si era macchiato di una grave colpa scientifica: falsificazione volontaria dei dati, con recidiva.

Cyril Burt è stato indubbiamente il più illustre psicologo inglese della prima metà di questo secolo, fatto segno della profonda stima dei colleghi di tutto il mondo. Ha ricoperto molte cariche importanti ed è stato giustamente insignito del titolo di baronetto per i suoi contributi alla teoria psicologica e le loro applicazioni in campo pedagogico. Molti dei suoi studi hanno resistito alla prova del tempo.

Accanto agli altri suoi lavori, Burt ha pubblicato un certo numero di articoli nei quali riferiva i risultati di estese ricerche sui gemelli e i loro familiari, che «dimostravano» la determinazione ereditaria dell'intelligenza. Jensen, nel suo articolo del 1969, citava giustamente il lavoro di Burt come il «tentativo più soddisfacente» di dimostrare il fondamento genetico del QI. Ma a poco a poco i sospetti intorno ai dati di Burt cominciarono ad aumentare, su diversi fronti. Il primo serio dubbio fu avanzato da Leon Kamin (1974), uno psicologo di Princeton che aveva individuato numerose impossibilità matematiche nei lavori di Burt. In tre articoli successivi pubblicati fra il 1955 e il 1966 Burt indicava un campione sempre più numeroso di gemelli monozigoti allevati separatamente, ma in tutti e tre gli articoli la correlazione fra i QI delle coppie monozigote era identica, precisamente 0.771. Una replica così esatta di un coefficiente di correlazione, fino alla terza cifra decimale, era inaudita in tutta la letteratura psicologica. Allora il redattore medico del *Times* cercò di mettersi in contatto con due collaboratrici di Burt, Miss Conway e Miss Howard, che avevano pubblicato articoli a conferma di queste posizioni in una rivista diretta dallo stesso Burt. Le due signorine risultarono irreperibili, nessuno ne aveva sentito parlare e il giornalista avanzò il sospetto che fossero un'invenzione di Burt. Nell'articolo sul *Times* si accusava apertamente Burt di frode scientifica, un addebito che all'epoca fu corroborato da due suoi ex-allievi, Alan ed Ann Clarice, oggi essi stessi psicologi affermati.

Gli autori che avevano sostenuto le idee di Burt, come Arthur Jensen, cercarono di accorrere in sua difesa, accusando i suoi critici di «diffamazione» e «caccia alle streghe». Ma questo tentativo ebbe vita breve. Alla morte di Burt, nei primi anni '70, la sorella incaricò Leslie Hearnshaw, fervente ammiratore di suo fratello, di scriverne la biografia. Tutta la corrispondenza privata e i diari di Burt furono messi a sua disposizione e studiandoli Hearnshaw vi trovò innumerevoli prove di disonestà, evasività e contraddizioni. Nella biografia pubblicata nel 1979 fu costretto a concludere che le accuse mosse a Burt erano sostanzialmente valide: i dati erano falsificati e inventati di sana pianta e tutte le sue affermazioni sul fondamento genetico del QI dovevano essere lasciate cadere. E queste erano le conclusioni di uno studioso onesto che era partito da una grande ammirazione nei confronti di Burt. (Tutta la storia della frode scientifica di Burt si può leggere in Lewontin, Rose e Kamin, 1984.)

UTILITÀ DEI TEST D'INTELLIGENZA

Dopo questo resoconto sconfortante degli abusi del QI, abusi che spesso comportano gravi conseguenze, potrebbe sembrare che fosse meglio farne del tutto a meno, una soluzione che è stata sostenuta da certi gruppi.

Ma la scala d'intelligenza ha una sua utilità, se ne riconosciamo i limiti. Somministrata come si deve da uno psicologo qualificato e sensibile, può dirci molto, sia attraverso i punteggi parziali dei subtest che attraverso il QI totale, su certi aspetti del funzionamento intellettuale di un bambino della borghesia bianca. Lo stesso Stephen Gould (1981) ammette che nel caso di suo figlio questo esame, con la dovuta analisi del profilo nei vari subtest, è servito a diagnosticare esattamente un problema di apprendimento. In molti casi del genere, come per molti altri problemi psicologici e psichiatrici, una scala d'intelligenza può essere utilissima.

Il QI di un bambino può anche avere una validità predittiva in ordine al successo scolastico. Ciò non è sorprendente, in quanto molte prove del test somigliano ai contenuti dei programmi didattici. In qualche caso la scala d'intelligenza può rivelarsi utile quando si ha a che fare con un alunno che oppone resistenza alla scuola, per capire se si tratti o meno di un problema di capacità intellettive. Infine, i punteggi dei vari subtest possono servire a identificare una lacuna in un particolare settore in modo da concentrare gli interventi di sostegno in quell'ambito specifico.

Ma il test d'intelligenza è uno strumento tutt'altro che infallibile in molti casi. Un esempio particolarmente vistoso l'abbiamo avuto con uno dei soggetti del nostro studio longitudinale. Questo bambino fu esaminato, a tre e a sei anni, nell'ambito delle nostre procedure correnti, da parte del più esperto e competente fra gli psicologi che collaboravano con noi, il quale non ebbe a notare niente di particolare nel suo comportamento durante le sedute. Il QI a tre anni risultò 108 e a sei anni 111, due punteggi praticamente identici. Siamo abituati a pensare che punteggi di questo livello siano troppo bassi per arrivare a un rendimento anche solo modesto negli studi superiori. Eppure questo ragazzo ha studiato in uno dei *college* più selettivi e prestigiosi d'America, diplomandosi a pieni voti, e si è poi laureato in medicina. Possiamo fare solo delle congetture sulle ragioni per cui il suo QI all'inizio dell'età scolastica ha mancato così miseramente l'obiettivo di predire il successivo livello di rendimento intellettuale. Può darsi che ci fosse una maturazione particolarmente lenta delle capacità cerebrali che, almeno in qualche misura, sono misurate dal QI (non abbiamo altri dati per questo ragazzo dopo i sei anni). O forse il bambino è stato in qualche modo disorientato dalle richieste del test, anche se al momento non sono emersi indizi di una qualunque difficoltà rispetto alla procedura d'esame. Quali che siano le ragioni di questa discrepanza fra il QI modesto ottenuto da bambino e la successiva brillante carriera scolastica, la morale che se ne può ricavare è che qualunque predizione affrettata a partire dai risultati di un test d'intelligenza riposa su fondamenta instabili.

È chiaro da quanto detto in questo capitolo che le decisioni basate sul QI devono essere prese con molta cautela, se mai si devono prendere, quando si tratta di bambini delle minoranze etniche, specialmente quelli che provengono da ambienti svantaggiati o non parlano inglese come lingua madre. Ma anche per i bambini appartenenti alle classi medie e al gruppo etnico maggioritario, il QI è solo uno dei tanti indici predittivi del futuro successo o insuccesso nella vita: condizioni socioeconomiche, motivazione, particolari interessi e talenti, temperamento, a volte anche la pura e semplice fortuna, sono tutti elementi che vi hanno la loro parte.

Si può fare un'analogia fra un basso QI e la fenilchetonuria, una malattia in cui la mancanza di un certo enzima impedisce al bambino di digerire completamente i molti cibi che contengono fenilalanina, per cui si forma una sostanza tossica che può determinare insufficienza mentale. È indubbio che la malattia abbia base genetica, ma se il bambino viene messo a una dieta speciale priva di fenilalanina, lo sviluppo può essere normale: l'ambiente (in questo caso l'alimentazione) determina l'effetto del deficit ereditario.

Dobbiamo trattare un QI inferiore alla media come trattiamo la fenilchetonuria. Sulla linea di Binet, non dobbiamo attribuire al bambino con basso QI un'etichetta definitiva d'inferiorità, ma ricercare, come appunto intendeva Binet, le particolari modificazioni ambientali che possano ovviare alle conseguenze sfavorevoli del suo QI.

ALTERNATIVE AL QI

I limiti dei tradizionali test d'intelligenza hanno indotto numerosi ricercatori a indagare concezioni alternative delle abilità cognitive e della loro misurazione. Negli anni '30 lo psicologo russo Lev Vygotskij criticava le procedure standardizzate d'esame perché accreditano al soggetto una risposta giusta solo se ci arriva da solo, senza considerare quello che riesce a fare con l'aiuto dello psicologo: «Neppure i pensatori più profondi... hanno mai albergato l'idea che ciò che i bambini riescono a fare con l'aiuto di altri possa essere in un certo senso anche più indicativo del loro sviluppo mentale che non ciò che sanno fare da soli» (1978, p. 86). Proseguiva affermando che due bambini che presentano lo stesso livello ai test standard possono dimostrare un livello diverso di «sviluppo potenziale, quale emerge attraverso la soluzione di problemi sotto la guida dell'adulto o in collaborazione con bambini più competenti» (p. 87). Vygotskij chiamava questo scarto fra quanto il bambino sa fare da solo e ciò che arriva a fare con aiuto «zona di sviluppo prossimale» e la considerava una guida molto utile per capire non solo il livello che il bambino ha già raggiunto sul piano intellettuale, ma anche «qual è il corso della sua maturazione» (p. 87). A suo avviso, la misurazione della zona di sviluppo prossimale avrebbe potuto avere un significato profondo nell'educazione dei bambini sia normali che devianti, oltre che nell'analisi del rapporto fra apprendimento e sviluppo.

Questa idea molto stimolante di Vygotskij non è mai stata sottoposta a una verifica su larga scala, benché alcuni ricercatori abbiano usato forme modificate della sua formulazione in sede di ricerca, come abbiamo fatto anche noi nello studio dei bambini con esiti di rosolia prenatale. Molti insegnanti naturalmente usano questo approccio empiricamente nel lavoro didattico quotidiano. Ma un'autentica riprova del concetto proposto da Vygotskij sarebbe importante, perché se l'esito fosse positivo potremmo aumentare di molto la nostra capacità di valutare il potenziale cognitivo di un bambino, integrando il QI con la misurazione della «zona di sviluppo prossimale».

Nel 1973 David McClelland, psicologo di Harvard, ha pubblicato una critica penetrante della validità delle scale d'intelligenza e simili test di abilità intellettiva. La linea del suo ragionamento si avvicina alle posizioni di Gould, che abbiamo già citato nel corso di questo capitolo. Si chiede McClelland:

> Ciò significa che i test d'intelligenza non sono validi? Come tante altre volte, quando si esamina attentamente una domanda in psicologia, la risposta dipende da quello che si vuol dire. Di certo i test sono validi nel predire chi farà carriere in un certo numero di attività prestigiose dove le credenziali sono importanti. Lo stesso si può dire della pelle bianca: anch'essa è un valido predittore del successo in carriera di prestigio. Ma nessuno sosterrebbe che la pelle bianca di per sé sia un fattore di abilità. Tante delle correlazioni celebratissime fra i punteggi dei cosiddetti test d'intelligenza e il successo scolastico o professionale non possono avanzare pretese maggiori, quanto a rappresentare un autentico fattore di abilità mentale (1973, p. 6).

La tesi di McClelland è che invece di puntare sul QI, che pretende di misurare l'«intelligenza generale», dovremmo puntare allo sviluppo di test che misurino la competenza: «Se volete sapere come sa guidare la macchina una persona saggiate la sua capacità con un test di guida, non la sottoponete a un test carta e matita che misura l'attitudine a seguire istruzioni, a un test d'intelligenza generale, ecc. Se volete un test per trovare chi può diventare un buon poliziotto, andate a vedere che cosa fanno i poliziotti» (p. 7). McClelland suggerisce anche altri test di competenza, come prove per valutare la pazienza e le attitudini comunicative. Cita vari metodi specifici per l'esame della competenza anziché del QI, ma è pessimista, data l'accoglienza negativa che le sue idee hanno ricevuto. Ancora una volta, l'idea di McClelland merita una verifica su larga scala della sua utilità in confronto all'uso corrente di affidarsi al QI.

Di recente Howard Gardner ha suggerito che si cerchi di dimenticare «il concetto d'intelligenza come proprietà singola della mente umana, o quello di uno strumento chiamato test d'intelligenza, che pretende di misurare l'intelligenza una volta per tutte» (1985, p. IX). Ci invita piuttosto a considerare tutti i ruoli diversi che sono stati apprezzati dalle varie culture nel corso dei secoli, rendendoci conto della «possibilità che molte di queste competenze – se non tutte – non si prestino alla misurazione con metodi verbali standardizzati» (p. X). Come impostazione alternativa, Gardner propone sette tipi di competenze umane, come intelligenza musicale, intelligenza linguistica e intelligenza spaziale, ciascuna delle quali soddisfa gli otto criteri da lui indicati per la definizione di intelligenza (queste sue idee sono esposte più dettagliatamente nel Cap. VIII). Questa ottica rappresenta un'altra promettente alternativa alla pratica corrente della misurazione del QI, non solo in teoria ma anche nella sua applicazione ai metodi didattici.

Infine, ci sono le ricerche stimolanti nel campo nuovo e suggestivo della metacognizione, che abbiamo visto nel Cap. VIII. Chi lavora in questo settore non si accontenta di sapere che cosa effettivamente sa un bambino (cognizione), come succede con un tradizionale test d'intelligenza, ma va saggiando una questione altrettanto e forse più importante: come il bambino sa di sapere qualcosa e come procede per impostare l'acquisizione di altre conoscenze.

Questi nuovi accostamenti allo studio dell'intelligenza e del suo sviluppo aprono ogni genere di nuove possibilità per capire come pensano i bambini, per misurare il loro potenziale di apprendimento e per usare queste nozioni nello sviluppo di nuovi metodi educativi. I convenzionali test d'intelligenza probabilmente continueranno ad essere usati, con una maggior consapevolezza dei loro limiti, ma si può prevedere che i nuovi metodi faranno del QI uno dei tanti indici usati per valutare il livello d'intelligenza di un bambino e per impostare un programma didattico individualizzato.

III

Il genitore come amico e maestro

Nel Cap. III abbiamo parlato dei «molti modi di fare i genitori». Alcuni genitori sono permissivi, altri severi, alcuni sono fondamentalmente sicuri di sé e fiduciosi, altri insicuri e pieni di dubbi, alcuni si lasciano impaurire dal bambino o si sentono traditi nelle loro aspettative, mentre altri riescono a essere più obiettivi, alcuni esprimono apertamente emozioni e sentimenti, altri sono più chiusi e riservati. E poi ci sono quelli che magari hanno problemi psichiatrici in proprio.

Come abbiamo visto, queste diverse caratteristiche e stili genitoriali possono influire sul comportamento dei figli e possono favorire o ostacolare una buona compatibilità, a seconda di quelli che sono gli attributi dei figli. Ma, al di là di tutte queste modalità individuali, c'è una qualche singola caratteristica speciale della figura primaria di riferimento, sia essa la madre o un sostituto materno, che abbia un'importanza basilare, decisiva per il benessere psicologico del bambino? C'è un qualche alimento emotivo che il bambino deve avere, come ha bisogno di cibi nutrienti?

AMORE MATERNO E CURE MATERNE

C'è stato un periodo in cui si è pensato che sì, ci fosse un ingrediente psicologico fondamentale di cui tutti i bambini avessero bisogno dalla nascita in poi. In mancanza di questo, non potevano crescere bene. Era l'amore materno, cioè un insieme di cure tenere e affettuose – TLC (*Tender Loving Care*) come finì per esser chiamato per brevità. Di tanto in tanto si chiamava in causa anche il padre a fornire TLC. Questa ricetta si è andata affermando sempre di più nel corso del tempo, fino a raggiungere la massima voga negli anni '50 e '60, ma ancora oggi è il ferro del mestiere di molti pediatri e altri operatori che si occupano di giovani madri, i quali considerano TLC non solo un bisogno elementare ma una vera e propria panacea.

Nessun dubbio, ovviamente, sul fatto che l'amore materno abbia un potente influsso positivo sullo sviluppo del bambino. Le innumerevoli rappresentazioni della Madonna col Bambino in tante culture e periodi storici diversi sono lì a testimoniare questo universale riconoscimento dell'importanza dell'amore materno. Ma la sua importanza non ne fa la cura universale di tutti i mali. Negli anni '50 e '60, TLC era la ricetta d'uso degli specialisti della salute mentale per qualunque disturbo del comportamento, anche dove non c'era nessun indizio che il bambino soffrisse di carenza materna. E se la madre protestava che no, lei al bambino voleva tanto bene, fin troppo spesso la veemenza della sua reazione era presa come «prova» del tentativo di mascherare una qualche «profonda ostilità inconscia». E molte di queste madri finivano sul lettino di un analista per cercar di scoprire questa loro «ostilità inconscia». Se poi la madre credeva nella ricetta e faceva propria l'idea che bastasse somministrare una dose supplementare di TLC perché tutto cominciasse ad andare per il meglio, si trovava subito di fronte un problema enorme: come fare per generare questa magica sostanza? Non poteva andare in farmacia a comprare TLC come se fosse aspirina. E se esagerava con le manifestazioni di affetto, baci, abbracci e dichiarazioni d'amore, forse il bambino, almeno in qualche momento, avrebbe reagito con fastidio a queste intromissioni che lo distoglievano dalle attività in cui era impegnato per suo conto.

Tante volte nel corso degli anni abbiamo visto genitori ansiosi e disorientati, che avevano ricevuto questa prescrizione da un medico o da qualche amico e avevano cercato di essere più affettuosi, solo per accorgersi che il problema del bambino non era affatto migliorato. A volte si tratta di un atteggiamento sbagliato verso un bambino dal temperamento difficile, e in quel caso i genitori hanno bisogno di un indirizzo e consigli precisi su come trattarlo. A volte il bambino soffre di una turba dell'apprendimento non diagnosticata, con sintomi ansiosi in relazione alla scuola, e ha bisogno di un intervento compensatorio di didattica speciale. Oppure può avere una goffaggine motoria che lo espone alle prese di giro del gruppo dei coetanei, e allora ci sarà bisogno di una rieducazione e degli opportuni esercizi che lo aiutino a superare il difetto della motricità. O ancora può esserci un grave disturbo psichiatrico che richiede un trattamento speciale. In tutti questi casi prescrivere TLC equivale a prescrivere un cerotto, e un cerotto applicato sul punto sbagliato.

Le origini della prescrizione di TLC

Com'è nata questa accentuazione unilaterale delle cure materne?

Per prima ci fu la descrizione freudiana della relazione del bambino con la madre come «unica, senza paralleli, fondata inalterabilmente per tutta la vita come primo e più forte oggetto d'amore e come prototipo di tutti i successivi rapporti d'amore – per entrambi i sessi» (1940, p. 188). Poi durante gli anni '30 e '40 numerosi psichiatri, psicologi e pediatri cominciarono a pubblicare dati da cui risultava che una lunga permanenza in brefotrofio poteva causare danni permanenti allo sviluppo dell'intelligenza e della personalità. Particolarmente notevole fu la serie di studi di William Goldfarb, allora psicologo al brefotrofio ebraico di New York (1943; 1947). Goldfarb aveva esaminato sistematicamente lo sviluppo mentale di un gruppo di bambini cresciuti in istituto fino a due anni e poi dati in adozione, confrontandoli a un altro gruppo che era passato direttamente dalla madre biologica a una famiglia adottiva. Non c'erano differenze significative né per quanto riguardava i caratteri delle famiglie adottive, né per il livello professionale, scolastico e mentale delle madri biologiche nei due gruppi di bambini: le uniche differenze significative apparivano il risultato delle esperienze diverse vissute nella prima infanzia.

E fra i due gruppi di bambini le differenze erano nettissime. I bambini istituzionalizzati erano aggressivi, distraibili e impulsivi. Le attività sociali erano limitate e i rapporti con gli altri si troncavano facilmente. Il livello intellettuale dei bambini istituzionalizzati, infine, risultava ai test significativamente inferiore a quello del gruppo che era stato dato immediatamente in affidamento preadottivo. Inoltre, sottolineava Goldfarb, queste differenze non erano transitorie ma si mantenevano per tutta l'età scolastica e l'adolescenza.

Queste relazioni furono seguite dallo studio che ha avuto fra tutti la massima influenza. Nel 1951 lo psichiatra inglese John Bowlby, su richiesta dell'Organizzazione Mondiale della Sanità, scrisse la sua famosa monografia *Maternal Care and Mental Health*, in cui passava in rassegna tutte le ricerche pubblicate fino ad allora, aggiungendovi le sue osservazioni. Le conclusioni erano precise e nette: «L'amore materno nella prima infanzia e nella fanciullezza è importante per la salute mentale quanto le vitamine e le proteine per la salute fisica» (1951, p. 158). In seguito Bowlby ampliò la sua tesi affermando che la perdita di una figura materna nei primi anni di vita può causare in seguito disturbi psichiatrici (1969, p. XIII).

Il rapporto Bowlby del 1951 ricevette immediato ed esteso riconoscimento. Insieme coi lavori di Goldfarb contribuì al cambiamento della politica di assistenza all'infanzia abbandonata. Dovunque possibile, i tradizionali brefotrofi venivano chiusi e i bambini affidati al più presto a famiglie adottive. Secondo Michael Rutter, il concetto di carenza materna «è stato ritenuto la causa delle condizioni più disparate, dall'insufficienza mentale alla delinquenza, dalla depressione al nanismo, dalla sofferenza mentale acuta alla psicopatologia anaffettiva» (1981a, p. 15).

Idee attuali su carenza materna e cure materne

I dati di Bowlby hanno stimolato numerose ricerche e pubblicazioni, alcune delle quali confermavano la sua tesi, mentre altre ne mettevano in dubbio la fondatezza. Gli interrogativi si sono andati facendo sempre più insistenti. I dati di Bowlby provenivano soprattutto da bambini massicciamente privati da contatti affettuosi e continuativi nell'arco dei primi anni di vita. Dando per scontato che una carenza del genere abbia le conseguenze più negative, è lecito applicare questi risultati a bambini cresciuti in famiglie stabili con genitori che si prendono cura di loro? Si poteva parlare di «carenza materna» se il lattante aveva più figure di riferimento e non un rapporto esclusivo con la madre? C'era nell'«amore materno» una qualità esclusiva, magari un po' mistica, un qualcosa che il bambino non potesse ricevere dal padre, da altri familiari, da genitori che non si occupassero di lui a tempo pieno, o da una bambinaia affettuosa? E se il bambino per l'appunto soffriva di una vera carenza materna nella prima infanzia, ciò doveva necessariamente avere effetti psicologici permanenti?

Le numerose ricerche condotte negli ultimi trent'anni hanno risposto a queste domande di estrema importanza. La letteratura in materia, quasi un migliaio di titoli, è stata analizzata sistematicamente da Michael Rutter. Questi, neuropsichiatra infantile di fama mondiale, ha condotto inoltre numerose importanti ricerche in proprio. Rutter ha poi la straordinaria capacità di mettere insieme tutta la letteratura esistente su un tema di ampio interesse nel campo dello sviluppo e della psichiatria infantile – lo sviluppo psicosessuale, lo stress e le difese, la prevenzione dei disturbi comportamentali, la delinquenza minorile, le cerebropatie infantili, l'autismo, per citarne solo qualcuno – e di sottoporre il materiale a un incisivo vaglio critico. È quello che ha fatto sul tema della carenza materna, e la sua autorevole monografia *Maternal Deprivation Reassessed* (1981a) è già un classico che fa il punto sullo stato attuale delle conoscenze in materia. Nel suo libro Rutter indica le direzioni più promettenti per il futuro lavoro di ricerca.

In base a questa analisi della sterminata letteratura specialistica accumulata dopo la pubblicazione della monografia di Bowlby,

Rutter rileva anzitutto che le prove dell'importanza delle carenze precoci nello sviluppo psicologico dei bambini hanno continuato a crescere, confermando le tesi originarie di Bowlby. Su questa conclusione siamo tutti d'accordo, e va riconosciuto all'opera di Bowlby il merito di aver avuto una parte di primo piano nel dimostrare che i bambini per crescere bene hanno bisogno di un ambiente sano sotto il profilo psicologico oltre che fisico.

Ma ci sono anche molte testimonianze del fatto che il danno non è necessariamente irrimediabile, neppure nei casi più agghiaccianti di deprivazione. Rutter cita vari casi del genere, fra cui quello ben documentato di due gemelli cecoslovacchi sottoposti durante l'infanzia a gravi maltrattamenti. La madre era morta di parto e i due bambini erano stati allevati da una matrigna del tutto priva di affetto verso di loro e dal padre, un uomo violento, che a ogni buon conto era quasi sempre lontano da casa, lavorando nelle costruzioni ferroviarie. I due gemelli erano cresciuti in un isolamento quasi totale: vivevano in uno sgabuzzino privo di riscaldamento, dove venivano chiusi a chiave per lunghi periodi, senza mai uscire di casa e neppure poter andare nelle altre stanze dell'appartamento. Dormivano sul pavimento e spesso erano picchiati a sangue. Avevano sette anni quando finalmente la loro situazione fu scoperta dalle autorità: allontanati da casa, furono ricoverati in istituto e infine affidati a una madre adottiva. Da allora in poi, hanno ricevuto cure continue dalla madre adottiva, dagli insegnanti, da un pediatra, uno psicologo e una terapista del linguaggio. Il loro QI, che a otto anni era rispettivamente 82 e 72, è salito progressivamente fino a raggiungere a quattordici anni valori perfettamente medi (100 e 101). I due ragazzi hanno frequentato le scuole normali, hanno un linguaggio adeguato e si sono fatti degli amici, leggono molto e volentieri, sanno andare in bicicletta, nuotare e sciare e suonano bene il pianoforte (Koluchova, 1976).

Non meno drammatico è il caso di Genie, una bambina americana che è stata sottratta a una situazione di carenza paurosa quando aveva già tredici anni. Al momento della scoperta era incontinente, priva di linguaggio e quasi incapace di camminare. Quattro anni dopo Genie aveva ancora molti problemi, ma aveva già imparato a parlare con frasi articolate e la sua età mentale era salita da meno di 5 anni a 11 anni (Curtiss, 1977).

Da questi e da altri dati simili, seppure meno drammatici, Rutter prende lo spunto per sottolineare che «è chiaro che il danno dovuto a carenze precoci gravissime è in larga misura reversibile negli anni successivi dell'età evolutiva, se il cambiamento ambientale è sufficientemente grande e le successive esperienze sufficientemente buone» (1981a, p. 181). Ancora una volta, una testimonianza della flessibilità e plasticità del cervello umano.

Che dire dei disturbi nello sviluppo sociale e intellettivo dei bambini cresciuti in istituzioni impersonali, descritti da Goldfarb e da Bowlby? Uno studio importante è stato condotto in Inghilterra da un'*équipe* diretta da Barbara Tizard, psicologa all'Università di Londra (1974). Questi ricercatori hanno studiato alcuni brefotrofi gestiti da tre associazioni volontarie. Le istituzioni offrivano un ambiente stimolante dal punto di vista cognitivo, con personale abbondante, libri e giocattoli in quantità e frequenti uscite. Ma le figure che si prendevano cura dei bambini erano molteplici, con continue rotazioni del personale, e si scoraggiava l'instaurarsi di rapporti più stretti e continuativi con i bambini. Per quanti stimoli offrisse l'ambiente, quindi, i bambini mancavano di una relazione stabile con una singola figura di riferimento. Dei 65 bambini cresciuti in questi brefotrofi fino dalla prima infanzia, 26 vi erano ancora ricoverati a quattro anni, 24 erano stati adottati e 15 erano stati riconsegnati a tre anni alla madre biologica. Per valutare lo sviluppo psicologico dei soggetti sono state usate varie procedure, fra cui test d'intelligenza standardizzati, esame della risposta all'estraneo, accertamento dell'ampiezza e varietà di esperienze. Nei bambini di quattro anni non emergeva alcun indizio di ritardo dello sviluppo cognitivo, né sul piano verbale né sotto altri profili. I bambini che erano stati riconsegnati alle madri naturali un anno prima presentavano ai test punteggi leggermente inferiori. Quelli adottati, peraltro, erano intellettualmente più evoluti, più aperti e socievoli e più loquaci dei bambini rimasti in istituto. Gli autori ritengono che lo stesso miglioramento si potrebbe ottenere anche nei bambini istituzionalizzati se il brefotrofio offrisse quell'intimità di rapporto personale che si trova in una famiglia adottiva. Un controllo eseguito a distanza di tempo ha dimostrato che anche i bambini adottati dopo i quattro anni avevano sviluppato in genere profondi rapporti coi genitori adottivi, anche se presentavano spesso problemi di attenzione e di socializzazione nell'ambiente scolastico.

Queste osservazioni su bambini con «carenza materna» ma cresciuti in un ambiente istituzionale stimolante e ben gestito indicano che tale carenza, se è vero che dà luogo a uno sviluppo meno che ottimale, non ha tuttavia le conseguenze funeste ipotizzate da Freud, da Bowlby e da altri autori. Forse il problema non è l'istituto in sé e per sé, ma il fatto che si tratti di un istituto buono o cattivo.

L'amore materno è insostituibile?

L'accento posto sulle cure materne nella prima infanzia implica che l'amore materno abbia un'importanza unica e insostituibile per la salute mentale del bambino, tale e quale le vitamine e proteine per la salute fisica. In altre parole, l'attaccamento del bambino alla madre ha dei caratteri unici ed esclusivi? Rutter ha studiato anche queste domande e vi ha risposto con un deciso «No».

L'attaccamento del bambino a una persona si può manifestare in vari modi: protesta e dolore se questa si allontana, più libera esplorazione di un ambiente estraneo quando la persona oggetto dell'attaccamento è presente, tendenza a seguirla o comunque a ricercarne la vicinanza. Ognuna di queste qualità è stata messa in luce da numerosi autori nell'attaccamento dei bambini al padre, ai fratelli, ai coetanei, alle assistenti dell'asilo nido, perfino a oggetti inanimati, come un giocattolo o una coperta (Rutter, 1981a). L'attaccamento alla madre può essere *quantitativamente* maggiore, ma non *qualitativamente* diverso.

Un recente accurato esame del problema conferma le conclusioni di Rutter. Dale Hay (1985), dell'Università statale di New York a Stony Brooks, ha analizzato a fondo la letteratura sui temi dell'attaccamento genitore-bambino e delle relazioni precoci con i coetanei. La Hay rileva che le tendenze della ricerca in questi due campi hanno preso nell'insieme direzioni divergenti. Mentre gli studi sull'attaccamento concentravano l'attenzione sulle differenze individuali nel processo di attaccamento, sulle forme diverse che questo assume in bambini diversi e sulle conseguenze che ciò comporta ai fini dello sviluppo, i lavori sui rapporti sociali con i coetanei cercavano piuttosto di mettere a fuoco tendenze generali di gruppo anziché le differenze individuali.

Dale Hay passa poi a un confronto a tutto campo fra queste due linee di ricerca, dimostrando che lo sviluppo dell'attaccamento ai genitori procede in parallelo coi passi in avanti nel rapporto con i coetanei. I dati raccolti dalla ricerca in entrambi i campi indicano che il bambino, sia con i genitori che con i coetanei, dapprima riconosce un *partner* potenziale, poi comunica con questo, quindi entra in interazione, apprende da queste esperienze sociali e in seguito a tale apprendimento istituisce interazioni di tipo diverso. La Hay conclude la sua analisi mettendo in rilievo quanto dobbiamo ancora scoprire circa lo sviluppo dei primi rapporti sociali, ma anche con la conoscenza incompleta che abbiamo in proposito, è convinta che la relazione di attaccamento verso la figura genitoriale sia tutt'altro che un fenomeno isolato nello sviluppo dei rapporti sociali. È quindi indispensabile, a suo avviso, integrare lo studio dell'attaccamento ai genitori in una più generale teoria della vita sociale infantile.

Questi risultati chiari e netti, che dimostrano come l'amore materno non abbia una misteriosa qualità unica e insostituibile, dovrebbero portare un grande sollievo alle innumerevoli madri che non sono in grado di farsi carico in maniera esclusiva e continua della cura dei figli. Le madri che tornano a lavorare fuori o che devono far fronte ad altri compiti impegnativi si possono rassicurare: purché mantengano un rapporto attivo e sostanziale col loro bambino e purché chi le sostituisce sia capace e affettuoso, il bambino non ne soffrirà. Niente di insostituibile va perduto quando non stanno con lui.

Valore degli studi sull'attaccamento

L'attaccamento del bambino alla madre (o altra figura primaria di riferimento) non sarà un processo unico e insostituibile, ma certo esiste. Possiamo definire l'attaccamento un processo evolutivo, le cui manifestazioni specifiche sono modellate dal livello maturativo del bambino e dalle sue esperienze di vita. Nelle prime settimane dopo la nascita, il neonato che non smette di piangere quando è preso in braccio da un'altra persona spesso si calma se lo prende la madre. Verso i due o tre mesi sorriderà più spesso e più attivamente alla madre che agli altri. Nella seconda metà del primo anno, le espressioni di attaccamento diventano più evidenti e complesse, a dimostrare i progressi nel livello cognitivo e nella differenziazione emotiva: a questa età il bambino si aggrappa alla madre, per esempio, quando si trova davanti un estraneo che fa il gesto di prenderlo in braccio, oppure si volge per prima cosa alla madre quando non riesce a maneggiare un nuovo oggetto. È in questo stesso periodo che il bambino può cominciare a manifestare quella che chiamiamo *diffidenza verso l'estraneo*. Se gli si avvicina rapidamente una persona che non conosce, un bambino di nove-dodici mesi può ammutolire, smettere di giocare, ritrarsi e magari anche mettersi a piangere, una reazione che prima non aveva mai presentato. Jerome Kagan interpreta questa diffidenza verso l'estraneo come una fase nuova dello sviluppo cognitivo, nella quale il bambino è ormai capace di confrontare il viso dell'estraneo alle rappresentazioni dei visi conosciuti che conserva nella memoria, cosicché la discrepanza crea incertezza e disagio (1984, p. 44).

Ma questa diffidenza verso l'estraneo è solo un fenomeno relativo, suscitato nei primi momenti di contatto con una persona sconosciuta. Inge Bretherton (1978), dell'Università del Colorado, ha dimostrato che già dopo pochi minuti bambini di un anno cominciano a presentare una risposta positiva e sono disposti a giocare con la persona estranea.

Anche Alan Sroufe (1977), dell'Università del Minnesota, riferisce che i lattanti possono mostrare, oltre alla diffidenza, reazioni molto positive agli estranei, e che entrambe le risposte possono comparire alla stessa presentazione. Alcuni psicologi evolutivi mettono in dubbio l'utilità del concetto di diffidenza verso l'estraneo, data l'instabilità e irregolarità della risposta (Rheingold e Eckerman, 1973). In ogni caso questa reazione, se si manifesta, scompare gradualmente nel secondo anno di vita e non sembra avere un ruolo significativo nello sviluppo infantile.

Abbiamo parlato del fenomeno della diffidenza verso l'estraneo perché è stato incorporato in un diffuso test dell'attaccamento del bambino alla madre. Questo test, ideato dalla psicologa Mary Ainsworth dell'Università della Virginia, e noto sotto il nome di *Ainsworth Strange Situation Test*, viene usato generalmente coi bambini fra gli otto e i diciotto mesi. Il bambino è portato in una stanza sconosciuta con la madre, che poi lo lascia lì, una prima volta da solo e la seconda con una persona estranea, sempre per pochi minuti. I bambini che manifestano un dispiacere contenuto al distacco dalla madre, le si avvicinano al suo ritorno e si consolano rapidamente vengono classificati sotto la voce «attaccamento sicuro». Un attaccamento insicuro si manifesterebbe in due forme, rappresentate dal bambino che non mostra dispiacere alla partenza della madre e si distoglie da lei al suo ritorno, oppure dal bambino che non si lascia facilmente consolare dalla madre rientrata nella stanza (Ainsworth e coll., 1978). La Ainsworth riferisce inoltre che la sensibilità della madre ai segnali del bambino durante l'allattamento, il gioco e il contatto fisico nei primi tre mesi di vita correlava significativamente con un tipo di attaccamento «sicuro» o «insicuro» dimostrato nella «situazione strana» del test a un anno d'età.

Data la facilità di somministrazione e la pretesa di valutare il tipo di attaccamento del bambino alla madre, il test della Ainsworth ha generato una gran quantità di studi e articoli basati sulla sua utilizzazione. Nel frattempo, le pretese dello strumento si sono allargate, cosicché oggi è considerato un indice dell'adeguatezza delle cure materne nei primi mesi, oltre che una misura di un aspetto importante della vita emotiva del bambino quasi un anno dopo.

Lo *Strange Situation Test* ha i suoi sostenitori entusiasti, ma conta anche un buon numero di critici. In primo piano fra i sostenitori ci sono Alan Sroufe e i suoi collaboratori, che affermano che la valutazione della risposta del bambino nella situazione test correla significativamente con l'andamento successivo del suo sviluppo psicologico. Sroufe e i suoi colleghi riportano correlazioni fra la risposta al test e la qualità del gioco, la soluzione di problemi e la competenza sociale con i coetanei a livello dei due e tre anni. Sono convinti che un attaccamento sicuro, nell'accezione della Ainsworth, sia «un aspetto importante dello sviluppo emotivo nella prima infanzia, la base sicura che serve da contesto entro il quale il bambino sviluppa la prima relazione reciproca con un altro individuo, un rudimentale senso di sé e la sua prima percezione della disponibilità emotiva e sensibilità degli altri» (Matas, Arend e Sroufe, 1978, p. 1554).

Fra gli scettici andiamo annoverati anche noi, che abbiamo varie ragioni (come altri, del resto) per mettere in dubbio il significato del test della Ainsworth e il valore attribuito all'attaccamento del bambino alla madre. Per prima c'è la domanda su cosa effettivamente misuri il test: misura davvero l'attaccamento, come si pretende? Rutter mette in guardia, correttamente, contro la tentazione di trarre conclusioni da «curiose procedure con madri, assistenti del nido ed estranei che entrano ed escono dalla stanza ad ogni pie' sospinto per ragioni del tutto oscure al bambino, non solo, ma non prendono l'iniziativa con lui come farebbero normalmente» (1981a, p. 160). Il test della Ainsworth, date queste sue strane caratteristiche, sconcertanti per il bambino, potrebbe valutare i tratti più diversi. Una possibilità è che rifletta, almeno in parte, gli attributi temperamentali di reazione ad una situazione strana e di adattamento al nuovo. La correlazione fra la risposta al test e le successive valutazioni della competenza sociale e del modo di affrontare il gioco e la soluzione di problemi può forse rispecchiare una continuità del temperamento fra i due livelli d'età. Dal lavoro di Sroufe non si può risolvere questo dubbio, mancando qualunque valutazione indipendente del temperamento. Jerome Kagan (1984, p. 58) solleva questo problema quando sottolinea che differenze individuali nella tendenza a manifestare disagio in situazioni d'incertezza oscurano la valutazione dell'attaccamento nel test della Ainsworth. Un certo conforto a questa tesi viene anche da uno studio condotto da ricercatori americani e giapponesi con bambini giapponesi. Risulta infatti che l'irritabilità nei primi mesi di vita (che probabilmente corrisponde alle nostre categorie «tono dell'umore negativo» e «scarsa adattabilità») influisce sulla successiva risposta del bambino al test della «situazione strana» (Miyake, Chen e Campos, 1985).

Studi in altre culture, per esempio nella Germania settentrionale, in Giappone e nei *kibbutz* israeliani, rilevano percentuali di attaccamento «sicuro» e «insicuro» (nelle due varianti) diverse da quelle ottenute dalla Ainsworth. Questi dati fanno pensare che fattori culturali, nei quali non necessariamente interviene la competenza materna nei primi mesi di vita del bambino, come sostiene la Ainsworth, possano influire sulla risposta al test (Bretherton e Waters, 1985). Nello studio giapponese, per esempio, si fa notare che la separazione dalla madre, anche per brevi periodi, è un evento molto insolito per i bambini piccoli di quel paese, fattore questo che può influenzare la reazione del bambino alla vista della madre che esce dalla stanza durante il test, a prescindere dalla sicurezza o meno dell'attaccamento.

Michael Lamb (1984) e i suoi collaboratori hanno portato a termine un'analisi puntuale del voluminoso *corpus* di ricerche che hanno utilizzato il test della Ainsworth, concludendo che non emergono molti dati attendibili in ordine alle specifiche dimensioni del comportamento genitoriale che influiscono sul comportamento di fronte all'estraneo. Inoltre, la stabilità nel tempo della sicurezza di attaccamento è alta solo quando c'è stabilità nelle abitudini di vita e nei comportamenti della famiglia e di tutti coloro che si occupano del bambino (p. 127).

Ci siamo soffermati così a lungo sullo *Ainsworth Strange Situation Test* per varie ragioni. È uno strumento ampiamente usato e fin troppi psicologi lo considerano un test valido dell'attaccamento emotivo del bambino alla madre intorno all'anno. Questa conclusione non è affatto dimostrata. Inoltre, si presume che le risultanze del test riflettano l'adeguatezza delle cure materne nei primi mesi di vita e predicano il livello di competenza del bambino in situazioni sociali e nella soluzione di problemi a distanza di un anno o due. Ancora una volta, ci pare, abbiamo una nuova e più sofisticata versione dell'ideologia «tutta colpa della mamma», secondo cui gli atteggiamenti della madre e il suo modo di trattare il neonato ne determinerebbero il destino psicologico.

Infine, l'uso del test della Ainsworth riflette un problema generale in psicologia e psichiatria evolutiva. Molti ricercatori continuano a sperare di trovare la pietra filosofale: un test semplice e rapido, con valutazioni facilmente misurabili, che sappia identificare lo stato psicologico presente del bambino e il suo futuro sviluppo. Un buon numero di psicologi eminenti comincia a provare fastidio di fronte a questa tendenza, che ignora la complessità delle caratteristiche mentali del bambino già alla nascita, la variabilità delle influenze ambientali da una famiglia all'altra e i molti esiti diversi che si hanno nell'interazione fra bambini diversi. Urie Bronfenbrenner, della Cornell University, lamenta che «molta parte della psicologia evolutiva americana è la scienza del comportamento dei bambini in situazioni strane con strani adulti» (1974, p. 3). Robert McCall, del Boys Town Center for the Study of Youth Development, avverte che «il metodo sperimentale oggi detta anziché servire gli interrogativi di ricerca che riteniamo importanti, finanziamo e perseguiamo; in conseguenza, il processo di sviluppo quale si esprime naturalmente nei bambini che crescono nelle circostanze della vita reale è stato ampiamente ignorato... A che serve la nostra conoscenza se non è rilevante rispetto ai veri bambini che crescono in famiglie vere e in veri ambienti sociali?» (1977, p. 334). Lo dicono chiaro Judy Dunn e Carol Kendrick, dell'Università di Cambridge: «È ovvio che valutare una relazione ricca e complessa come quella fra madre e bambino solo in termini di misure convenzionali dell'attaccamento, quali sono quelle che si ricavano separando il bambino dalla madre in esperimenti di laboratorio (come nella "situazione strana" della Ainsworth), ci porterebbe molto fuori strada» (1982, p. 86).

Quanto a noi, ci preoccupava l'idea che dei nostri risultati sul temperamento infantile si potesse abusare per la costruzione di rapidi test artificiali di laboratorio che pretendessero di identificare il temperamento del bambino e il suo futuro sviluppo di personalità. Abbiamo dato voce a questi nostri timori fino dal 1968:

> Come succede quando si identifica una qualunque variabile significativa, c'è la comprensibile tentazione di fare del temperamento il cuore e l'impalcatura di una teoria generale. Farlo significherebbe ripetere un approccio frequente in psichiatria, che nel corso degli anni è stata assediata da teorie generali del comportamento basate su frammenti anziché sulla totalità dei meccanismi agenti. Un'accentuazione unilaterale del temperamento non farebbe che replicare e perpetuare una tale tendenza e sarebbe antitetica al nostro punto di vista, che vuol riconoscere nel temperamento solo uno dei tanti attributi dell'organismo (Thomas, Chess e Birch, 1968, p. 182).

Lo stesso vale per l'attaccamento del lattante alla madre: è solo uno dei tanti attributi, per quanto importante, e non si deve farne il cuore e l'impalcatura di una teoria generale dello sviluppo.

Quanto sono importanti le cure materne?

Quanto detto da noi e altri non vuol negare il valore delle cure materne per il bambino piccolo. Possiamo certamente supporre che un bambino allevato in un'atmosfera tenera e affettuosa trovi approvazione e incoraggiamento nelle sue esplorazioni e sperimentazioni col mondo che lo circonda. Le sue conquiste maturative – reggersi in piedi, camminare, parlare, mangiare da solo – saranno salutate con gioia. Tutto questo, ne siamo convinti, contribuisce a creare le fondamenta per lo sviluppo di un positivo senso di sé e di una buona fiducia in se stesso quando sarà più grande. È anche più probabile che il bambino prenda le critiche, i rimproveri e i rifiuti come positive esperienze di apprendimento se gli vengono da adulti che lo amano. Il fatto che alcuni bambini privati di rapporti così affettuosi e teneri riescano a svilupparsi bene malgrado questa carenza non ci permette di considerare le cure materne – se vogliamo, la somministrazione di TLC – un ingrediente trascurabile nello sviluppo del bambino.

Ma TLC non è una qualità misteriosa che si crea solo con l'osservanza di speciali pratiche e rituali da parte dei genitori. Né si tratta di una sostanza segreta, profondamente sepolta nell'inconscio, che aspetti solo di essere evocata dalla nascita del bambino. A meno che i genitori abbiano problemi psichiatrici, l'amore per il bambino è un naturale sviluppo spontaneo. Chi si trova ad occuparsi anche solo temporaneamente di un bambino piccolo si accorge facilmente che gli si sta attaccando: nella concretezza delle stesse azioni semplici di fornirgli le cure di cui ha bisogno, e delle reazioni del bambino a queste cure, l'adulto si intenerisce senza alcun bisogno di rammentarsi che deve somministrare affetto e tenerezza, come da ricetta. I genitori hanno modi diversi di dare ed esprimere l'affetto. Ci sono quelli che lo fanno con il contatto fisico (baci e abbracci). Altri lo fanno passando il tempo con il bambino, giocandoci insieme, parlando o leggendogli un libro. C'era per esempio una madre che non sopportava i libri di favole. Si accorse che leggere un libro di geografia, completo di spiegazioni, soddisfaceva i suoi interessi e affascinava la bambina non meno dei luoghi e fatti immaginari dei soliti libri per l'infanzia. Questa madre offriva alla sua bambina affetto e attenzione, a suo modo, un modo che dava gioia a entrambe.

Anche il genitore più affettuoso può trovare a volte il bambino fastidioso e irritante, così come un bambino normalmente affezionato può lasciarsi sfuggire in un momento di frustrazione un'espressione di odio. Episodi del genere capitano fra certi adulti profondamente innamorati: perché non dovrebbero succedere fra genitori e bambini? Ci sono genitori terrorizzati dai sensi di colpa se si arrabbiano col figlio. Temono di nutrire nei suoi confronti un qualche odio profondo, distruttivo, quando in realtà si tratta di una normalissima reazione di passeggero fastidio. Questi genitori possono cercar di mettere a tacere i loro sensi di colpa e di somministrare dosi massicce di TLC cedendo a ogni capriccio del bambino. Questo non è amore ma abdicazione al proprio dovere genitoriale di insegnare quando e perché i divieti debbano avere la precedenza sulla gratificazione immediata. È un insegnamento che si può impartire con amore e autentica preoccupazione per il benessere del bambino.

Naturalmente ci sono anche i genitori che non amano i figli. Ci sono quelli che abusano fisicamente o sessualmente dei loro bambini indifesi. Ci sono quelli invischiati in feroci dispute di coppia, che cercano ciascuno di portare il figlio dalla propria parte, senza preoccuparsi affatto del suo benessere. Ci sono quelli che sono a tal punto divorati dalle ambizioni nel mondo esterno che i figli passano decisamente in secondo piano. E ci sono quelli che soffrono di un serio disturbo psichiatrico che blocca il loro profondo desiderio di esser vicini ai figli. Talvolta è possibile aiutare questi genitori abbastanza da trasformare la loro indifferenza (o peggio) in un'affettuosa attenzione, ma in altri casi non c'è modo di aiutarli e bisogna trovare un sostituto dell'amore materno.

Ci ricordiamo bene la bambina di dieci anni che una volta ci fu portata in ospedale dalla nonna, preoccupata per i suoi sintomi di grave ansia. La madre della povera bambina, una madre nubile, soffriva di una grave forma di schizofrenia, con sintomi intermittenti. Quando la sintomatologia peggiorava, la madre era convinta che la bambina fosse posseduta da un demonio e la inseguiva armata di coltello, per uccidere lo spirito maligno che era dentro di lei. La bambina terrorizzata si rifugiava dalla nonna, una figura affettuosa e protettiva. Ogni volta dopo episodi del genere la madre veniva ricoverata in ospedale, migliorava col trattamento farmacologico e veniva dimessa. Ma poi smetteva di prendere le medicine e le aggressioni contro la bambina ricominciavano. Saputo come stavano le cose cercammo di ottenere l'affidamento della bambina alla nonna. Con nostro sbalordimento, il responsabile dell'Ente che avrebbe dovuto avviare il procedimento per allontanare la bambina dalla madre e affidarla alla nonna rifiutò di seguire queste indicazioni. La sua posizione, molto legittimista, era: «Noi ci mettiamo sempre dalla parte della madre. L'amore materno viene prima di tutto». In questo caso i fatti erano talmente chiari e il pericolo per la bambina così evidente che riuscimmo a superare questa opposizione e a ottenere l'affido alla nonna. Con questo cambiamento d'ambiente, i sintomi ansiosi gradualmente scomparvero. È un caso estremo, sì, ma la formula stereotipata che l'amore materno trascende ogni altra considerazione e rimargina tutte le ferite ritorna di continuo.

È la stessa ottica della ricetta universale: «Se il vostro bambino ha dei problemi, ha bisogno di più TLC dalla mamma».

I GENITORI
COME INSEGNANTI

L'attenzione verso l'attaccamento emotivo fra genitore e figlio, per quanto importante, ha messo in ombra un altro aspetto non meno importante dell'influenza genitoriale. I genitori infatti non sono soltanto figure che offrono cure, sostegno e protezione, soddisfacendo i bisogni essenziali del bambino, confortandolo e rassicurandolo in caso di difficoltà. I genitori sono anche i primi e più importanti insegnanti del bambino. Come abbiamo già notato, il bambino viene al mondo pronto per cominciare a imparare come il mondo è fatto, e i genitori sono lì come figure primarie d'insegnamento, esattamente come sono le figure primarie nell'accudimento del bambino. E la maggior parte dei genitori è prontissima a svolgere questo ruolo.

Il processo d'insegnamento non è necessariamente un'attività intenzionale. Non c'è nessun bisogno che i genitori si preoccupino per aver magari presentato al bambino stimoli visivi troppo complessi, o di aver perduto un qualche momento magico non offrendogli i nuovi stimoli per i quali era pronto proprio allora. Il bambino piccolo vede e sente quello che può, mantiene un'attenzione selettiva su quelle immagini e quei suoni che è in grado di assorbire, e quando ne ha abbastanza rivolge altrove l'attenzione o si addormenta. Dato che il mondo è pieno di forme, colori e suoni interessanti, nessuno ha bisogno di seguire un corso sullo sviluppo nella prima infanzia per esser sicuro di fare le cose giuste al momento giusto. Basta che i genitori continuino a fare le solite cose di ogni giorno con gli oggetti d'uso comune, parlando a volontà. Col passare dei giorni e delle settimane, il bambino riceve stimoli visivi e uditivi d'ogni genere, così come altre stimolazioni, tattili, termiche, gustative. Gradualmente associa precisi stimoli visivi a persone ed eventi particolari. I genitori e gli altri che si prendono cura di lui vengono associati a quello che fanno e come lo fanno, non tutto in una volta, ma a poco a poco.

Nel corso di questo processo il bambino impara. Quello che a quindici mesi ha imparato la parola «porta» continua a indicare col dito tutte le porte della casa chiedendo «Porta?». I genitori fanno segno di sì e ripetono «Porta». Quando sbaglia, indicando una finestra e chiedendo come al solito «Porta?», lo correggono gentilmente. Questo gioco ripetitivo può continuare per molti minuti di seguito e ricominciare diverse volte al giorno. I genitori, incantati dapprima di queste sue nuove conquiste e del piacere evidente che manifesta, magari cominciano ad annoiarsi e non vedono l'ora che smetta. A quel punto, forse, uno dei due ricorda all'altro di quando andavano a lezione di tennis: non seguitavano ore e ore, giorno dopo giorno, a colpire la palla per perfezionare la battuta? E l'istruttore non commentava ogni volta «Buon colpo», «Bene così», «Indietro la racchetta»? Il bambino ora sta facendo pratica di parole e categorie di oggetti, proprio come loro si sono esercitati per tutta la vita in ogni genere di nuove attività e competenze.

I genitori insegnano continuamente qualcosa al bambino. La maggior parte resterebbe sorpresa a sentirselo dire, come il personaggio di Molière quando scoprì di aver parlato in prosa per tutta la vita. Per esempio, la sera a cena col bambino di due anni, a un certo punto la mamma fa finta di mangiarsi gli occhiali. Il bambino scoppia in un riso convulso, prende gli occhiali e li porge al padre, che fa finta anche lui di mangiarli, con grande suo divertimento. Il bambino porge il tovagliolo per ripetere lo stesso gioco. Poi dice «Naso» e il padre con grande solennità fa il gesto di prendergli il naso e mangiarselo, mentre il bambino scoppia dal gran ridere e continua via via a suggerire altri bocconi – «occhi», «bocca», «denti» – che a turno sono oggetto della stessa cerimonia. Il gioco dura qualche minuto, poi tutti si rimettono a mangiare sul serio per finire la cena. Ma per il bambino è stato qualcosa di più di un breve divertimento: si è esercitato a suddividere gli oggetti in quelli che sono cibo e quelli che non lo sono, oltre che a nominare un certo numero di oggetti e parti del corpo.

Gli insegnanti del bambino in questo processo sono prima di tutto i genitori, poi gli altri adulti che intervengono secondo le necessità ad accudirlo, i fratelli e sorelle maggiori, familiari e amici in visita. Jerome Bruner e i suoi collaboratori mettono in rilievo la natura peculiare dell'insegnamento come attività squisitamente umana:

> Sia che [il bambino] stia imparando le procedure che costituiscono le competenze base dell'attenzione, comunicazione, manipolazione degli oggetti e locomozione, o proprio una più efficace procedura di soluzione dei problemi in senso stretto, ci sono di solito ad assisterlo altri che lo aiutano ad andare avanti. In poche parole, interazioni didattiche sono un elemento cruciale della prima e seconda infanzia. La nostra specie, inoltre, sembra essere l'unica in cui si svolga un'attività didattica intenzionale... Ciò che distingue l'uomo come specie non è solo la sua capacità di apprendimento, ma anche quella di insegnamento (Wood, Bruner e Ross, 1976).

I genitori devono fare insegnamento formale?

Sandra Scarr, dell'Università della Virginia, nel suo ottimo libro *Mother Care / Other Care* (1984) mette in guardia i genitori contro i pericoli di farsi carico dell'istruzione del bambino, in senso stretto: «Un insegnamento informale è sempre opportuno fra il genitore e il bambino che ne ha desiderio. Un insegnamento formale che ignori la motivazione del bambino invece no» (p. 197). Quello che la preoccupa è il rischio che i genitori, assumendo il ruolo formale di insegnanti, perdano quell'intensità di affetto, quella spontaneità, quella parzialità in favore dei figli, che devono caratterizzare i loro rapporti. A proposito dei programmi strutturati di istruzione miranti a produrre una generazione di «superbambini», la Scarr fa un'osservazione molto pertinente: «In età prescolastica, l'addestramento intensivo della lettura può accelerarne di qualche anno l'acquisizione, ma a dieci anni il bambino che ha avuto questa accelerazione iniziale non leggerà meglio o con una maggior comprensione rispetto a un bambino di pari intelligenza che abbia imparato a leggere a sei o sette anni» (p. 197).

Sandra Scarr sottolinea quanto il bambino impari in maniera informale dai genitori in tutti quegli spontanei eventi quotidiani che richiedono una spiegazione da parte dell'adulto. Noi siamo totalmente d'accordo con questa sua impostazione del discorso. Non vediamo però che un insegnamento formale da parte dei genitori sia *sempre* da evitare: in certe circostanze può essere utilissimo e può addirittura favorire i buoni rapporti fra genitore e figlio. Possiamo illustrare questa affermazione con un episodio della nostra esperienza personale.

Uno dei nostri figli aveva difficoltà in aritmetica nei primi anni di scuola. In terza elementare l'insegnante ci avvertì che in quella materia stava rimanendo indietro rispetto alla classe e spesso arrivava a scuola senza aver fatto tutti i compiti per casa. Decidemmo di intervenire personalmente e spiegammo al bambino che doveva fare degli esercizi supplementari per rimettersi in pari con l'aritmetica. Ogni sabato mattina gli veniva assegnata una serie di problemi che gli avrebbero preso circa un'ora di tempo: finché non li aveva finiti e non glieli avevamo riguardati (questo compito se l'era assunto personalmente suo padre) non poteva uscire per andare a giocare con gli amici. Protestò energicamente, ma sapeva di non avere scelta. Le prime volte, tirava via per poter uscire il più presto possibile, ma in questo modo faceva molti errori che gli venivano indicati, cosicché doveva ripetere i calcoli finché non trovava le soluzioni giuste, e ben presto imparò che fare in fretta non serviva a nulla, anzi ritardava l'ora della sua liberazione. Gli esercizi di matematica del sabato mattina diventarono un compito serio al quale dedicava tutta la sua attenzione. Faceva rapidi progressi e in capo a qualche mese si era rimesso in pari col programma: gli esercizi del sabato cessarono e nostro figlio continuò a cavarsela bene da solo in aritmetica.

Qualche mese dopo, verso la fine di giugno, eravamo seduti in veranda quando abbiamo sentito una conversazione fra nostro figlio e un suo amico, poco più in là. L'amico era triste perché a scuola rischiava di ripetere la classe per i brutti voti che aveva, specialmente in aritmetica. Nostro figlio gli chiese: «E tuo padre non ti ha aiutato?», «No» rispose l'altro. «Ha detto che tocca alla scuola insegnarmi le cose». E il nostro: «Ma che razza di padre hai? Dovresti farti adottare in un'altra famiglia dove ci fosse un padre che si occupasse dei tuoi studi». Questo aneddoto mette in luce un aspetto importante. Nostro figlio non era motivato a imparare l'aritmetica e le esercitazioni gli sono state imposte dal padre. Ma riuscire ad assimilare questa materia è stato un successo importante per lui, che ha riconosciuto il merito che in tutto questo avevamo avuto noi. Questa esperienza didattica in senso stretto, quanto mai formale, non ha quindi interferito nei rapporti padre-figlio, che ne sono anzi usciti rafforzati.

Un altro esempio, anche questo molto personale. Si tratta di un ricordo d'infanzia di uno di noi, Stella Chess. Da bambina, presentava un ritardo nell'apprendimento della lettura e verso la fine della seconda era rimasta indietro rispetto a tutti i compagni, una situazione che la rendeva molto infelice. La madre, che era un'insegnante elementare, prese in mano la situazione e per tutte le vacanze estive, incurante delle sue proteste, la esercitò nella lettura. Alla ripresa dell'anno scolastico la bambina si era non solo rimessa in pari, ma era diventata un'accanita lettrice.

E ancora oggi, quando ripensa a questo intervento materno, non può fare a meno di provare affetto e gratitudine: era un insegnamento formale, certo, e tutt'altro che spontaneo, ma era anche segno evidente di un profondo interesse per la figlia e il suo benessere.

A nostro avviso possono esserci molti casi come questi, in cui l'intervento dei genitori negli aspetti più formali dell'insegnamento scolastico è opportuno, se il bisogno è chiaro e limitato a un obiettivo specifico. I genitori, come tutti del resto, possono svolgere molti ruoli diversi nella vita, talora anche contraddittori. Se ci sono valide ragioni per rivestire un certo ruolo, non è però necessario che questo assorba tutta intera la relazione, o che danneggi gli altri ruoli che il genitore svolge nella vita del bambino.

I genitori come modelli di ruolo

I genitori diventano per i bambini dei modelli per ogni sorta di attività. Il bambino di tre anni imita il padre che si fa la barba, col suo pennellino giocattolo. Lo stesso fa sua sorella ed entrambi imitano la madre che si depila le gambe. Più tardi impareranno la differenziazione dei ruoli sessuali, almeno per quanto riguarda il radersi. Maschio e femmina imitano entrambi i genitori che si spazzolano i capelli o si lavano i denti, oppure lanciano una palla. Tutti e due vogliono aiutare a sparecchiare e a mettere la spazzatura nel bidone. Quando li vediamo in queste attività di tutti i giorni, non abbiamo nessun dubbio sul fatto che abbiano osservato con grande attenzione i gesti dei genitori e che siano molto motivati a imitarli.

I genitori continuano a fornire modelli di ruolo anche ai figli che crescono, illustrando dal vivo il comportamento adulto, i rapporti di coppia, principi etici e morali, ruoli professionali. Jerome Kagan sottolinea l'importanza di questi modelli di ruolo forniti dai genitori:

> La conseguenza principale di un legame non attenuato di estrema intimità fra genitore e bambino è di rendere quest'ultimo ricettivo ai valori della famiglia. Se quei valori per l'appunto sono conformi a quelli della società, tutto bene. In caso contrario, uno stretto legame madre-bambino può non essere un vantaggio. La madre che istituisce un profondo attaccamento reciproco con la figlia, ma promuove i tradizionali valori femminili di passività, inibizione della curiosità intellettuale e ansia circa la propria competenza, forse prepara la figlia a un grave conflitto quando si affaccerà all'età adulta. In questo caso ipotetico non è chiaro se lo stretto legame con la madre sia davvero benefico (1979, p. 28).

Altre possibilità analoghe vengono in mente senza sforzo: un forte legame genitore-figlio può promuovere valori maschilisti, razzisti o di competizione sfrenata.

I genitori sono anche le prime e principali influenze nel plasmare l'immagine di sé del figlio, la sua fiducia in se stesso, la sicurezza di poter venire a capo delle prove e delle opportunità che troverà sulla sua strada crescendo. Ma per quanto riguarda questi più complessi problemi psicologici e sociali, sappiamo molto meno sui modi in cui si esercita l'influsso genitoriale. Perché mai un giovane cresciuto in una famiglia serena e armoniosa fa propri i valori etici e morali dei genitori, ne imita lo stile di vita, mantiene con loro un rapporto di amicizia e si sceglie una carriera simile a quella materna o paterna, mentre un altro, cresciuto anch'egli in una famiglia senza tensione, con genitori che lo amavano e si amavano l'un l'altro, finisce per ribellarsi contro i loro modelli e stile di vita e prende una strada tutta sua, lontanissimo da loro, emotivamente e geograficamente?

In verità, abbiamo pochissimi dati scientifici per rispondere a domande come questa. Possiamo dire che genitori che vivono in buon accordo e amano il figlio, che sono bravi maestri nei suoi confronti ma senza cercare di imporgli le loro convinzioni e valori, e che vivono a loro volta senza l'assillo di gravi problemi economici, hanno le migliori probabilità di metterlo in condizioni ottimali di partenza. Lo abbiamo visto chiaramente nei nostri studi longitudinali. Ma quanto all'esito specifico, è tutto un altro discorso. Tanti altri fatti intervengono a influenzare lo sviluppo del ragazzo: quello che impara da amici, insegnanti, altri adulti, quello che assorbe dalla televisione, l'influenza di tendenze sociali come ad esempio le contestazioni studentesche, l'impatto di pregiudizi e discriminazioni; tutto questo, e molto di più, può avere la sua parte nella formazione della personalità e dello stile di vita adulto.

Il figlio come apprendista

Kenneth Kaye, della Northwestern University, un autore che ha portato contributi di grande rilievo alla nostra conoscenza dello sviluppo infantile – un serio *baby-watcher* professionista, come ci piace chiamare questo genere di persone – ha proposto una teoria assai stimolante a proposito di una delle modalità in cui si realizza il ruolo didattico dei genitori. Le sue idee non nascono da riflessioni a tavolino, ma da una lunga serie di laboriosi esperimenti e osservazioni sui genitori insieme ai bambini. Kaye paragona il modo in cui il bambino apprende dal genitore alla relazione fra un maestro artigiano e il suo apprendista. Il maestro fornisce all'apprendista le opportunità di esercitarsi in certe lavorazioni parziali, in condizioni protette, osserva la crescita delle sue competenze e gradualmente gli presenta compiti più difficili. Questo fondamentale ruolo genitoriale possiamo vederlo in molti campi diversi, a tutte le età. Ricorda Kaye: «Quando mio padre mi insegnò a nuotare, si allontanava all'indietro mentre io pedalavo a tutta forza verso di lui. Mi ricordo di aver protestato che non era leale – ma venticinque anni dopo ho fatto lo stesso con mio figlio... In ciascun caso la cosa principale che facciamo è di proporre compiti parziali alla loro portata, un gradino per volta, e gradualmente toglier via i puntelli non appena la loro competenza cresce» (1982, pp. 55-57).

Nel sistema dell'apprendistato, sostiene Kaye, i genitori trattano i bambini come individui più intelligenti e maturi di quanto siano in realtà: «È proprio perché il genitore mette in scena questa finzione che essa finisce per avverarsi, e il bambino piccolo diventa davvero una persona e un partner intelligente nella comunicazione intersoggettiva» (p. 55). Secondo Kaye i genitori generalmente non si rendono conto, almeno coi bambini piccoli, di assumere questo ruolo da maestro artigiano, ma la cosa funziona efficacemente lo stesso.

Ma come tutti i metodi anche il sistema dell'apprendistato può non funzionare sempre alla perfezione. Può anche diventare controproducente. Una madre può mettersi a insegnare alla figlia una nuova attività che non è assolutamente alla sua portata, spazientirsi per la lentezza dei suoi progressi e rinunciare disgustata, finendo per dire alla bambina: «Sei troppo stupida per imparare». Dopo qualcuno di questi episodi, la figlia comincerà a credere di essere davvero stupida. Oppure un padre può fissare una meta molto ambiziosa per i risultati scolastici del figlio, magari che diventi il primo della classe. Il figlio va benino a scuola, ma certo non è all'altezza delle aspettative paterne. Anche nel suo caso, c'è il rischio che sia definito «stupido» e finisca per crederci. D'altra parte i genitori possono restare malissimo, sentirsi quasi traditi quando scoprono che i figli ormai più grandi si rivolgono ad altri maestri, invece di contare sempre su mamma e papà. Può darsi che l'apprendista pensi ormai di aver superato il maestro, e non è detto che non sia vero.

Certi moniti tradizionali di buon senso mantengono ancora tutta la loro utilità: lasciate che il bambino impari col suo ritmo; non gli imponete mete irrealistiche; non vi aspettate di essere i suoi maestri per sempre, anche se siete stati i primi e i più importanti.

Acquisizione del linguaggio

Come per tanti altri aspetti dell'apprendimento sociale, i primi insegnanti di linguaggio del bambino sono i genitori (o gli altri adulti che li sostituiscono nell'accudimento del piccolo). Anche fratelli e sorelle maggiori, parenti e amici hanno tutti la loro parte.

Tutti parlano al bambino mentre gli cambiano il pannolino, gli puliscono il naso, lo aiutano a raggiungere un oggetto, festeggiano la sua nuova capacità di girarsi bocconi, di camminare, di arrampicarsi. Generalmente questi insegnanti sono un pezzo più avanti delle capacità del bambino, nel linguaggio che usano con lui. Gli attribuiscono dei pensieri e li traducono in parole: «Sì, ora vuoi fare il ruttino»; «È l'ora di mettere l'orsacchiotto a nanna»; «Sì, hai un telefono proprio come quello del babbo»; «Ora vuoi fare il bagnetto». Le parole più o meno approssimate che il bambino pronuncia gli vengono ripetute. Quando dice «nino», i genitori traducono «cuscino», ad uso della zia che è venuta a trovarli. La zia allora gliene dà uno e il bambino comincia a raccogliere dappertutto cuscini e li porta alla zia, aspettandosi un riconoscimento per aver fatto la sua parte nel gioco. Se l'adulto non capisce questo suo linguaggio infantile, ecco che il bambino prende per mano la zia e la porta davanti a un cuscino, ripetendo «nino», per insegnarle come si chiama. Il maestro è diventato allievo e l'allievo maestro.

Alcuni genitori si preoccupano del problema se sia meglio usare col bambino il linguaggio infantile o il linguaggio adulto. In realtà non c'è nessuna prova che la cosa faccia una qualche differenza significativa. Se i genitori usano il gergo infantile, il bambino imparerà l'uso corretto dai coetanei e da altre persone. Se i genitori usano il linguaggio adulto, il bambino correggerà prima o poi il suo gergo: «pighetti» diventerà «spaghetti», «nino» diventerà «cuscino». Molti genitori in pratica usano combinazioni di gergo infantile e linguaggio adulto, così come viene, e anche questo funziona.

Ma imparare a parlare non è una cosa semplice. Il linguaggio richiede la capacità di mettere insieme i suoni per formare le parole, le parole per formare le frasi, e di interpretare il significato di parole e frasi. Il bambino deve anche imparare a partecipare allo scambio di una conversazione, e per farlo deve saper alternare le sue verbalizzazioni con quelle dell'altro. Eppure quasi tutti i bambini normali verso i cinque anni sono padroni di queste regole complicate, oltre ad aver assimilato un lessico di molte centinaia di parole. Molti bambini piccoli imparano due lingue, qualcuno addirittura tre. Apprendere un linguaggio esige inoltre un livello considerevole di competenza sociale, in quanto l'acquisizione del linguaggio avviene sempre in un contesto sociale. Un bambino isolato che non ode alcun linguaggio non impara a parlare (Bruner, 1978).

Lo sviluppo del linguaggio negli esseri umani è unico per ampiezza e qualità. Lo diamo per scontato, eppure «nessuna società animale ha mai sviluppato un linguaggio con la varietà e complessità del linguaggio umano o che renda possibile la trasmissione e comprensione di un'infinita varietà di messaggi. Ogni società umana, per quanto primitiva o isolata, ha un linguaggio» (Mussen, Conger e Kagan, 1979, p. 197).

La davvero incredibile capacità di tutti i bambini normali di padroneggiare le molte regole complesse e intrecciate dell'uso linguistico e di acquisire un vocabolario esteso – il tutto nell'arco di cinque anni o anche meno – fa decisamente supporre l'esistenza nel cervello di un meccanismo incorporato che renda possibile questa impresa. Tale ipotesi è confermata dalla comparsa in bambini di intelligenza normale di una forma patologica nota come afasia evolutiva – difficoltà nella comprensione o produzione del linguaggio, o in entrambe. Non ci sono fattori emotivi che spieghino questa patologia, che deve avere un fondamento biologico.

Per spiegare la straordinaria creatività e rapidità nell'acquisizione del linguaggio da parte del bambino, Noam Chomsky (1957), del Massachusetts Institute of Technology, ha postulato un meccanismo cerebrale innato per l'elaborazione linguistica. L'opera di Chomsky nel definire la complessità e profondità della struttura del linguaggio ha rappresentato uno stimolo potente al rapido sviluppo degli studi linguistici negli ultimi trent'anni. Alcune delle sue idee specifiche sono state contestate, ma Chomsky rimane un pioniere in questo campo.

Le ricerche in corso sull'acquisizione e uso del linguaggio promettono di dare frutti anche sul piano pratico, ma ciò non è ancora avvenuto. Per esempio non si è trovato nessun modo per accelerare e arricchire il processo di apprendimento linguistico. I genitori e altri possono anche correggere gli errori di grammatica del bambino in età prescolastica e addestrarlo nell'alfabeto e nel riconoscimento e produzione di semplici parole. Questo tipo di istruzione può facilitare un po' il compito di imparare ad usare efficacemente il linguaggio, sia parlato che letto e scritto, ma non c'è nessuna prova che ne risulti un vantaggio di lunga durata (Moskowitz, 1978). Purtroppo è vero l'inverso: bambini cresciuti in un ambiente culturalmente povero, che frequentano una scuola carente, possono ritrovarsi con un livello di linguaggio (scritto e parlato) che è tragicamente al di sotto delle loro capacità potenziali.

Per il genitore come per il bambino, l'acquisizione del linguaggio è un evento che rappresenta una pietra miliare: la comunicazione reciproca si arricchisce enormemente, il bambino può esprimere i suoi pensieri molto più chiaramente e il ruolo del genitore come maestro informale ne risulta potenziato. La padronanza del linguaggio fornisce al bambino uno stimolo determinante per la crescita dell'autostima e della fiducia in se stesso. Ora il bambino può sentirsi grande: sa parlare come i genitori e i fratelli maggiori, ora gli altri lo ascolteranno e potrà avere con loro conversazioni d'ogni genere. La soddisfazione dei genitori di fronte alla sua crescente padronanza del linguaggio riafferma il suo personale senso di aver realizzato qualcosa di molto importante.

La balbuzie

Non è raro che un bambino quando comincia a parlare attraversi un periodo di balbuzie. Questa può anche comparire dopo che il bambino ha già acquisito apparentemente una buona padronanza del linguaggio, almeno di base. La balbuzie interessa di solito la prima sillaba di una parola e soprattutto della prima parola di una frase. Per alcuni bambini sono le consonanti a creare problemi, altri ripetono le vocali. Tipicamente, una volta superato l'intoppo, le altre parole si susseguono senza difficoltà, finché non si arriva a una pausa del discorso e compare una nuova idea.

In altri bambini la balbuzie si manifesta dopo un lungo periodo di linguaggio senza disturbi, a tre, quattro o cinque anni. Alcuni rinunciano a dire la frase problema e ricominciano da capo, ma la maggior parte insiste, usando le manovre più varie per aggirare l'ostacolo, come attaccare la prima parola gridando, o ripetendo il suono in questione finché, senza preavviso, le parole cominciano a scorrere. Di regola, il bambino balbetta di meno o per nulla quando canta o recita una poesia.

La balbuzie nel bambino piccolo sembra conseguenza del fatto che i suoi pensieri vanno più veloci delle parole: una volta che lo sviluppo del linguaggio ha colmato questo ritardo rispetto al corso dei pensieri, la balbuzie fisiologica scompare.

È naturale che tanti genitori si preoccupino se il loro bambino a tre o quattro anni comincia a balbettare, e anche il bambino può provare imbarazzo, frustrazione e vergogna. I genitori possono rassicurarsi: nella stragrande maggioranza dei casi la balbuzie è un disturbo temporaneo che scompare da sé. Quello che possono fare di utile (loro, come gli altri adulti che si occupano del bambino) è non dire nulla, o limitarsi a dire, con calma e senza particolare enfasi, che non importa e che il bambino può parlare più lentamente se preferisce. Di solito, dopo qualche settimana o mese la balbuzie scompare gradualmente. Tende ad accentuarsi quando il bambino è stanco o stressato. In generale non c'è nessun rapporto chiaro fra la comparsa del disturbo e altri fattori nella vita del bambino.

In alcuni casi abbastanza rari la balbuzie rimane un problema permanente. Non c'è modo di sapere, quando si manifesta la prima volta, se sarà così o no. La cosa migliore è far conto all'inizio che si tratti di un disturbo temporaneo. Solo se continua, è il caso di rivolgersi a un qualificato specialista dei disturbi del linguaggio.

Le fantasie dei bambini

Un modo importante per arrivare a capire il mondo circostante e le sue aspettative è per i bambini l'uso della fantasia. Il gioco di fantasia riflette le realtà culturali. Cinquant'anni fa sarebbe stato insolito, e forse in qualche caso anormale, che un bambino esprimesse elaborate fantasie sui viaggi spaziali, ma oggi è normale come giocare a mamme o al dottore. I genitori certamente non devono scoraggiare queste fantasie o indicarne gli aspetti illogici o irreali. Le fantasie rappresentano un aspetto normale dello sviluppo e il bambino sa distinguere benissimo da solo la fantasia dalla realtà.

I bambini che hanno paure di qualche genere le esprimono spesso nelle loro fantasie. Un bambino può raccontare che la notte un mostro voleva entrare in camera sua per rapirlo, oppure che una certa casa è abitata dai diavoli e che bisogna evitare di passarci davanti. I genitori devono prendere sul serio queste fantasie: sono il modo del bambino per comunicare che ha paura di qualcuno o qualcosa. L'intervento di uno specialista è spesso necessario in questi casi per individuare e risolvere la causa reale delle angosce infantili.

Un problema particolare si pone quando un bambino in età scolastica racconta di essere stato oggetto di atti sessuali da parte di un adulto: sarà un fatto vero o una fantasia? In una recente messa a punto del problema Allan DeJong, del Jefferson Medical College, conclude che «gli esperti dell'abuso sessuale sono generalmente concordi nel ritenere che i bambini non fantastichino o inventino di sana pianta incontri sessuali» (1985). Il normale comportamento sessuale dei bambini può essere molto vario, dalla masturbazione a giocare a «mamma e papà», ad atteggiamenti seduttivi verso adulti dell'altro sesso, in particolare i genitori. Possono esserci anche molti tipi diversi di fantasie erotiche, come quella di scappare col «fidanzato» o la «fidanzata», o magari con uno dei genitori, ma DeJong sottolinea che, a quanto risulta da vari studi sull'argomento, «queste fantasie sessuali non includono atti sessuali. I bambini non descrivono esplicitamente atti sessuali a meno che non vi abbiano assistito o partecipato di persona» (1985). Eppure quando il problema viene sollevato in tribunale, la testimonianza di un bambino viene fin troppo spesso contestata come frutto di una fantasia, e può essere difficile dimostrare che risponde al vero.

Sessualità ed educazione sessuale

Molti genitori si preoccupano di sapere se, quando e come presentare in adolescenza il tema dell'educazione sessuale, specialmente quando non sono i ragazzi a sollevarlo per conto loro.

Il primo problema sessuale con cui i genitori si trovano ad aver a che fare è la masturbazione. Nel campione del nostro studio longitudinale i genitori erano generalmente permissivi: sapendo che la masturbazione è «innocua e normale», dicevano di non interferire. Gli intervistatori però avevano talvolta l'impressione che i genitori non fossero del tutto a loro agio in questo atteggiamento e forse sarebbero intervenuti se non fosse stato per il peso dell'autorità.

Naturalmente è vero che la masturbazione dei bambini è innocua. Diventa materia di preoccupazione solo nei rari casi in cui è un'attività coatta, che si ripete frequentemente ogni giorno (allora è il caso di consultare uno specialista). Certo, se il maschietto si tira il pene mentre gli si cambia il pannolino o gli si fa il bagno, non vuol dire che diventerà un «pervertito» se lo si lascia fare, né che avrà un danno psicologico se gli si tira via la mano. Questo suo comportamento dovrebbe esser trattato con lo stesso atteggiamento casuale di quando si tira un orecchio, il piede o qualunque altra parte del corpo, ignorandolo finché non interferisce con le operazioni per rivestirlo: a quel punto gli si sposterà la mano senza maniere brusche (e se protesta, pazienza).

Quando i bambini sono più grandi, i genitori devono essere preparati a rispondere in maniera semplice e diretta a domande come: «Da dove vengono i bambini?».

Come abbiamo notato nel Cap. XII, pochi adolescenti sono interessati a trattare coi genitori questioni come i rapporti sessuali prematrimoniali, il controllo delle nascite, l'aborto o le malattie veneree. Questo anche nei casi in cui c'è sempre stato un dialogo aperto fra genitori e figli, e i ragazzi sanno che i genitori hanno un atteggiamento permissivo in materia. In questi casi, basta che i genitori si dichiarino disponibili a parlare di sesso: se l'adolescente non raccoglie l'invito, devono lasciar cadere l'argomento e certo non cercare di imporlo.

I GENITORI COME AMICI

I genitori svolgono molti ruoli nella vita del bambino. Sono quelli che lo accudiscono, lo curano e lo proteggono. Sono i suoi modelli e maestri. Lo introducono alle regole, norme e aspettative della famiglia e del mondo esterno. Lo aiutano ad organizzare ciò che impara da loro e dagli altri, e a conciliare differenze e contraddizioni apparenti. Ma i genitori imparano anche dai figli, spesso senza rendersene conto. Quando fra genitori e figli si fanno cose stimolanti e produttive per l'adulto come per il bambino, si crea la base di un'amicizia duratura. Un tale rapporto di amicizia è fra le mete e le speranze più care di quasi tutti i genitori, accarezzate giorno dopo giorno, mese dopo mese, anno dopo anno, nel continuo rapporto coi figli.

L'amicizia fra genitori e figli è davvero uno dei più grandi tesori della vita. Il suo sviluppo è ovviamente un processo dinamico, e il suo carattere cambia di necessità, via via che il bambino passa da un'età all'altra. Il genitore può avere un rapporto di amicizia col figlio fino dalla prima infanzia e poi su su fino all'adolescenza e all'età adulta, ma ogni fase di questa amicizia porterà chiari i segni dell'età, delle capacità e delle esperienze del figlio. I cambiamenti in questo loro rapporto non potranno non riflettere anche i cambiamenti che sopravvengono nel genitore stesso, con l'età, con i cambiamenti di lavoro, con eventuali crisi personali, per dirne solo qualcuno.

Alcuni genitori purtroppo mancano della flessibilità necessaria a mantenere, non diciamo arricchire, i buoni rapporti iniziali quando i figli crescono. Un padre era devotissimo alle sue due bambine, attento a tutti i loro bisogni e sempre pieno di sollecitudine per il loro benessere. In cambio, per citare le parole dei vicini, «le bambine lo adoravano». Ma quando le bambine sono cresciute e i loro bisogni cambiati, il padre non ha saputo modificare il suo atteggiamento. La preoccupazione per eventuali pericoli, legittima finché erano piccole, diventò sempre più soffocante: qualunque attività che potesse presentare un qualche rischio – andare in bicicletta, prendere l'autobus per andare in centro, imparare a pattinare, ecc. – era sicuramente proibita. Arrivate all'adolescenza, le due ragazzine avevano imparato varie strategie per tenere il padre all'oscuro dei loro movimenti. E così un saldo rapporto di amicizia fra padre e figlie si era trasformato in un completo distacco, fatto di sotterfugi e diffidenza.

A volte si assiste a una sequenza più positiva. Può darsi che un genitore trovi pesante e poco gratificante occuparsi dei doveri quotidiani nell'accudimento del lattante, rimpiangendo il tempo che portano via ad attività più «interessanti». Questi sentimenti possono essere talmente forti da fargli perdere tutte quelle occasioni di piacevole scambio che si presentano in attività ripetitive come cambiare il bambino, fargli il bagno o dargli da mangiare, vissute come un gioco. Ma quando il bambino cresce, comincia a parlare e si mostra sempre più organizzato e ingegnoso nel gioco, può affacciarsi infine alla mente del genitore l'idea di aver a che fare con un essere autenticamente umano, che fa liberamente dono di sé e risponde con gioia all'affetto dell'adulto. Gli anni perduti si possono recuperare e può nascere un'amicizia fra i due.

In certi ambienti andava di moda anni fa – è passata ormai una generazione – che i genitori che si ritenevano più aperti e illuminati si facessero chiamare per nome dai figli, invece che «mamma» e «babbo». In questo modo immaginavano di favorire un rapporto di amicizia. Ma l'amicizia fra genitori e figli non nasce da questi artifici, bensì dalle esperienze reali di vita insieme, dalla prima infanzia in poi. Che il figlio chiami i genitori per nome o no probabilmente fa pochissima differenza a lungo andare. Questa è una delle domande sulle quali non abbiamo dati per decidere in un senso o nell'altro. La nostra idea è che questa abitudine possa essere dannosa se, dando al genitore l'illusione di un rapporto d'amicizia, mette in ombra la necessità di quello scambio quotidiano dal quale soltanto può nascere un'amicizia vera. Può anche essere un'inutile fonte di disagio per il bambino, che magari non capisce perché non debba chiamare i genitori «mamma» e «babbo» come fanno tutti i suoi amici.

Certi genitori hanno paura di frustrare il figlio: se lo frustrano, li odierà, e allora addio amicizia. Ma nella vita reale preoccuparsi della sicurezza dell'altro e del suo benessere non solo immediato è il segno distintivo della vera amicizia. Poco a poco il bambino impara che quando il padre o la madre gli impediscono di fare qualcosa di pericoloso, o qualcosa che rischia di alienargli i buoni rapporti con gli altri, questa è una dimostrazione di amicizia autentica.

Ci sono poi quelli che cercano di forzare l'amicizia coi figli come una pianta di serra, di quelle che danno una fioritura esuberante se trattate con le dosi giuste di calore, acqua e fertilizzanti. Cercano di essere i «compagni» dei loro figli, scambiando con loro confidenze e mostrandosi sempre interessati e coinvolti nelle loro attività. La cosa può anche funzionare in qualche caso, se genitore e figlio hanno davvero interessi simili e riescono facilmente a comunicare fra loro, ma alcuni ragazzi preferiscono avere attività e amicizie per conto loro, oppure possono avere per temperamento una certa reticenza nell'espressione di confidenze e sentimenti. Se i genitori rispettano questo atteggiamento, può esserci egualmente amicizia, ma se si sentono esclusi e cercano di entrare a forza nelle attività del figlio, questi loro sforzi saranno controproducenti: il ragazzo è infastidito dall'intrusione, i genitori dal canto loro offesi e arrabbiati, e addio amicizia.

Anche quando genitore e figlio sono stati molto vicini fra loro, un cambiamento arriva con l'adolescenza. L'adolescente all'improvviso comincia a confidare negli amici piuttosto che nei genitori. Le uscite con la famiglia passano in sottordine rispetto alle altre sue attività. Alcuni genitori sanno accettare questo cambiamento in maniera ragionevole, anche se con un po' di tristezza, il figlio è cresciuto e qualcosa è andato perduto per loro, non per lui. Ma sanno che non hanno perduto la sua amicizia. Altri invece hanno sentito parlare di quello spauracchio dell'«abisso generazionale» e vedono il figlio adolescente sfuggire per sempre.

Come abbiamo visto nel Cap. XII, questo cosiddetto abisso generazionale fra genitori e figli adolescenti non merita l'enfasi e la preoccupazione espresse da tanti osservatori più o meno improvvisati. L'amicizia fra genitori e figli non necessariamente scompare con l'adolescenza, ma deve cambiare carattere. L'adolescente non dev'essere soggetto alla stessa sorveglianza e alle stesse regole genitoriali che governavano prima la sua vita. D'altro canto, lo sforzo di affermare la propria indipendenza non deve accecare l'adolescente di fronte al dato di fatto molto reale che i genitori continuano ad avere nei suoi confronti responsabilità d'ogni genere, economiche, sanitarie, morali. La libertà dell'adolescente è relativa, non può essere assoluta rispetto ai genitori. Uno scambio flessibile fra genitore e figlio adolescente, nel rispetto dei bisogni e delle responsabilità di ciascuno, è la miglior garanzia che l'amicizia reciproca possa sopravvivere.

Quanto alla vita adulta, non esistono semplici regole predittive. Certi figli rimangono molto amici dei genitori, li vedono spesso, si confidano con loro e ne chiedono i consigli, partecipano insieme ad attività sociali o sportive. Altri se ne allontanano o si limitano a mantenere un rapporto di superficiale cordialità. Che tipo di relazione finirà per svilupparsi in età adulta è difficile da prevedere finché i figli sono bambini o adolescenti: troppi fattori entrano nella vita dei genitori e dei figli – somiglianze o differenze di interessi, lontananza o vicinanza geografica, divorzio, malattie, ecc. – e ognuno di questi può interferire nel mantenimento o trasformazione dei loro rapporti reciproci.

A volte può succedere che fra un genitore e un figlio adulto si formi un attaccamento eccessivo, che può ostacolare il più giovane nello sviluppo di un'autonoma esistenza adulta. Un rapporto del genere può anche dar luogo a contrasti che possono mettere a repentaglio un matrimonio, per esempio quando il genitore interferisce troppo e il figlio (o la figlia) prende sempre le sue parti invece di appoggiare il coniuge nella discussione.

Non tutti i genitori possono fare amicizia coi figli. Un genitore autoritario che pretende di controllare tutte le attività del figlio lo vedrà andarsene di casa e tagliare tutti legami il più presto possibile. Quello che diventa geloso dei particolari talenti del figlio ed entra in competizione con lui, cercando di ostacolarlo in tutti i modi, non potrà che perdere la sua amicizia. Né può diventare amico dei figli un genitore che è tutto preso dalle sue attività fuori casa e non ha mai tempo per loro.

Ma come ci sono tante differenze fra i bambini e tanti modi di fare i genitori, così ci sono anche molte forme diverse di amicizia fra genitori e figli. Il carattere e l'intensità del rapporto può cambiare col tempo, via via che il figlio diventa adolescente e poi adulto.

Ma può sempre restare un'amicizia fra loro, sia che il genitore e il figlio ormai grande siano d'accordo su tutto o quasi, sia che nutrano un amichevole e franco dissenso.

IV
Amicizia tra fratelli

Finora in questo libro ci siamo occupati dei genitori come figure chiave nello sviluppo del bambino. Ma per quanto centrali siano, i genitori non sono tutto. In molte famiglie, fratelli e sorelle sono una parte importante della costellazione.

NASCITA DEL SECONDO FRATELLO E RIVALITÀ FRATERNA

Per il primogenito l'arrivo in famiglia di un altro bambino costituisce un cambiamento improvviso e drammatico: non più l'attenzione esclusiva di genitori, familiari e amici, non più l'immediata soddisfazione dei suoi desideri da parte della madre, che può essere indaffarata col piccolo.

Il primogenito manifesta il suo scontento per questi nuovi sviluppi con ogni sorta di disturbi del comportamento, facilissimi da osservare. Eppure le vecchie teorie psichiatriche non davano molto peso a questa trasformazione che interviene nella vita di un bambino. La prima trattazione sistematica della rivalità fraterna e della sua importanza psicologica la troviamo in una monografia del 1937, ad opera dello psicoanalista e neuropsichiatra infantile David Levy.

Il lavoro di Levy si basava sullo studio dei bambini nell'ambito della sua pratica clinica, in particolare sull'osservazione del gioco con le bambole. A suo avviso, l'entità del disturbo del primogenito alla nascita del rivale era direttamente correlato all'intimità del suo rapporto con la madre: quanto più stretto questo rapporto, tanto maggiore il disagio del primogenito. Il libro di Levy ebbe grande influenza nel richiamare l'attenzione degli specialisti sull'importanza della rivalità fraterna. Numerose pubblicazioni hanno confermato la frequenza del fenomeno e alcune hanno anche sottolineato la correlazione indicata da Levy tra gravità dei sintomi e dipendenza del primogenito dalla madre (Dunn e Kendrick, 1982). Con una delle solite oscillazioni del pendolo, la rivalità fraterna era passata da un'esistenza semiclandestina nella letteratura scientifica a una tale popolarità da indurre certi operatori del settore a diagnosticarla in eccesso rispetto alla sua consistenza reale. Nella nostra pratica clinica abbiamo visto numerosi casi in cui un problema di comportamento attribuito ad errori nell'affrontare la gelosia del bambino si è dimostrato invece il frutto di una causa del tutto diversa. E tuttavia la rivalità fraterna esiste, e oggi i manuali per i genitori si dilungano abbondantemente su come trattare la gelosia del primogenito, le sue bizze, il suo aggrapparsi disperatamente alla madre, la regressione a comportamenti da bambino piccino e ogni altra manifestazione di rivalità fraterna. Come facilmente prevedibile molti di questi consigli offerti da specialisti diversi sono contraddittori.

Fino a poco tempo fa non c'erano molte ricerche sistematiche su questo tema. Sappiamo che mentre l'arrivo di un secondo figlio scatena spesso intense reazioni emotive nel primogenito, il secondo, che non è mai stato il «reuccio», non prova lo stesso dispiacere all'arrivo di un terzo figlio, anche se può presentare qualche reazione negativa alla perdita dei privilegi che gli toccavano quando era lui il piccolino della famiglia. Sappiamo anche che se il primogenito è ormai in età scolastica proverà una gelosia meno acuta che a due-tre anni.

Ma molte domande rimangono ancora senza risposta: come influisce la qualità del rapporto precedente coi genitori sulla reazione del primogenito alla nascita del rivale? Come cambia il rapporto del primogenito coi genitori dopo la nascita di un altro figlio? Ci sono differenze individuali nelle reazioni a questo avvenimento? E se variazioni ci sono, quali fattori ne sono responsabili? Di che tipo è il rapporto che il primogenito istituisce coi fratelli minori? Come si conserva nel tempo questo rapporto, e perché? Tutti questi interrogativi sono pertinenti ai fini della nostra comprensione dello sviluppo psicologico del bambino. Sono importanti anche per i genitori, dato che le risposte a queste domande possono porre le basi per far fronte correttamente ai problemi che la rivalità fraterna può creare.

Per sondare alcuni di questi temi, la psicologa Judy Dunn ha intrapreso coi suoi collaboratoti una ricerca sistematica dalla quale emerge un solido patrimonio di informazioni sui rapporti tra fratelli. La ricerca e i suoi risultati sono esposti in *Siblings* (1982), scritto dalla Dunn con la sua principale collaboratrice, Carol Kendrick.

Come in tutte le ricerche del genere, non va dimenticato che i dati provengono da un gruppo di famiglie con una ben precisa estrazione etnica e socioculturale, per cui generalizzarli ad altre culture e gruppi sociali è un'operazione che richiede prudenza, e alcuni aspetti del lavoro dovrebbero essere ripetuti in altri ambienti. Ma Dunn e Kendrick hanno aperto agli altri una via ampia e comoda, esponendo con grande cura i dettagli della loro metodologia. Inoltre, molti dei loro risultati coincidono perfettamente con quelli di ricerche affini condotte in altri centri, cosa che suggerisce la possibilità di estendere le loro conclusioni anche a gruppi sociali e culture diverse.

Il campione di Dunn e Kendrick comprendeva 40 primogeniti che vivevano coi genitori a Cambridge (Inghilterra) o nei paesi limitrofi. La distribuzione dei due sessi era pari. La grande maggioranza delle famiglie era di classe operaia e non aveva alcun contatto con l'università. Le madri erano casalinghe e la situazione abitativa era buona, con spazio sufficiente per i giochi dei bambini. Si trattava di famiglie stabili, generalmente con un tessuto sociale di parenti che vivevano nella stessa zona. All'inizio della ricerca l'età dei soggetti andava dai 18 ai 43 mesi, e stava per nascere dopo poche settimane un secondo figlio.

I metodi per la raccolta dei dati erano da un lato approfondite interviste alle madri sul comportamento del bambino, dall'altro estese osservazioni di quest'ultimo in famiglia. Le autrici rilevano il grande vantaggio di osservare i bambini nel loro ambiente familiare anziché in una situazione artificiale di laboratorio, giudizio sul quale siamo decisamente d'accordo. Le visite domiciliari erano ripetute quattro volte: durante l'ultimo mese di gravidanza della madre, entro il primo mese dopo il parto, quando il secondogenito aveva 8 mesi e infine a 14 mesi. Le valutazioni del comportamento, sia delle madri che dei bambini, erano articolate in tutta una serie di voci descrittive. Di queste, alcune avevano carattere positivo, come ad esempio «contatto fisico affettuoso» – la madre aiuta o insegna, il bambino dà un giocattolo al fratellino, ecc. – alcune negativo, come la madre proibisce, il bambino fa una bizza, ecc. Oltre a queste voci specifiche, erano considerate anche interazioni più generali, come le sequenze di gioco insieme, e altre categorie di particolare interesse, come imitazione di atti o di suoni, sguardi reciproci, ecc. Il temperamento del bambino prima della nascita del secondogenito era valutato in base a una versione modificata del nostro schema. Infine, uno dei collaboratori della ricerca procedeva a un controllo quando il primogenito aveva sei anni, operazione possibile solo su 19 dei 43 soggetti al momento in cui è stato pubblicato il libro.

Le autrici hanno rilevato una stretta concordanza fra i resoconti delle madri e le osservazioni compiute in famiglia dai collaboratori della ricerca. Questo dato corrisponde all'esperienza che abbiamo fatto nel nostro studio longitudinale: instaurando un rapporto positivo con le madri e insistendo per avere da loro una descrizione concreta dei comportamenti e non un'interpretazione, è possibile ottenere nella grande maggioranza dei casi un'informazione esatta.

Dunn e Kendrick nel loro libro riportano sia dati quantitativi, sia descrizioni narrative di singoli casi, combinando lo studio dei bambini nella loro singolarità con l'analisi statistica del gruppo nel suo insieme. Anche noi abbiamo trovato questa combinazione di metodi qualitativi e statistici la formula migliore per individuare e valutare le risultanze più significative di uno studio comportamentale.

A quanto emerge dal lavoro di Dunn e Kendrick, quasi tutti i primogeniti manifestavano disagio all'arrivo del secondo figlio. L'espressione più comune del disturbo (93% dei casi) era l'aumento della disobbedienza e delle richieste, specialmente con la madre. Oltre la metà dei bambini presentava un aumento della lamentosità (pianti, tendenza ad aggrapparsi alla madre), mentre una minoranza faceva registrare problemi di sonno e alimentari. Due dei 26 bambini che avevano già raggiunto il controllo delle funzioni corporali cominciarono a perderlo, diversi davano segni di chiusura in se stessi. In 28 casi emergevano sintomi regressivi, lievi in 15 di questi – linguaggio infantile saltuario, richiesta di essere portati in braccio o imboccati –. Molte madri avevano osservato reazioni di gelosia quando il padre o un nonno manifestava interesse per il fratellino, gelosia che si manifestava con «un'espressione triste» o con frasi esplicite, del tipo: «Papà non è più mio papà». L'aggressione diretta contro il bambino piccolo – scappellotti o pizzicotti – non era comune, mentre era maggiore la frequenza (circa metà dei casi) di comportamenti che sembravano direttamente rivolti a irritarlo, come scuotere la culla o portargli via il biberon, per esempio.

Molti bambini presentavano più d'uno di questi segni di disagio e gelosia. L'entità di disturbi, come la loro durata, variava molto. Le autrici hanno cercato di scoprire le ragioni di queste differenze per mezzo di una tecnica statistica che prende il nome di analisi della regressione multipla, una procedura che permette di determinare se due fattori che sembrano correlati siano davvero in rapporto di causa ed effetto oppure siano influenzati da un terzo fattore.

Una correlazione altamente significativa l'hanno trovata con le caratteristiche temperamentali del primogenito. L'influenza dei fattori temperamentali era evidente soprattutto nel rapporto con la madre, mentre non sembrava intervenire molto nei confronti del padre o del fratellino. Quei bambini che in precedenza erano stati classificati nelle categorie temperamentali «umore negativo», «reazioni intense», «risposte di ritirata di fronte al nuovo» tendevano più spesso a presentare reazioni disturbate alla nascita del secondogenito. Anche i bambini non adattabili (il termine usato da Dunn e Kendrick è «non malleabili») presentavano più spesso problemi alimentari e richieste di attenzione. Quelli che prima della nascita del fratellino erano ansiosi e timorosi tendevano ad accentuare tali sintomi. È interessante che questi fattori temperamentali corrispondano da vicino alla nostra definizione di «temperamento difficile». Sia da noi che da altri autori è stato trovato che i bambini con questa configurazione temperamentale sono più vulnerabili alle richieste di cambiamento e riadattamento. Non sotprende perciò che per i primogeniti dal temperamento difficile un cambiamento radicale come quello prodotto dall'arrivo di un fratelllino risulti più stressante che per gli altri.

Oltre a queste differenze legate al temperamento, Dunn e Kendrick notano che le reazioni di chiusura in se stessi erano più frequenti nei maschi che nelle femmine. Per gli uni e per le altre, comunque, queste reazioni erano più comuni se la madre era particolarmente affaticata o depressa dopo la nascita del figlio. Quando c'era un rapporto stretto col padre, l'entità dei disturbi era significativamente ridotta. Infine, dove esisteva in partenza un rapporto particolarmente stretto fra madre e figlia, l'adattamento alla nuova situazione risultava particolarmente difficile.

I dati relativi alla rivalità fraterna, concetto su cui tanto si insiste da parte di psicologi e psichiatri, non esauriscono però tutto il panorama. Non meno importanti nella ricerca di Cambridge erano le molte prove di risposte positive da parte dei primogeniti: quasi tutti collaboravano volentieri alle cure del piccolo, volevano prenderlo in braccio e accudirlo, e oltre la metà cercava di intrattenerlo con giocattoli, libri o iniziative di gioco. La maggioranza delle madri descriveva inoltre una maggior indipendenza del primogenito: per esempio, voler mangiare senza essere imboccato, vestirsi da solo o andare da solo al gabinetto.

Ma un buon numero di bambini visibilmente affettuosi e teneri verso il piccolo manifestava anche segni di disturbo e di gelosia. Così, alcuni di quelli che presentavano un'accresciuta indipendenza in certi campi regredivano in altri. Le autrici sottolineano questo quadro complesso e contraddittorio: «Da questi risultati sembra che un concetto semplice del tipo "entità del disturbo" sia insufficiente a descrivere la reazione dei bambini all'arrivo di un fratello» (1982, p. 34). Abbiamo qui la prova ulteriore della grande individualità e variabilità nel comportamento dei bambini normali (e dei loro genitori) in tutti gli aspetti della vita. Qualunque tentativo di trovare una formula semplice che si possa applicare allo stesso modo a tutti i bambini è davvero tempo perso.

Alcune teorie, specialmente di stampo psicoanalitico, danno molto peso al valore simbolico del seno materno nello sviluppo psicologico del bambino. Da qui l'idea che il maggiore possa essere particolarmente disturbato alla vista della madre che allatta il piccolo al seno. Dunn e Kendrick non hanno trovato nessuna prova in questo senso e dichiarano in tutta tranquillità che «le madri che aspettano il secondo figlio non devono pensare che la decisione di allattarlo al seno possa sottoporre il primo figlio a un maggiore stress» (p. 51).

Le autrici mettono in rilievo le contraddizioni nei consigli che si danno ai genitori circa l'opportunità di preparare in tempo il bambino alla nascita di un fratellino. Alcuni considerano utilissima questa preparazione, altri ne mettono in dubbio il valore. Dunn e Kendrick non hanno in proposito dati sistematici. Non hanno trovato però differenze significative nelle reazioni del primogenito a seconda che il parto avvenisse in casa o all'ospedale. In altre parole, la separazione dalla madre non costituiva un aggravante di qualche peso, anche se è vero che il ricovero durava in media appena due giorni e che durante l'assenza della madre il bambino poteva contare sul padre e i nonni, o altri parenti. La ricerca non ha rilevato effetti apprezzabili neppure delle diverse modalità in cui era avvenuto il primo incontro col fratellino appena nato. Come notano saggiamente le due ricercatrici, «anche noi adulti possiamo essere *razionalmente* preparati a un cambiamento nei nostri rapporti, e tuttavia restare sconvolti dall'esperienza diretta di quel cambiamento» (p. 49).

RELAZIONI TRA FRATELLI

Lo studio di Cambridge ci dà anche molte informazioni preziose sull'andamento dei rapporti reciproci tra i fratelli. Emergevano differenze molto ampie fra le varie coppie, quanto alla prevalenza di comportamenti amichevoli e ostili del primogenito verso il secondo. C'era invece una grande uniformità nelle reazioni di quest'ultimo verso il fratello o sorella maggiore. Gli approcci da parte sua erano infatti quasi sempre amichevoli e le sue reazioni ad approcci amichevoli dell'altro erano regolarmente positive. Queste osservazioni collimano con i risultati di altre ricerche. Nei nostri studi longitudinali, i genitori riferivano regolarmente della speciale efficacia dei fratelli maggiori nell'intrattenere, divertire e distrarre i più piccoli.

Empatia

Dunn e Kendrick sono state colpite dalla ricchezza e varietà «della comunicazione e comprensione sociale fra bambini, fenomeni che gli approcci più recenti allo studio della comunicazione infantile cominciano appena a prendere in considerazione» (1982, p. 133). Ciò valeva per gli scambi sia verbali che non verbali, suggerendo un campo fertilissimo per ulteriori ricerche sul primo sviluppo sociale. Il livello di rapporto e comunicazione sociale tra fratelli nei primi anni di vita presenta anche un interesse speciale in ordine a quella caratteristica della personalità umana che chiamiamo *empatia*, un tema sul quale la ricerca di Cambridge fornisce dati nuovi e stimolanti.

L'empatia si può definire come l'attitudine a condividere sentimenti e pensieri di un'altra persona. Ciò non vuol dire necessariamente avere le stesse idee e sentimenti dell'altro, ma capirli, nel senso più profondo della parola, e magari anche cercare di fare qualcosa per l'altro, se quei sentimenti sono dolorosi. L'empatia ha componenti sia cognitive che emotive. Essa esige sia la capacità di capire che cosa prova l'altro e perché, sia la disponibilità a provare una risonanza emotiva adeguata a tale comprensione. Non c'è nemmeno bisogno di dire quale importante e complesso attributo del funzionamento sociale umano rappresenti l'empatia. Nel sistema piagetiano dello sviluppo cognitivo, i bambini prima dei sette anni sono considerati incapaci di empatia: il loro pensiero è egocentrico e non permette di considerare punti di vista diversi dal proprio (Piaget, 1937). Dunn e Kendrick, invece, hanno trovato chiare prove di empatia nel comportamento dei primogeniti verso il fratellino, in occasione delle osservazioni condotte nell'ambiente domestico quando quest'ultimo aveva otto mesi e poi di nuovo quando ne aveva quattordici. L'empatia era definita in base a criteri piuttosto rigidi. Per esempio, il gesto di dare al fratellino un giocattolo indicava un interessamento positivo, ma non era considerato indice sicuro di empatia. Ma se il piccolo piangeva e il grande gli offriva un giocattolo senza che nessuno lo avesse sollecitato a farlo, ecco che si aveva una chiara prova di comprensione empatica: il comportamento del fratello maggiore dimostrava che aveva capito i sentimenti dell'altro, vi partecipava in qualche modo e cercava d'intervenire per consolarlo. Episodi del genere, chiaramente definibili sotto la voce «empatia», sono stati osservati nel 65% dei primogeniti fra i 28 e i 57 mesi (si trattava della visita domiciliare eseguita in corrispondenza dei 14 mesi del secondo nato).

I dati raccolti nella ricerca di Cambridge non permettono di individuare il fattore o i fattoti responsabili dello sviluppo di empatia nei bambini. Come rilevano Dunn e Kendrick, lo studio sistematico di questo problema sarebbe quanto mai auspicabile. Poter favorire generalmente lo sviluppo dell'empatia nei bambini avrebbe enormi implicazioni sociali, non solo dal punto di vista dei genitori: l'empatia crea legami positivi fra gli esseri umani, contrastando quelle forze sociali che tendono ad alienarli l'un l'altro. Un dato suggestivo che emerge dallo studio di Dunn e Kendrick è che il modo in cui le madri parlavano del fratellino al figlio maggiore aveva un effetto significativo sulla relazione che si sarebbe sviluppata fra i due bambini. Le due ricercatrici hanno individuato un gruppo di madri che fin dall'inizio parlavano del bambino appena nato come di una *persona*, un vero essere umano con i suoi bisogni, le sue antipatie e simpatie. Parlavano col primogenito delle cure del bambino piccolo come se stessero collaborando per il suo benessere, incoraggiandolo sinceramente nei suoi tentativi di aiutare ad accudirlo. Richiamavano inoltre l'attenzione del più grande sull'interesse che l'altro manifestava per il suo comportamento. È risultato che in queste famiglie le interazioni positive fra i due bambini erano molto più frequenti, rispetto a quelle dove la madre non manifestava atteggiamenti del genere.

La madre che risponde al neonato come ad una persona nel pieno senso della parola non fa altro che giungere intuitivamente alle stesse conclusioni delle ricerche più recenti, che hanno confutato le vecchie concezioni del neonato come essere umano in qualche modo «imperfetto» (un fascio d'istinti, un organismo psicologicamente non ancora uscito dall'uovo, prigioniero del suo narcisismo o autismo, ecc.). Le risultanze dello studio di Cambridge indicano che queste e altre scoperte scientifiche hanno un'importanza pratica oltre che teorica: la madre non ha nessuna difficoltà a considerare il bambino appena nato come una persona, comunicando questo suo atteggiamento agli altri figli. Secondo Dunn e Kendrick, questa specifica azione concreta può ben avere un effetto positivo sul tipo di rapporti che si svilupperà fra i bambini. È del tutto plausibile supporre che possa anche stimolare in generale la loro capacità di empatia.

Il legame tra fratelli

La ricerca di Cambridge ci ha dato un quadro ricco e vivace della complessità e varietà degli atteggiamenti contraddittori che si cristallizzano tra fratelli nelle prime settimane e mesi dopo la nascita del minore. Il parziale riesame del campione quando i primogeniti avevano ormai sei anni d'età ha messo ancora una volta in evidenza l'enorme varietà di rapporti fra le diverse coppie di fratelli. Alcuni giocavano spesso insieme, alcuni litigavano e si picchiavano spesso, altri avevano fra loro interazioni ostili meno violente. C'era comunque una forte continuità rispetto alle osservazioni precedenti, quanto alla percentuale di interazioni amichevoli o antagonistiche. Si tratta di risultati interessanti, che però devono essere considerati provvisori e puramente indicativi.

Gli altri studi sulle relazioni tra fratelli in età scolastica e nella vita adulta sono per lo più frammentari, aneddotici e non sistematici. Psichiatri e psicologi clinici hanno concentrato l'attenzione soprattutto sul tema della rivalità fraterna. Alcuni terapeuti della famiglia hanno dato gran peso all'idea che uno dei figli divenga il capro espiatorio dei conflitti familiari. In realtà, sono stati romanzieri e drammaturghi come Shakespeare e Dostoevskij a farci intuire meglio le sottigliezze e l'importanza dei rapporti fraterni. C'è stato un unico tentativo di una certa consistenza di approfondire il legame tra fratelli nell'arco della vita, uno studio condotto da due psicologi clinici, Stephen Bank e Michael Kahn, che hanno pubblicato nel 1982 un libro su questo tema, *The Sibling Bond*. Il materiale cui attingono sono i loro casi clinici e quelli di altri colleghi, oltre a colloqui con persone non in trattamento. *The Sibling Bond* insiste molto sulla ricchezza e varietà dei rapporti tra fratelli a tutte le età e sull'importanza che questo rapporto ha nella vita delle persone. Gli autori mettono in rilievo gli aspetti positivi di molti di questi legami, rivolgendo un appello quanto mai necessario agli psicoterapeuti, affinché non trascurino questo fattore nel trattamento dei pazienti. Purtroppo la loro analisi dei dati appare frammentaria e aneddotica, a differenza della rigorosa metodologia di ricerca adottata da Dunn e Kendrick.

Anche noi, nel New York Longitudinal Study, siamo stati colpiti dalla grande varietà di rapporti tra fratelli. In occasione dell'intervista da adulti, molti dei soggetti ci hanno detto: «Quando eravamo piccoli, con mio fratello (o sorella) ci si picchiava sempre, ma ora che siamo cresciuti siamo diventati amici». Altri invece descrivevano un rapporto di antagonismo, freddezza, o al massimo di generica cordialità coi loro fratelli o sorelle. Non abbiamo ancora analizzato questi dati per vedere quali fattori eventualmente possano essere stati responsabili delle diverse evoluzioni del legame tra fratelli dall'infanzia all'età adulta.

I figli nel divorzio

Il legame tra fratelli può assumere un'importanza particolare per i figli di divorziati. Judith Wallerstein, direttrice del Center for the Family in Transition di Corte Madera, in California, e autrice di ricerche autorevoli sull'impatto del divorzio sui figli, lo sottolinea con grande convinzione. In un articolo recente sulla situazione dei figli nel divorzio, scrive: «Siamo stati colpiti dalla solidarietà che esisteva tra i fratelli in alcune di queste famiglie – dall'affetto, confidenza e lealtà reciproca e dal candore ed orgoglio con cui ne veniva dato atto» (1985, p. 552). Cita vari casi, tutti con un tema comune: «Il divorzio ha costretto me e mio fratello a crescere e stare uniti fra noi»; «Il rapporto con mia sorella è stato per noi la salvezza emotiva e fisica»; «Mi fido moltissimo di mio fratello. Ci confidiamo tutto fra noi» (p. 552). Lo stretto legame fraterno ha permesso a questi ragazzi di mantenere un'idea positiva della possibilità di un amore duraturo e fedele.

Purtroppo, un positivo legame tra fratelli non si è sviluppato dopo il divorzio in tutte le famiglie studiate dalla Wallerstein. In qualche caso il risultato era piuttosto l'antagonismo. Ricordava per esempio una giovane donna: «Dovevo occuparmi dei fratelli e delle sorelle e mi prendevo la colpa di tutto» (p. 552). (Naturalmente, questo può succedere anche nelle famiglie non divorziate.)

Sta ai genitori prendere sul serio questi dati, nel momento in cui stanno cominciando a pensare al divorzio. Quali che siano i loro sentimenti reciproci, continueranno ad avere una responsabilità nei confronti dei figli. Il divorzio è un evento disturbante o addirittura sconvolgente per i bambini. Se un solido legame tra fratelli può essere un fattore importante per ridurre al minimo gli effetti dannosi del divorzio dei genitori, allora è chiaramente loro dovere collaborare per cementare questo legame prima, durante e dopo la separazione. I metodi da usare varieranno da una famiglia all'altra, ma in generale si tratta di inventare i modi per incoraggiare i figli a dedicarsi insieme a interessi e attività simili, a rispettare gli interessi diversi l'uno dell'altro, a neutralizzare le fonti reali o potenziali di attrito.

IMPLICAZIONI DELLA RICERCA SUI FRATELLI

Ci sono molti insegnamenti importanti che i genitori (ma anche gli operatori della salute mentale) possono trarre dai risultati dello studio di Dunn e Kendrick. La loro ricerca dimostra che gli adattamenti richiesti al primogenito dalla nascita di un altro figlio creano quasi universalmente uno stress, evidente nel disagio e nel comportamento disturbato del fratello maggiore.

Ma lo stress, come abbiamo sottolineato in capitoli precedenti, può avere conseguenze sia positive che negative per lo sviluppo. L'esito dipende dalla capacità del bambino di padroneggiarlo e dagli atteggiamenti e comportamenti dei genitori (e delle altre figure significative), che possono sia corroborare che ostacolare i suoi tentativi di far fronte alla situazione.

La ricerca ha riscontrato anche cambiamenti positivi nella maggior parte dei primogeniti, come una crescita dell'autonomia, la disponibilità a collaborare alla cura del piccolo, lo sviluppo di empatia. Queste indicazioni di cambiamento salutare sono ignorate dalla maggior parte degli autori, che tendono a concentrare tutta l'attenzione sul tema della rivalità fraterna. Dunn e Kendrick, invece, mettono in evidenza questi cambiamenti in positivo, come del resto tendiamo a fare anche noi. Si chiedono: «È possibile o probabile che il sommovimento emotivo del figlio maggiore contribuisca in misura importante ai progressi evolutivi che seguono alla nascita del fratellino?» (1982, p. 211). Per una risposta definitiva a questa domanda c'è bisogno di altri dati, ma quanto risulta finora dalla ricerca di Cambridge, dal nostro studio longitudinale e dai casi clinici citati da Bank e Kahn ci induce a ritenere che debba essere una risposta decisamente affermativa.

I manuali per i genitori di solito insistono sul fatto che dipende da loro se la rivalità fraterna finirà o meno per diventare un problema grave. Ma la ricerca di Cambridge ha dimostrato chiaramente che i rapporti fra genitore e figlio sono solo uno dei fattori importanti che contribuiscono a determinare la gravità della gelosia e dei disturbi: «La costellazione sessuale delle coppie fraterne e il temperamento del primogenito erano entrambi di grande importanza; sarebbe del tutto ingiustificato, anzi malevolo, sostenere che l'espressione di gelosia e disturbo dipendesse prevalentemente dai genitori» (p. 219). Inoltre, Dunn e Kendrick hanno rilevato che la rivalità fraterna era particolarmente accentuata in quei casi dove c'era un rapporto particolarmente buono fra la madre e la figlia primogenita: «Si deve dare la colpa alla madre in questo caso?», si chiedono polemicamente. «La colpa di *che cosa* precisamente? Certo non della buona intesa nei rapporti con la figlia» (p. 219).

Sottolineare che i genitori non sono onnipotenti nel determinare il corso dei futuri rapporti tra i figli non significa che non abbiano nessuna influenza. Al contrario. Lo studio di Cambridge fornisce prove chiare dell'importanza che gli atteggiamenti e comportamenti dei genitori hanno nei primi anni. Il nostro studio longitudinale, le osservazioni di Bank e Kahn e vari altri lavori confermano questo dato e ne estendono la portata anche oltre la prima infanzia. Sono molte le cose che i genitori possono fare per ridurre al minimo l'intensità della gelosia e incoraggiare la crescita di rapporti sani e affettuosi tra i loro figli.

CONSIGLI PRATICI PER I GENITORI

Prendendo le mosse dai risultati del loro studio, Dunn e Kendrick offrono ai genitori un certo numero di suggerimenti pratici per le prime settimane e mesi dopo la nascita del secondo figlio. Raccomandano di ridurre al minimo i cambiamenti nella vita del primogenito, soprattutto di evitare per quanto possibile un calo netto dell'attenzione e del contatto che il primogenito era abituato a ricevere. Nelle prime settimane la madre deve poter contare sull'aiuto e il sostegno del coniuge, di familiari e di amici. Se il disturbo del primogenito appare particolarmente accentuato, va considerata con particolare attenzione la possibilità che esso sia da attribuire a un temperamento difficile: in tal caso, varranno anche in questo caso i metodi che sono indicati per questo tipo di bambini in tutte le altre situazioni (si veda Cap. V «Compatibilità-incompatibilità»). Il turbamento per il fratello o sorella maggiore sarà particolarmente sensibile quando vede la madre che si occupa attivamente del bambino piccolo. È utile predisporre in quei momenti qualche attività per distrarre la sua attenzione: farlo giocare col babbo o un altro familiare, tirare fuori qualcosa da mangiare che gli piace molto, raccontargli una favola mentre si dà il latte al fratellino o gli si fa il bagno. Particolarmente produttivo è però coinvolgerlo nell'accudimento del piccolo e parlarne con lui come di una persona nel pieno senso della parola.

Siamo perfettamente d'accordo con questi consigli. Molti di essi valgono anche per i mesi e gli anni successivi. I genitori e i parenti o amici in visita devono prestare attenzione al bambino più grande come all'altro: se si porta un regalo a uno dei due, per esempio, ci dev'essere un regalo anche per l'altro. I genitori però non devono cercare di far tutto doppio: se uno dei figli ha bisogno di un paio di scarpe nuove e l'altro no, il discorso dev'essere di questo tenore: «Quando avrai bisogno delle scarpe nuove le avrai, ma ora non ne hai bisogno».

Possiamo aggiungere altri suggerimenti su come trattare il problema con i bambini più grandi. Li presentiamo come nostre opinioni personali, basate sull'esperienza vissuta come genitori, ricercatori e terapeuti. Ci sembrano idee ragionevoli, ma a tutt'oggi non si possono citare a sostegno dati solidi di ricerche empiriche.

I genitori devono trattare i figli equamente, ma ciò non significa nello stesso identico modo. Dare una mano nelle faccende e comportarsi bene a tavola sono cose che si possono richiedere a tutti, ma il livello delle pretese non può non variare con l'età e lo stadio evolutivo di ciascuno. Questa differenziazione dev'essere enunciata in modo chiaro ed esplicito.

I genitori devono ricordarsi che i problemi di rivalità fraterna vengono fuori a tutte le età. Il figlio minore può voler andare a letto alla stessa ora del grande, godere della stessa libertà di movimento e avere una paga settimanale per le piccole spese eguale a quella dei fratelli o sorelle più grandi. I genitori devono esser chiari sul fatto che il trattamento diverso non significa sperequazione o favoritismo. Purché siano coerenti nella regola «Quando avrai la sua età, otterrai gli stessi privilegi che ora ha lui (o lei)», la gelosia del piccolo si calma senza difficoltà.

Gran parte dell'agitazione tra fratelli non è altro che un modo per cercare di ottenere l'attenzione dei genitori: bambini che fino a quel momento giocavano tranquillamente insieme, oppure uno accanto all'altro senza darsi fastidio, cominciano a litigare non appena sentono tornare i genitori. D'altra parte, i genitori non devono sbrigarsi automaticamente della cosa classificando qualunque litigio sotto la voce «rivalità fraterna»: può esserci un problema reale, una lagnanza più che giustificata, ed è bene che i genitori verifichino il contenuto della disputa prima di dare giudizi.

Una volta che i figli sono un po' cresciuti – diciamo, in età scolastica – la cosa migliore è far loro risolvere da soli i contrasti che possono sorgere, a meno che non si tratti di un problema serio: immischiarsi in litigi di poco conto non serve ad altro che ad incoraggiare proteste sempre più veementi, per arrivare a farsi dare ragione dai genitori.

Ci sono dei momenti in cui un figlio più piccolo rimane male perché si accorge di non riuscire a fare come il fratello o la sorella maggiore, si tratti di un gioco di costruzioni, di prestazioni atletiche o del pianoforte. È un fatto normale della vita, e nessuno lo può cambiare, ma incoraggiando gli sforzi del bambino e mostrandogli apprezzamento per le sue capacità crescenti, lo si aiuta a capire che un insuccesso iniziale non è irrimediabile.

I genitori devono esser pronti a cogliere indizi di interessi comuni tra i figli e incoraggiarne lo sviluppo offrendo le occasioni per tali attività gratificanti che favoriscono l'affiatamento reciproco. Soprattutto, i genitori possono fare molto per creare un'atmosfera familiare nella quale i successi di ciascuno dei figli siano fonte di soddisfazione per tutta la famiglia.

Infine, sia chiaro che non esiste nessuna regola semplice che si possa applicare come una fotocopia in tutte le situazioni e che garantisca l'eliminazione della rivalità fraterna. Come tutte le questioni che riguardano lo sviluppo psicologico del bambino, i rapporti tra fratelli nel corso degli anni sono plasmati da fattori molteplici. Alcune di queste influenze sono prevedibili e parzialmente controllabili dai genitori, ma molte di più sono imprevedibili e al di fuori del loro controllo. Le differenze individuali nello sviluppo psicologico sono un fatto centrale del quale ci rendiamo conto con sempre maggior chiarezza. In nessun altro campo ciò è più evidente, forse, che nel tipo di rapporti che si sviluppano tra i fratelli e le sorelle, nella vita comune e nelle interazioni reciproche e con gli altri membri della famiglia, nell'arco dell'infanzia e dell'adolescenza e poi fino nella vita adulta.

V
Altre questioni familiari

Nel Cap. III dell'Appendice abbiamo visto varie modalità di rapporto dei genitori nei confronti dei figli. Su certi temi, come il ruolo di maestro e di amico che è proprio della figura genitoriale, il discorso trattava insieme entrambi i genitori. Per altre questioni, come il carattere insostituibile o meno dell'amore materno, gli effetti della carenza materna e l'attaccamento del neonato alla madre, il centro focale era la madre, in linea con la tendenza dominante della ricerca in psicologia evolutiva, che per tanta parte ha per oggetto il comportamento materno e la sua influenza sul bambino.

In anni recenti, però, numerosi ricercatori hanno cominciato a esaminare il ruolo del padre nello sviluppo del bambino, a partire dalla prima infanzia. Questo interesse è cresciuto in parallelo alla maggior responsabilità che negli ultimi venti o trent'anni i padri si sono venuti assumendo nella cura della prole. I padri hanno ormai generalmente una parte attiva nell'accudimento dei figli, anziché lasciare questa funzione esclusivamente alle mogli. Un altro tema nuovo che appena adesso comincia a interessare la ricerca è l'influenza dei nonni nella vita dei bambini.

In questo capitolo prenderemo in considerazione il ruolo del padre e quello dei nonni, oltre a vari altri temi riguardanti la struttura della famiglia: il genitore solo; separazione, divorzio; adozione. Molti di questi temi sono collegati fra loro e nostro interesse primario saranno gli effetti di ciascuno di questi fattori sul funzionamento e lo sviluppo del bambino.

IL RUOLO DEL PADRE

L'idea tradizionale del ruolo paterno è riassunta in un articolo di Ross Parke (1979), dell'Università dell'Illinois, che nota come fino a non molto tempo fa nelle società dell'Occidente industrializzato i ruoli sessuali fossero chiaramente prescritti. La cura dei figli era assegnata quasi esclusivamente alle madri e ancora nella generazione scorsa si considerava addirittura inopportuno che i padri intervenissero nell'accudimento dei bambini piccoli. Anche nella maggior parte delle altre culture, benché non in tutte, vigeva un analogo stereotipo dei ruoli sessuali. Parker cita l'osservazione dell'antropologa Margaret Mead, secondo cui «i padri sono una necessità biologica ma un puro accidente sociale». Si diceva sì che i padri influissero sullo sviluppo dei figli, ma solo a partire dall'età scolastica (Biller, 1971).

Questa tradizionale visione stereotipata dei ruoli sessuali era giustificata in passato (e un passato non troppo remoto), citando da altre specie animali le prove che avrebbero dimostrato come i maschi avessero una parte minima nella cura dei piccoli. Ma studi più attenti hanno di recente cambiato radicalmente questa opinione. Una rassegna esauriente della ricerca sulle scimmie e altri primati non umani concludeva, una decina di anni fa, che «i maschi adulti formano un attaccamento verso i piccoli e i piccoli formano un attaccamento verso i maschi adulti» (Redican, 1976). Dagli studi sugli animali risultava poi che gli ormoni femminili connessi con la gravidanza e il parto avrebbero avuto l'effetto di «innescare» nella madre l'attività di accudimento della prole. A parte il fatto che generalizzare dalla ricerca sui ratti al comportamento umano è di dubbia validità, studi recenti danno un quadro molto diverso del ruolo degli ormoni nel comportamento animale. Un panorama esauriente della ricerca in materia concludeva nel 1974 che «gli ormoni associati a gravidanza, parto e allattamento non sono necessari per la comparsa del comportamento genitoriale» (Maccoby e Jacklin, 1974).

Nei primi anni '50 Henry Harlow (1958) conduceva all'Università dello Wisconsin una serie di drammatici esperimenti con piccole scimmie isolate alla nascita dalle madri, esperimenti che misero in subbuglio il mondo degli studi sullo sviluppo del bambino. Harlow aveva inventato due tipi di «madre surrogata». Si trattava di armature di filo di ferro munite di poppatoio al punto giusto, in modo che i piccoli potessero procurarsi cibo a sufficienza. Una delle due era un'armatura metallica nuda, l'altra invece era rivestita di spugna. I piccoli che crescevano con la «madre di spugna» andavano molto meglio di quelli che avevano per surrogato materno l'armatura di filo di ferro senza rivestimento: poppavano più vigorosamente, crescevano di più e, ogni volta che venivano impauriti in qualche modo, si aggrappavano alla madre surrogata. Gli altri non solo crescevano peggio, ma non si rifugiavano sullo scheletro metallico quando avevano paura. Osservava Harlow: «Non ci ha meravigliato scoprire che il conforto del contatto fisico fosse un'importante variabile affettiva di base, ma non ci aspettavamo che mettesse in ombra fino a questo punto la variabile dell'allattamento» (p. 677). Quindi, avventurandosi in una congettura puramente speculativa (anche se il salto dalle scimmie all'uomo è molto meno arrischiato di una congettura che prenda le mosse dai ratti), concludeva che «il maschio umano è fisicamente equipaggiato di tutti gli attributi davvero essenziali per competere alla pari con la femmina in un'attività essenziale: l'allevamento dei piccoli» (p. 685).

Gli studi sull'uomo dagli anni '30 ai '50, specialmente quelli di Goldfarb e Bowlby, sembravano dimostrare le gravi conseguenze della «carenza materna» e la qualità «insostituibile» dell'amore materno. Ma, come abbiamo visto nel Cap. III dell'Appendice, un'analisi critica dei loro dati e una serie imponente di altri studi hanno messo fuori causa questi concetti. In particolare, l'esauriente analisi della letteratura scientifica sull'argomento, esposta da Michael Rutter nel suo libro *Maternal Deprivation Reassessed* (1981a), porta a concludere che l'idea di Bowlby di un decisivo e insostituibile rapporto madre-bambino non trova conferma nella ricerca. Non meno decisivo in questo senso è stato un lavoro di due psicologi inglesi, Shaffer ed Emerson (1964), i quali hanno riscontrato che in un gruppo di bambini di 18 mesi la figura principale di riferimento e di attaccamento era la madre solo per metà dei soggetti, mentre in quasi un terzo dei casi era il padre (la maggioranza dei bambini presentava attaccamenti molteplici, di varia intensità, ad altre figure che intervenivano nella loro vita).

Questi dati hanno alimentato tutta una serie di nuove ricerche sul rapporto del bambino col padre. Per complicare ulteriormente il sistema familiare, l'influsso della madre e del padre sul bambino può essere indirettamente influenzato anche dai loro rapporti con altri familiari, per esempio fratelli e sorelle. Può succedere, ed è solo un esempio fra tanti, che un uomo ammiri il modo in cui suo fratello tratta i figli e cerchi di imitarlo coi propri, sia che si adatti o no alle loro caratteristiche.

Il ruolo del padre risente anche in larga misura delle sue convinzioni circa la tradizionale idea maschile dell'accudimento dei bambini, specialmente nei suoi aspetti più triti e quotidiani, come attività tipicamente femminile. Una ricerca fra le tante ha trovato che i padri che condividevano questa concezione dedicavano molto meno tempo ai figli, non solo nelle necessità quotidiane ma anche nel gioco o nei compiti scolastici, in confronto ai padri con un orientamento meno maschilista (Russell, 1978).

La recente massiccia immissione di giovani madri nella forza lavoro ha contribuito anch'essa a sfumare la tradizionale differenziazione dei ruoli sessuali, col padre che lavora fuori e la madre in casa ad occuparsi dei figli e delle faccende domestiche. I padri sono stati stimolati o costretti a capire che la cura dei figli è compito loro non meno che della madre. In molti ambienti (specialmente di classe media) troviamo oggi padri che frequentano con la moglie i corsi di preparazione al parto, sono presenti alla nascita del bambino e organizzano le ferie in modo da stare a casa nelle prime settimane.

La ricerca sul ruolo paterno

Con tutta la complicazione del sistema familiare, e quindi della parte che il padre vi svolge, gli studi sul ruolo paterno non sono semplici. Molte cose sono venute alla luce, ma tante domande rimangono ancora in attesa di risposta. Lo studioso forse più competente e impegnato su questo tema è Michael Lamb, condirettore del progetto di ricerche sulla paternità presso l'Università dello Utah. Chiamato a deporre il 10 novembre 1983 di fronte al comitato ristretto della Camera dei Rappresentanti per i bambini, i giovani e la famiglia, ha preparato un sommario delle risultanze scientifiche intorno al ruolo paterno nello sviluppo del bambino. Una versione condensata della sua autorevole testimonianza in materia servirà a riassumere lo stato attuale delle conoscenze intorno a questo argomento*:

1. *Quanto tempo dedicano realmente i padri ai figli?* – In media, in un nucleo completo di entrambi i genitori, il tempo dedicato dal padre ad interazioni effettive coi figli è un terzo di quello che vi dedica la madre, quello di pura presenza e disponibilità nei loro confronti circa la metà, sempre rispetto alla madre. Il coinvolgimento dei padri è relativamente maggiore quando le mogli lavorano fuori casa e con i figli più grandi. Il coinvolgimento paterno (interazioni, presenza e probabilmente responsabilità) è significativamente cresciuto negli ultimi quindici anni.

2. *Come se la cavano i padri come genitori?* – I padri sono altrettanto sensibili e competenti delle madri con i bambini piccoli, anche se tendono a lasciarne la cura alle mogli: «Ad eccezione di gravidanza, parto e allattamento, non c'è ragione di credere che gli uomini siano intrinsecamente meno capaci delle donne di accudire la prole, anche se queste abi-

* Una bibliografia esauriente delle ricerche sul ruolo paterno si trova nell'articolo di Lamb: *Paternal Influences on Early Socio-economic Development*, pubblicato nel 1982 sul *Journal of Child Psychology and Psychiatry* (23, 185-190).

lità potenziali rimangono spesso latenti o insufficientemente sviluppate» (p. 3).

3. *Madri e padri si comportano diversamente coi figli?* – Le madri tendono ad essere identificate con l'accudimento, la nutrizione e i compiti quotidiani dell'allevamento della prole, i padri con interazioni ludiche, sul piano fisico e sociale. Non sappiamo se queste differenze di stile comportamentale abbiano un qualche valore formativo.

4. *Quali effetti ha il padre sullo sviluppo dei figli?* – È provato in maniera convincente che quando il padre ha un rapporto stretto e positivo coi figli, questi presentano tendenzialmente una maggior motivazione al successo e competenza cognitiva, migliori abilità sociali e un adattamento psicologico più soddisfacente. Queste influenze sono simili agli aspetti più significativi della relazione madre-figlio: il sesso del genitore sembra relativamente secondario sotto questo profilo. Gli effetti sullo sviluppo morale non sono accertati.

5. *A che cosa si possono attribuire questi effetti?* – Il padre offre ai figli un modello da imitare, contribuisce a plasmarne il comportamento mediante ricompense e punizioni selettive e, insieme con la moglie, fornisce un modello di interazione e rapporto eterosessuale. In tutte queste modalità d'influenza, la qualità emotiva dei rapporti e dell'interazione familiare nel suo complesso è importantissima. Non siamo in grado di dare una valutazione differenziale del peso che ha ciascuna di queste influenze, ma dato che agiscono tutte insieme, non è realmente utile un giudizio sulla loro importanza relativa.

6. *Che effetti ha l'assenza del padre?* – La maggior parte delle ricerche su questo problema è insoddisfacente a causa di carenze metodologiche. Sembra in effetti che i figli maschi privi del padre (di solito a seguito di divorzio) tendano a presentate problemi nella motivazione al successo, nel rendimento scolastico, nell'adattamento psicologico e nelle relazioni eterosessuali. Gli effetti sulle bambine sono stati meno studiati, ma sembrano meno accentuati. Tuttavia, gli effetti psicologici dell'assenza del padre non sono necessariamente duraturi.

7. *A che cosa si devono attribuire gli effetti dell'assenza del padre?* – Molti fattori sembrano importanti, al di là della mancanza di un modello di ruolo maschile. Fra questi, l'assen-

za di una seconda figura genitoriale che spalleggi la madre, problemi economici, lo stress e l'isolamento sociale ed emotivo della madre, il cambiamento del ruolo materno (per esempio, dover tornare a lavorare fuori casa), i conflitti fra i genitori prima del divorzio, il tipo di rapporti con entrambi i genitori dopo la separazione, l'età, il numero e l'ordine di nascita dei figli. Essendo tanti i fattori che possono intervenire, non c'è una strategia d'intervento valida per tutti i casi.

8. *Quali effetti ha il maggior coinvolgimento paterno?* – Gli effetti sono positivi quando il padre partecipa alla pari nell'accudimento dei figli. Questi effetti sono probabilmente dovuti a molti fattori – l'interessamento di entrambi i genitori, la collaborazione fra i coniugi, con minori conflitti e una gerarchia di valori in comune. Non tutti questi fattori sono sempre presenti nel caso di un maggior coinvolgimento paterno, ma sono comunque più frequenti.

Lamb conclude sottolineando che gli effetti della figura paterna si possono considerare solo nel contesto globale delle particolari circostanze della famiglia. Rileva infine che «purtroppo non c'è mai una regola magica quando si tratta dell'allevamento dei figli», formulazione che è per l'appunto il tema di fondo di questo nostro libro.

I dati del NYLS

Quanto emerge dal nostro New York Longitudinal Study è in generale conforme al panorama sommario della letteratura tracciato da Lamb. Naturalmente la nostra ricerca è cominciata trent'anni fa, ma le tendenze descritte da Lamb erano già allora evidenti in molte delle famiglie studiate.

Il dato più vistoso era l'enorme varietà dei rapporti padre-figli in questo campione della classe media. In alcune famiglie il padre era coinvolto alla pari nelle incombenze dell'accudimento quotidiano – poppate, bagno, cambio del pannolino, risposta al pianto notturno – fino dal momento in cui il bambino arrivava a casa dall'ospedale. Questi padri di solito continuavano ad occuparsi del bambino anche in seguito, nei modi via via adeguati alla sua età. Molti altri padri svolgevano un ruolo attivo ma più circoscritto: di norma lasciavano la massima parte delle incombenze quotidiane (ma non tutte) alla moglie, dedicandosi col bambino ad attività specifiche, come giochi di movimento, lettura e interventi disciplinari. Un piccolo numero di padri manteneva le distanze, evitando di farsi carico di qualunque interazione regolare coi figli.

Molti fattori contribuivano a determinare il tipo di coinvolgimento paterno, oltre alla quantità di tempo passata coi figli. Se entrambi i genitori lavoravano a tempo pieno, ecco che il problema di una divisione dei compiti domestici si poneva con chiarezza. Ciò non significava una meccanica spartizione a metà delle faccende quotidiane: più spesso, uno si faceva carico di certi settori, uno di altri. Per esempio, la madre poteva occuparsi di vestire e spogliare il bambino, il padre poteva alzarsi quando chiamava la notte.

Questa divisione del lavoro prendeva forma gradualmente, ma in modi diversi, nelle famiglie dove il padre si faceva carico con pari responsabilità (e pari tenerezza, va detto) della cura dei figli fino dalla prima infanzia. Differenze di interessi, energia, temperamento e orari fra i genitori erano tutti fattori che si intrecciavano a formare modalità diverse di spartizione paritaria dei compiti genitoriali, un tipo di rapporto dal quale i figli non potevano trarre che giovamento. Il sostegno reciproco fra i genitori era evidente e importante in molti casi. In una famiglia con un bambino che nel primo anno manifestava un temperamento molto difficile, la madre tendeva a reagire con ansia e sentimenti di colpa, sentendosi in qualche modo responsabile delle continue bizze del figlio, che faticava moltissimo ad accettare qualunque novità. Il padre, un uomo dal temperamento calmo e paziente, capiva con grande sensibilità e chiarezza il comportamento del bambino e sapeva offrire alla moglie un appoggio solidissimo, rassicurandola di continuo e, se necessario, sobbarcandosi in sua vece le incombenze più delicate. È interessante che oggi i due figli (era nato poi un altro maschio), entrambi adulti, abbiano un grande rispetto e affetto per il padre, sentimenti che ricordano di aver provato fin da bambini. Sono molto affezionati anche alla madre, ma sanno bene che è stato il padre a svolgere nella famiglia il ruolo dominante, in maniera così positiva. In altre famiglie era la madre a sentirsi sicura nel rapporto col bambino aiutando il marito a superare le iniziali incertezze di fronte alla responsabilità che doveva assumersi per questo essere così fragile e indifeso che era entrato nella sua vita.

La partecipazione attiva del padre non sempre aveva effetti così positivi. In qualche caso il padre, molto coinvolto nell'allevamento e nell'educazione del figlio stigmatizzava come difetti certi caratteri che in realtà non erano altro che normali tratti temperamentali: intensità delle reazioni, alto livello di attività, adattabilità lenta, distraibilità. In questi casi l'interessamento paterno era tutt'altro che produttivo, quando si concretizzava nella pretesa di cambiare, e subito, queste carattetistiche indesiderate. Una tale incompatibilità dava luogo a un eccesso di stress, con problemi di comportamento.

Quando il padre lavorava a tempo pieno e la madre solo mezza giornata, o era casalinga, toccava a lei ovviamente il carico maggiore nella cura quotidiana dei figli. Ma anche in queste situazioni alcuni padri erano disposti non solo a dare una mano, ma a sollevare il più possibile la moglie dal peso di quelle incombenze quando erano a casa. All'estremo opposto, qualcuno si valeva dei suoi impegni lavorativi come di un pretesto per disinteressarsi quasi completamente dell'andamento domestico. Se le mogli accettavano questo stato di cose, la famiglia dava magari l'impressione di funzionare senza scosse in superficie, salvo la brutta sorpresa del padre quando si accorgeva che quel rapporto sul quale contava con il figlio o la figlia ormai grande non esisteva affatto: non l'aveva mai costruito.

Le ragioni del distacco emotivo dei padri dai figli erano varie. In qualche caso si trattava di persone psicologicamente incapaci di stabilire uno stretto legame emotivo con chiunque. Ce n'erano anche diversi incapaci di reggere un rapporto personale con un adulto, che vedevano automaticamente come una figura minacciosa e competitiva, mentre non avevano difficoltà di rapporto con un bambino: questi padri stabilivano un positivo legame emotivo coi figli finché erano piccoli, ma quando arrivavano all'adolescenza non riuscivano a mantenerlo e i rapporti si facevano sempre più distaccati. Altri invece presentavano la tendenza opposta: sconcertati o infastiditi dalle mille necessità della cura dei bambini, cominciavano a trovare interessante il rapporto coi figli quando questi maturavano inclinazioni e attività consone ai loro gusti. A quel punto poteva nascere anche una certa confidenza, a meno che il figlio non fosse ormai talmente estraniato, a causa della precedente freddezza o irritabilità del padre, da non poter istituire con lui altro che un rapporto molto superficiale.

In alcune famiglie del nostro studio longitudinale, una madre dominante si accaparrava un ruolo esclusivo di controllo autoritario sui figli. In questo caso il padre, se aveva una personalità passiva, rispondeva ritraendosi dalla scena domestica. Se invece aveva anch'egli una personalità forte, era frequente una situazione di aperto conflitto fra i coniugi. In questi casi il rapporto del padre con i figli poteva magari salvarsi, ma una tale conflittualità fra i genitori durante l'infanzia si risolveva spesso in difficoltà di adattamento dei figli alle soglie dell'età adulta (Chess e coll., 1983).

C'erano poi altre famiglie dov'era il padre ad assumere in casa il ruolo dominante, imponendo in maniera autoritaria e unilaterale tutte le regole e le pretese per l'allevamento e l'educazione dei figli. In questi casi, le donne più passive si sottomettevano ai modelli del marito, anche quando non erano affatto d'accordo. E se non erano d'accordo si trovavano spesso in una situazione incerta, disorientate e oscillanti nel modo di trattare i bambini. Se invece riuscivano ad affermare il loro punto di vista con una certa flessibilità e ragionevolezza, talvolta il coniuge autoritario faceva marcia indietro. Si evitava così un eccesso di tensioni in famiglia, cosa che non succedeva quando la moglie si contrapponeva in maniera rigida alle imposizioni dell'altro: in quel caso il terreno era pronto per una conflittualità aperta, tutt'altro che positiva per i figli (le conseguenze negative le abbiamo osservate fino nell'età adulta).

Implicazioni per i genitori

Un insegnamento fondamentale ricavabile dalle ricerche più recenti è che il padre può e deve fin dall'inizio assumere un ruolo paritario con la moglie nella cura del bambino e nella responsabilità genitoriale. Il ruolo materno è importantissimo, ma non unico e insostituibile.

Ma questa collaborazione alla pari fra i genitori nella cura della prole varierà enormemente da una famiglia all'altra. Parità non significa dividersi equamente tutti i compiti. Può darsi benissimo che ad uno dei genitori cambiare i pannolini sporchi risulti molto sgradevole, mentre all'altro non dia nessun fastidio: in tal caso non c'è nessuna ragione che non debba incaricarsene quello che lo fa più volentieri. Ci sono tanti altri modi per spartirsi il carico quotidiano: lo stesso genitore che non ha nessuna difficoltà coi pannolini sporchi può trovare faticoso fare il bagno a un bambino molto vivace, mentre l'altro magari si diverte a vederlo giocare e sguazzare nell'acqua e può quindi occuparsene lui, visto che non gli dà fastidio ritrovarsi inzuppato dalla testa ai piedi. Un'equa distribuzione dei compiti si raggiunge meglio con questo tipo di scambi, non certo facendo la somma dei minuti e delle ore dedicate al bambino, in una specie di contabilità delle cure genitoriali.

L'aperto conflitto fra i genitori sul modo di trattare il bambino è per quest'ultimo una fonte di stress potenzialmente dannoso. I genitori possono prendere atto fra loro dei punti di vista divergenti e riuscire a concordare un atteggiamento comune. Se poi capita che una volta il bambino dica «Babbo, tu vuoi che io faccia così, ma la mamma dice tutto il contrario», in genere basta rispondergli che i genitori, come tutte le altre persone, non sempre la pensano allo stesso modo, e nulla vieta che lui faccia con la mamma in un modo, col babbo in un altro. Se poi non si può fare a meno di scegliere, la cosa può essere decisa in una discussione pacifica in presenza del figlio.

IL RUOLO DEI NONNI

Scarsissima attenzione è dedicata nella letteratura scientifica all'influenza che i nonni esercitano sulla vita dei bambini. Anche i più diffusi manuali di puericultura, con poche eccezioni (per esempio, Kornhaber e Woodward, 1981), tacciono sull'argomento.
È vero che una ricerca sistematica sul ruolo dei nonni presenta vari problemi particolari. In quest'epoca di instabilità delle famiglie, ci possono essere fino a otto nonni in una famiglia, ciascuno con le sue particolari caratteristiche psicologiche. Può darsi che una coppia di nonni abiti vicino e partecipi attivamente alla vita dei bambini, mentre altri stanno lontani e hanno con loro solo contatti occasionali. Nel rapporto coi nipoti, inoltre, può interferire tutta la complessità dei rapporti col figlio, la figlia, il genero o la nuora. Eventuali conflitti fra i nonni e i genitori sul modo di allevare i bambini possono riflettere sia un contrasto personale fra loro, sia cambiamenti intervenuti nelle concezioni prevalenti da una generazione all'altra.

E tuttavia i nonni possono avere un'influenza importante sulla vita dei nipoti. Questo fatto emergeva chiaro dai ricordi di alcuni dei nostri soggetti. Dati più precisi vengono dallo studio esauriente sugli effetti del divorzio sui figli, condotto da Judith Wallerstein coi suoi collaboratori dell'Università della California, a Berkeley (1983). Da questa ricerca risulta che solo il 25% dei bambini aveva ricevuto un qualche aiuto da parte dei nonni o di altri familiari al momento della separazione fra i genitori. Osserva la Wallerstein: «Benché i nonni spesso siano indisponibili, abbiamo la prova che un buon numero di loro esita ad intromettersi nei momenti di crisi, ma si presterebbe ben volentieri, se richiesto, ad offrire un sostegno ai nipoti» (p. 246). I nonni e gli altri familiari possono fornire un aiuto prezioso andando a trovare i bambini, accompagnandoli a uno spettacolo o in altre uscite, prestandosi come *babysitter*, ecc.

Quanto notato dalla Wallerstein sullo scarso coinvolgimento dei nonni nei periodi di crisi è sviluppato più estesamente dallo psichiatra Arthur Kornhaber, il quale lamenta giustamente la tendenza generale della nostra società, dove «i nonni non sono più "parte della famiglia". In troppi casi, purtroppo, ciò va inteso alla lettera» (1981, p. XX). A suo avviso l'incoraggiamento della società agli anziani perché continuino a fare la loro vita dedicandosi ai propri interessi ha contribuito all'emergere in America di una nuova generazione di anziani «che non corrispondono più agli stereotipi negativi della "nonnina" e del "nonnino"... La brutale verità è che sono sempre più numerosi i nonni che scelgono di ignorare i loro nipoti. A loro volta, i nipoti ignorano loro» (p. XXII). Il libro di Kornhaber è un appello per la ripresa del «legame vitale» fra nonno e nipote, un legame che potrebbe essere tanto significativo per entrambi.

Può darsi che siamo parziali su questo tema, con sei nipoti che abbiamo. Ma ai nostri occhi i dati della ricerca, per quanto frammentari, indicano che i nonni possono svolgere un ruolo importante nella vita dei nipoti. La Wallerstein insiste sul valore di queste figure nei momenti di crisi, come la separazione o il divorzio dei genitori. A noi sembra però che quei nonni e nipoti che hanno la fortuna di istituire fra loro un saldo legame hanno molto da offrire gli uni agli altri nel corso ordinario della vita quotidiana. Per i nonni, la crescita e maturazione di un bambino che è legato a loro geneticamente ed emotivamente riafferma la continuità della vita nel futuro. Per il bambino, i nonni rappresentano un senso di continuità col passato e col retaggio culturale. E per l'appunto sono proprio quei nonni che hanno coi nipoti questo tipo di legame a potersi offrire come efficaci figure di sostegno se e quando scoppia una crisi nella famiglia.

Come in tutti i rapporti umani, non c'è una ricetta sicura per istituire un legame stretto fra nonni e nipoti. Certamente la cosa è più facile se abitano vicino, ma anche se c'è di mezzo la distanza ci sono molti modi di tenersi in contatto, dalle visite alle lettere, dalle telefonate frequenti ai regali di compleanno.

I genitori a volte si preoccupano che i nonni possano «viziare» il bambino con tutte le loro attenzioni e regali frequenti. In proposito possiamo esprimere solo la nostra opinione personale, ma siamo convinti che questo sia quasi sempre un timore esagerato. I bambini sanno differenziare molto bene i loro rapporti coi diversi membri della famiglia: si rendono conto del fatto che la nonna è tenera e permissiva e che con lei possono strappare concessioni impossibili coi genitori. Ogni rapporto fra persone è diverso dagli altri e quello del bambino coi nonni non dev'essere la copia carbone del suo rapporto col padre o la madre.

IL GENITORE SOLO

Quello dei genitori soli è un gruppo molto eterogeneo. C'è la matura divorziata, il vedovo o la vedova, l'adolescente abbandonata dal suo ragazzo. C'è la donna che ha avuto diversi matrimoni o relazioni insoddisfacenti e rinuncia all'idea di poter mai trovare l'uomo giusto, ma desidera profondamente la maternità e così intreccia una relazione qualunque al solo scopo di avere un bambino. C'è anche la lesbica che non ha nessun desiderio di vivere con un uomo ma vuol diventare madre e ha appositamente una breve relazione eterosessuale.

Certamente non si possono fare generalizzazioni che valgano per tutti questi tipi disparati di genitori soli. La maggior parte sono donne, ma ci sono anche i padri, vedovi, rimasti senza la moglie che è stata ricoverata in qualche tipo d'istituto, divorziati che hanno ottenuto l'affidamento dei figli. Si può dire che il genitore solo ha bisogno di particolari sostegni, come una persona che l'aiuti ad accudire al bambino o ai bambini, o adeguati servizi (asilo nido, scuola materna), per far fronte al carico di una responsabilità non condivisa con nessuno. Ma non risulta affatto dimostrato dalle ricerche in materia che il bambino debba necessariamente subire un danno psicologico per la mancanza di una «figura paterna» o di una «figura materna» che gli offra il modello dei futuri rapporti adulti. C'è quasi sempre almeno una figura sostitutiva a disposizione del bambino: un fratello o una sorella maggiore, zii, zie, i nonni. A volte anche il genitore di un amico può assolvere a questa funzione. Ciò che conta sono le circostanze e le difficoltà create dalla condizione di genitore solo. E queste circostanze sono enormemente diverse per una donna matura, colta e benestante, e per l'adolescente semianalfabeta che vive di sussidi in un alloggio fatiscente e affollato dove non c'è posto nemmeno per lei, figurarsi per il bambino.

Se il bambino non ha nessun contatto con l'altro genitore, è facile prevedere che prima o poi vorrà sapere perché non ha il babbo o la mamma, come i suoi amici. Se il genitore è morto, bisogna dargli una risposta chiara e veritiera, per quando dolorosa. Spesso il bambino tornerà sulla stessa domanda nel corso degli anni: ciò non vuol dire che abbia dimenticato la risposta, ma solo che al nuovo stadio di sviluppo intellettuale raggiunto ha bisogno di una spiegazione più dettagliata.

È rassicurante che tutti gli studi abbiano dimostrato che la morte di un genitore non necessariamente causa di per sé danni psicologici nel figlio. Rutter (1966), riassumendo varie ricerche, conclude che malgrado l'imponente riadattamento che può comportare, lo sviluppo dei bambini nella massima parte dei casi procede normalmente, conclusione confermata da un altro studio, condotto anch'esso in Inghilterra da Michele Van Erdewegh e dai suoi collaboratori (1985). E nel nostro studio longitudinale abbiamo trovato che la morte di un genitore non comprometteva il livello globale di adattamento nella vita adulta.

Possono esserci, naturalmente, singoli casi in cui alla morte del genitore non segue un positivo riadattamento a lungo termine. Uno dei nostri soggetti era una bambina dal temperamento molto vivace, con reazioni intense e un comportamento spesso impulsivo. Il risultato furono vari problemi di comportamento in età scolastica, superati grazie all'impegno concorde dei genitori che, seguendo i nostri consigli, riuscirono a stabilire un insieme coerente di regole ferme. Giunta all'adolescenza, le nuove e più complesse richieste della scuola e della vita sociale minacciarono di crearle nuove difficoltà, col suo comportamento impulsivo. Purtroppo in quel periodo il padre, figura energica e rispettata in famiglia, morì all'improvviso. La madre, sopraffatta dalla perdita, dalla necessità di tornare a lavorare a tempo pieno e dalla responsabilità che improvvisamente piombava sulle sue sole spalle di far fronte ai bisogni dei quattro figli, non riuscì più da sola a controllare l'impulsività della ragazza, che sfociò in assenze sempre più frequenti da scuola e in comportamenti antisociali di gravità crescente.

Nel caso della madre nubile, sia che abbia scelto deliberatamente la maternità senza matrimonio, oppure abbia avuto una gravidanza accidentale, è nostra opinione che il bambino debba ricevere egualmente una risposta chiara e sincera. Potrà disorientarlo, ma se la madre gli spiega con dignità e senza scuse la sua decisione, in ogni caso dettata da certi principi, può aspettare che la capisca, anche se magari preferirebbe che le cose fossero andate diversamente.

Tutt'altro problema è invece per il bambino rivelare la sua situazione nel mondo esterno. Si sono fatti ultimamente grandi progressi nel senso della tolleranza verso situazioni familiari non ortodosse, ma ancora oggi il figlio di una madre nubile rischia di essere bersagliato dai coetanei e dai vicini per la sua nascita illegittima. A nostro avviso la madre fa bene in questi casi a dire al bambino di mantenere il segreto con gli estranei: una menzogna innocua come «Mio padre è morto prima che nascessi» dovrebbe assicurargli la necessaria protezione. È importante comunque insistere sul fatto che questo piccolo sotterfugio è necessario non perché ci sia niente di cui vergognarsi, ma per i pregiudizi irragionevoli e ingiusti di molte persone.

Se il bambino insiste per conoscere suo padre – e questi non ha nulla in contrario – la madre non deve ostacolarlo. Se poi il padre lo rifiuta, sarà almeno chiaro che la colpa non è della madre. Farne oggetto di contrasti col figlio non può che essere controproducente: se non altro, il bambino si chiederà se lei non abbia qualcosa da nascondere.

SEPARAZIONE, DIVORZIO E SECONDE NOZZE

La separazione dei genitori, accompagnata o no dal divorzio, crea un grave stress per i figli. Anche se hanno assistito a frequenti aspri scontri, con la minaccia del divorzio sempre sospesa nell'aria, la separazione effettiva arriva come un trauma. Molti bambini non possono fare a meno di chiedersi: «È stata forse colpa mia?». Oppure: «Se i miei genitori non si vogliono bene, forse possono smettere di voler bene anche a me». In più ci sono spesso grandi modificazioni nelle abitudini di vita, per gli adulti non meno che per i bambini, e alcune di queste sono tutt'altro che piacevoli.

Valutare gli effetti al lungo termine di questa esperienza sui figli non è facile. Si deve tener conto di molti fattori: le conseguenze economiche, il comportamento dei genitori fra loro e verso i figli, età e sesso di questi, tipo di rapporto che avevano con ciascun genitore prima della separazione, il sostegno da parte dei nonni o di altri familiari, le decisioni circa l'affidamento all'uno o all'altra. Anche eventi imprevedibili – per esempio, l'emergere di un particolare talento che avvicina il bambino ad uno dei genitori – possono avere la loro parte. E le nuove nozze di un genitore o di entrambi, cosa frequente dopo il divorzio, comportano tutta una serie di problemi nuovi: rapporti con la matrigna o il patrigno (ed eventuali suoi figli), magari la nascita di un fratellastro.

Fortunatamente disponiamo di una ricca massa di dati rilevanti circa gli effetti del divorzio e delle nuove nozze dei genitori, soprattutto da due studi longitudinali assai completi e metodologicamente sofisticati. La ricerca di Judith Wallerstein riguardava 60 famiglie (in prevalenza della borghesia bianca), con un totale di 131 figli, dai tre ai diciotto anni di età al momento della separazione. Per ciascuna famiglia è stato scelto un solo figlio, riesaminandolo a distanza di cinque e dieci anni dal divorzio – a quella data, sono state rintracciate 51 delle 60 famiglie iniziali, con 98 figli (1983; 1985). L'altro studio, ad opera di Mavis Hetherington e dei suoi collaboratori all'Università della Virginia (1985), è partito con 144 bambini e rispettivi genitori, tutti di classe media. Metà dei bambini erano figli di divorziati, affidati alla madre, l'altra metà (il gruppo di controllo) apparteneva a nuclei familiari completi. Gli accertamenti sono stati condotti a due mesi, un anno e due anni di distanza dal divorzio (ovviamente, delle famiglie del primo gruppo); un nuovo controllo è stato eseguito di recente a sei anni di distanza, su 124 famiglie che si sono potute rintracciare delle 144 iniziali.

In entrambe le ricerche sono state utilizzate varie procedure per la raccolta dei dati, sottoposti quindi ad analisi statistica e a valutazioni di tipo qualitativo sulla storia delle singole famiglie. Solo le risultanze e conclusioni di maggior rilievo possono esser accennate in questa sede.

La Wallerstein nota che le risposte immediate del figlio alla separazione dei genitori sono più osservabili, «mentre l'effetto a lungo termine sullo sviluppo è complesso e imprevedibile... L'età e lo stadio evolutivo del figlio sembrano essere i fattori più importanti che ne governano la risposta immediata» (1983, p. 247). In base alle sue osservazioni, i bambini in età prescolastica sono quelli che più spesso presentano una qualche forma di regressione, per esempio nel controllo degli sfinteri o nella dipendenza dai genitori. Fra i cinque e gli otto anni sono più frequenti le reazioni di dolore, con pianto e altre manifestazioni esplicite di lutto per la perdita. I bambini dai nove ai dodici anni sono impauriti dal divorzio e spesso preoccupati all'idea di entrare nell'adolescenza mancando del sostegno di una famiglia intatta; spesso si mostrano anche molto arrabbiati contro uno o entrambi i genitori. Gli adolescenti possono preoccuparsi del loro futuro matrimonio e della possibilità di andare incontro a loro volta a un fallimento.

La Wallerstein è ottimista circa gli effetti positivi che in genere ottiene il nuovo matrimonio del genitore: «Abbiamo dati incoraggianti, dai servizi sociali, dai gruppi autogestiti di genitori, dai corsi di educazione permanente e da alcune ricerche preliminari, che sembrano indicare come gli adulti si accostino la seconda volta al matrimonio con aspettative più realistiche... Nel complesso, le nuove nozze del genitore hanno un'influenza positiva sulla vita dei figli, specialmente di quelli non ancora adolescenti» (1983, pp. 252-254). Come sottolinea la stessa Wallerstein, tuttavia, un esito così favorevole non è automatico. Se il patrigno assume in maniera troppo brusca o autoritaria il ruolo paterno, può indurre ansia nei bambini e alienarseli. Problemi possono nascere anche se il secondo marito (o la seconda moglie) non si rende conto del fatto che per sviluppare un rapporto positivo coi figliastri ci vogliono tempo, attenzione e pazienza: affetto, obbedienza e rispetto istantanei sono aspettative irrealistiche.

Lo studio della Hetherington conferma in generale i dati della Wallerstein sugli effetti disturbanti del divorzio. Una differenza sta nel fatto di aver rilevato effetti più negativi del divorzio sui figli maschi, mentre le nuove nozze risultavano più disturbanti per le femmine. Entrambi questi risultati erano da ricondurre, a quanto sembra, al beneficio che i figli ricavano dalla presenza in casa di un genitore (biologico o sostitutivo) dello stesso sesso. Per i maschi affidati alla madre, il patrigno poteva soddisfare questa esigenza, mentre il suo intervento aveva spesso un effetto distruttivo sulla stretta relazione formatasi fra la madre divorziata e la figlia (1985). Come la Wallerstein, anche la Hetherington sottolinea che per ottenere i migliori risultati il patrigno deve preoccuparsi di consolidare un rapporto positivo con i ragazzi prima di assumere un ruolo attivo sul piano della disciplina e delle decisioni che coinvolgono tutta la famiglia. Nel nostro New York Longitudinal Study non era prevista una ricerca approfondita sugli effetti del divorzio e di un nuovo matrimonio dei genitori, ma i dati sono sufficienti per un'analisi delle conseguenze in età adulta. Nell'analisi interveniva una valutazione del conflitto di coppia ricavata dai colloqui separati coi genitori quando il bambino aveva tre anni. Le correlazioni calcolate per la separazione o divorzio sembravano indicare un preciso effetto negativo ai fini dell'adattamento adulto. Un risultato simile emergeva correlando l'adattamento in età adulta con la conflittualità fra i genitori durante l'infanzia dei soggetti. Ovviamente, c'era una correlazione significativa anche fra i conflitti coniugali e l'incidenza di successivi divorzi e separazioni. Ma eliminando, attraverso l'analisi della regressione multipla, l'effetto dei conflitti fra i genitori sull'adattamento psicologico dei figli in età adulta, non si aveva più nessun effetto residuo significativo attribuibile al fatto in sé e per sé della separazione o del divorzio. In altre parole, la conflittualità fra i genitori durante l'infanzia sembrava avere conseguenze dannose a lungo termine più significative che non l'effettiva separazione fra i genitori. Questo dato trova riscontro in un articolo di Michael Rutter (1981b), che insiste soprattutto sugli effetti deleteri della discordia fra i genitori, più gravi dei danni attribuibili a un divorzio realmente consumato.

L'AFFIDAMENTO CONGIUNTO

Fino a non molto tempo fa, l'affidamento dei figli dopo il divorzio andava di solito alla madre, salvo circostanze particolari che lo sconsigliassero. Questa decisione ha la conseguenza spiacevole di separare i figli dal padre, anche quando siano previste visite frequenti, suscitando inoltre molte dispute sui diritti del padre. In anni recenti l'affidamento congiunto, nel quale entrambi i genitori si dividono il tempo e le cure della prole dopo il divorzio, è stato proposto come una soluzione alla guerra fra i genitori per l'affidamento dei figli. In questo tipo di sistemazione, il bambino si trova ad avere a tutti gli effetti due case, una col padre e una con la madre, nelle quali abita a periodi alterni. I genitori condividono le responsabilità e l'autorità nei confronti del figlio. Un'altra possibilità è che il figlio viva stabilmente con un genitore, ma la potestà genitoriale rimanga indivisa.

La nuova tendenza ha preso le mosse da varie cause. Diversi tribunali hanno rilevato che la presunzione che l'affidamento debba andare alla madre violava il diritto costituzionale dei padri alla parità di garanzie (Derdeyn e Scott, 1984). Il numero crescente di madri che lavorano, anche con figli piccoli, ha indebolito l'idea preconcetta che la madre sia sempre nelle condizioni migliori per assicurare un accudimento continuo ai figli. Infine, la soluzione dell'affidamento congiunto ha sollevato i tribunali dalla responsabilità di una scelta difficile. Come ha avuto a dire un giudice, «l'affidamento congiunto è un'idea attraente. Permette al tribunale di sfuggire a una scelta angosciosa, di non ferire l'autostima di nessuno dei due genitori e di evitare l'apparenza di una discriminazione sessuale» (citato in Derdeyn e Scott, 1984, p. 204).

L'esperienza con gli affidamenti congiunti è per ora troppo breve per autorizzare conclusioni definitive. Due articoli recenti, rispettivamente di Andre Derdeyn ed Elizabeth Scott, dell'Università della Virginia (1984), e di Susan Steinman e i suoi collaboratori del *San Francisco Joint Custody Project* (1985), riferiscono alcune impressioni preliminari, sia favorevoli che critiche.

Derdeyn e Scott soppesano i possibili vantaggi e le potenziali difficoltà dell'affidamento congiunto. Sul versante positivo, c'è il fatto di evitare i costi emotivi ed economici delle battaglie legali per l'affidamento dei figli. Inoltre, questa soluzione è promettente ai fini della possibilità che il figlio mantenga stretti rapporti con entrambi i genitori, senza perdere nessuno dei due. Per le madri può essere un vantaggio vedere dimezzato il peso che altrimenti dovrebbero sobbarcarsi da sole.

Questi vantaggi hanno indotto molti giudici a decidere per l'affidamento congiunto anche quando uno solo dei genitori è d'accordo, e addirittura quando nessuno dei due l'ha richiesto. In casi del genere c'è il rischio che gli ex-coniugi perdano l'occasione di risolvere in tribunale i loro conflitti, conflitti che saranno alimentati indefinitamente da una tale sistemazione. L'affidamento congiunto può essere imposto a due genitori che sono ancora nel pieno della conflittualità, e in tal caso difficilmente si risolve in un vantaggio. D'altra parte, questo può essere un modo per costringere il padre ad avere maggiori contatti coi figli, cosa i cui effetti benefici sono documentati da numerose ricerche (Derdeyn e Scott, 1984).

Derdeyn e Scott rilevano tuttavia che finora sono molto scarsi gli studi che permettano una risposta chiara agli interrogativi circa gli effetti positivi e negativi dell'affidamento congiunto. Concludono comunque:

> L'affidamento congiunto può offrire la soluzione ottimale per molti bambini. Tuttavia, l'entusiasmo per questa sistemazione sembra legato principalmen-

te al nostro desiderio di mitigare il dolore e la perdita che il divorzio causa per i figli e i genitori, e di avere una regola cui attenersi per queste difficili decisioni. C'è una netta disparità fra la potenza del movimento a favore dell'affidamento congiunto e la consistenza delle prove che tale pratica possa realmente dare i risultati che ci si aspettano da essa (1984, p. 207).

Quanto alla ricerca della Steinman e dei suoi collaboratori, si tratta di uno studio condotto su 51 coppie divorziate con affidamento congiunto dei figli, a distanza di un anno dall'inizio di questa sistemazione. Sono state esaminate in dettaglio le caratteristiche psicologiche dei genitori, nel tentativo di differenziare le situazioni in cui un affidamento congiunto promette buoni risultati da quelle in cui può soltanto accrescere le tensioni. I dati raccolti indicano che «i genitori presentano un'ampia variabilità in ordine alla capacità di raggiungere un accordo sull'affidamento congiunto e di mantenerlo, e all'entità dei conflitti e tensioni suscitate dalla condivisione della responsabilità genitoriale» (1985, p. 554).

Le coppie di ex-coniugi che avevano realizzato al meglio l'affidamento congiunto erano caratterizzate da (1) rispetto ed incoraggiamento del legame tra il figlio e l'altro genitore, (2) una certa oggettività di entrambi nei confronti del bambino, indipendentemente dagli altri conflitti fra loro, (3) empatia col punto di vista del bambino e dell'ex-coniuge, (4) capacità di passare dal ruolo di *partner* a quello di co-genitore e (5) di fissare nuovi confini di ruolo, (6) elevata autostima e grande flessibilità di entrambi i genitori.

Ci si può chiedere quanti siano gli ex-coniugi all'altezza di questi ambiziosi requisiti, specialmente dopo i gravi conflitti sfociati nel divorzio. Ma noi abbiamo visto un certo numero di genitori che presentavano queste caratteristiche, in particolare la capacità di separate i bisogni dei figli dai loro conflitti di coppia, in misura sufficiente a far prevedere una gestione riuscita dell'affidamento congiunto.

La Steinman e i suoi collaboratori elencano anche le caratteristiche che fanno prevedere un esito negativo dell'esperimento. Cosa certo non sorprendente, sottolineano in particolare un'intensa conflittualità ancora in atto fra gli ex-coniugi, conflittualità che coinvolge il bambino, e la convinzione radicata che l'altro sia un cattivo genitore e debba essere punito. Non meno controindicanti sono precedenti di alcolismo o tossicodipendenza o di maltrattamenti fra i coniugi. Gli autori raccomandano un sostegno specialistico per quei genitori che si sforzano di portare a buon fine l'affidamento congiunto, una sistemazione che dovrebbe risultare utile almeno in alcuni casi.

I genitori che hanno deciso di separarsi e divorziare hanno una grande responsabilità verso i figli, precisamente quella di ridurre al minimo i danni, sia nell'immediato che a lungo termine. E ci sono molte cose che possono fare in tal senso, come attesta la ricerca ben documentata in questo campo. I nostri suggerimenti sono un condensato di quelli avanzati dalla Wallerstein e dalla Hetherington, oltre che degli spunti tratti dalle nostre ricerche ed esperienze cliniche.

Prima di tutto, essere onesti coi figli. Ritardare la scoperta della verità con sotterfugi, del tipo «Tuo padre non può vivere sempre a casa perché ha un nuovo lavoro», serve solo ad aumentare il danno. Come nota la Wallerstein, «i figli che vengono informati del divorzio prima che uno dei genitori se ne vada da casa, rassicurandoli sul fatto che continueranno a vederlo, sono significativamente più sereni di quelli che si trovano davanti al fatto compiuto senza nessuna preparazione» (1983, p. 246).

Secondo, assicurare ripetutamente e con grande enfasi ai bambini che non sono in alcun modo responsabili della separazione, insistendo sul fatto che la fine dell'amore fra i genitori non compromette affatto l'amore di entrambi verso i figli. Il genitore assente deve rispettare religiosamente gli impegni delle visite, dando agli incontri coi figli la priorità su tutto il resto, salvo casi eccezionalissimi e non previsti. Deve però essere anche pronto a rinunciarvi su richiesta dei figli, se la visita in programma coincide con qualche evento cui tengono molto.

I temi di conflitto fra i genitori devono essere tenuti nascosti ai figli, o almeno soffocati in loro presenza. È particolarmente pericoloso che un genitore cerchi di trascinare i figli in una posizione antagonistica verso l'altro. In questi casi i figli sono lacerati da un conflitto grave e distruttivo, divisi fra due lealtà incompatibili. Quando non siamo riusciti a far recedere uno dei genitori da questa tattica, abbiamo sempre insistito con l'altro perché non si lasciasse trascinare al contrattacco. È sempre possibile dire ai figli, per esempio: «Tua madre pensa di me questo o quello. La cosa mi dispiace, ma resta fra lei e te. Tu ed io abbiamo i nostri rapporti, e questi sono una cosa a parte, rispetto a quello che pensa tua madre». In questo modo, i figli sapranno che almeno uno dei genitori non li costringerà a schierarsi contro l'altro.

Ricordiamo un caso in cui il padre aveva ottenuto il divorzio per sposare un'altra donna quando i due figli erano ancora molto piccoli. Aveva sempre versato regolarmente gli assegni per il loro mantenimento, ma per il resto si era completamente disinteressato dei bambini. Ma quando, ormai adolescenti, si rivelarono simpatici e intelligenti, ecco che il padre, ora che non erano più un peso, entrò all'improvviso nella loro vita, cominciando a corteggiarli con ogni sorta di regali e intrattenimenti. Essendo un personaggio molto ricco e prestigioso, poteva farlo con dovizia di mezzi e i due figli erano incantati dagli incontri con lui. La madre, oltre alla rabbia che provava, si sentiva anche minacciata: dopo aver sopportato da sola tutto il peso dei figli finché erano piccoli, ora che era un piacere stare con loro, ecco che l'ex-marito cercava di portarglieli via con mille lusinghe. La mettemmo in guardia in tutti i modi: non doveva cercare di opporsi a questi incontri, anzi doveva fingere, se necessario, di essere ben contenta che i figli potessero fare tutte queste esperienze così nuove e interessanti. Seguì i nostri consigli, anche se spesso doveva mordersi la lingua per non lasciarsi scappare una parola di troppo. Alla fine tutto quello splendore cominciò a mostrare la corda: il padre non aveva più tanta voglia di portare i figli di qua e di là, e loro si accorsero benissimo che il suo interesse scemava, mentre sapevano di poter sempre contare sulla madre, che era riuscita a mantenere un buon rapporto con loro.

Infine, non seguire uno schema rigido. Se il bambino ha una reazione disturbata, affrontare la cosa con pazienza, cercando di offrirgli tutto il sostegno di cui ha bisogno. E non volere a tutti i costi mettere sul tappeto il problema del divorzio, se non ne vuol parlare: lasciare che sia lui a sollevare l'argomento a suo tempo e a suo modo.

Nel caso che il genitore affidatario si risposi, come rileva la Wallerstein, il riadattamento esige un lavoro lungo e paziente per arrivare a far funzionare come si deve la nuova organizzazione familiare. In nessun caso il patrigno (o matrigna che sia) deve interferire nei rapporti dei figli col genitore assente, o entrare in competizione con questo. Se è il genitore assente a risposarsi, valgono le stesse considerazioni: è necessaria la massima cura per evitare che questa nuova situazione guasti i rapporti coi figli.

Ci ha molto colpito, nei colloqui che abbiamo avuto con i nostri soggetti dello studio longitudinale ormai adulti, vedere come la maggior parte dei figli di divorziati fosse riuscita a risolvere positivamente il problema. Alcuni l'avevano superato grazie all'aiuto efficace di un genitore, o di entrambi. In qualche caso l'aiuto era venuto dal patrigno o dalla matrigna, ma c'erano anche quelli che erano riusciti a venirne a capo da soli. In quei casi dove il problema del divorzio fra i genitori era ancora fonte di amarezza e disagio, di solito entravano in gioco altri fattori negativi, che impedivano il superamento di questo come di tanti altri problemi.

L'ADOZIONE

L'adozione è una pratica ampiamente accettata nella nostra società. Ma che cosa sappiamo in proposito? Ci sono dei problemi particolari per figli e genitori adottivi? E se ci sono come vanno affrontati? Un bilancio molto completo della letteratura su questo tema è quello tracciato da Burton Sokoloff, del Dipartimento di pediatria dell'Università della California, a Los Angeles (1983). Ci baseremo qui sulla sua esposizione, integrata dalle nostre esperienze dirette con genitori adottivi nell'ambito della nostra pratica clinica.

Primo – ed è il dato più importante – la maggioranza dei figli adottivi ha un adattamento familiare del tutto paragonabile a quello dei coetanei che vivono coi genitori biologici, adattamento che non è ostacolato nemmeno dalla presenza in famiglia di figli biologici della coppia adottante. Tale risultato positivo richiede da parte di quest'ultima una grande chiarezza verso il figlio adottivo, con atteggiamenti e comportamenti che gli dimostrino che lo considerano figlio proprio a tutti gli effetti. Vari studi hanno anche rilevato che i problemi scolastici e psichiatrici sono più rari fra i bambini dati in adozione che fra quelli che rimangono con la madre biologica. Questo risultato non è sorprendente, in quanto i genitori adottivi possono offrire di solito un ambiente più stabile e ricco di risorse in confronto a una madre nubile.

Diversi lavori indicano che i figli adottivi rappresentano una quota sproporzionatamente alta nella casistica dei servizi di igiene mentale, significativamente maggiore della loro percentuale sulla popolazione totale. Ma da questi dati non risulta se abbiano davvero più problemi degli altri bambini, o semplicemente i genitori adottivi si rivolgano ai servizi più spesso dei genitori biologici. Questa seconda spiegazione è assai plausibile. Spesso gli adottanti temono che il bambino possa presentare qualche difetto genetico non accertato, o che possa essere intimamente turbato per essere stato rifiutato dalla madre biologica. Può darsi che interpretino la minima irregolarità nel comportamento del bambino come segno di gravi disturbi psicologici, precipitandosi subito da uno specialista. Neppure i rilevamenti condotti sulla popolazione generale, anziché sulla casistica dei servizi di salute mentale, permettono di dare una risposta definitiva all'interrogativo se i figli adottivi presentino realmente più problemi degli altri: una ricerca svedese ha messo in luce un'incidenza maggiore di disturbi mentali fra gli adottati, ma uno studio analogo in Inghilterra non ha trovato nessuna differenza significativa fra questo gruppo e il resto della popolazione.

Il bambino dev'essere informato subito della sua situazione. Forse la parola «adozione» non gli dirà molto la prima volta che la sente dire (questo vale per qualunque parola un po' complessa). Via via che matura, farà delle domande adeguate al nuovo stadio evolutivo raggiunto e alle sue crescenti capacità cognitive. I genitori devono accogliere ben volentieri queste domande e rispondervi con sincerità. Se cercano di tenerglielo nascosto, il bambino può scoprire che è stato adottato, e allora la scoperta è dolorosa e può fargli davvero del male. Molti dei problemi dei figli adottivi, così come li abbiamo potuti vedere, nascono proprio da questi sotterfugi dei genitori, quando la verità viene rivelata da altri (a volte per pura malignità). Una tale notizia inaspettata può far pensare al ragazzo che ci sia qualcosa di vergognoso nella sua origine, lasciandolo disorientato e in preda ad angosce e timori. Questa è una situazione in cui davvero la miglior politica è l'onestà.

Di recente in vari paesi, fra cui gli USA, almeno in alcuni stati, sono state approvate disposizioni che permettono ai figli adottivi in età adulta di identificate, rintracciare e incontrare i genitori biologici. La giustificazione portata a conforto di queste decisioni è che in tal modo si garantirebbe agli adottati un maggior senso d'identità personale, aiutandoli a superare sentimenti profondi di rifiuto e a eliminare eventuali fantasie irrealistiche sviluppatesi nel corso degli anni circa l'identità dei genitori biologici. L'incontro col figlio andato in adozione avrebbe inoltre il vantaggio di rassicurare il genitore biologico sul fatto che è stato accudito ed educato a dovere. Sokoloff riferisce che questi incontri dei figli adulti coi genitori biologici hanno dato spesso risultati soddisfacenti.

Personalmente, però, abbiamo dei dubbi. In particolare ci inquieta l'azzardo implicito in un incontro del genere. Una ragazza che abbiamo seguito nel nostro studio longitudinale, per esempio, era riuscita a rintracciare la madre biologica e fu un grave colpo per lei trovare una vecchia alcolista che non aveva nessun interesse a conoscere la sorte dei suoi figli biologici: anziché attenuare eventuali angosce per il rifiuto materno, l'incontro fu una nuova e reale esperienza di rifiuto, vissuta in prima persona.

In certi casi la madre biologica può essersi rifatta una nuova vita, con marito e figli, in un ambiente dove nessuno sa dell'esistenza di un figlio avuto da una precedente relazione. La rivelazione del suo segreto, con la comparsa improvvisa di un figlio o di una figlia già grande, può danneggiarla gravemente in questa sua nuova rispettabilità. La nostra opinione è che un incontro coi genitori biologici non debba essere incoraggiato finché non si abbiano informazioni tali da escludere fondatamente conseguenze dannose sia per il figlio che per il genitore.

Sokoloff raccomanda che al momento dell'adozione si forniscano agli adottanti tutte le informazioni possibili, di carattere medico e ambientale, circa i genitori biologici. In tal modo, saranno in grado di rispondere a eventuali domande del figlio quando sarà più grande. Ciò è particolarmente importante di fronte a sue eventuali preoccupazioni intorno a malattie ereditarie che potrebbe a sua volta trasmettere ai propri figli.

È importante comunque distinguere fra le domande che rivelano autentici dubbi circa se stesso («Che cosa valgo, se mia madre mi ha dato via?») e quelle che mirano solo a ottenere qualche vantaggio immediato. Essenziale è chiarire al bambino che la madre biologica non era in condizione di assicurargli un minimo di sicurezza e che, proprio perché lo amava, ha fatto il possibile per farlo adottare da genitori che lo amassero e lo allevassero come un figlio proprio. Sapere di non essere stato nella pancia della mamma adottiva non è di per sé elemento tale da estraniare il figlio dai genitori adottivi: il legame fra loro sarà il prodotto delle innumerevoli interazioni nel corso degli anni, proprio come succede per i figli biologici.

Il figlio adottivo può esser tentato a volte di usare strumentalmente la sua situazione per ottenere qualche vantaggio immediato. Ricordiamo a questo proposito l'episodio di un ragazzo che a un certo punto era rimasto indietro con l'algebra, per cui la madre adottiva aveva preso l'abitudine di fargli venti minuti di lezione al giorno, per aiutarlo a rimettersi in pari. Un sabato, con i compagni che l'aspettavano fuori per una partita di *baseball*, il ragazzino disse: «Quell'altra mamma non mi farebbe stare in casa». E la madre: «Può darsi, ma ne riparliamo dopo quando hai finito la lezione di oggi». Il ragazzo cominciò a fare i suoi esercizi senza altre proteste e appena ebbe finito si alzò per correre a raggiungere gli amici. Allora la madre, con una punta di ripicca, gli fece: «Aspetta un po'! Non volevi parlare di "quell'altra" mamma?». Al che il ragazzo rispose allegramente: «Dai che lo sapevi che era solo per non fare l'algebra!». E se ne andò a giocare, con soddisfazione di entrambi.

I punti principali su cui insistere con un figlio adottivo, in sostanza, sono questi: (1) tu sei nostro figlio, dal punto di vista affettivo e legale; (2) la tua madre biologica non ti poteva accudire e per amore ti ha dato dei genitori che ti volevano e che ti potevano dare tutte le cure; (3) sarebbe bello andare sempre d'accordo, ma come tutti i genitori e figli ci sono le volte che abbiamo idee diverse, ma, quando succede, questo non ha niente a che vedere col fatto che ti abbiamo adottato; (4) noi siamo i tuoi veri genitori e come tutti i genitori prenderemo decisioni secondo i bisogni: per la tua sicurezza, per garantirti opportunità di sviluppo, perché possa adattarti alle regole e ai valori della famiglia.

VI
Madri che lavorano

«Egli ha monopolizzato quasi tutti gli impieghi redditizi, e da quelli che le permette di perseguire ella non riceve che una scarsa remunerazione. Egli chiude contro di lei tutte le vie alla ricchezza e alla distinzione che considera più onorevoli per se stesso. Come docente di teologia, medicina o legge, ella è sconosciuta».

Dichiarazione d'intenti,
Primo convegno americano per i diritti delle donne.
Seneca Falls (N.Y.), luglio 1848

Circa venticinque anni fa conoscemmo una giovane dottoressa che si accingeva a cominciare la specializzazione in psichiatria presso una prestigiosa istituzione ospedaliera. Quando il direttore del servizio psichiatrico seppe che era agli ultimi mesi di gravidanza, la costrinse a rimandare l'internato per restare a casa col bambino. Un'altra giovane laureata, una psicologa stavolta, era felicissima di aver trovato quello che le sembrava il posto giusto per lei: aveva un bambino di tre anni che aveva cominciato allora la scuola materna, e il suo orario di lavoro avrebbe coinciso con quello della scuola. Ma il marito, psichiatra, tanto insisté da farla rinunciare al posto. Secondo lui i «fatti» erano questi: se la moglie avesse avuto un interesse all'esterno, non avrebbe potuto dare al figlio tutta l'attenzione emotiva di cui aveva bisogno, e il bambino ne sarebbe stato «emotivamente danneggiato».

IDEE TRADIZIONALI SULLE MADRI CHE LAVORANO

I punti di vista espressi in questi episodi non rappresentavano l'opinione estremistica di una piccola minoranza, ma erano tipici di un ampio e autorevole segmento della comunità psicologica e psichiatrica del tempo, in cui vigeva la ferma convinzione che il posto della madre fosse in casa. Lo stesso Abram Kardiner, eminente psicoanalista della Columbia University, uno dei pochi che in ambiente analitico sottolineasse allora l'importanza dei fattori sociali e culturali nello sviluppo psicologico, scriveva: «La mia esperienza personale con le madri che lavorano indica ancora una volta che il loro sentimento prevalente è il senso di colpa. Non ho altra scelta che pensare che questo sia il prezzo da pagare per aver trascurato la funzione materna nell'interesse della realizzazione di sé» (1954, p. 223). Espresso questo giudizio poco incoraggiante, passava ad offrire una soluzione: «Sposarsi giovani, avere figli fra i diciotto e i ventiquattro anni, dedicare i successivi quattordici ad occuparsi efficacemente di loro, e poi intraprendere una carriera» (p. 225). Come potesse fare una donna, che anche prima dei trent'anni avrebbe avuto forse da faticare molto per superare la discriminazione sessuale e cominciare una carriera professionale, a mettere in pratica questa ricetta, Kardiner non si preoccupava di spiegarlo.

Anche il Dr. Spock e T. Berry Brazelton erano prigionieri di questa visione pessimistica del lavoro femminile, da evitare quando ci sono i figli a meno di esservi costrette da uno stato di necessità. Il manuale del Dr. Spock fino all'edizione riveduta del 1976 trattava la questione delle madri che lavorano fra i «problemi speciali», spiegando che i figli in quelle condizioni rischiavano di diventare dei disadattati. Prima del 1976 Spock ribadiva energicamente che non aveva senso per una madre, a meno che non potesse farne a meno, andare a lavorare fuori e «pagare altre persone per fare peggio di lei il suo mestiere di allevare i figli» (1967, p. 570). Verso la fine degli anni '60, dal canto suo, Brazelton sosteneva senza mezzi termini che «due madri non ne valgono una sola nei primi anni decisivi. È meglio per il bambino piccolo avere un'unica figura cui rapportarsi, da comprendere ed assorbire mentre va differenziando le sue proprie reazioni al mondo esterno» (1969, p. 164).

Come si spiega questo quadro desolato dei danni che subirebbero i bambini di madri che lavorano fuori casa? Le ragioni le abbiamo trattate nel Cap. III dell'Appendice e ci limiteremo a riassumerle brevemente qui. Primo, c'era la massima freudiana che il rapporto del bambino con la madre è qualcosa di unico e insostituibile, il prototipo di tutti i rapporti successivi. C'era anche lo studio di William Goldfarb (1943; 1947) sugli effetti dannosi dell'istituzionalizzazione nella prima infanzia. Più influente di tutti è stata la monografia di Bowlby, *Maternal Care and Mental Health* (1951), nella quale si leggeva che l'amore materno nella prima infanzia e nella fanciullezza è indispensabile per la salute mentale. Lo scritto di Bowlby ebbe una risonanza e una diffusione vastissime, inducendo la maggioranza degli psichiatri e degli altri tecnici della salute mentale a concludere che la madre era una figura assolutamente determinante, unica e insostituibile nell'erogazione di cure e nutrimento emotivo.

Leon Eisenberg, preside del Dipartimento di medicina sociale di Harvard, ha messo anche in rilievo che gli studiosi di scienze sociali, non diversamente dalle altre persone, sono inevitabilmente influenzati dalle forze socioculturali attive nella loro epoca storica:

> Lo *Zeitgeist* plasma il modo in cui i problemi sono formulati, i dati raccolti e i risultati interpretati... Durante la II guerra mondiale, quando lo sforzo bellico esigeva manodopera femminile nell'industria, il governo finanziava i servizi per l'infanzia... L'opinione pubblica era rassicurata sentendo che ricerche sistematiche non rivelavano alcun effetto deleterio. Finita la guerra, era essenziale trovare impieghi per gli uomini, favorendo l'uscita delle donne dal mercato del lavoro; non solo lo sviluppo dei bambini perse interesse agli occhi dei responsabili politici, ma i vecchi miti sull'allevamento dei figli entro le mura domestiche ripresero vigore, a dispetto di ogni evidenza (1981, p. 708).

Infine, Jerome Kagan così teorizza:

> Ogni società ha bisogno di qualche tema trascendentale su cui i cittadini possano impegnare la loro lealtà. In passato Dio, la bellezza e utilità del sapere e la santità dell'amore fedele erano fra i temi più sacri nella nostra società. Purtroppo, le realtà della vita moderna hanno reso difficile a molti americani restare fedeli a queste idee. La sacralità del legame genitore-bambino è forse una delle ultime credenze intatte (1984, pp. 56-57).

I CAMBIAMENTI NELLA FORZA LAVORO

Malgrado i rigori e i neri pronostici di tanti esperti, gli ultimi trent'anni hanno assistito a una crescita enorme, in valori assoluti e in percentuale, delle madri che lavorano. Questo anzi è uno dei più vistosi cambiamenti sociali avvenuti in un tempo così breve.

È il caso di spendere qualche parola sul termine «madre che lavora». L'espressione è usata quasi sempre solo per le donne che lavorano fuori casa, ma la casalinga che si prende cura dei figli è anch'essa una madre che lavora, e lavora sul serio. È occupata per ore e ore in compiti che esigono progetti, organizzazione del tempo e un considerevole dispendio di energie. Il guaio è che questo suo lavoro non è pagato e in una società dove il denaro è il criterio principe di valore, ciò equivale a dire che non «lavora» per davvero. Con questa avvertenza, useremo l'espressione «madre che lavora» come abbreviazione per intendere la madre che ha un lavoro all'esterno, così com'è usata quasi universalmente nel linguaggio corrente e anche fra gli addetti ai lavori. Indicheremo con «casalinga» la madre che lavora a tempo pieno con i figli e la casa.

Nel 1950 negli Stati Uniti appena l'11.9% delle madri di bambini sotto i sei anni e il 28.3% di quelle con figli dai sei ai diciassette anni lavoravano fuori casa. Nel 1980 le cifre corrispondenti erano 43.2% e 59.1% (Gerson, 1985). Nel 1982 l'ufficio federale di statistica riferiva che il 41% delle donne con un figlio sotto l'anno aveva un impiego fuori casa, così come il 38% di quelle con bambini sotto i tre anni. L'anno dopo i valori erano saliti rispettivamente al 45% e al 44% (Young e Zigler, 1986, p. 43). E nel 1985 uno studio del Dipartimento del lavoro rilevava che il 49.4% delle madri di bambini sotto l'anno e più della metà di quelle con figli sotto i sei anni, avevano un lavoro esterno (*New York Times*, 16 marzo 1986). Molte donne, anche con bambini piccoli, sono entrate nel mercato del lavoro, in settori precedentemente chiusi all'occupazione femminile, come il clero, la polizia, i vigili del fuoco, e in gran numero in quei campi dov'erano rappresentate solo marginalmente. Tutti i dati dimostrano che sul lavoto hanno un'efficienza assolutamente pari a quella maschile.

Inoltre, un patrimonio massiccio di solida ricerca si è accumulato in questi anni, tutto convergente su una stessa conclusione: il lavoro di una madre fuori casa non pone di per sé *nessun* rischio né al benessere e al sano sviluppo psicologico dei figli né all'equilibrio personale della madre stessa. Le pubblicazioni si possono suddividere grossolanamente in due gruppi: studi empirici nei quali si confrontano campioni di madri che lavorano e campioni di casalinghe, in ordine all'adattamento generale di madri e figli, e ricerche miranti a verificare l'ipotesi del carattere insostituibile del rapporto madre-bambino nella prima infanzia, tale che il bambino sia necessariamente danneggiato dall'occupazione esterna della madre.

LA RICERCA SULLE MADRI CHE LAVORANO

Già nel 1959 Alberta Siegel, della Stanford University, ha studiato con i suoi collaboratori un gruppo di bambini all'ultimo anno di scuola materna, senza rilevare alcuna differenza di adattamento tra i figli di madri lavoratrici e quelli di casalinghe. Un panorama delle ricerche esistenti, condotto l'anno dopo da Lois Stolz, sempre a Stanford, giungeva a una conclusione simile: «Sembra che il fatto che la madre sia impiegata o casalinga non costituisca un fattore così importante nel determinare il comportamento del bambino, come si era stati indotti a pensare» (1960, p. 779).

In anni recenti la letteratura sull'argomento si è arricchita enormemente. La Siegel ha esaminato questi lavori, trovando che le conclusioni erano più o meno le stesse: «Alcuni studi dimostrano che i figli delle madri lavoratrici, in particolare le figlie, sono più favorevolmente disposti degli altri verso l'occupazione femminile e verso il successo scolastico... Ma sotto quasi tutti i profili i figli delle madri lavoratrici non sono significativamente diversi dai coetanei» (1984, p. 486).

La National Academy of Science ha patrocinato un'apposita ricerca, affidata a un autorevole comitato scientifico, che ha passato in rassegna tutta la letteratura sulle madri lavoratrici, concludendo in una relazione pubblicata nel 1982 che non emergono effetti sistematici attribuibili all'attività lavorativa delle madri in nessun aspetto dello sviluppo dei figli (Kamerman e Hayes, 1982). Sandra Scarr, un'altra figura prestigiosa nel campo delle scienze sociali, al termine di una sua personale rassegna dell'argomento, osserva: «Tutto quello che sappiamo è che il successo scolastico, i punteggi nei test d'intelligenza e lo sviluppo emotivo e sociale dei figli delle madri lavoratrici sono in tutto e per tutto equivalenti a quelli dei ragazzi la cui madre non lavora fuori casa» (1984, p. 25). Ma non è poco!

Ormai quindi la ricerca, per quantità e qualità, dimostra *ad abundantiam* che il lavoro esterno della madre non danneggia i suoi figli. Ma si devono aggiungere molti «se». Questo risultato è vero solo se le cure sostitutive del bambino, sia in casa che presso altre strutture, sono di alta qualità (quali siano i requisiti necessari lo vedremo più avanti). Questo risultato inoltre è vero solo se l'attività lavorativa non assorbe il tempo e le energie della madre al punto che non le resti la disponibilità e il tempo materiale per sviluppare e mantenere un attivo rapporto di scambio affettuoso con i suoi figli.

Il fatto che tante donne con figli in età prescolastica lavorino fuori casa è di speciale interesse per i pediatri. È a loro infatti che si rivolgono le madri lavoratrici per avere consigli e sentirsi rassicurate nella loro ansia. L'American Academy of Pediatrics ha istituito perciò un apposito comitato, formato da pediatri di grande prestigio, con il compito di riesaminare tutti i dati disponibili e di formulare risposte adeguate. Le risultanze sono enunciate in maniera chiara e succinta. Alla domanda di fondo: «Il fatto che io lavori è dannoso per il mio bambino?», la loro risposta è che «dipende (a) dalla disponibilità di un ambiente sicuro e protettivo per il bambino e (b) dalla soddisfazione della madre nel lavoro, dal sostegno ed aiuto che riceve dalla famiglia e dalle energie che le restano alla fine della giornata per offrire affetto ed accudimento ai suoi figli» (American Academy of Pediatrics, 1984, p. 874). Gli autori espongono inoltre alcuni orientamenti di massima per la valutazione dell'adeguatezza o meno delle soluzioni alternative per la cura dei figli.

Un'altra domanda che spesso i pediatri si sentono fare riguarda il momento giusto per tornare al lavoro dopo la nascita del bambino. Il comitato non dà risposte buone per tutti gli usi, ma rileva che tutto dipende dallo stato di salute della madre e del bambino, dalle necessità pratiche, dal rapporto che si va sviluppando fra madre e figlio, dall'equilibrio familiare e dalla disponibilità di soluzioni adeguate per l'accudimento del piccolo. Nel rapporto si ribadisce che, se le cure sostitutive che riceve sono soddisfacenti, l'attaccamento del bambino alla madre sarà altrettanto solido di quello che si sviluppa quando a fornire le cure materne è esclusivamente la madre in persona, un problema questo che preoccupa molte donne che lavorano. Il comitato osserva inoltre che «una donna che si sente realizzata grazie al lavoro fuori casa può essere forse una madre migliore che se restasse in casa, insoddisfatta e frustrata» (p. 875).

Quanto abbiamo potuto rilevare dal nostro studio longitudinale ci è bastato per confermare questa decisa presa di posizione del comitato istituito dall'Academy of Pediatrics, condivisa anche da altri autori (Hoffman, 1963): la qualità delle cure che la madre può fornire al bambino piccolo dipende in larga misura dalla sua situazione emotiva, di soddisfazione o di frustrazione, sia come casalinga che come lavoratrice. L'analisi e il resconto delle risultanze emerse dal nostro studio sono stati curati da Jacqueline Lerner e Nancy Galambos (1985). I dati comprendevano il *curriculum* lavorativo della madre e un giudizio sul suo livello di soddisfazione personale, sia che lavorasse fuori casa, sia che fosse casalinga. Tale giudizio era ricavato dai colloqui separati con la madre e col padre del bambino a tre anni. Gli intervistatori erano operatori della salute mentale, reclutati e appositamente istruiti per questi colloqui, che non avevano altri contatti con le famiglie dello studio longitudinale. Oltre a esplorare gli atteggiamenti e metodi nella cura del bambino, il vissuto nel ruolo genitoriale e coniugale, e gli effetti che il bambino esercitava sui genitori e la famiglia nel suo complesso, il colloquio con la madre entrava nel merito della sua situazione lavorativa, affrontando i suoi sentimenti in proposito, l'incoraggiamento del marito per il fatto di andare a lavorare fuori, gli altri sostegni che trovava in casa per aiutarla a far fronte ai suoi obblighi di ruolo, come la presenza di un aiuto nelle faccende domestiche e la disponibilità di un'adeguata sistemazione per l'accudimento del bambino in sua assenza. Le interviste erano registrate e in base ad esse veniva elaborato il giudizio circa il livello di soddisfazione nel ruolo materno, secondo un preciso schema di valutazione.

Queste stesse interviste erano già state sottoposte qualche anno prima a un'analisi statistica relativamente a otto diverse variabili genitoriali: tre di queste sono state scelte come misure dell'interazione madre-bambino, in quanto si avvicinavano più chiaramente alle categorie usate in altri studi sulla soddisfazione nel ruolo materno. Le tre variabili erano: (1) rifiuto – tolleranza o disapprovazione della madre verso il bambino; (2) limiti – grado di rigidezza e restrizioni nel trattare il bambino; (3) coerenza – la regolarità o irregolarità con cui erano applicate le regole di disciplina.

Infine, tra i dati presi in esame c'era una valutazione del temperamento del bambino, secondo la dimensione facile-difficile. È vero che sembra, sulla base di tutti i dati raccolti, di poter escludere decisamente che le caratteristiche temperamentali del bambino siano determinate dai genitori, ma è anche ragionevole supporre che l'interazione dei genitori con un bambino dal temperamento difficile possa sia aggravare che attenuare le difficoltà. Nell'analisi si sono quindi introdotte le valutazioni del temperamento a livello dei due e dei quattro anni. La prima di queste (due anni) è stata inserita per misurare l'effetto che le tendenze comportamentali manifestate all'inizio dal bambino avevano sul livello di soddisfazione della madre accertato l'anno dopo, quando il bambino aveva tre anni, in occasione delle interviste separate coi genitori.

Invece di sottoporre questi dati a metodi statistici semplici, che non avrebbero dato altro che delle correlazioni fra gruppi di dati (per esempio, il temperamento del bambino a due anni e la soddisfazione della madre nel suo ruolo, ovvero temperamento difficile a due e a quattro anni), Lerner e Galambos hanno usato il più potente e sofisticato modello statistico dell'analisi sequenziale dei percorsi. Con questo strumento hanno potuto seguire tutta una serie di passaggi: dal temperamento del bambino alla soddisfazione nel ruolo materno, da qui all'interazione madre-bambino e infine alle difficoltà di comportamento manifestate dal bambino a quattro anni.

Questa analisi sequenziale ha dimostrato che il livello di soddisfazione nel ruolo materno era significativamente correlato agli atteggiamenti di rifiuto della madre e che tale rifiuto era a sua volta legato a difficoltà comportamentali del bambino in età successiva. Il temperamento difficile a due anni non era invece il fattore causale: non era significativamente correlato né alla soddisfazione materna, né all'interazione madre-bambino. Esaminando separatamente i due gruppi delle madri lavoratrici e delle casalinghe, emergevano le stesse tendenze. Le autrici concludono che i risultati confermano decisamente l'idea che la relazione madre-bambino sia più determinante, ai fini dello sviluppo dei figli, che non lo *status* di casalinga o lavoratrice in sé e per sé. Le madri soddisfatte nel proprio ruolo, sia che lavorassero fuori casa o no, manifestavano una maggiore accettazione e tenerezza verso il bambino, rispetto a quelle che erano insoddisfatte.

Lerner e Galambos avvertono giustamente che lo studio è stato condotto su un gruppo socioculturale omogeneo e che i dati risalgono a qualcosa come venticinque anni fa, quando gli atteggiamenti verso il lavoro femminile erano ben diversi da quelli comuni al giorno d'oggi. Ma anche con queste riserve il loro lavoro è apprezzabile per due ragioni. Anzitutto studia il problema delle madri lavoratrici in rapporto a bambini piccoli, mentre la maggior parte delle ricerche riguardano bambini più grandi (Siegel, 1984). Inoltre, utilizza i dati di una ricerca longitudinale, riducendo al minimo le distorsioni di memoria inevitabili quando si interrogano le madri o chiunque altro su eventi, esperienze e atteggiamenti del passato.

LA RICERCA SULLA MOLTEPLICITÀ DI FIGURE MATERNE

La madre che lavora deve provvedere a farsi sostituire nell'accudimento del bambino piccolo durante la sua assenza. C'è qualcosa di unico e insostituibile che va perduto nell'attaccamento madre-bambino se è presente una molteplicità di figure materne, come affermato da Bowlby e altri in passato? È questa una domanda che continua ancora oggi a tormentare tante donne lavoratrici.

Ci sono molte società in cui i bambini piccoli sono affidati d'abitudine a più di una figura di riferimento. Un esempio cospicuo è il sistema israeliano del *kibbutz*, nel quale i bambini sono allevati in comunità fino dalla nascita, con più madri: la madre biologica, che ha un lavoro esterno, e le altre madri del *kibbutz*, a turno. Esperti americani e inglesi accorrevano a visitare i *kibbutzim*, convinti in partenza di trovare i gravi effetti dannosi sulla salute mentale dei bambini di questa organizzazione strettamente comunitaria. Come dice Sandra Scarr, «restarono molto perplessi di fronte alla mancanza di prove di quelli che avrebbero dovuto essere i risultati disastrosi per i figli del *kibbutz*» (1984, p. 217). (In una delle nostre visite in Israele, vari psichiatri e psicologi israeliani ci hanno intrattenuto con aneddoti divertenti sul gran daffare che si davano questi esperti americani e inglesi, completamente disorientati, per cercare di trovare le prove di qualcosa che semplicemente non c'era.) Nonostante gli sforzi per scoprire sintomi di disturbo in questi ragazzi, il grosso delle ricerche condotte a tappeto giungeva alla conclusione opposta. La Scarr ha passato in rassegna questi studi, che usavano un gran numero di scale e osservazioni diverse per valutare lo sviluppo dei bambini dei *kibbutzim* fino in età adulta, a confronto con analoghe valutazioni su bambini cresciuti in villaggi agricoli nell'ambito di famiglie tradizionali con una singola figura materna. La conclusione era chiara: «I ragazzi del *kibbutz* crescono benissimo, diventando degli adulti altrettanto ben adattati e intelligenti quanto i ragazzi israeliani allevati in famiglie tradizionali» (p. 218).

L'autorevole monografia di Michael Rutter, *Maternal Deprivation Reassessed* (1981a), di cui abbiamo già parlato nel Cap. III dell'Appendice, ci rassicura ulteriormente. Conclude infatti l'autore: «L'argomento di Bowlby è che il rapporto del bambino con la madre differisce dagli altri rapporti specificamente rispetto alle sue qualità di *attaccamento*, e le prove di fatto indicano che non è così» (p. 142).

L'antropologa Margaret Mead (1962) suggerisce anzi la possibilità che i bambini cresciuti in culture dove la cura dei figli è distribuita fra un certo numero di figure materne, anziché essere affidata alla sola madre biologica, siano più attrezzati per tollerare la separazione. Può anche darsi – questa è la sua ipotesi – che questi bambini sviluppino caratteristiche di personalità più sottili e complesse, in conseguenza del fatto di aver avuto figure di riferimento e identificazione più varie, in confronto a quelli con una sola figura materna. È un'ipotesi suggestiva, che forse si potrebbe anche cercar di verificare negli Stati Uniti con i bambini cresciuti in famiglie di tipo alternativo.

ATTEGGIAMENTI CHE CAMBIANO VERSO LA MADRE LAVORATRICE

Oggi abbiamo una vera montagna di dati sulle madri che lavorano fuori casa. Se c'è un argomento studiato a fondo negli ultimi venticinque anni, da parte di psicologi dell'infanzia, psichiatri e pediatri, è proprio questo. Il materiale è abbondante e le conclusioni nette: i figli delle madri che lavorano non subiscono alcun danno, purché ricevano un accudimento adeguato. Naturalmente le cose vanno diversamente se chi sostituisce la madre non è all'altezza del compito. Ma certo non è felice nemmeno la situazione di un bambino che ha la madre sempre in casa, se la madre non è adeguata. L'abuso dell'infanzia può avvenire in una struttura di accoglienza mal gestita, ma può avvenite – e forse molto più spesso – in casa con genitori disturbati. I risultati della ricerca indicano inoltre che non è il fatto che la madre lavori o no fuori casa quello che conta per lei e per il bambino, ma piuttosto se la madre è soddisfatta o frustrata nel proprio ruolo.

Fino a che punto questi solidi dati scientifici si sono travasati nei consigli e nelle indicazioni degli esperti? Fino a che punto ne sono stati modificati gli atteggiamenti dei giovani genitori e le idee correnti nei mezzi di comunicazione di massa? Come prevedibile, gli specialisti più intelligenti e responsabili hanno preso sul serio i dati della ricerca. A differenza delle edizioni precedenti, per esempio, il Dr. Spock nella revisione del 1976 del suo *Baby and Child Care* assume un atteggiamento positivo verso il lavoro delle madri e insiste sul ruolo genitoriale del padre. Riconoscendo i suoi vecchi pregiudizi (cosa rara fra gli addetti ai lavori) Spock afferma che «entrambi i genitori hanno pari diritto ad una carriera professionale se lo desiderano... e pari obblighi in ordine alla cura dei figli... Se la madre ha risolto i suoi dubbi e sensi di colpa, i figli non solo accetteranno il fatto che lavori, ma ne saranno fieri» (1976, p. 37). Brazelton ha partecipato ai lavori di quel comitato dell'Academy of Pediatrics il cui orientamento positivo verso l'occupazione femminile abbiamo già citato. Nel suo ultimo libro, *Working and Caring* (1985), Brazelton fornisce con l'abituale lucidità e chiarezza precisi consigli per rassicurare le madri che lavorano. Su un punto solo dobbiamo sollevare qualche obiezione. Pur notando che «dobbiamo saperne di più per quanto riguarda l'età in cui i bambini possono essere lasciati» e che «negli studi a lungo termine su bambini vissuti in asilo nido nella prima infanzia molti autori non trovano differenze avvertibili nello sviluppo intellettivo ed emotivo» (p. 24), Brazelton raccomanda fortemente che le madri restino a casa nei primi quattro mesi: altrimenti «non potranno mai sentirsi competenti o realmente "attaccate" al bambino» (p. 60).

Come ammette lo stesso Brazelton non esiste nessun solido dato scientifico a conforto di un giudizio così drastico, e noi riteniamo che tale generalizzazione non sia giustificata. La nostra impressione è che molte madri si sentono perfettamente all'altezza del loro compito e attaccate al bambino anche se tornano a lavorare quando non ha ancora quattro mesi. Altre invece non si sentiranno mai così, neppure se rimangono a casa molto più a lungo. La scelta del momento adatto dipende anche dal temperamento del bambino. Se questi ha un temperamento facile, si adatta rapidamente a orari regolari dei pasti e del sonno, a due mesi dorme già tutta la notte e accetta tranquillamente persone nuove, ecco che la madre può ritornare al lavoro quando è ancora molto piccolo. Se invece ha un temperamento difficile, orari irregolari dei pasti e del sonno, si sveglia piangendo varie volte per notte e rifiuta i contatti con una persona estranea, per quanto brava sia, allora le cose sono diverse. La madre probabilmente non reggerebbe fisicamente al peso di un bambino così esigente e insieme del lavoro, nemmeno se il padre collaborasse al massimo nell'accudimento del figlio. Può darsi allora che non possa far altro che aspettate finché questo bambino difficile si sia, lentamente ma con sicurezza, adattato a orari regolari e a una persona nuova: l'intero processo può richiedere quattro mesi o anche di più.

Anche la stampa e la TV hanno cambiato tono. Claire Etaugh (1980), della Bradley University, ha confrontato i manuali per i genitori e le rubriche specializzate dei rotocalchi negli anni '50 e '60 e quelli degli anni '70. Ha trovato che quasi tutti i manuali presi in esame nel primo di questi periodi (11 su 14, per l'esattezza) disapprovavano il lavoro della madre nei primi tre anni di vita del bambino: i bambini piccoli avevano bisogno della presenza quasi continua della madre e affidarli ad estranei era dannoso. Le opinioni espresse sui rotocalchi femminili dello stesso periodo erano più variate: su 21 articoli, 7 erano negativi, 10 positivi e 4 avevano una posizione sfumata.

Negli anni '70 il quadro aveva cominciato a cambiare radicalmente. La Etaugh ha trovato nei rotocalchi di questo periodo un atteggiamento generale molto più favorevole all'occupazione femminile, con il corollario dell'affidamento dei bambini alle cure di figure sostitutive. Vari articoli notavano anzi che la madre che lavora e passa solo qualche ora in compagnia del bambino può essere una madre migliore della casalinga, che forse non si impegna altrettanto, essendo sempre presente e, fra l'altro, dovendo badare alle faccende domestiche. I libri per i genitori a firma di esperti di puericultura, invece, mostravano un cambiamento meno netto: su 24 presi in esame, 7 avevano un atteggiamento favorevole, 8 intermedio e 9 decisamente sfavorevole verso un'attività di lavoro extradomestico della madre. Secondo la Etaugh, questa differenza fra libri e rotocalchi rifletterebbe i tempi più brevi della stampa periodica, che tiene più facilmente il passo con gli aggiornamenti della ricerca e con gli umori dell'opinione pubblica.

Il cambiamento in senso positivo delle opinioni sia degli esperti che dei non addetti ai lavori è proseguito nel corso degli anni '80. Un segno dei tempi è un articolo di Anita Shrive sul *New York Times Magazine* del 9 settembre 1984, dove si presenta «la madre che lavora come modello di ruolo», con toni quanto mai favorevoli. Vi si legge fra l'altro:

> Le ricerche indicano che madri indipendenti e di successo generano qualità simili nelle figlie e che queste figlie hanno aspirazioni di carriera più elevate e una maggiore stima di sé in confronto alle figlie di madri che non lavorano. Gli specialisti dell'infanzia pensano anche che via via che sono più numerosi i bambini che crescono in famiglie dove anche la donna lavora, sarà più facile per loro, maschi e femmine, bilanciare le proprie caratteristiche maschili e femminili, di quanto non sia stato per i loro genitori (p. 39).

L'articolo si conclude con una citazione di Lawtence Balter, dell'Università di New York: «Le teorie psichiatriche sono in ritardo sulla realtà sociale. Per arrivare a cambiarle ci vuole una nuova generazione. La gente dovrà ripensare il vecchio. Noi siamo alla soglia di questo ripensamento» (p. 54).

Il cambiamento di giudizio da parte degli specialisti, un cambiamento che non accenna a interrompersi, può essere attribuito a vari fattori. Primo, serie ricerche in numero sempre maggiore hanno dimostrato, quasi senza eccezione, che il lavoro esterno della madre non è di per sé dannoso per i figli. Alcuni di questi lavori hanno sottolineato l'esigenza di ulteriori ricerche per individuare i fattori specifici che possono eventualmente influenzare gli atteggiamenti e comportamenti nei singoli casi: per esempio, la soddisfazione della madre nel proprio ruolo professionale. Studi del genere sono auspicabili e ve ne sono in corso, come quello di Lerner e Galambos che abbiamo descritto prima. Queste nuove ricerche saranno preziose ai fini della possibilità di fornire consigli adeguati alle singole madri, ma certo non cambieranno il dato inoppugnabile che un'attività lavorativa esterna della madre non è di per sé dannosa ai bambini.

Secondo, l'enorme afflusso di giovani madri nel mondo del lavoro non ha portato per i loro figli quelle tristi conseguenze che prevedevano tanti esperti in passato. Gli studi recenti citati prima in questo capitolo confutano quelle predizioni. Infine – ma non è certo ultimo in ordine d'importanza – il movimento delle donne ha efficacemente messo in crisi i vari pregiudizi sessisti che, con una razionalizzazione o l'altra, sfociavano nella sentenza che il posto della donna è nel focolare domestico. Il movimento ha avuto anche una parte importante nel porre i giovani padri di fronte all'esigenza di condividere alla pari con le mogli le responsabilità genitoriali, lasciando così alle madri tempo, energie e flessibilità in più da dedicare al lavoro senza dover pensare che i bambini siano abbandonati.

Ma i vecchi atteggiamenti sono duri a morire. Non possiamo presumere che tutte le giovani madri che lavorano o gli esperti che le consigliano vedano in questa duplice funzione di madre e lavoratrice uno stile di vita sano e normale, anche se dispendioso. Purtroppo, l'opinione opposta è ancora fin troppo diffusa, nonostante le prove in contrario.

Questa osservazione è confermata da uno studio recente di Harold Martin e David Burgess, della Tulane University, in collaborazione con Linda Crnic, dell'Università del Colorado (1984). Gli autori hanno raccolto questionari sull'atteggiamento verso le madri che lavorano da un gruppo di 448 operatori del settore sanitario: pediatri, medici di famiglia, assistenti sanitarie. L'85% degli interrogati erano coniugati (e nell'80% dei casi anche il coniuge lavorava), l'80% con figli. Il 30% del campione era formato da donne, il 70% da uomini.

L'analisi delle risposte al questionario dimostrava che i maschi erano significativamente più sfavorevoli delle donne all'attività lavorativa delle madri. Fra i medici maschi, i più anziani, con figli e con mogli casalinghe, erano i meno favorevoli. Nell'insieme, il sesso correlava più dell'età con l'atteggiamento verso le madri lavoratrici. Gli autori suggeriscono che questo risultato rispecchia un pregiudizio sessista circa il ruolo delle donne, specialmente delle donne con figli, e si chiedono molto a proposito se «gli atteggiamenti dei tecnici della salute e i loro consigli alle madri [siano] in gran parte fondati su esperienze e inclinazioni personali anziché sulla letteratura scientifica» (p. 472).

Brazelton descrive con grande partecipazione l'angosciosa incertezza delle giovani madri che vogliono o debbono tornare al lavoro. Racconta il caso di una donna che doveva riprendere il suo posto in ufficio ma sentiva profondamente il desiderio di prendersi cura del bambino, due esigenze che le apparivano in stridente contraddizione. Brazelton osserva che nella sua pratica professionale gli capita spesso di osservare questa angosciosa ambivalenza al momento di tornare a lavorare dopo la nascita di un figlio. Le giovani madri sembrano convinte di non poter conciliare una carriera di successo con un ruolo materno adeguato in famiglia. La donna di cui riferisce il caso era molto efficiente sia nel lavoro che come madre, nonostante i suoi timori di essere un fallimento su tutti e due i fronti (1985, p. XVI).

Anche noi abbiamo visto questo conflitto angoscioso in tante madri lavoratrici, persone peraltro validissime in entrambi i ruoli. Il loro disorientamento è accresciuto dai rimproveri che si sentono muovere dalle amiche casalinghe: «Ma come, lasci il tuo bambino con una *babysitter*? Non ti rendi conto del danno che gli fai?». Le nostre rassicurazioni servono a qualcosa, ma spesso queste donne continuano a trascinarsi dietro un oscuro senso di colpa.

C'è poi anche l'effetto della cattiva ricerca che si continua a pubblicare. Noi (e non solo noi) abbiamo sottolineato il fatto che la *buona* ricerca accerta regolarmente che il lavoro esterno della madre non è di per sé nocivo alla salute mentale dei figli. Per buona ricerca intendiamo lavori che raccolgono precise informazioni pertinenti al problema in esame, analizzano i dati secondo metodi adeguati e ne traggono conclusioni che siano autorizzate da quelle analisi.

Due articoli pubblicati di recente in importanti riviste di psichiatria serviranno a illustrare che cosa intendiamo quando parliamo di cattiva ricerca. In uno di questi lavori, si è somministrato un questionario a un gruppo di studenti del primo anno di medicina, maschi e femmine, per valutare il grado attuale o recente di malessere psicologico. I soggetti dovevano inoltre indicare se quando erano bambini la madre lavorava a tempo pieno, a tempo parziale o era casalinga (Brodkin e coll., 1984). Risultava una correlazione statisticamente significativa fra il lavoro a tempo pieno delle madri quando i soggetti avevano meno di sei anni e il loro livello attuale di disagio psicologico, correlazione che non emergeva per le madri casalinghe o che lavoravano a tempo parziale. Possiamo concludere da uno studio del genere che l'occupazione materna avesse avuto sui figli un effetto nocivo rilevabile dopo quindici anni e più? Questo è quanto verrà probabilmente riferito citando l'articolo, ma è una conclusione del tutto ingiustificata. Primo, i dati sull'attività lavorativa delle madri sono stati ricavati dai ricordi dei soggetti a distanza di quindici anni, e sappiamo da numerose ricerche che queste ricostruzioni retrospettive sono notoriamente inattendibili. Secondo, non c'è nessun dato che ci dica *perché* queste madri lavorassero a tempo pieno: povertà, divorzio, morte del marito? Inoltre, non c'è nessuna informazione sul tipo di accudimento sostitutivo ricevuto da questi bambini quando le madri erano al lavoro. Infine, su un campione così piccolo (164 studenti) basta qualche caso con esperienze di vita particolari a falsare i risultati, ma gli autori non si sono curati di documentarsi intorno a speciali avvenimenti nella vita dei loro soggetti. Uno o più di questi fattori possono essere quelli che contano per spiegare i risultati, e non il fatto in sé che le madri lavorassero a tempo pieno. In mancanza di questi altri dati è impossibile trarre qualunque conclusione circa l'eventuale relazione che sussiste fra l'occupazione materna nell'infanzia e la situazione psicologica dei figli quindici anni dopo.

Nell'altra ricerca (Zappert e Weinstein, 1985), i dati erano tratti da un questionario inviato per posta a un gruppo di laureati in scienze economiche e organizzazione aziendale (equamente divisi per sesso) usciti tre anni prima da una prestigiosa Università. Cosa tutt'altro che sorprendente, i maschi avevano stipendi più alti e posti più prestigiosi delle donne (il successo femminile in carriere fino ad ieri precluse non ha prodotto affatto una perequazione del trattamento economico e delle possibilità di avanzamento). Gli autori scrivono poi che «anche per le donne senza figli il lavoro è visto come un ostacolo alla maternità, mentre per gli uomini la paternità sembra avere un effetto positivo sul lavoro. Inoltre, le donne che abbiamo studiato riferivano molto più spesso degli uomini di essere preoccupate dalle responsabilità domestiche sul lavoro e dalle responsabilità lavorative a casa» (p. 1178). Da questi dati traevano la conclusione che «chiari confini di ruolo sono forse più difficili da mantenere per le donne», definendo tutto ciò come un problema femminile di «diffusione dei ruoli». Questa formulazione lascia intendere che le donne abbiano una sorta di problema psicologico soggettivo che impedirebbe loro di mantenere «chiari confini di ruolo». Eppure un terzo delle donne interrogate riferiva di avere il carico prevalente delle faccende domestiche, contro appena il 13% dei maschi – anche questo un dato che non meraviglia, neppure oggi che gli uomini accettano molto più che in passato di sobbarcarsi queste incombenze –. Se una donna si fa carico più del marito di questa duplice responsabilità del lavoro e dell'andamento domestico, come sorprendersi se poi è costretta a pensare alla casa mentre è al lavoro e al lavoro mentre è in casa?

Quanto ai conflitti intorno all'alternativa lavoro-maternità, si tratta qui di donne che stanno lottando per farsi strada agli inizi della carriera. È forse irrazionale, ancora ai nostri giorni, che si preoccupino del rischio che una gravidanza può comportare per le loro prospettive professionali? C'è la possibilità molto reale di perdere l'occasione di un avanzamento o di un nuovo posto di lavoro a causa dell'*handicap* che agli occhi dell'azienda rappresenta la nascita di un figlio. Queste sono preoccupazioni oggettive e concrete per le donne in carriera, e ne abbiamo conosciute molte che si dibattevano seriamente in questo dilemma. Per un uomo, ovviamente, la paternità non rappresenta una minaccia del genere, non compromettendo affatto la sua posizione competitiva nel mondo del lavoro.

Quello che hanno fatto gli autori di questa ricerca è stato prendere un insieme di dati e saltare da questi a una spiegazione psicologica, senza considerare l'alternativa, facilmente documentabile, di una spiegazione oggettiva. Non si sono neppure curati di esaminare il materiale raccolto per vedere se le donne che potevano contare sulla collaborazione paritaria del marito nella cura dei figli e della casa soffrissero della stessa «diffusione dei ruoli» che affliggeva quelle che dovevano sobbarcarsi da sole il peso maggiore.

Semmai, bisogna dire che le donne in carriera devono essere capaci di vedere con particolare lucidità i confini di ruolo: senza questa chiarezza di giudizio, sarebbe per loro ancor più difficile gestire simultaneamente le responsabilità domestiche e professionali che si sono assunte. Purtroppo, temiamo che questo articolo sarà citato da chi è ostile all'occupazione femminile per «dimostrare» che le donne hanno problemi psicologici di «diffusione dei ruoli» che ne diminuiscono l'efficienza nel mondo del lavoro.

SCELTE DIFFICILI

Forse in parte per effetto della cattiva ricerca — e certamente a dispetto della ricerca di buona qualità — le donne continuano a tormentarsi sulle loro scelte: stare in casa coi figli o andare a lavorare; sposarsi o vivere sole; un figlio solo o più d'uno; lavorare per mantenere un livello di vita migliore o stare in casa accontentandosi di un reddito familiare più basso. E queste donne non ricevono alcun aiuto da parte di molti specialisti della salute mentale, ancora oggi legati all'idea maschilista — prove o non prove — che il posto di una madre sia in casa coi figli.

Come si pongono le donne di fronte alle difficili scelte che hanno davanti? Come decidono su lavoro, carriera e maternità? Abbiamo ora sull'argomento uno studio ponderato e rigoroso di Kathleen Gerson (1985), sociologa dell'Università di New York, basato su colloqui approfonditi con 63 donne, dai 27 ai 37 anni d'età (età media, 31 anni). La Gerson non nasconde i limiti della sua ricerca: il campione è piccolo, le minoranze sono sottorappresentate (fra l'altro, non c'è nemmeno una nera) e le informazioni sull'infanzia dei soggetti sono basate sui loro ricordi. Tuttavia le domande dell'intervista sono state costruite con cura e verificate preliminarmente, i colloqui erano lunghi e condotti con cura, e l'accento cadeva soprattutto sul passato recente per ridurre al massimo le distorsioni dovute alla memoria.

La Gerson ha ricavato tre impressioni principali da questa sua ricerca. Primo, ha trovato un'ampia variabilità fra le donne studiate: «Le differenze psicologiche e sociali sono grandi, significative e ricche di conseguenze. Anzi, può ben darsi che siano altrettanto significative di quelle fra uomini e donne» (p. XIV). Secondo, ha notato una tendenza, sia tra le femministe che tra le altre, a concludere che uno dei due sessi eccelle sotto qualche profilo specifico, un'idea che considera pericolosa, quale che sia il sesso considerato superiore. Terzo, ha scoperto cambiamenti importanti, quantitativi e qualitativi, nella diseguaglianza sessuale. Cita in proposito vari esempi. Il fatto di avere dei figli crea tensioni nel *ménage* coniugale di certe lavoratrici. In qualche caso, donne con figli, le quali avrebbero voluto lavorare ma non erano riuscite a trovare un posto adeguato, avevano finito per fare le casalinghe a tempo pieno contrariamente alle loro aspirazioni. Nelle famiglie in cui la moglie lavorava per necessità economica si avevano varie conseguenze indesiderate, come rimandare la nascita dei figli, o averne meno di quanti la coppia ne avrebbe voluti. Infine, alcune donne che avevano scelto di fare le casalinghe vivevano in maniera conflittuale questa loro decisione, vedendo le amiche e le vicine di casa che sempre più numerose andavano a lavorare (pp. 193-195).

Da questa ricerca sono venute fuori alcune sorprese. Abbiamo parlato nei capitoli precedenti della funzione importante che i genitori svolgono come modelli di ruolo per i figli. Ma ciò non sembra valere per le madri, nel loro ruolo di casalinghe o di lavoratrici, nei confronti delle figlie, che tendono ad assumere come modelli di ruolo altre figure femminili in luogo della madre (o anche solo in aggiunta).

La Gerson ha trovato che tra le figlie di casalinghe, che ricordavano di aver avuto da bambine l'aspirazione a metter su casa e occuparsi dei figli, solo il 33% aveva mantenuto in età adulta questo orientamento. Viceversa, di quelle che da bambine avevano aspirazioni lavorative (sia che la madre lavorasse o facesse la casalinga) ben il 63% aveva finito per dedicarsi del tutto alla casa e ai figli. Nota la Gerson: «Decisamente, il cambiamento era più comune della stabilità... La proporzione fra quelle che avevano cambiato orientamento e quelle che l'avevano mantenuto eguale era ancora più alta nel gruppo con diploma di scuola secondaria» (1985, p. 67). Quali che siano le sue aspirazioni infantili, la giovane può rivedere i suoi giudizi con l'età e con l'esperienza: da bambina, la figlia può vedere sua madre soddisfatta del proprio ruolo di casalinga, ma più tardi vede magari le conseguenze meno felici di quella scelta. Come dice una delle intervistate: «Vedo una donna come la mia mamma. È una signora piuttosto brillante, e quando i suoi ragazzi se ne sono andati, i suoi due bambini sono usciti dalla porta di casa, non le è restato più nulla nella sua vita. Era tutto per lei, ed è arrivata quasi quasi a una specie di odio verso di noi per averle portato via l'unica cosa che aveva... Guardi un po' che cosa le è successo. E proprio una cosa orribile quella che le è successa» (p. 51). Non c'è che dire, un quadro autentico della «sindrome del nido vuoto». D'altra parte, alcune delle ragazze che erano partite con aspirazioni lavorative si erano trovate in uno di quei soliti posti senza futuro, in quello che la Gerson chiama il «ghetto occupazionale» delle donne. Intrappolate in posti che non offrivano nessuna prospettiva di carriera, queste donne avevano visto declinare le loro ambizioni: «Benché il lavoro spesso apparisse promettente da principio, questo lustro iniziale tendeva alla monotonia e alla frustrazione, via via che incontravano ostacoli all'avanzamento di carriera. La risultante demoralizzazione soffocava gli iniziali entusiasmi per il lavoro retribuito, attenuava l'ambivalenza verso la maternità e finiva per ricondurle a casa nonostante l'avversione di partenza per la vita della casalinga» (p. 103).

Lo studio della Gerson mette in evidenza alcune delle sperequazioni che sono causa di particolare difficoltà per le madri che lavorano, come per tutte le lavoratrici. Nel 1939 una donna che lavorava negli Stati Uniti guadagnava 63 centesimi per ogni dollaro guadagnato da un uomo. Nel 1986, dopo tutti i progressi del movimento femminista, il dislivello era virtualmente immutato: 64 centesimi per una donna, un dollaro per un uomo (Hewlett, 1986). Il divorzio non fa che aggravare la situazione della donna: dopo il divorzio, il livello di vita dell'ex-marito aumenta in media del 62%, mentre per l'ex-moglie e i figli c'è un calo di oltre il 50%. Due terzi delle divorziate non ricevono alcun assegno alimentare dagli ex-mariti (Hewlett, 1986).

Il pregiudizio sessista continua a essere sfacciato, anche dove le donne sono riuscite a far breccia negli ostacoli che impedivano l'accesso a certe professioni. Un comitato di studio sulla condizione femminile nella professione legale, istituito di recente dalla massima autorità giudiziaria dello Stato di New York, ha riscontrato un'aperta e diffusissima discriminazione contro le avvocatesse nei tribunali di vario grado (Hewlett, 1986). Il comitato ha citato frequenti e vistosi episodi di comportamenti umilianti, offensivi e paternalistici, compresi vari casi di molestie sessuali, da parte di giudici e avvocati di sesso maschile. Inoltre, nelle sentenze di divorzio, numerosi giudici sottovalutano il contributo della moglie all'economia della famiglia e tendono a favorire i mariti nella divisione dei beni.

Possiamo tranquillamente supporre che i pregiudizi e le discriminazioni sessiste non siano circoscritte al mondo dei tribunali e degli studi legali. A volte la tendenziosità emerge in maniera sfacciata, altre volte è sottile e si mostra quando meno ci si aspetta. Qualche anno fa chi scrive queste righe (Stella Chess) stava chiacchierando con due colleghi, persone che in molti anni di attività professionale si erano battuti energicamente per i diritti e i bisogni dei bambini e delle madri. Nel corso della conversazione, il discorso cadde su una conoscente comune, una brillante professionista. Uno dei due osservò che dopo la nascita dei figli era tornata quasi subito al lavoro, reggendo ottimamente: «Ma è stato un gran peccato», aggiunse, «Ha perso molto non restando a casa coi figli almeno per i primi sei mesi». E l'altro annuiva con convinzione. La risposta era sulla punta della lingua: «E *voi* non avete perso qualcosa non restando a casa coi vostri bambini per i primi sei mesi?». E ancora oggi chi scrive si chiede perché mai quella volta abbia taciuto.

Come illustra questo aneddoto, la cura dei figli piccoli è ancora considerata di solito compito della madre. E una donna si sente quasi in colpa a riprendere il lavoro se il costo della bambinaia o dell'asilo privato, sottratto al suo reddito, rende irrisorio il contributo che porta all'economia familiare. Ma perché questi costi devono essere addebitati solo a lei? Non andrebbero ripartiti sui redditi di entrambi i coniugi che lavorano?

Per la madre che lavora, fa un'enorme differenza se anche il padre interviene nell'accudimento dei figli. In una piccola percentuale dei casi (il 16.8% delle famiglie dove la moglie lavora) il padre si assume il maggior carico, restando a casa coi bambini, mentre la moglie continua a lavorare fuori (Galinsky, 1986, p. 16). Altrimenti i compiti vengono divisi a metà, o più spesso è la madre a sopportare il peso stressante di due lavori, uno in casa e uno fuori. Le ricerche, come abbiamo visto nel capitolo precedente, dimostrano che i padri possono essere competenti e sensibili quanto le madri nel prendersi cura dei figli, sia piccoli che grandi. Gli effetti sono decisamente positivi quando il padre condivide alla pari con la moglie il carico dei figli: se ha un lavoro impegnativo, trovare il tempo e le energie per farlo può essere stressante, ma non più che per la donna.

Nel gruppo studiato dalla Gerson, sebbene molti padri partecipassero attivamente all'accudimento dei figli, la maggior parte faceva delle resistenze. Quando il marito era ostile, o comunque poco entusiasta, all'idea di avere figli, la moglie si convinceva di solito che conciliare il lavoro con la maternità sarebbe stato un peso insostenibile e decideva di non avere figli, o al massimo uno solo. Altre donne invece arrivavano alla persuasione di poter fare posto alla maternità nella loro esistenza, senza gravi sacrifici per sé, per i figli o per il lavoro. Particolarmente interessante è il fatto che la loro decisione era spesso il frutto dell'incoraggiamento o addirittura delle insistenti pressioni dei mariti, che volevano i figli. Quelle che si mostravano più sensibili a queste spinte erano quelle che desideravano esse stesse un bambino, ma avevano bisogno dell'incoraggiamento del marito per non sentirsi in colpa o comunque inadeguate, in quanto madri lavoratrici. La Gerson riassume queste varie situazioni osservando: «Questi resoconti mettono in crisi l'idea tenacemente sostenuta da sociologi, psicoanalisti e gente comune, tutti d'accordo nel pensare che le donne diventino madri per soddisfare un bisogno profondo di offrire cure, nutrimento e protezione a una creatura, mentre gli uomini tipicamente arriverebbero controvoglia alla paternità» (p. 163).

CONGEDO DI MATERNITÀ E SERVIZI PER L'INFANZIA

Oltre cento paesi garantiscono alle lavoratrici un periodo di congedo almeno parzialmente retribuito, con la garanzia di mantenere il posto di lavoro, alla nascita di un figlio, ma gli Stati Uniti non sono fra questi. In certi paesi, come la Svezia, si permette addirittura che padre e madre si distribuiscano fra loro come preferiscono i mesi di congedo. Gli sforzi per far adeguare gli Stati Uniti a questo modello di legislazione sulla maternità sono stati finora vani. Il muro contro il quale si sono scontrati è ben rappresentato da questa dichiarazione di Frank Benson, portavoce della Camera di commercio federale: «Mentre incoraggiamo i datori di lavoro a fare tutto quanto possono, non siamo favorevoli a benefici obbligatori o sanciti per legge che non siano legati ad infortuni sul lavoro o alla perdita di retribuzione per malattia» (citato sul *New York Times* del 18 settembre 1985).

La richiesta di un congedo di maternità retribuito può apparire in contraddizione con l'idea che le madri possano tornare al lavoro poco dopo il parto. Ma i due concetti non si escludono affatto a vicenda. La madre di solito ha bisogno di qualche settimana, o addirittura di mesi, per recuperare fisicamente, se si vuole che sia in grado di assumersi il duplice peso del lavoro e della cura del piccolo. Certi bambini, come i prematuri, quelli con un temperamento estremamente difficile e quelli nati con difetti congeniti, possono richiedere l'attenzione concentrata di entrambi i genitori per molte settimane dopo la nascita. In una società veramente civile, la madre dovrebbe poter scegliere se tornare presto al suo lavoro fuori casa, o restare a occuparsi personalmente del bambino per un periodo variabile secondo i bisogni, si tratti di sei mesi o di qualche anno.

Ma quando la madre ritorna a lavorare, specialmente se il bambino è ancora piccolo, la disponibilità di forme adeguate di accudimento sostitutivo è un imperativo. In effetti, dovrebbe toccare al padre non meno che alla madre organizzarsi in questo senso: trovare un buon asilo nido, rimanere i primi giorni col bambino finché non si è adattato al nuovo ambiente, accompagnarlo e riportarlo a casa, parlare col personale quando ce n'è bisogno, sono tutti compiti che i genitori dovrebbero dividersi alla pari, se lavorano entrambi. In alcune famiglie è così che succede, con vantaggi per il padre e per il bambino, oltre che per la madre, ma nella maggior parte dei casi tocca ancora alla madre farsi carico in maniera esclusiva, o quasi, di questi impegni.

Le forme sostitutive delle cure materne sono le più varie. A volte può assicurarne una parte il padre se il suo orario di lavoro non coincide con quello della moglie (se è disponibile a farsene carico). Alcune coppie hanno la fortuna di poter contare su un genitore o altro familiare che abbia il tempo, la voglia e la capacità di occuparsi del bambino quando la madre è assente (ovviamente, purché i rapporti con questa persona non diano luogo a conflitti). Certe famiglie benestanti possono permettersi una bambinaia a tempo pieno, un personaggio che, se sa trattare con intelligenza e con affetto i bambini, finisce spesso per diventare un membro della famiglia. Non c'è bisogno di dire che all'inizio la persona cui si affidano i bambini richiede un'attenta sorveglianza da parte di entrambi i genitori: una bambinaia con le migliori referenze può rivelarsi del tutto inadatta, così come può succedere che sotto un'apparenza poco incoraggiante al primo contatto si nasconda invece una vera perla.

Altre famiglie dove la madre lavora devono invece affidarsi a una qualche forma di asilo nido. Queste strutture variano enormemente: si va dall'appartamento dove una persona sola si occupa di un gruppetto di bambini, ai grandi centri gestiti da Enti pubblici o da privati (sia per fini assistenziali che a scopo di lucro). Alcune università, aziende e altre grosse istituzioni gestiscono direttamente servizi per i figli dei loro dipendenti. Uno sviluppo molto interessante si registra nel Massachusetts, dove un Ente statale ha accantonato $ 750.000 per la concessione di finanziamenti agevolati, ai fini dell'istituzione di asili nido nei luoghi di lavoro. I centri sono gestiti con contributi sindacali e donazioni private. Il programma è stato avviato dal governatore dello stato nel 1985 e già un anno dopo sette aziende avevano aperto questi servizi, e altre sette erano in fase di progettazione. Secondo quanto dichiarato dalla direttrice di uno dei servizi, «il nido è una necessità assoluta per molte di queste madri. Prima che fosse istituito dovevano o rinunciare a lavorare o arrabattarsi con soluzioni inadeguate. Il modo in cui è stato organizzato ora è una sistemazione ideale per loro» (*New York Times*, 4 settembre 1985). Forse è una goccia nel mare, ma speriamo che sia l'inizio di un'ondata a venire.

Fino a che punto questi servizi per l'infanzia riescono a fornire un accudimento adeguato ai bambini delle donne che lavorano? Claire Etaugh ha passato in rassegna i lavori abbastanza estesi ormai disponibili sull'argomento. Come altri che hanno studiato il problema, ritiene che la ricerca non permetta ancora una risposta definitiva, ma la sua «conclusione ragionevolmente prudente... è che un accudimento sostitutivo di alta qualità non sembra avere effetti dannosi sull'attaccamento materno, lo sviluppo intellettuale, il comportamento sociale-emotivo o la salute fisica dei bambini in età prescolastica» (1980, p. 314). Un altro bilancio importante della ricerca ci viene da Jay Belsy, della Pennsylvania State University, portavoce dell'Associazione americana di psicologia davanti a una commissione del Congresso nel settembre 1985: «Noi sappiamo che dove il rapporto numerico fra personale e bambini è ragionevole, dove i gruppi non sono troppo grandi e dove gli operatori sono preparati e disponibili, i bambini stanno bene. Il risultato è straordinariamente simile a quello che sappiamo sullo sviluppo dei bambini allevati in casa» (citato sul *New York Times* dell'11 settembre 1985).

Un esempio notevole di ricerca ben condotta sugli effetti di un asilo nido di qualità è quello pubblicato da Jerome Kagan e dai suoi collaboratori di Harvard (Kagan, Kearsley e Zelazo, 1978). Un gruppo di 33 bambini ha frequentato un asilo nido creato e organizzato dalla stessa *équipe* di ricercatori. I bambini entravano al nido fra i 3 e i 5 mesi d'età e venivano studiati fino ai 29 mesi. C'era poi un gruppo di controllo di 37 bambini che non frequentavano l'asilo nido, equivalenti per età, sesso, composizione etnica e classe sociale. Dati abbondanti sulle caratteristiche psicologiche di entrambi i gruppi sono stati raccolti e accuratamente analizzati, con la conclusione generale che «l'esperienza dell'asilo nido, quando è realizzata in maniera responsabile e coscienziosa, non sembra nascondere pericoli psicologici... Gli accertamenti sul linguaggio, la memoria e le capacità di analisi percettiva non hanno messo in rilievo alcun evidente vantaggio o svantaggio inerente a tale esperienza» (pp. 260-262, *passim*).

Qualcuno potrebbe fare obiezioni sulla validità di conclusioni ricavate da ricerche su strutture così altamente qualificate come l'asilo nido di Harvard: prendendo un asilo qualunque, i risultati sarebbero forse molto diversi. Ma il punto è proprio questo: se vogliamo determinare gli effetti della frequenza del nido *in sé e per sé*, dobbiamo servirci di strutture di alta qualità, dove gli effetti sui bambini non siano contaminati dall'incompetenza o indifferenza del personale, da condizioni igieniche inaccettabili e da un programma di attività non stimolante. Impostare così la ricerca è esattamente la stessa cosa che si fa, per esempio, quando si vuole sperimentare l'efficacia terapeutica di un nuovo trattamento: si pretende che questo sia applicato da operatori competenti in un ospedale qualificato, altrimenti non potremmo mai fidarci dei risultati della sperimentazione.

I figli delle lavoratrici hanno diritto a servizi di alta qualità, esattamente come hanno diritto a ricevere un buon accudimento in casa. Questo è quanto dovremmo pretendere da *tutti* i servizi per l'infanzia. Ma come si fa a definire che cosa si intende per «alta qualità» di un asilo nido? Il rapporto del comitato istituito dall'American Academy of Pediatrics fornisce indicazioni chiare e concise:

> Oltre alla sicurezza, alle condizioni igieniche e ad un'alimentazione adeguata, l'elemento più importante da considerare è il tipo di operatore cui si affida il bambino piccolo. Questa persona deve essere affettuosa, disponibile, responsabile e capace di fornire al bambino la stimolazione di nuove esperienze di apprendimento. In ogni caso, i genitori devono parlare spesso con il personale, indicando le loro preferenze circa le pratiche di allevamento, specie se la figura materna sostitutiva è inesperta o proviene da un ambiente socioculturale diverso. Benché i bisogni di ciascun bambino in una situazione di gruppo varino con l'età e la personalità, è consigliabile un rapporto di un adulto per ogni tre bambini sotto i due anni, da aumentare a un rapporto 1:4-1:5 con i bambini più grandi (1984, p. 874).

Bibliografia

AINSWORTH M.D.S., BLEHAR M.C., WATERS E., WALL S. (1978), *Patterns of attachment: A psychological study of the strange situation,* Erlbaum, Hillsdale, N.J.

AMERICAN ACADEMY OF PEDIATRICS, Comitato per lo studio degli aspetti psicologici della salute nel bambino e nella famiglia (1984), «The mother working outside the home», *Pediatrics*, *73*, 874-875.

AMES L.B. (1983), *The American Baby*, Nov., 88.

ANTHONY E.J. (1969a), «A clinical évaluation of children with psychotic parents», *American Journal of Psychiatry*, *126*, 177-184.

ANTHONY E.J. (1969b), «The reactions of adults to adolescents and their behavior». In G. Caplan, S. Lebovic (a cura di), *Adolescence*, Basic Books, New York.

BANK S.P., KAHN M.D. (1982), *The sibling bond*, Basic Books, New York.

BAUMRIND D. (1967), «Child care practices anteceding three patterns of preschool behavior», *Genetic Psychology Monographs*, *75*, 43-88.

BAUMRIND D. (1968), «Authoritarian versus authoritative parental control», *Adolescence*, *3*, 255-272.

BAUMRIND D. (1979), «Current patterns of parental authority», *Developmental Psychology Monographs*, *41*.

BEACH L.R. (1960), «Sociability and académic achievement in various types of learning situations», *Journal of Educational Psychology*, *51*, 208-212.

BECKER H.H. (1968), «The self and adult socialization». In E. Norbeck, D.P. Williams, W.M. McCord (a cura di), *The study of Personality*, Rinehart and Winston, New York.

BELL A.P., WEINBERG M.S., HAMMERSMITH S.K. (1981), *Sexual preference: Its development in men and women*, Indiana University Press, Bloomington.

BERLIN I.N. (1982), «Prevention of emotional problems among Native-American children: Overview of developmental issues», *Journal of Preventive Psychiatry*, *1*, 319-330.

BERRUETTA-CLEMENT J.R., SWEINHART L.J., BARNETT W.S., EPSTEIN A.S., WEICKART O.P. (1984), «Changed lives: The effects of the Perry preschool programs on youths through age 19», *Monograph no. 8: High/Scope Educational Foundation*, The High/Scope Press, Ypsilanti.

BIEBER I., BIEBER T.B., DAIN J.D., DINCE P.R., DRELLICH M.G., GRAND H.G., GUNDLACH R.H., KREMER M.W., RIFKIN A.H., WILBUR C.B.

(1962), *Homosexuality: A psychoanalytic study*, Basic Books, New York.

BILLER H.B. (1971), *Father, child and sex role*, Heath, Lexington.

BIRNS B. (1976), «The emergence and socialization of sex differences in the earliest years», *Merrill-Palmer Quarterly*, *22*, 229-254.

BLOOM B.S. (1964), *Stability and change in human characteristics*, Wiley, New York.

BLOS P. (1979), *The adolescent passage*, International Universities Press, New York.

BOWLBY J. (1951), *Maternal care and mental health*, World Health Organization, Geneva (tr. it. *Cure materna e igiene mentale del fanciullo*, Giunti-Barbèra, Firenze, 1980).

BOWLBY J. (1969), *Attachment and loss*, vol. 1, *Attachment*, Hogarth, London, (tr. it. *Attaccamento e perdita. I. L'attaccamento alla madre*, Bollati Boringhieri, Torino, 1975).

BOWLBY J. (1982), «Attachment and loss», *American Journal of Orthopsychiatry*, *52*, 664-678.

BRAZELTON T.B. (1969), *Infants and mothers*, Dell, New York.

BRAZELTON T.B. (1973), «Neonatal behavioral assessment scale», *Clinics in Developmental Medicine*, *50*.

BRAZELTON T.B. (1985), *Working and caring*, Addison-Wesley, Reading.

BRETHERTON I. (1978), «Making friends with one-year-olds: An experimental study of infant-stranger interaction», *Merrill-Palmer Quarterly*, *24*, 29-51.

BRETHERTON I., WATERS E. (a cura di, 1985), *Growing points of attachment theory and research*, Monographs of the Society for Research in Child Development, *50*, 1-2, Abstract, p. vi. University of Chicago Press, Chicago.

BRODKIN A.M., ANGEL R., ANGER E., LAYMAN W.A., BUXTON M. (1984), «Retrospective reports of mothers' work patterns and psychological distress in first-year medical students», *Journal of the American Academy of Child Psychiatry*, *23* (4), 479-485.

BRONFENBRENNER U. (1974), «Developmental research, public policy, and the ecology of childhood», *Child Development*, *45*, 1-5.

BROOKSBANK D.J. (1985), «Suicide and parasuicide in childhood and early adolescence», *British Journal of Psychiatry*, *146*, 459-463.

BRUCH H. (1954), «Parent education or the illusion of omnipotence», *American Journal of Orthopsychiatry*, *24*, 723-732.

BRUNER J. (1973), «Organization of early skilled actions», *Child Development*, *44*, 1-11.

BRUNER J. (1978), «Learning the mother tongue», *Human Nature*, *1*, 32-39.

BRUNER J. (1983), *In search of mind*, Harper Colophon Books, New York (tr. it. *Alla ricerca della mente*, Armando, Roma, 1984).

BRUNER J., OLVER R.R., GREENFIELD P.M. (1966), *Studies in cognitive growth*, Wiley, New York (tr. it. *Lo sviluppo cognitivo*, Armando editore, Roma, 1968).

BUSS A.H., PLOMIN R. (1975), *A temperament theory of personality*, Wiley, New York.

CALLADINE C., CALLADINE A. (1979), *Raising siblings*, Delacorte Press, New York.

CAREY W.B. (1974), «Night wakening and temperament in infancy», *Journal of Pediatrics*, *81*, 823-828.

CARPENTER G. (1975), «Mother face and the newborn». In R. Lewin (a cura di), *Child alive*, Temple Smith, London.

CATTELL R.B. (1950), *Personality: A systematic, theoretical and factual study*, McGraw-Hill, New York.

CHAMBERLIN R.W. (1974), «Authoritarian and accommodative child-rearing styles: Their relationship with the behavior patterns of two-year-old children with other variables», *Journal of Pediatrics*, *84*, 287-293.

CHASE A. (1977), *The legacy of Malthus*, Knopf, New York.

CHESS S. (1944), «Developmental language disability as a factor in personality distortion in childhood», *American Journal of Orthopsychiatry*, *14*, 483-490.

CHESS S. (1978), «The plasticity of human development», *Journal American Academy of Child Psychiatry*, *17*, 80-91.

CHESS S. (1979), «Developmental theory revisited», *Canadian Journal of Psychiatry*, *24*, 101-112.

CHESS S. (1980), «The mildly mentally retarded child in the community: Success versus failure». In S.B. Sells, R. Crandall, M. Roff, J.S. Strauss, W. Pollin (a cura di), *Human functioning in longitudinal perspective*, Williams & Wilkins, Baltimore.

CHESS S., FERNANDEZ P., KORN S. (1980), «The handicapped child and his family: Consonance and dissonance», *Journal American Academy of Child Psychiatry*, *19*, 56-67.

CHESS S., HASSIBI M. (1978), *Principles and practice of child psychiatry*, Plenum, New York.

CHESS S., THOMAS A. (1982), «Infant bonding: Mystique reality», *American Journal of Orthopsychiatry*, *52*, 213-222.

CHESS S., THOMAS A. (1984), *Origins and evolution of behavior disorders: Infancy to early adult life*, Brunner/Mazel, New York.

CHESS S., THOMAS A. (1986), *Temperament in clinical practice*, Guilford, New York.

CHESS S., THOMAS A., BIRCH H.G. (1967), «Behavior problems revisited: Findings of an anterospective study», *Journal American Academy of Child Psychiatry*, *6*, 321-331.

CHESS S., THOMAS A., KORN S., MITTLEMAN M., COHEN J. (1983), «Early parental attitudes, divorce and separation, and early adult outcome», *Journal American Academy of Child Psychiatry*, *22*, 47-51.

CHOMSKY N. (1957), *Syntactic Structure*, Mouton, The Hague (tr. it. *Strutture della sintassi*, Laterza, Bari, 1980).

CIBA FOUNDATION (1982), *Temperamental differences in infants and young children*, Atti del simposio 89, Pitman, London.

CLARKE A.B. (1975), «The causes of biological diversity», *Scientific American*, *233*, 50-60.

COLBY A., DAMON W. (1983), «Recensione di *In a different voice*, di C. Gilligan», *Merrill-Palmer Quarterly*, *29*, 473-481.

COLEMAN J.C. (1978), «Current contradictions in adolescent theory», *Journal of Youth and Adolescence*, *7*, 1-2.

COLEMAN J.S., CAMPBELL E.Q., HOBSON C.J., MCPARTLAND J., MOOD A.M., WEINFELD F.D., YORK R.L. (1966), *Equality of educational opportunity*, U.S. Government Printing Office, Washington, D.C.

CONDON W.S., SANDER L.W. (1974), «Neonatal movement is synchronized with adult speech: Interactional participation and language requisition», *Science*, *183*, 99-101.

CONDRY J., CONDRY S. (1976), «Sex differences: A study of the eye of the beholder», *Child Development*, *47*, 812-819.

CONNOLLY K. (1972), «Learning and the concept of critical periods in infancy», *Developmental Medicine and Child Neurology*, *14*, 705-714.

CONRAD R. (1979), *The deaf school child*, Harper & Row, London.

COSTELLO A. (1975), «Are mothers stimulating?». In R. Lewis (a cura di), *Child alive*, Temple Smith, London.

CURTISS S. (1977), *Genie: A psycholinguistic study of a modern-day "wild child"*, Academic Press, New York.

DAVIS H.V., SEARS R., MILLER H.C, BRODBECK A.J. (1948), «Effects of cup, bottle, and breast feeding on oral activity of newborn infants», *Pediatrics*, *2*, 549-558.

DAVIS R.E., RUIZ R.E. (1965), «Infant feeding method and adolescent personality». Relazione presentata al 16° Convegno annuale dell'*American Psychiatric Association*, Maggio 1965.

DEJONG A.R. (1985), «The medical evaluation of sexual abuse in children», *Hospital and Community Psychiatry*, *36*, 509-511.

DERDEYN A., SCOTT E. (1984), «Joint custody: A critical analysis and appraisal», *American Journal of Orthopsychiatry*, *54*, 199-209.

DEUTSCH H. (1944), *The psychology of women*, vol. 1, Grune & Stratton, New York (tr. it. *Psicologia della donna*, vol. 1, Bollati Boringhieri, Torino, 1977).

DEUTSCH M. (1969), «Happenings on the way back to the forum: Social science, I.Q., and race differences revisited», *Harvard Educational Review*, *39*, 523-557.

DEUTSCH M., DEUTSCH C. et al. (1967), *The disadvantaged child*, Basic Books, New York.

DEVRIES M. (1984), «Temperament and infant mortality among the Masai of East Africa», *American Journal of Psychiatry*, *141*, 1189-1194.

DOBZHANSKY T. (1966), «A geneticist's view of human equality», *The Pharos*, *29*, 12-16.

DROTAR D., CRAWFORD P. (1985), «Psychological adaptation of siblings of chronically ill children: Research and practical implications», *Developmental and Behavioral Pediatrics*, *6*, 355-362.

DUBOS R. (1965), *Man adapting*, Yale University Press, New Haven.

DUNN J. (1977), *Distress and comfort*, Harvard University Press, Cambridge.

DUNN J., KENDRICK C. (1980), «Studying temperament and parent-child interaction: Comparison of interview and direct observation», *Developmental Medicine and Child Neurology*, *22*, 484-496.

DUNN J., KENDRICK C. (1982), *Siblings*, Harvard University Press, Cambridge (tr. it. *Fratelli: affetto, rivalità, comprensione*, Il Mulino, Bologna, 1987).

DUNN J.F., PLOMIN R., NETTLES M. (1985), «Consistency of mothers' behavior roward infant siblings», *Developmental Psychology*, *21*, 1188-1195.

EISENBERG L. (1981), «Social context of child development», *Pediatrics*, *68*, 705-712.

EISENBERG L., EARLS F.J. (1975), «Poverty, social depreciation and child development». In D.A. Hamburg (a cura di), *American Handbook of Psychiatry*, vol. 6, Basic Books, New York.

EISSLER K.B. (1958), «Notes on problems of technique in the psychoanalytic treatment of adolescents», *Psychoanalytic Study of the Child*, *13*, 233-254.

EMDE R.N. (1978), Commento a *Organization and stability of new born behavior*. In A.J. Sameroff (a cura di), Monographs of the Society for Research in Child Development, *43* (5-6).

ERIKSON E. (1950), *Childhood and society*, Norton, New York (tr. it. *Infanzia e società*, Armando, Roma, 1980).

ERIKSON E. (1959), «Identity and the life cycle», *Psychological Issues*, *1*, 1-171.

ERIKSON E. (1968), *Identity: Youth and crisis*, Norton, New York (tr. it. *Gioventù e crisi d'identità*, Armando, Roma, 1960).

ERIKSON K. (1976), *Everything in its path*, Simon & Schuster, New York.

ESCALONA S. (1952), «Emotional development in the first year of life». In M.J.E. Senn (a cura di), *Problems of infancy and childhood*, Josiah Macy Foundation, 6ª conferenza, New York.

ETAUGH C. (1980), «Effects of nonmaternal care on children: Research evidence and popular views», *American Psychologist*, *33*, 309-319.

FANTZ R.L. (1956), «A method for studying early visual development», *Perceptual and Motor Skills*, *13*, 13-15.

FANTZ R.L. (1966), «Pattern discrimination and selective attention as determinants of perceptual development from birth». In A.H. Kidd, J.L. Rivoire (a cura di), *Perceptual development in children*, International Universities Press, New York.

FANTZ R.L., NEVIS S. (1967), «Pattern preferences and perceptual-cognitive development in early infancy», *Merrill-Palmer Quarterly*, *13*, 77-108.

FIELD T.M., COHEN D., GARCIA R., GREENBERG R. (1984), «Mother-stranger face discrimination by the newborn», *Infant Behavior and Development*, 7, 19-25.

FISCHER K.W., SILVERN L. (1985), «Stages and individual differences in cognitive development», *Annual Review of Psychology*, *36*, 613-648.

FISHMAN M.E. (1982), *Child and youth activities of the National Institute of Mental Health 1981-1982*, U.S. Government Printing Office, Washington, D.C.

FISKE E.B. (1986), «Early schooling is now the rage», *New York Times*, April 13.

FLAVELL J.H. (1976), «Metacognitive aspects of problem solving». In L.B. Resnick (a cura di), *The nature of human intelligence*, Lawrence Erlbaum Associates, Hillsdale, N.J.

FRAIBERG S. (1977a), *Insights from the blind*, Basic Books, New York.

FRAIBERG S. (1977b), *Every child's birthright: In defense of mothering*, Basic Books, New York.

FREUD A. (1958), «Adolescence», *Psychoanalytic Study of the Child*, *13*, 255-278.

FREUD A. (1965), *Normality and pathology in childhood*, International Universities Press, New York (tr. it. *Normalità e patologia del bambino*, Feltrinelli, Milano, 1981).

FREUD S. (1924), *Collected papers*, vol. 4, Hogarth Press, London.

FREUD S. (1933), *New introductory lectures in psychoanalysis*, Norton, New York.

FREUD S. (1940), «An outline of psychoanalysis». In J. Strachey (a cura di), *The standard edition of the complete psychological works of Sigmund Freud*, vol. 23, Hogarth Press, London.

FREUD S. (1950), «Some psychological consequences of the anatomical distinction between the sexes», *Collected papers*, vol. 5, Hogarth Press, London.

FRIEDMAN D. (1986), «Corporate support for the child care needs of working parents». In N. Gunzenhauser, B. Caldwell (a cura di), *Group care for young children: Considerations for child care and health Professionals, public policy makers, and parents*, Atti della Tavola Rotonda di Pediatri n. 12, Johnson & Johnson, Baby Products Co., Skillman, N.J.

GALINSKY E. (1986), «Contemporary patterns of child care». In N. Gunzenhauser, B. Caldwell (a cura di), *Group care for young children: Considerations for child care and health Professionals, public policy makers, and parents*, Atti della Tavola Rotonda di Pediatri n. 12, Johnson & Johnson, Baby Products Co., Skillman, N.J.

GARDNER H. (1985), *Frames of mind*, Basic Books, New York.

GARMEZY N. (1983), «Stressors of childhood». In N. Garmezy, M. Rutter (a cura di), *Stress, coping and development in children*, McGraw-Hill, New York.

GERSON K. (1985), *Hard choices*, University of California Press, Berkeley.

GILLIGAN C. (1982a), *In a different voice*, Harvard University Press, Cambridge.

GILLIGAN C. (1982b), «New maps of development. New visions of maturity», *American Journal of Orthopsychiatry*, *32*, 109-212.

GOLDBERG S. (1983), «Parent-infant bonding: Another look», *Child Development*, *34*, 1355-1382.

GOLDFARB W. (1943), «Infant rearing and problem behavior», *American Journal of Orthopsychiatry*, *13*, 249-265.

GOLDFARB W. (1947), «Variations in adolescent adjustment of institutionally reared children», *American Journal of Orthopsychiatry*, *11*, 449-457.

GOODALL J., HAMBURG D.A. (1975), «Chimpanzee behavior as a model for the behavior of early man: New evidence on possible origins of human behavior». In S. Arieti (a cura di), *American Handbook of Psychiatry*, vol. 6, 2ª ed., Basic Books, New York.

GOODENOUGH F.L., HARRIS D.B. (1950), «Studies in the psychology of children's drawings», *Psychological Bulletin*, *47*, 369-433.

GORDON E. (1975), «New perspectives on old issues in education for the minority poor», *IRCD Bulletin*, *10*, 5-17, Columbia University Teachers College, New York.

GORDON E., BRAITHWAITE A. (1986), *Defiers of negative prediction*, Howard University Press, Washington, D.C.

GORDON E.M., THOMAS A. (1967), «Children's behavioral style and the teacher's appraisal of their intelligence», *Journal of School Psychology*, *5*, 292-300.

GOULD S.J. (1981), *The mismeasure of man*, Norton, New York.

GOULD S.J. (1986), «A triumph of historical excavation», *The New York Review of Books*, *33* (3).

GRAHAM P., RUTTER M. (1973), «Psychiatric disorders in the young adolescent: A follow-up study», *Proceedings of the Royal Society of Medicine*, *66*, 58-61.

GREENSPAN S., LOURIE R.S. (1981), «Developmental structuralist approach to the classification of adaptive and pathologic personality organizations: Infancy and early childhood», *American Journal of Psychiatry*, *138*, 725-735.

GUILFORD J.P. (1959), *Personality*, McGraw-Hill, New York.

GUILFORD J.P. (1967), *The nature of human intelligence*, McGraw-Hill, New York.

HALL G.S. (1904), *Adolescence*, vol. 11, D. Appleton, New York.

HARLOW H. (1958), «The nature of love», *American Psychologist*, *13*, 673-685.

HARTMAN H. (1958), *Ego psychology and the problem of psychology*, International Universites Press, New York.

HAY D.F. (1985), «Learning to form relationships in infancy: Parallel attainments with parents and peers», *Developmental Review*, *8*, 122-161.

HEARNSHAW L.S. (1979), *Cyril Burt, psychologist*, Hadden and Stoughton, London.

HETHERINGTON M., COX M., COX R. (1985), «Long-term effects of divorce and remarriage on the adjustment of children», *Journal American Academy of Child Psychiatry*, *24*, 518-530.

HEWLETT S.A. (1986), *A lesser life: The myth of women's liberation in America*, William Morrow, New York.

HINDE R. (1966), *Animal behavior: A synthesis of ethology and comparative psychology*, McGraw-Hill, New York.

HINDLEY C.B., OWEN C.F. (1978), «The extent of individual changes in IQ for ages between 6 months and 17 years in a British longitudinal sample», *Journal of Child Psychology and Psychiatry*, *19*, 329-350.

HOFFMAN L.W. (1963), «Mother's enjoyment of work and effects on the child». In F.I. Nye, L.W. Hoffman (a cura di), *The employed mother in America*, Rand McNally, Chicago.

HOLINGER P.C. (1979), «Violent deaths among the young: Recent trends in suicide, homicide and accidents», *American Journal of Psychiatry*, *136*, 1144-1147.

HUNT J. MCVICKER (1980), «Implications of plasticity and hierarchical achievements for the assessment of development and risk of mental retardation». In D.B. Sawin, R.C. Hawkins, L.O. Walker, J.H. Penticuff (a cura di), *Exceptional infant*, vol. 4, Brunner/Mazel, New York.

IZARD C.E. (1977), *Human emotions*, Plenum, New York.

JACKLIN C.N., MACCOBY E.E. (1983), «Issues of gender differentiation». In M.D. Levine, W.B. Carey, A.C. Crocker, R.T. Gross (a cura di), *Developmental-behavioral pediatrics*, Saunders, Philadelphia.

JAMES W. (1890), *The principles of psychology*, Holt, New York (tr. it. *Principi di psicologia*, Principato, Milano, 1950).

JENCKS C., SMITH M., ACLAND H., BANE M.J., COHEN D., GINTIS H., HEYNS B., MICHELSON S. (1972), *Inequality: A reassessment of the effect of family and schooling in America*, Basic Books, New York.

JENSEN A.R. (1969), «How much can we boost IQ and scholastic achievement?», *Harvard Educational Review*, *33*, 1-123.

JERSILD A.T. (1968), *Child psychology*, Prentice-Hall, Englewood Cliffs.

KAGAN J. (1971), *Change and continuity in childhood*, Wiley, New York.

KAGAN J. (1972), «Do infants think?», *Scientific American*, *226*, 74-82.

KAGAN J. (1979), «Family experience and the child's development», *American Psychologist*, *34*, 886-891.

KAGAN J. (1982), «The emergence of self», *Journal of Child Psychology and Psychiatry*, *23*, 363-381.

KAGAN J. (1984), *The nature of the child*, Basic Books, New York.

KAGAN J., KEARSLEY R.B., ZELAZO P.R. (1978), *Infancy: Its place in human development*, Harvard University Press, Cambridge.

KAMERMAN S.B., HAYES C.D. (a cura di, 1982), *Families that work: Children in a changing world*, National Academy Press, Washington, D.C.

KAMIN L.J. (1974), *The science and politics of IQ*, Lawrence Erlbaum Associates, Potomac, Maryland.

KARDINER A. (1954), *Sex and morality*, Bobbs Merrill, Indianapolis.

KAYE K. (1982), *The mental and social life of babies*, University of Chicago Press, Chicago.

KAYE K., BRAZELTON T.B. (1971), «Mother-child interaction in the Organization of sucking». Relazione presentata all'incontro biennale della *Society for Research in Child Development*, Minneapolis.

KEOGH B. (1982), «Children's temperament and teacher decisions». In Ciba Foundation Symposium 89, *Temperamental differences in infants and young children*, Pitman, London.

KLATSKIN E.H., JACKSON E.B., WILKIN L.C. (1956), «The influence of degree of flexibility in maternal child care practices on early child behavior», *American Journal of Orthopsychiatry*, *26*, 79-93.

KLAUS M.H., KENNELL J.H. (1976), *Maternal-infant bonding*, C.V. Mosby, St. Louis.

KLAUS M.H., KENNELL J.H. (1982), *Parent-infant bonding*, C.V. Mosby, St. Louis.

KOHLBERG L. (1976), «Moral stages and moralization: The cognitive-developmental approach». In T. Lickona (a cura di), *Moral development and behavior*, Holt, Rinehart and Winston, New York.

KOHLBERG L. (1978), «The cognitive developmental approach to behavior disorders: A study of the development of moral reasoning in delinquents». In G. Serban (a cura di), *Cognitive defects in the development of mental illness*, Brunner/Mazel, New York.

KOHUT H. (1977), *The restoration of the self*, International Universities Press, New York (tr. it. *Guarigione del sé*, Bollati Boringhieri, Torino, 1980).

KOLATA G. (1984), «Studying learning in the womb», *Science*, *225*, 302-303.

KOLB L.C. (1978), «Ego assets: An overlooked aspect of personality organization», Conferenza di Menas S. Gregory, New York University Medical Center, April 20.

KOLUCHOVA J. (1976), «A report on the future development of twins after severe and prolonged deprivation». In A.M. Clarke, A.D.B. Clarke (a cura di), *Early experience: Myth and evidence*, Open Books, London.

KORNER A.L. (1973), «Sex differences in newborns with special references to differences in the organization of oral behavior», *Journal of Child Psychology*, *14*, 19-29.

KORNHABER A., WOODWARDK L. (1981), *Grandparents/grandchildren*, Anchor Press, Doubleday, Garden City, N.Y.

LAMB M., THOMPSON R.A., GARDNER W.P., CHARNOV E.L., ESTES D. (1984), «Security of infantile attachment as assessed in the "Strange Situation": Its study and biological implications», *Behavioral and Brain Sciences*, 7, 127-147.

LAZAR I., DARLINGTON R. (1982), *Lasting effects of early education: A report from the consortium for longitudinal studies*, Monographs of the Society for Research in Child Development, *47* (2-3).

LERNER J.V. (1983), «The role of temperament in psychosocial adaptation in early adolescents: A test of a "goodness of fit" model», *Journal of Genetic Psychology*, *143*, 149-157.

LERNER J.V., GALAMBOS N. (1985), «Maternal role satisfaction, mother-child interaction, and child temperament», *Developmental Psychology*, *21*, 1157-1164.

LEVY D.M. (1937), *Studies in sibling rivalry*, Monografia di ricerca n. 2, American Orthopsychiatric Association, New York.

LEWIS M., BROOKS J. (1974), «Self, other and fear: Infants' reactions to people». In M. Lewis, L.A. Rosenbaum (a cura di), *The origins of fear*, Wiley, New York.

LEWIS M., BROOKS J. (1975), «Infants' social perception: A constructive view». In L.B. Cohen, P. Salapatek (a cura di), *Infant perception from sensation to Cognition*, vol. 2, Academic Press, New York.

LEWIS M., MICHALSON L. (1983), *Children's emotions and moods*, Plenum, New York.

LEWONTIN R.C., ROSE S., KAMIN L.J. (1984), *Not in our genes*, Pantheon, New York.

LIDZ T. (1968), *The person*, Basic Books, New York.

LIGHTFOOT S.L. (1983), *The good high school*, Basic Books, New York.

LORENZ K. (1949), *Er redete mit dem Vieh, den Vögeln und den Fischen*, Borotha-Schoeler, Vienna, (tr. amer. Crowell, New York, 1952), (tr. it. *L'anello di re Salomone*, Adelphi, Milano, 1967).

LORENZ K. (1943), *Das sogenannte Böse*, Borotha-Schoeler, Vienna (tr. amer. Harcourt Brace and World, New York, 1966), (tr. it. *L'aggressività*, Il Saggiatore, Milano, 1976).

MACCOBY E.E., JACKLIN C.N. (1974), *The psychology of sex differences*, Stanford University Press, Stanford.

MAHLER M.S., PINE F., BERGMAN A. (1975), *The psychological birth of the human-infant*, Basic Books, New York (tr. it. *La nascita psicologica dei bambino*, Bollati Boringhieri, Torino, 1978).

MARMOR J. (1974), *Psychiatry in transition*, Brunner/Mazel, New York.

MARMOR J. (1975), «Homosexuality and sexual orientation disturbances». In A. Freedman, H.I. Kaplan, B.J. Sadock (a cura di), *Comprehensive textbook of psychiatry*, 2ª ed., Williams & Wilkins, Baltimore.

MARMOR J. (1982), «Recensione di *Sexual preference: its development in men and women*, di A.P. Bell, M.S. Weinberg, S.K. Hammersmith», *American Journal of Psychiatry*, *139*, 959-960.

MARMOR J. (1983), «Systems thinking in psychiatry: Some theoretical and clinical applications», *American Journal of Psychiatry*, *140*, 833-838.

MARTIN H.P., BURGESS D., CRNIC L.S. (1984), «Mothers who work outside of the home and their children: A survey of health Professionals' attitudes», *Journal American Academy of Child Psychiatry*, *23*, 472-478.

MARTIN R.R., NAGLE R., PAGET K. (1983), «Relationships between temperament and classroom behavior, teacher attitudes, and academic achievement», *Journal of Psychoeducation Assessment*, *1*, 377-386.

MATAS L., AREND R., SROUFE L. (1978), «Continuity of adaptation in the second year: The relationship between quality of attachment and later competence», *Child Development*, *49*, 547-556.

MCCALL R.B. (1977), «Challenges to

a science of developmental psychology», *Child Development*, *48*, 333-344.

McCLELLAND D.C. (1973), «Testing for competence rather than for "intelligence"», *American Psychologist*, *28*, 1-14.

MEAD M. (1962), «A cultural anthropologist's approach to maternal deprivation». In *Deprivation of maternal care: A reassessment of its effects*, Public Health Papers no. 14, World Health Organization, Geneva.

MEHRABIAN A. (1970), «Measures of vocabulary and grammatical skills for children up to age six», *Developmental Psychology*, 2, 437-446.

MELTZOFF A.N. (1985), «The roots of social and cognitive development: Models of man's original nature». In T.M. Field, N.A. Fox (a cura di), *Social perception in infants*, Ablex Publishing Corp, Norwood, N.J.

MELTZOFF A.N., MOORE M.K. (1983), «Newborn infants imitate adult facial gestures», *Child Development*, *54*, 702-709.

MIYAKE K., CHEN S.J., CAMPOS J. (1985), «Infant temperament, mother's mode of interaction, and attachment in Japan: An interim report». In I. Bretherton, E. Waters (a cura di), *Growing points of attachment theory and research*, Monografie della Society for Research in Child Development, *50*, 1-2, University of Chicago Press, Chicago.

MONEY J., DALERY J. (1976), «Iatrogenic homosexuality», *Journal of Homosexuality*, *1*, 357-371.

MOSKOWITZ B.A., (1978), «The acquisition of language», *Scientific American*, *23*, 92-108.

MURPHY L.B. (1981), «Explorations in child psychology». In A.I. Rabin, J. Aronoff, A.M. Barclay, R.A. Zucker (a cura di), *Further explorations in personality*, Wiley, New York.

MUSSEN P.H., CONGER J. P., KAGAN J. (1979), *Child development and personality*, 4ª ed., Harper & Row, New York.

MYERS B.J. (1984), «Mother-infant bonding», *Developmental Review*, *4*, 240-274.

NISBETT R.E., GORDON A. (1967), «Self-esteem and susceptibility to social influence», *Journal of Personality and Social Psychology*, *5*, 268-276.

OFFER D., OFFER J. (1975), *From teenage to young manhood*, Basic Books, New York.

OFFER D., OSTROV E., HOWARD K.I. (1987), «Epidemiology of mental health and mental illness among adolescents». In J. Call (a cura di), *Basic handbook of child psychiatry*, vol. 5, Basic Books, New York.

ORLANSKY H. (1949), «Infant care and personality», *Psychological Bulletin*, *46*, 1-48.

ORTON S.T. (1937), *Reading, writing and speech problems in childhood*, Norton, New York.

PARKE R.D. (1979), «Perspectives on father-infant interaction». In J. Osofsky (a cura di), *Handbook of infant development*, Wiley, New York.

PAVENSTEDT E. (1961), «A study of immature mothers and their children». In G. Caplan (a cura di), *Prevention of mental disorders in children*, Basic Books, New York.

PETERFREUND E. (1978), «Some critical comments on psychoanalytic conceptualizations of childhood», *International Journal of Psychoanalysis*, *59*, 427-441.

PIAGET J. (1936), *La naissance de l'intelligence chez l'enfant*, Delachaux et Niestlé, Neuchâtel-Paris, (tr. amer. Norton, New York, 1952), (tr. it. *La nascita dell'intelligenza nel bambino*, Giunti-Barbèra, Firenze, 1968).

PIAGET J. (1937), *La construction du réel chez l'enfant*, Delachaux et Niestlé, Neuchâtel, Paris (tr. amer. Basic Books, New York, 1954), (tr. it. *La costruzione del reale nel bambino*, La Nuova Italia, Firenze, 1972).

PINNEAU S.R. (1961), *Changes in intelligence quotient from infancy to maturity*, Houghton Mifflin, Boston.

PREVIN L.A. (1968), «Performance and satisfaction as a function of individual-environment fit», *Psychological Bulletin*, *69*, 56-68.

PROVENCE S. (1985), «On the efficacy of early intervention programs», *Developmental and Behavioral Pediatrics*, *6*, 363-366.

PULLIS M., CADWELL J. (1982), «The influence of children's temperament characteristics on teachers' decision strategies», *American Educational Research Journal*, *19*, 65-181.

REDICAN H.B. (1976), «Adult male-infant interaction in nonhuman primates». In M. Lamb (a cura di), *The role of the father in child development*, Wiley, New York.

RESNICK L.B. (1987), «Instruction and the cultivation of thinking». In E. De Corte, H. Lodewijks, R.P. Parmentier, P. Span (a cura di), *Learning and instruction: European research in an international context*, vol. 1, Leuven University Press/Pergamon Press, Leuven/Oxford.

RHEINGOLD H., ECKERMAN C. (1973), «Fear of the stranger: A critical examination». In H. Reese (a cura di), *Advances in child development and behavior*, vol. 8, Academic Press, New York.

RIBBLE M. (1943), *The rights of infants*, Columbia University Press, New York.

RICHARDSON S. (1976), «The influence of severe malnutrition in infancy on the intelligence of children at school-age: An ecological perspective». In R.N. Walsh, T.W. Greenough (a cura di), *Environment as therapy for brain dysfunction*. Plenum, New York.

RIGG M.G. (1940), «The relative variability in intelligence of boys and girls», *Journal of Genetic Psychology*, *56*, 211-214.

ROBBINS D.R. (1985), «Depressive symptoms and suicidal behavior in adolescents», *American Journal of Psychiatry*, *142*, 588-592.

ROBBINS L. (1963), «The accuracy of parental recall of aspects of child development», *Journal of Abnormal and Social Psychology*, *66*, 261-270.

ROSENTHAL R., JACOBSON L. (1969), *Pygmalion in the classroom*, Holt, Rinehart and Winston, New York.

RUSSELL G. (1978), «The father role and its relationship to masculinity, femininity, and androgyny», *Child Development*, *49*, 1174-1181.

RUTTER M. (1966), *Children of sick parents: An environmental and psychiatric study*. Monografia n. 16 dell'Institute of Psychiatry Maudsley, Oxford University Press, London.

RUTTER M. (1979), *Changing youth in a changing society*, Nuffield Provincial Hospitals Trust, London.

RUTTER M. (1980), «School influences on children's behavior and development», *Pediatrics*, *65*, 208-220.

RUTTER M. (1981a), *Maternal deprivation reassessed*, 2ª ed., Penguin Books, New York.

RUTTER M. (1981b), «Stress, coping and development: Some issues and some questions», *Journal of Child Psychology and Psychiatry*, 22, 325-356.

RUTTER M., MAUGHAM B., MORTIMER P., OUSTON J. (1979), *Fifteen thousand hours*, Open Books, London.

RUTTER M., SANDBERG S. (1985), «Epidemiology of child psychiatric disorder: Methodological issues and some Substantive findings», *Child Psychiatry and Human Development*, 15, 209-233.

SAMEROFF A.J. (1979), «Learning in infancy: A developmental perspective». In J.D. Osofsky (a cura di), *Handbook of infant development*, Wiley-Interscience, New York.

SCARR S. (1984), *Mother care / other care*, Basic Books, New York.

SCHAFFER H.R. (1977), *Mothering*, Harvard University Press, Cambridge.

SCHAFFER H.R., EMERSON P.E. (1964), *The development of social attachments in infancy*, Monografie della Society for Research in Child Development 29, 94, University of Chicago Press, Chicago.

SCHLESINGER H., MEADOW K. (1972), *Sound and sign: Childhood deafness and mental health*, University of California Press, Berkeley.

SCOTT J.P. (1958), «Critical periods in the development of social behavior in puppies», *Psychosomatic Medicine*, 20, 42-54.

SEARS R., MACCOBY E.E., LEVIN H. (1957), *Patterns of child rearing*, Row, Peterson, Evanston.

SHAPIRO T., PERRY R. (1976), «Latency revisited, the age of 7 plus or minus», *Psychoanalytic Study of the Child*, 31, 79-105.

SHAW C.R. (1966), *The psychiatric disorders of childhood*, Appleton-Century-Crofts, New York.

SIEGEL A.E. (1984), «Working mother and their children», *Journal American Academy of Child Psychiatry*, 25, 486-488.

SIEGEL A.E., STOLZ L.M., HITCHCOCK E.A., ADAMSON J. (1959), «Dependence and independence in the children of working mothers», *Child Development*, 30, 533-546.

SOKOLOFF B.Z. (1983), «Adoption and foster care». In M.D. Levine, W.B. Carey, A.C. Crocker, R.T. Gross (a cura di), *Developmental-Behavioral Pediatrics*, Saunders, Philadelphia.

SPOCK B. (1957), *Baby and child care*, Pocket Books, New York.

SPOCK B. (1967), *Baby and child care*, 2ª ed., Simon and Schuster, New York.

SPOCK B. (1976), *Baby and child care*, 3ª ed., Pocket Books, New York.

SROUFE A. (1977), «Wariness of strangers and the study of infant development», *Child Development*, 48, 731-746.

STEINMAN S.B., ZEMMELMAN S.E., KNOBLAUCH T.M. (1985), «A study of parents who sought joint custody following divorce: Who reaches agreement and sustains joint custody and who returns to court», *Journal American Academy of Child Psychiatry*, 24, 554-562.

STERN D. (1977), *The first relationship*, Harvard University Press, Cambridge (tr. it. *Le prime relazioni sociali: il bambino e la madre*, Armando, Roma, 1979).

STERN D.N. (1983), «The early development of schemas of self, other, and "self with other"». In J.D. Lichtenberg, S. Kaplan (a cura di), *Re-*

flections on self psychology, Lawrence Erlbaum Associates, Hillsdale, N.J.

STERN D.N. (1985), *The interpersonal world of the infant*, Basic Books, London (tr. it. *Il mondo interpersonale del bambino*, Bollati Boringhieri, Torino, 1987).

STERNBERG R. (1985), «Human intelligence: The model is the message», *Science*, *230*, 1111-1117.

STOLZ L.M. (1960), «Effects of maternal employment on children: Evidence from research», *Child Development*, *31*, 749-782.

SVEJDA M.J., PANNABECKER B.J., EMDE R.N. (1982), «Parent-to-infant attachment: A critique of the early "bonding" model». In R.N. Emde, R.J. Harmon (a cura di), *The development of attachment and affiliative systems*, Plenum Press, New York.

TERMAN L.M., MERRILL M.A. (1937), *Measuring intelligence: A guide to the administration of the new revised Stanford Binet tests of intelligence*, Houghton Mifflin, Boston.

TERR L.C. (1983), «Chowchilla revisited: The effects of psychic trauma four years after a schoolbus kidnapping», *American Journal of Psychiatry*, *140*, 1543-1550.

THOMAS A., BIRCH H.G., CHESS S., HERTZIG M.E. (1961), «The developmental dynamics of primary reaction characteristics in children», *Proceedings Third World Congress of Psychiatry*, vol. 1, University of Toronto Press, Toronto.

THOMAS A., CHESS S. (1957), «An approach to the study of sources of individuality in child behavior», *Journal of Clinical Experimental Psychopathology and Quarterly Review of Psychiatry and Neurology*, *18*, 347-356.

THOMAS A., CHESS S. (1977), *Temperament and development*, Brunner/Mazel, New York.

THOMAS A., CHESS S. (1980), *The dynamics of psychological development*, Brunner/Mazel, New York.

THOMAS A., CHESS S., BIRCH H.G. (1968), *Temperament and behavior disorders in children*, New York University Press, New York.

THOMAS A., CHESS S., SILLEN J., MENDEZ O. (1974), «Cross-cultural studies of behavior in children with special vulnerabilities to stress». In D. Ricks, A. Thomas, M. Roff (a cura di), *Life History in Psychopathology*, vol. 3, University of Minnesota Press, Minneapolis.

THOMAS A., HERTZIG M.E., DRYMAN I., FERNANDEZ P. (1971), «Examiner effect in IQ testing of Puerto Rican working-class children», *American Journal of Orthopsychiatry*, *41*, 809-821.

TIZARD B., REES J. (1974), «A comparison of the effects of adoption, restoration to the natural mother and continued institutionalization on the cognitive development of four-year-old children», *Child Development*, *45*, 92-99.

TIZAR B., HODGES J. (1978), «The effect of early institutional rearing on the development of eight-year-old children», *Journal of Child Psychology and Psychiatry*, *19*, 99-118.

TORGERSEN A.M., KRINGLEN E. (1978), «Genetic aspects of temperamental differences in infants», *Journal American Academy of Child Psychiatry*, *17*, 433-444.

U.S. DEPARTMENT OF LABOR (1980), *Perspectives on working women: A datebook*, U.S. Government Printing Office, Washington, D.C.

VAILLANT G.E. (1977), *Adaptation to life*, Little Brown, Boston.

VAN ERDEWEGH M.M., CLAYTON P.J., VAN ERDEWEGH P. (1985), «The bereaved child», *British Journal of Psychiatry*, *147*, 188-193.

VYGOTSKIJ L.S. (1962), *Thought and language*, Massachusetts Institute of Technology Press, Cambridge, (tr. ing. dall'ed. russa del 1934), (tr. it. *Pensiero e linguaggio*, Giunti-Barbèra, Firenze, 1960).

VYGOTSKIJ L.S. (1978 postumo), *Mind in society*, Harvard University Press, Cambridge (tr. it. *Il processo cognitivo*, Bollati Boringhieri, Torino, 1980).

WALLERSTEIN J. (1983), «Separation, divorce and remarriage». In M.D. Levine, W.B. Carey, A.C. Crocker, R.T. Gross (a cura di), *Developmental-behavioral pediatrics*, Saunders, Philadelphia.

WALLERSTEIN J.S. (1985), «Children of divorce: Preliminary report of a ten-year follow-up of older children and adolescents», *Journal American Academy of Child Psychiatry*, *24*, 545-553.

WENAR C. (1963), «The reliability of developmental histories», *Psychosomatic Medicine*, *25*, 505-509.

WERNER E., SMITH R.S. (1982), *Vulnerable but invincible*, McGraw-Hill, New York.

WHITE B.L. (1976), *The first three years of life*, Prentice-Hall, Englewood Cliffs, N.J.

WIKLER N. (1981), *Does sex make a difference?* N.O.W. Legal Defense and Education Fund, New York.

WILSON R.S., MATHENY JR. A.P., (1983), «Assessment of temperament in infant twins», *Developmental Psychology*, *19*, 172-183.

WINICK M., MEYER K.K., HARRIS R.C. (1975), «Malnutrition and environmental enrichment by early adoption», *Science*, *1901*, 1173-1175.

WITMER H.L., KOTINSKY R. (a cura di, 1952), «Personality in the making». In *Fact-finding report of mid-century White House conference on children and youth*, Harper & Brothers, New York.

WOHLWILL J.F. (1973), *The study of behavioral development*, Academic Press, New York.

WOLFF P.H. (1970), «Critical periods in human cognitive development», *Hospital Practice*, *11*, 77-87.

WOOD D., BRUNER J.S., ROSS G. (1976), «The role of tutoring in problem solving», *Journal of Child Psychology and Psychiatry*, *17*, 89-100.

YOUNG K., ZIGLER E. (1986), «Infant and toddler day care: Regulation and policy implications», *American Journal of Orthopsychiatry*, *56*, 43-55.

ZAPPERT L.T., WEINSTEIN H.N. (1985), «Sex differences in the impact of work on physical and psychological health», *American Journal of Psychiatry*, *142*, 1174-1178.

ZIGLER E. (1975), «Letter to the editor», *New York Times Magazine*, 18 January.

ZIGLER E. (1985), «Assessing Head Start at 20: An invited commentary», *American Journal of Orthopsychiatry*, *55*, 603-609.

ZIGLER E., BUTTERFIELD E. (1968), «Motivational aspects of change in IQ test performance of culturally deprived nursery children», *Child Development*, *39*, 1-14.

ZIGLER E., MUENCHOW S. (1979), «Mainstreaming, The proof is in the implementation», *American Psychologist*, *34*, 995-996.

ZIGLER E., MUENCHOW S. (1984), «How to influence social policy affecting children and families», *American Psychologist*, *59*, 415-420.